低碳约束下
考虑行为决策的
闭环供应链协同机制研究

DITAN YUESHUXIA KAOLÜ XINGWEI JUECE DE
BIHUAN GONGYINGLIAN XIETONG JIZHI YANJIU

高举红 等著

中国财经出版传媒集团
经济科学出版社
Economic Science Press

图书在版编目（CIP）数据

低碳约束下考虑行为决策的闭环供应链协同机制研究/
高举红等著 . —北京：经济科学出版社，2020.2
ISBN 978 - 7 - 5218 - 1307 - 4

Ⅰ.①低… Ⅱ.①高… Ⅲ.①企业管理 - 供应链管理 -
研究 Ⅳ.①F274

中国版本图书馆 CIP 数据核字（2020）第 021708 号

责任编辑：刘　丽
责任校对：隗立娜
责任印制：邱　天

低碳约束下考虑行为决策的闭环供应链协同机制研究
高举红　等著
经济科学出版社出版、发行　新华书店经销
社址：北京市海淀区阜成路甲 28 号　邮编：100142
总编部电话：010 - 88191217　发行部电话：010 - 88191522
网址：www. esp. com. cn
电子邮箱：esp@ esp. com. cn
天猫网店：经济科学出版社旗舰店
网址：http：//jjkxcbs. tmall. com
固安华明印业有限公司印装
710×1000　16 开　22. 25 印张　380000 字
2020 年 2 月第 1 版　2020 年 2 月第 1 次印刷
ISBN 978 - 7 - 5218 - 1307 - 4　定价：98. 00 元
（图书出现印装问题，本社负责调换。电话：010 - 88191510）
（版权所有　侵权必究　打击盗版　举报热线：010 - 88191661
QQ：2242791300　营销中心电话：010 - 88191537
电子邮箱：dbts@ esp. com. cn）

在低碳经济下，企业获取利润的同时还要承担碳排放所带来的环境成本。然而，闭环供应链企业在回收再制造经营活动中通过减排行为可以实现碳成本向碳收益的转化，这些特征将改变企业的产品结构和盈利模式。面对闭环供应链这一新兴领域，政府、企业和消费者都在发挥着各自的重要作用，补贴与碳税政策和消费者购买偏好作为供应链成员企业行为决策的外部力量，正在对闭环供应链运营中的决策与协同机制研究发挥着越来越大的作用。

本书以闭环供应链的成员企业为研究对象，从减排政策和消费者购买偏好两个外部力量干预的角度出发，以博弈论、均衡理论、供应链协调和供应链契约理论为指导，在考虑闭环供应链成员企业行为决策下研究闭环供应链企业运营中的协同机制，希望在考虑政府减排政策和消费市场细分的影响下，能够为闭环供应链管理理论研究的完善和企业实践中的决策提供有价值的参考。本书主要特色体现在：①建立了减排政策和消费市场细分影响下的闭环供应链协同机制模型；②提出考虑成员行为的闭环供应链减排的运营决策；③基于消费细分市场影响，比较不同权利结构的闭环供应链减排水平与绩效；④构建闭环供应链行为决策的协调机制。本书主要内容是作者主持的教育部人文社会科学研究规划项目"低碳约束下考虑成员行为的闭环供应链协同机制研究"的大部分研究成果。它包括作者近年来在《计算机集成制造系统》《机械工程学报》《管理评论》《系统工程学报》《系统工程》《系统工程理论与实践》《系统科学与数学》《工业工程与管理》和 *Journal of Cleaner Production* 等国内外杂志公开发表的 10 余篇关于闭环供应链决策与协调研究的学术论文主要成果。

　　本书是由高举红和王海燕以及高举红指导的多位硕士生共同撰写的。高举红负责全书结构策划和最后统稿，全书主要章节是近几年指导的多位硕士生的研究成果。本书具体撰写分工如下：高举红（第 1 章）、侯丽婷（第 2 章）、刘晓瑜（第 3 章）、王海燕（第 4 章）、王海燕和李梦梦（第 5 章）、滕金辉和李梦梦（第 6 章）、韩红帅（第 7 章）。硕士生吕冰、张莹、王朋硕、刘潇做了大量细致的整理工作，在此表示感谢。在本书撰写过程中，作者参考了很多相关资料，已尽可能详细地在参考文献中列出，在此对这些专家学者表示深深的感谢。同时若有疏忽遗漏的引用资料出处，也在此表示万分歉意。本书的写作与出版得到了经济科学出版社刘丽编辑的大力支持和帮助，在此也表示深深的感谢。

　　本书的出版得到教育部人文社会科学研究规划项目（16YJAZH010）和天津大学双一流学科建设发展专项基金资助。

　　由于作者水平有限，本书中难免存在不足之处，敬请专家和同行批评指正。

高举红

天津大学经济与管理学院

2019 年 10 月

第1章
绪　　论

低碳（Low Carbon），是当今企业行为目标中不可缺少的可持续增长的价值选择，主要表现为尽可能地减少碳排放量，即为减排。低碳约束从狭义视角是指节约能源和减少环境有害物排放，即减少资源投入和单位产出排放量的技术变革与管理约束机制。因此，低碳约束是企业在自利与利他的双重动机下，实现自我价值的不断提升与整个经济社会良性循环的价值最大化的根本保证。

1.1　研究背景

随着科技革新，电器电子产品的更迭速度加快，废旧电器电子产品骤增。研究表明，在传统供应链正向物流基础上，加入回收、检测/分类、再制造/再利用，直至报废等环节的逆向物流而整合成闭环供应链（Closed - Loop Supply Chain，CLSC），可实现产品整个生命周期的最大化价值创造。特别是再制造作为 CLSC 的重要环节之一，具有良好的经济、环境和资源的综合效果，与制造新产品相比，可以节约成本 50%、节约能源 60%、节约原材料 70%、减少大气污染 86%、减少水污染 76%、减少固体废物 97%、节约用水 40%。

根据《废弃电器电子产品回收处理管理条例》（国务院令第 551 号）规定，2016 年 3 月 1 日实施《废弃电器电子产品处理目录（2014 年版）》。同年，中华人民共和国工业和信息化部（以下简称"工信部"）及财政部大力推进绿色制造，将构建产品全生命周期绿色供应链纳入绿色制造管理体系中。此外，工信部、财政部、商务部和科技部在大力开展的生产者责任延伸（Extended Producer Responsibility，EPR）制度的建设中，引导生产企业参与回收体系的建立。因此，一方面，向生产企业征收废弃电器电子产品处理费用，建立基金用于补贴正规的回收处理企业，对处理企业按照实际完成拆解处理的废弃电器电子产品数量给予定额补贴；另一方面，国家发展和改革委员会于2014年年初发布了《关于组织开展重点企（事）业单位温室气体排放报告工作的通知》（发改气候〔2014〕63号），明确了为加快生态文明建设，落实我国控制温室气体排放行动目标，要求在全国范围内实行重点企（事）业单位温室气体排放报送制度，为实行温室气体排放总量控制、开展"碳排放权"交易等相关工作提供数据支撑。

从 CLSC 整体运作角度来看，电器电子产品整个生命周期的碳排放来源于生产、分销、使用和回收、再制造等各个阶段。例如，空调、电脑等家电产品作为耗电产品在某些情境下要实现 7×24 小时工作，加之消费者非低碳化的使用方式将导致某些家电产品的高能耗，而我国发电技术较为落后，仍主要采用火力发电方式，导致间接碳排放大大增加。因此，在降低碳排放的约束下，探讨 CLSC 成员企业低碳责任的承担及利益协调等方面的运作机理和低碳化协调管理机制，有利于权衡经济利益、法律规定、社会责任和环境压力等。

在实际运营中，供应链的成员企业决策目标通常并不一致。例如，在再制造 CLSC 运作中，制造商需要权衡生产成本、回收努力成本和再制造收益以作出最优的批发价格和回收努力水平决策；而非制造商（如零售商）则需要权衡采购成本、销售努力成本和销售收益以作出最优的销售价格和销售努力水平决策。

对 CLSC 的节点企业而言，渠道权力是某一企业对上下游企业行为的控制力及对其决策的影响力，企业拥有主导权在博弈过程中体现为具有优先决策权。例如，当前零售业快速发展，零售商的实力逐渐增强，使得多数制造企业处于弱势地位，主导权的转移也有可能令制造商占优势时达成的供应链契约失效。基于此，分别在制造商主导、制造商和零售商权力对等、零售商主导的不同模式下研究 CLSC 的决策和协调问题十分必要。

此外，公平因素对企业间契约的达成有重要影响，在发展和维持渠道关系中发挥着重要作用。大多数研究考虑 CLSC 成员为公平中性的，追求自身利润最大化。而一些实证研究表明，制造商和零售商不完全是利己的，有时也关注交易的行为动机或者分配结果是否公平。所以，针对节点企业在具有公平中性和考虑公平两种情境下研究 CLSC 决策和协调问题将更贴合实际。

综上所述，从再制造 CLSC 系统分析的视角，在利益均衡、低碳效应与服务协调三个维度的作用下，考虑不同模式（回收模式、再制造模式）与主导力量（决策控制权），在消费市场不确定需求中，如何协调成员企业"有限理性"地作出最优定价、回收努力和销售努力等决策，以实现 CLSC 低碳可持续化运作与整体绩效最大化。这是研究再制造 CLSC 协同机制的主要内容，也是针对废旧电器电子产品如何回收再利用管理机制的研究，更是企业延伸责任制所面临的亟待解决的问题。

1.2 研究意义

本书研究再制造 CLSC 决策与协调理论具有重要的理论意义和现实意义，有助于 CLSC 成员企业权衡各方力量，理解动态协同性对优化决策和维持合作关系，实现互赢、多赢、共赢。

1. 理论意义

旨在低碳效应、利益均衡与服务协调三个维度的作用下，从 CLSC 系统层、企业决策层、产品流程层三个层级的关联关系中，研究成员企业在市场不确定性和政府补贴碳税制约下 CLSC 决策与协调机制。探讨低碳化 CLSC 可持续协调发展中碳排放对利润波动的影响规律，分析再制造 CLSC 低碳化经济机理与低碳责任水平对再制造竞争产生的影响，揭示 CLSC 系统利益相关者关系的内涵和行为能效，为低碳化 CLSC 决策与协调的动态协同分析提供解决方案。

2. 实践意义

协助电器电子产品生产企业实现 CLSC 经济价值、环境价值和客户价值增值的协调统一。即为 CLSC 各个成员企业实施减排策略提供科学的分析依据，为引导消费者进行合理购买与处置决策来有效减少碳排放提供理论依据，为企业在市场不确定需求与政府减排约束下，制定产品回收和再制造定价决策与收益均衡提供理论指导，为分析 CLSC 的成员行为对各自利润及 CLSC 整体经济利益和社会效益的影响提供理论指导。

1.3 国内外研究现状分析

本节将从碳排放对供应链运作的影响机理，再制造 CLSC 决策及考虑成员决策行为的 CLSC 协同机制三个方面进行文献综述。

1.3.1 碳排放对供应链运作的影响

考虑到制造商的生产活动会带来大量的碳排放，因此制造部门的碳减排是解决我国能源消费和温室气体排放的关键。如王明喜等（2015）从企业微观生产过程剖析碳减排路径，研究企业的减排投资行为是否能够降低碳排放总量，增加环境总收益。楼高翔等（2016）发现在信息非对称情况下供应链系统利润总是低于集中控制下供应链系统利润，且这一差值会随着单位产品碳排放的增加而减小。陈晓红等（2016）研究发现在同样的条件下，集中决策模式下制造商最优单位碳排放低于分散决策模式。在实际生产过程中，部分制造商会出于成本最小化考虑放弃减排，因此会与实施减排的低碳制造商形成竞争。王道平等（2018）考虑普通制造商和低碳制造商竞争的供应链协调问题，发现实行碳交易制度虽然能够降低碳排放总量，但是较高的碳交易价格却会降低供应链的利润。柏庆国等（2018）研究在碳限额交易政策和碳税政策下制造商产生的碳排放量及供应链利润，分析了不同的碳排放政策对供应链订购策略的影响。郭军华等（2019）考虑两个制造商的碳排放量，研究了实施减排制造商与未实施减排制造商生产的产品差异化定价问题。

事实上，除了制造企业存在碳排放外，供应链上的其他企业在运作过程中同样存在碳排放。图兰·帕克索伊等（Turan Paksoy et al.，2011）研究了多产品 CLSC 运输过程中的碳排放，分析了市场需求、回收率、运量、排放率等因素对供应链碳排放成本的影响。阿敏·夏安等（Amin Chaabane et al.，2012）根据生命周期法计算 CLSC 各个节点间的运输碳排放、产品生产过程中的碳排放及回收中心处理废旧品的碳排放。零售商作为供应链中的重要一环，也会产生大量的碳排放，其碳排放主要为产品在销售过程中所消耗的能源、材料及人力折算成的碳排放。李剑等（2016）考虑零售商和供应商均产生碳排放，并从成本角度考虑，确定零售商的最优订货量。徐晓萍等（Xiaoping Xu et al.，2017）构建了由制造商及零售商组成的按订单式生产的两级供应链模型，利用成本分担契约确定最优减排水平，分析碳排放交易价格对企业减排水平和生产决策的影响。研究表明上下游联合减排并不会损害制造商和零售商的利益。覃艳华等（2017）在考虑制造商和零售商会产生碳排放时，比较分析了无碳排放约束、碳排放权在供应链成员内部交易、碳排放权在外部碳排放市场交易三种情况下的最优订货量。此外，支帮东等（2017）从供应商和制造商因生产及运输活动产生碳排放量两个方面建立模型并提出了最优的碳减排策略及成本共担契约。阿塔·阿拉·塔勒扎达（Ata Allah Taleizadeh，2018）针对由一个制造商和一个零售商组成的两级供应链（该供应链销售一种碳排放量较低的产品，市场需求取决于产品价格和碳减排率），以合作和非合作形式进行分析，在非合作形式下，采用包括纳什（Nash）均衡和斯坦博格（Stackelberg）博弈等博弈论方法来寻找最优决策变量和研究供应链及其成员的利润。

许多企业会通过碳交易机制来优化其运营策略，通过减少自身企业的碳排放量，将剩余的碳排放权进行出售来获得收益，赢得低碳经济环境下的竞争优势。在碳交易机制背景下，计国君等（Guojun Ji et al.，2014）指出企业可以通过提高产品能效的方式减少产品使用过程的碳排放量。何华等（2016）发现企业可以通过其绿色技术的投入来减少碳排放量。杨仕辉等（2016）讨论了是否可以通过收益共享契约来实现产品的碳减排。杨岑等（2018）发现为了获得最大利润，制造商可以通过加大减排投资来增加单位产品的碳减排量。魏守道（2018）通过研发竞争、水平合作研发、垂直合作研发和全面合作研发四种减排研发形式来减少企业的碳排放量。碳交易市场的开放和消费者对低碳产品的需求偏好，可以促进企业的技术减排投资。但是，技术减排对企业而言是一次性投入，而且通常前期投入较大，为此企业要承担一定的投资风险。

由于再制造品的绿色性，再制造品会产生较低的碳排放量，因此对再制造品的碳排放也有很多学者进行研究，阿罗德·克里克克（Harold Krikke，2011）指出提高回收产品的可利用性可以降低产品再制造的碳排放，而提高产品质量可以获得较高的可利用性，然而文章没有提出能提高产品回收质量的具体策略。强强等（Qiang Qiang et al.，2013）考虑了在多种不确定性因素作用下的 CLSC 利润最大化模型，指出企业从再制造品获得的利润可能会高于新产品。阿尔达·耶尼帕则里（Arda Yenipazarli，2016）研究制造商在何种条件下进行再制造以及如何利用碳减排政策来实现再制造的内在经济、环境和社会效益协调统一。

综上所述，在 CLSC 生产、分销和回收过程研究碳排放时，从产品角度考虑回收质量不确定影响的研究文献不多。而在回收质量不确定性研究方面，迈克尔·R. 加布里斯等（Michael R. Galbreth et al.，2006）提出了可以用于再制造的回收品质量水平阈值，且再制造成本是关于质量水平、质量水平阈值和总回收率的函数的研究观点。卡南·萨瓦斯坎等（R. Canan Savaskan et al.，2006）和克里斯托斯·齐科普洛斯等（Christos Zikopoulos et al.，2007）比较分析了不同回收模式的回收质量、回收数量、批发价格和零售价格的关系。如德·H. 提然娜等（Ruud H. Teunter et al.，2011）指出忽视回收质量不确定性会导致回收量的不确定性及成本的增加，提出有效的回收定价决策可以提高回收质量和回收量。肯琛道斯等（Kanchan Das et al.，2012）研究了回收质量水平对再制造品生产、运输和分销成本的影响。路易斯·J. 泽巴罗斯等（Luis J. Zeballos et al.，2012）分析了不同回收质量等级、回收量和顾客满意程度对供应链预期利润的影响。蔡小强等（Xiaoqiang Cai et al.，2014）研究了混合制造/再制造系统中，不同质量水平对回收价格和产量的影响。郭健全等（Jianquan Guo et al.，2015）设定回收产品的质量水平为指数分布，研究表明回收低水平质量的废旧品有利于供应链总成本的降低。泰戈尔·巴塔查亚等（Rabindranath Bhattacharya et al.，2015）将回收的废旧品质量划分为不同的等级，得到最优的销售价格和进入各再利用阶段的回收率。刘慧慧等（Huihui Liu et al.，2016）假设回收价格是关于回收质量的变量，考虑回收质量不确定性和政府补贴对回收市场竞争程度的影响。张涛等（2016）通过对回收产品的质量分级，解决了再制造商在可回收再制造系统中对产品回收的再制造最优决策问题。

由此可见，从考虑碳排放角度研究产品回收质量不确定性对 CLSC 利润的影响是必然的，而在不同回收策略（包括不同回收模式、市场主导力量及回收定价决策等）作用下，鲜有人深入系统地研究 CLSC 碳排放与收益波动情况，以及考虑回收质量水平对 CLSC 整体效益的影响。故在不确定环境（包括回收模式、回收质量、主导力量等）作用下，系统地分析 CLSC 碳排放与收益波动规律尤为重要。

1.3.2 再制造 CLSC 的决策研究

综上分析可知，在低碳化 CLSC 模型中，产品回收质量的不确定性与产品定价决策及成员企业收益是密切相关的，其问题关键点是 CLSC 再制造决策问题，主要包括不同再制造模式和再制造竞争两个方面。同时不确定市场需求是引起竞争的根本源泉，涉及消费市场细分，即消费者针对新产品与再制造品产生不同偏好或购买意愿，生成普通消费者和绿色消费者等不同消费群体的不确定需求情境。因此，深入分析再制造 CLSC 决策中的诸多影响因素具有现实意义。

1. 关于不同再制造模式：主要集中在不同回收模式和不同再制造模式

不同回收模式包括零售商回收、制造商回收和第三方回收及多方集中回收等多种回收模式；而不同再制造模式涉及 OEM（Original Equipment Manufacturer，原始设备制造商）再制造模式、IO（Independent Operation，独立运营商）再制造模式。

不同回收模式的 CLSC 研究，如萨瓦斯·R. 坎那等（Savaskan R. Canan et al.，2004）研究了制造商回收、零售商回收和第三方回收三种不同 CLSC 结构下各供应链成员的最优决策。郭军华等（2015）比较分析了由制造商、零售商及第三方回收商负责回收模式下制造商利润、回收率及零售价三个决策因素，为制造商回收模式的选择提供参考。马祖军等（Zujun Ma et al.，2016）较为详细地分析了制造商、零售商与多个第三方回收商等多种回收模式下的提升联盟利润的合作机制。缪朝炜等（Zhaowei Miao et al.，2017）在制造商回收、零售商回收和集中回收模式下比较分析了以旧换新的不同优化回收策略。倪明等（2017）考虑市场需求不确定性，以废弃电子产品为对象，比较了三种回收模式下回收定价、回收量、利润的最优解，并分析了双回收渠道竞争系数对不同模式下最优解的影响。苗世迪等（Shidi Miao et al.，2017）构建了 CLSC 的竞争性回收再制造模型，探讨两种回收模式对供应链总收益和市场份额的影响。纽库扎·莫汉·莫达克等（Nikunja Mohan Modak et al.，2018）在零售商回收、制造商回收和第三方回收的回收模式下，为了解决渠道冲突和分配剩余利润，研究定价决策及产品质量和回收管理机制。万娜娜（Nana Wan，2018）考虑了制造商回收、零售商回收和第三方回收的三种不同回收模式。制造商通过零售商向客户销售新产品和再制造品，并获得政府低碳补贴。公彦德等（2018）构建了制造商与零售商两者混合回收及制造商、零售商和第三方三者混合回收的两类 CLSC 模型，运用博弈理论对两类回收模型进行比较。曹柬等（2019）讨论了制造商回收、零售商回收和回收商回收三种模式下新产品与再制造品的产量及废旧品的回收量决策，并分别基于企业收益、消费者剩余和回收率视角展开回收渠道偏好分析。由此可见，多种回收模式的构建对渠道利润有直接的影响。

在回收再制造的过程中，OEM 是否参与再制造活动，还是委托或准许 IO 进行再制造，由此产生了不同再制造模式决策问题。如在再制造市场中，OEM 作为主导者，可以通过多种方式决定 IO 是否可以进入再制造市场，以及进入市场后是否有利可图。马克·E. 弗格森等（Mark E Ferguson et al.，2006）指出 OEM 为阻止 IO 的进入，可以采取参与再制造策略或回收策略，并研究了不同策略的适用环境。斯科特·韦伯斯特等（Scott Webster et al.，2007）比较分析了 OEM 对 IO 回收价格和数量是否具有控制力对再制造活动的影响，阿塔莱·阿塔苏等（Atalay Atasu et al.，2010）研究发现当再制造市场被 IO 控制后，OEM 很难再进入，因此，OEM 的再制造决策和对再制造品的定位至关重要。熊中楷等（2012）假设只有获得 OEM 的专利许可，IO 才能进入再制造市场。计国君等（2013）通过分析 OEM 三种阻止策略来研究产品最优定价决策。塞拉·坎纳·布尔姆斯等（Serra Caner Bulmus et al.，2014）研究了 OEM 和 IO 共同再制造模式的回收定价决策及新产品和再制造品产量问题。许民利等（2016）在研究涉及专利保护的再制造 CLSC 定价决策问题时，将消费者分为低碳消费者和普通消费者，还分析了低碳消费者市场比例对制造商和再制造商定价决策的影响。赵静等（Jing Zhao et al.，2017）研究当 OEM 负责再制造业务时，通过考虑收集渠道竞争建立具有双回收渠道的 CLSC 模型，从而分析供应链各成员的最优选择、最优定价和 OEM 回收最优决策。赵俊杰等（2018）基于第三方回收商和异质需求市场，考虑无专利许可模式下制造商再制造和不同专利许可模式下制造商委托零售商进行再制造，构建三种再制造模式下的CLSC 产品定价和回收决策模型。由此可见，在不同的再制造模式中，OEM 可以通过多种方式（如准入或专利许可等）与 IO 达成协议，完成再制造活动，而这样合作的前提是保证多方利益，保证新产品与再制造品市场需求的均衡性。

在考虑市场需求的不确定性和消费者的不同支付意愿的情形下，顾客的喜好和他们的购买决定影响着市场的需求，由于再制造的不确定性（包括再制造品涉及的经济性、环境性及社会性等因素），消费者对新产品和再制造品的支付意愿（Willingness To Pay，WTP）是不同的。例如，马章达·P. 等（Majumder P. et al.，2001）建立了 OEM 和 IO 共同再制造的两阶段博弈模型，发现消费者对 OEM 生产的新产品和再制造品购买意愿相同，而对 IO 生产的再制造品购买意愿较低，同时利用动态博弈理论，研究制造商和再制造商的再制造决策。杰拉尔多·费雷拉等（Geraldo Ferrera et al.，2006）将马章达·P. 等研究的模型扩展到多阶段模型，研究消费者购买新产品和再制造品意愿相同时，OEM 垄断及 IO 进入时 OEM 再制造策略；2010 年又考虑了消费者购买新产品及再制造品意愿不同时的再制造决策问题。吴承汉等（Chenghan Wu et al.，2013）考虑消费者购买行为和回收市场限制，研究 OEM 产品再制造设计决策和 IO 定价决策。施联等（Lian Shi et al.，2015）分析了在 OEM 生产新产品、IO 生产再制造品的模型中，动态定价决策和消费者购买意愿差异对成员利润的影响。例如，顾文均等（Wenjun Gu et al.，2015）假设有些消费者更倾向于购买有再制造设计的产品，因此对有再制造设计的新产品、无再制造设计的新产品及再制造品具有不同的 WTP，研究了新产品有再制造设计和无再制造设计两种情形下产品的定价策略和产品质量设计策略。在不同的再制造模式下，OEM 和 IO 如何进行再制造定价决策，从而使自身利润最大化。郭军华等（2012）考虑异质消费群体的回收策略选择，发现零售商回收模式下的制造商利润最大，制造商回收模式下的回收率最大。申成霖等（2016）通过建立垄断厂商与策略型消费者间的两周期动态博弈模型，研究了消费者策略行为下，再制造生产模式的选择决策、产品策略及动态定价问题。廖毕丰等（Bifeng Liao et al.，2016）发现当为新产品和再制造品提供差异化保修时，利润最高，可以通过增加服务投资提升消费者对产品的需求。李巍等（Wei Li et al.，2017）考虑了消费者对新产品和再制造品感知价值的影响，采用两阶段模型研究了 OEM 和第三方再制造商进行再制造两种情况下，新产品和再制造品的最优价格和产量，研究表明生命周期阶段和消费者感知对 OEM 是否允许第三方再制造商进入再制造业务的决策都有影响。崔力等（Li Cui et al.，2017）研究表明，当企业有不同的消费者偏好时，成本系数的不同会导致再制造品的质量与利润的关系不同，因此，选择最优的再制造质量策略取决于成本系数的大小。聂佳佳等（2018）研究了绿色消费者对原始制造商和再制造商的再制造模式选择的影响。赵森林等（Senlin Zhao et al.，2018）建立了一个考虑消费者对再制造品偏好和政府补贴的决策模型，并利用再制造品的需求价格弹性作为区分消费者环境偏好的指标，研究了再制造品的定价决策和再制造商与消费者之间补贴份额的联合决策问题。莱茵·柯勒巴等（Rainer Kleber et al.，2018）考虑到消费者对再制造品的不同支付意愿，研究折扣因子在垄断与竞争的 CLSC 中的产品定价决策。龙晓风等（Xiaofeng Long et al.，2019）建立了基于消费者支付意愿异质性下的两周期 CLSC，分别考虑制造商再制造、经销商再制造、制造商和经销商再制造及制造商和第三方再制造四种模型，以确定制造商的最优生产决策。综上可知，消费者对新产品与再制造品的不同需求表现会直接影响产品的定价策略，特别是在再制造品市场需求对新产品的需求产生蚕食效应时，成员企业的策略选择尤为重要。所以，CLSC 成员企业如何应对变化的市场需求以保证产品再制造循环的稳态运作是一个值得思考的问题。

由于产品可拆卸性与回收质量存在关联关系，使产品回收再利用生成再制造品，进而决策产品成本投入与定价决策，这是不容忽视的问题。在考虑产品拆卸性的再制造研究上，国内外学者从企业决策的角度分析研究产品拆卸性对企业盈利的影响。温迪·卡尔等（Wendy Kerr et al.，2001）基于施乐打印机的研究，定量分析再制造对产品整个生命周期环境效益的影响；研究表明在产品设计阶段考虑生命周期末端的拆卸回收和再制造过程可以极大地降低再制造品生产过程的能源消耗和废弃物排放，从而降低再制造成本。吴承汉等（Cheng – Han Wu et al.，2012）指出产品的拆卸性也会影响 OEM 的生产成本，较高的产品拆卸性使处理、检测、清洗等过程更容易，从而降低 OEM 的生产成本。华中升等（Zhongsheng Hua et al.，2011）考虑消费者对再制造品的价值认知及产品面向拆卸性设计对产品 OEM 生产成本和 IO 回收成本的影响。瑞宾卓那·巴塔查亚等（Rabindranath Bhattacharya et al.，2015）将回收的废旧品质量划分为不同的等级，针对不同回收质量产品的不同回收价格，以及可拆卸的回收产品实施不同再制造过程，研究不同回收等级的回报率及产品最优定价策略。曹晓刚等（2016）从产品的可拆卸性设计理论及消费者选择偏好理论出发，构建了再制造系统利润最大化决策模型。穆罕默德·蔡隆尼等（Mohammad Jeihoonian et al.，2016）基于装配树分析模块化耐用产品，研究产品模块数量和不同装配与不同回收质量的关系。高举红等（2017）为研究产品可拆卸性对再制造决策的影响，针对不同再制造模式，研究了 OEM 再制造决策取决于不同产品可拆卸性策略的固定投资成本差额和市场规模。马素迪珀·E 等（E Masoudipour et al.，2017）在不同的回收渠道中，研究不同回收质量产品的回收率对供应链利润的影响。郑小雪等（Xiao-Xue Zheng et al.，2019）模拟了由关键部件供应商和非集成制造商组成的两级 CLSC 模型，其中供应商控制关键部件的再制造，制造商确定最终产品的可再制造水平（不包括关键部件），研究指出，产品可拆卸性会对 OEM 新产品和再制造品的生产数量产生重大影响。由此可见，产品可拆卸性与再制造定价决策密切相关。

而考虑回收质量的再制造研究方面，曹俊等（2010）综合考虑新产品质量对可回收废旧品数量的制约，对再制造品质量的影响及消费者的价格敏感性差异等因素，研究了 IO 再制造模式中 OEM 和 IO 之间的质量和价格竞争。安德烈亚斯等（Andreas Robotis et al.，2012）假设 OEM 同时生产新产品和再制造品，研究了再制造成本取决于废旧品质量不确定性和可再制造部分所占比例。沙律戈玛·博卡拉等（Shaligram Pokhare et al.，2012）采用报童模型分析了考虑回收质量下的成本最小化问题，指出良好的产品设计和较高的回收质量能降低再制造成本。高雅等（2014）假设回收质量服从指数分布，回收成本、回收率、再制造生产成本都是关于回收质量的函数，研究发现 OEM 更趋向于以低成本回收低质量水平的废旧品。程发新等（2017）提出提高回收质量有助于提高废旧品的回收价格、回收数量及 OEM 的利润。纽库扎·莫汉·莫达克等（2018）分析了回收产品质量水平对两级 CLSC 定价决策的影响，其中产品需求对产品的价格和质量水平敏感。国内外学者对回收质量的研究主要侧重于废旧品被淘汰时长对回收质量的影响，然而产品拆卸性与回收质量不确定性的关联性对再制造决策也起着重要作用。

综上所述，不同回收再制造模式的定价策略与产品可拆卸性、回收质量和消费者购买意愿有着直接的联系。

2. 关于再制造竞争：主要集中于产品再制造竞争和再制造 CLSC 成员竞争

产品再制造竞争是指新产品和再制造品，不论是同质的还是异质的，都在不确定市场环境中具有可替代或蚕食竞争的作用；而再制造 CLSC 成员竞争则是 OEM 与 IO 之间的竞争，伴随着再制造品生产的准入与授权，产生合作与竞争的博弈关系。

产品再制造竞争，即同类的新产品和再制造品之间的竞争，该类研究主要认为新产品和再制造品在产品特征上略有不同，表现为各自的优势属性，则容易形成市场竞争关系。如魏杰等（Jie Wei et al.，2011）研究一个制造商同时生产新产品和再制造品，两个相互竞争的零售商进行销售，运用博弈论和模糊论建立期望收益模型进行分析，以实现 CLSC 系统总收益最大化。马赫迪等（Mahdi Mahmoudzadeh et al.，2013）考虑一个产能有限的制造商同时生产新产品和再制造品的情形，并以制造商收益最大化为目标，运用二次规划模型进行回收价格和销售价格决策研究。素布塔·米塔（Subrata Mitra，2015）考虑一个两周期由双头垄断制造商和消费者组成的 CLSC 系统，结果表明制造商进行再制造比不进行再制造获得更多的利润。瑞宾卓那·巴塔查亚等（Rabin-dranath Bhattacharya et al.，2015）研究了制造商（戴尔）在第一阶段销售新产品，而在第二阶段新产品将面临来自再制造品的蚕食。研究发现新产品价格的降低永远不足以抵消再制造品蚕食的负面影响。郑本荣等（2018）针对制造商和零售商构成的二级供应链，通过建立无再制造与再制造两种情形下制造商的渠道入侵决策模型，分析了产品再制造、渠道竞争和制造商渠道入侵决策之间的内在关系。何志文等（Jyh - Wen Ho et al.，2018）研究了绿色消费者购买行为对市场上相应竞争产品的不确定需求和价格的影响。王能民等（Nengmin Wang et al.，2018）考虑了在竞争市场和产品市场下的 CLSC，研究了制造商选择的三种竞争方案。杨雷等（Lei Yang et al.，2018）在考虑促销决策时，讨论了生产商是否进行再制造的决策，分别构建了存在再制造品和不存在再制造品的供应链模型，研究生产商和零售商的促销决策对碳减排水平和企业利润水平的影响关系。李勇建等（Yongjian Li et al.，2019）构建再制造供应链两阶段模型，为了避免新产品与再制造品相互蚕食，研究消费者支付意愿与生产成本作用下 OEM 再制造决策与定价策略。张成堂等（Chengtang Zhang et al.，2019）构建由制造商、零售商和第三方回收商组成的回收再制造 CLSC 系统，其中存在着新产品和再制造品共存和相互替代的利基市场，研究表明混合生产模式下再制造品和新产品的市场需求具有"利润侵蚀效应"，合作再制造品将完全退出市场。

再制造 CLSC 成员竞争，在生产同类产品的制造商和再制造商之间因新产品和再制造品具有很强替代性而形成的市场竞争。如斯科特·韦伯斯特等（Scott Webster et al.，2007）采用两周期价格博弈模型，分析制造商与再制造商具有竞争关系的情况。斯科特·韦伯斯特等（2007）在考虑政府补贴情形下，采用纳什均衡博弈理论研究两周期制造商和再制造商竞争的问题。塞拉·坎纳·布尔姆斯等（Serra Caner Bulmus et al.，2014）考虑一个由 OEM 和 IO

组成的两周期 CLSC 系统，研究表明 OEM 回收价格只取决于自己的成本结构，而与 IO 的回收价格无关。当再制造的成本效益减少时，IO 拥有更多的机会回收废旧品。夏西强等（2017）以政府"以旧换再"补贴政策为背景，建立了原始制造商、再制造商与零售商两阶段博弈模型，对比分析了政府不同补贴策略对两种产品单位批发价格、零售价格、销售量、利润、消费者剩余及环境的影响。孙浩等（2017）针对由制造商和再制造商组成的双周期 CLSC 系统，在两种竞争模式及合作模式下探讨了制造商和再制造商的最优博弈策略。

在考虑低碳责任的再制造竞争下的 CLSC 决策也是研究热点，如常香云等（Xiangyun Chang et al.，2015）分析了产品碳排放限额和交易机制对制造商再制造决策的影响。阳成虎等（Chenghu Yang et al.，2016）考虑在碳税政策下以市场为导向的多产品再制造系统，研究了产品碳税对不同质量废旧品回收定价、回收数量和再制造策略的影响。

综上所述，新产品与再制造品的竞争是必然的，而生产新产品/再制造品的制造企业因满足市场对不同产品需求而产生的利益竞争/市场份额竞争更为突出。因此，在市场不确定需求下，考虑消费者支付意愿、成本投入、政府可持续化发展相关政策等经济、环境与社会诸多因素，研究再制造 CLSC 不同模式下的产品定价决策与成员利益协调具有实际意义。

1.3.3 考虑成员决策行为的 CLSC 协同机制

在 CLSC 决策与协调研究中，企业在为了获取自身利益最大化的追求中所付出的各种努力（诸如回收努力和销售努力等）极大地促进了市场需求的增长。与此同时，为了保证这种增长的稳态性与持续发展，供应链成员企业必须面对交易中的"不公平"，以实现 CLSC 多方的共赢与互赢。因此，在企业自利与互利的行为驱动下研究 CLSC 协同机制更有利于可持续发展。

1. 在不同主导模式下考虑努力行为的 CLSC 决策与协调

在考虑努力行为的 CLSC 中，有文献考虑制造商主导模式研究 CLSC 决策与协调，如张汉江等（2015）根据最优激励理论，探讨了制造商采用激励契约实现 CLSC 协调的可行性，其中对回收商采用最优回收努力激励契约。浦徐进等（Xujin Pu et al.，2016）构造了一个由制造商主导的 CLSC 系统，根据零售商对公平敏感，利用纳什均衡的方法，分析了制造商建立激励合同对零售商销售努力的影响。阿塔·阿拉·塔勒扎达等（2016）构建了一个包含生产商和零售商的双渠道 CLSC 模型，生产商主导博弈，分别在生产商投入销售努力、零售商投入销售努力和双方共同进行销售努力三种情况下讨论销售努力对最优的定价决策和成员企业利润的影响。李欣然等（2017）建立了单个制造商与零售商组成的 CLSC 系统，考虑政府补贴下销售努力的 CLSC 决策。刘丽雯等（Liwen Liu et al.，2017）在 OEM 通过零售商销售新产品和再制造品，通过双回收渠道回收，研究不同回收商的努力行为。

也有文献考虑零售商主导模式研究 CLSC 决策和协调，然而从制造商主导到零售商主导的不同主导模式演变对努力水平和定价决策的影响研究不多。阿塔·阿拉·塔勒扎达等（2018）构建了由制造商（制造商是 Stackelberg 博弈领导者）和零售商组成的双渠道 CLSC 系统，研究销售努力对供应链成员最优决策和利润的影响。塞佛偌·法米尔·阿拉姆达等（Safoura Famil Alamdar et al.，2018）基于模糊价格和依赖于销售努力的需求来分析最优决策问题，以评估成员如何在不同决策结构下决定批发价格、收集率、零售价格和销售努力。郭学清等（Xueqing Guo et al.，2019）构建了由制造商、零售商和第三方在线回收商组成的双渠道 CLSC 的决策模型，运用博弈论的方法，研究回收手机的质量水平和努力成本对回收利润的影响。

另外，大多数文献围绕定价研究主导模式对 CLSC 的决策和利润获取的影响，也有部分学者考虑成员的努力行为影响市场需求的情境。如谢家平等（2017）基于线上销售、线下服务的互补型双渠道 CLSC 模式，分别考虑了线上直销商主导定价和服务决策，以及单一线上直销商、单一线下服务商基于收益共享机制的两种模型定价和服务决策，研究其产品定价、回收定价、库存决策、渠道服务努力及最优回收量等问题。阿米特·兰詹等（Amit Ranjan et al.，2019）研究了双渠道供应链成员间的定价策略和协调机制。制造商通过直接渠道提供新的可替代绿色（环保）产品，通过线下零售渠道提供非绿色（传统）产品，将需求表示为销售价格、绿色质量水平和销售努力水平的线性函数。很多文献在不同情境中研究定价决策时都发现权力对等模式下 CLSC 绩效最优，但在销售努力和回收努力影响市场需求的情况下，在哪种主导模式下 CLSC 获利最优，以及努力行为如何影响企业利润等问题值得进一步探讨。

基于此，不同主导模式在回收努力和销售努力同时影响需求下，研究契约机制实现 CLSC 利益协调有现实意义。

2. 考虑公平因素的 CLSC 决策与协调

公平因素包括公平偏好（Fairness Preference）和公平关切（Fairness Concern）两种。公平偏好多为动机偏好与结果公平倾向，是对"自利"经济人假设的修正，并将公平偏好、互利偏好、社会公平偏好纳入效用函数。公平关切多为关注公平，就营销渠道而言，供需双方的关系有两种模型，一种是纯粹利益，以赚钱为目标，随从者由主导者分得一定利润而得到满足；另一种是公平关切，不仅追求利益，同时随从者会因主导者的不公平而采取放弃合作或惩罚行为，所以关注公平，寻求长期合作与互赢。因此，两者都以关注结果公平为前提进行供应链的决策与协调。

例如，杨志林等（2016）比较分析了不同偏好主体下公平偏好系数对供应链决策变量和系统各利润的影响。唐飞等（2017）在双渠道 CLSC 中考虑零售商具有公平偏好行为倾向，基于博弈理论研究了制造商考虑零售商公平偏好和不考虑零售商公平偏好的双渠道 CLSC 定价决策问题。唐飞等（2018）将制造商公平偏好行为特征引入双渠道 CLSC，针对非合作独立决策、完全合作联合决策两种不同情形分别建立相应的定价决策模型，运用博弈理论求得两种不同情形下的最优定价策略，并分析了公平偏好系数对供应链各成员最优定价策略及利润的影响。戴道明等（2017）研究了制造商知道零售商公平关切，制造商不知道零售商公平关切，以及制造商公平关切三种模式的决策行为，并对三种模式下的均衡结果进行了比较分析。王垒等（2018）考虑双渠道零售商和制造商组成的 CLSC，分别构建了制造商直接回收、委托第三方回收模式下的动态博弈模型，以公平中性时的均衡策略为参照，对比分析了线下零售商的横向公平偏好对双渠道 CLSC 中各决策主体定价策略及利润的影响。马德青等（2018）研究制造商回收模式下制造商的最优批发价格、最优回收努力投入策略及零售商的最优销售价格策略的制定问题。

大多数研究者倾向于公平关切的研究，如张克勇等（2014）考虑 CLSC 差别定价问题，指出制造商在决策时应考虑零售商的公平关切行为。孙浩等（2014）在考虑零售商为公平关切者的前提下，建立了三种回收模式（制造商回收、零售商回收和第三方回收）下的四个 Stackelberg 博弈模型，分析了零售商公平关切程度对最优决策的影响。丁雪峰等（2014）研究了制造商和零售商公平关切下的定价、回收率决策和利润。奚佳等（2015）为研究公平关切对 CLSC 成员决策的影响，基于 Stackelberg 理论，分别研究了零售商公平关切、零售商和制造商皆公平关切两种情形。唐飞等（2016）在双渠道 CLSC 中考虑零售商具有公平关切行为倾向，对比了两种不同决策情形对直销价格、零售价格、回收价格及供应链系统利润的影响。姚锋敏等（2016）将公平关切性引入第三方回收的 CLSC 系统中，分析了制造商的公平关切性对 CLSC 成员及整体最优决策的影响，并探讨了制造商的公平关切程度与 CLSC 整体效用间的关系。李波等（Bo Li et al.，2016）发现在生产商主导的双渠道供应链中，供应链的整体效益与消费者的传统渠道忠诚度正相关，与零售商的公平关切程度负相关。周义廷等（2017）针对零售商具有公平关切行为的双渠道 CLSC，分析了公平关切程度、渠道间竞争强度、废旧品回收率等参数对供应链系统决策和协调的影响。许民利等（2017）构建原制造商考虑和不考虑经销商风险规避、公平关切行为的差别定价决策模型。王玉燕等（2018）构建了无公平关切制造商主导、无公平关切网络平台主导、考虑公平关切制造商主导、考虑公平关切网络平台主导的 E - CLSC 的四种决策模式，分析了相应的销售价格、服务水平、回收价格和最优利润等决策变量。李新然等（2019）针对由单个制造商和单个零售商组成的 CLSC 系统，基于政府"以旧换再"补贴政策，构建了零售商公平中性下是否考虑服务水平提升、零售商公平关切下是否考虑服务水平提升的四个决策模型，探讨了零售商服务水平和公平关切行为对 CLSC 决策问题的影响。

综上所述，多数供应链研究会考虑节点企业的公平因素，但很少考虑成员努力行为的动机偏好问题。因此，本书将成员努力行为纳入研究不同主导模式下考虑公平因素的 CLSC 决策和协调之中，并通过契约协调机制使 CLSC 动态协同更具有实际意义。

1.4　主要研究内容

为研究低碳约束下考虑行为决策的 CLSC 满足整体利润最大化的决策与协调运作机制，本书基于 3C 产品（计算机即 Computer、通信即 Communication、消费类电子产品即 Consumer Electronics。其中产品选择基于或高能耗的、或模块化的、或需求量大的、或产品更新快的）生命周期过程流分析，综合考虑产品从生产、分销、使用、回收到再制造各环节的碳排放和成本投入因素的影响，研究各个成员企业在竞争与合作中的共享利润与契约协调机制，并且本书按照"基于再制造 CLSC 模型，在市场不确定和多目标作用下分析相关利益者的关联性与行为特点，并且在经济、环境、社会等因素的影响下研究低碳化且考虑成员行为 CLSC 的决策与协调不同层级（包括 CLSC 系统层、企业决策层、业务流程层）的思路。

1. 在新产品与再制造品中分析成本因素与碳排放因素对定价、购买、能效和处置决策模型的影响机理

本研究部分将在考虑碳排放的 CLSC 模型中，基于回收质量的等级评估，分析 CLSC 再制造运作中的碳排放和利润变化趋势，以生产新产品与再制造品的家电企业为研究对象，分析产品从生产、分销、使用、回收到再制造的整个生命周期的排放和收益波动机理与规律，研究影响 CLSC 各环节碳排放收益的因素和作用机理，进而制定减少各环节排放的具体策略。具体包括以下研究内容。

首先，基于回收质量等级评估，考虑不同回收质量和产品使用寿命对再制造处置决策的影响，研究不同回收模式对 CLSC 碳排放和收益波动的影响；其次，为了进一步研究市场主导力量和回收模式同时作用下 CLSC 利润和碳排放的波动规律，构建了新产品与再制造品效用模型，探讨了回收质量、排放因子、回收可利用性在不同回收情境下对 CLSC 碳排放和利润的影响；再次，研究新产品与再制造品在生产、分销、使用、回收和再制造运作中碳排放波动规律，分析回收质量与回收再制造替代性、努力程度、定价、能效、市场需求、利润及碳排放的关系；最后，在各个地区不同时期出台的能效标准约束下，从新产品和再制造品的角度研究家电产品（如高能耗空调）的节能减排波动规律。

2. 从产品再制造的角度分析 CLSC 低碳化经济机理与碳责任承担的社会化效应，研究再制造 CLSC 竞争中的定价决策与提高整体利润的契约协调机制

本研究部分将在产品回收再利用的再制造 CLSC 模型中，从低碳经济视角，在市场需求不确定、政府减排政策、消费者意愿影响下，分析产品低碳责任水平（指依据产品特征和企业低碳责任生产再制造品的低碳化水平）和再制造竞争对再制造 CLSC 的影响，进而研究再制造 CLSC 定价决策与提高整体利润的契约协调机制。具体包括以下研究内容。

首先，基于再制造品回收模式的不同，研究补贴力度及碳税税率、回收价格、回收努力程度、回收量及消费者购买意愿等多种影响因素的作用机理，进而分析这些因素对再制造 CLSC 成员利润的影响；其次，考虑市场需求不确定情境，将产品低碳责任水平和定价策略一同作为再制造竞争因素进行分析，在市场需求不确定和多目标作用下，研究再制造竞争对新产品和再制造品定价决策及各个成员企业的协调机制；最后，基于 OEM 与 IO 再制造模式的特点，综合考虑产品可持续使用特性和回收质量不确定性，研究再制造 CLSC 利润最大化的契约协调机制。

3. 探讨不同主导模式下考虑公平因素的 CLSC 成员企业的决策与协调

本研究部分将针对低碳化 CLSC 模型，在不同主导模式（包括权利对等）下，考虑公平因素，分析成员企业努力行为的扩张效应对 CLSC 利润决策的影响机理，进而研究 CLSC 成员行为决策与契约协调机制。具体包括以下研究内容。

在市场需求不确定下，受产品定价决策、成员努力效应（即销售努力和回收努力）等影响因素约束下，分别从公平因素（即公平中性和公平偏好）的两个方面，研究不同主导模式下 CLSC 各个成员的决策和协调。首先，分析产品定价策略机理、努力水平决策意愿及成员企业自身利润与 CLSC 总体利润的关联效应；其次，从 CLSC 各个成员行为、消费者处置意愿和环境角度分析最优的 CLSC 主导模式；最后，研究努力行为的需求扩张效应和主导力量的演变及公平偏好程度对 CLSC 绩效的影响，以此探讨契约协调的作用机理。

本书总体研究思路如图 1.1 所示。

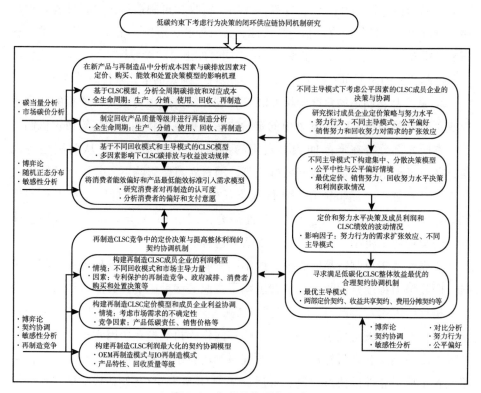

图 1.1　本书总体研究思路

第 2 章
考虑碳排放的再制造 CLSC 利益波动分析

本章针对废旧家电产品回收再制造 CLSC 全生命周期过程进行研究，首先，在考虑碳排放因子和成本因子的作用下，构建由制造商、零售商和第三方回收商组成的再制造 CLSC 系统，按照回收质量等级和回收商回收处置能力提出三种回收模式，采用 Stackelberg 博弈，比较分析在不同模式下各成员的定价决策和利润波动，通过数值仿真分析了各种成本因子、碳排放因子及路径长度作用下不同回收模式的总利润和总排放波动规律，从而为核心企业和政府采取积极的减排策略提供决策依据。其次，构建了四种回收情境来研究不同回收模式和主导权对再制造 CLSC 碳排放和收益的影响，采用 Stackelberg 博弈，比较分析各种价格波动规律，进一步探讨了在生产与运输单位排放量作用下的 CLSC 总利润与总排放的波动趋势，从而为企业在权衡各方利益和降低碳排放方面提供指导。最后，在综合考虑家电产品从生产、分销、使用，到回收再制造全生命周期中的碳排放，提出回收质量等级的评测方案，研究不同回收质量的废旧品进入再制造不同流程的可能性，构建新产品与再制造品定价和能效决策方案，进一步分析回收质量对新产品与再制造品定价、能效及市场需求的影响，研究消费者在生产商决策产品定价和能效背景下的产品购买和处置行为决策。

2.1　引言

在 CLSC 回收模式选择中，一般将回收模式分为三种：制造商回收模式、零售商回收模式及第三方回收模式。在制造商主导的 CLSC 模式下，R. 迦南·萨瓦斯坎等（R Canan Savaskan et al.，2006）认为零售商回收或第三方回收模式更加有利于提高消费者效用和增加整个供应链利润。易余胤等（2013）则探讨了在不同主导力量下，供应链成员的定价决策与回收投资决策。李赞珠等（Chanjoo Lee et al.，2011）基于零售商回收模式，对比分析零售商在正向和逆向过程的优化决策，识别了影响价格和需求变化的关键因子。魏杰等（Jie Wei et al.，2013）采用模糊理论，在市场需求、制造成本和回收成本模糊下，分析了不同回收模式的期望价值。冯章伟等（2018）讨论在回收商主导的再制造 CLSC 模型下，不同再制造情形下供应链各成员的决策与收益，以及回收商回售策略对各企业绩效的影响。以上文献研究了不同的回收模式或不同的主导力量下，针对回收努力程度、回收率等问题展开分析，但均未考虑回收产品的回收质量问题，而回收质量的不确定性会导致零部件可再利用的不确定性。韩梅等（2019）通过构建双重竞争下回收产品质量不确定的定价决策模型，剖析和验证双重竞争下回收质量不确定时，回收价格、再制造成本、政府财政补贴、供应链节点企业利润及社会福利、回收率的变化规律。

确定合适的回收模式能够有效地减少环境污染，而在产品回收过程中，降低产品的碳排放量也是实现低碳经济的一个有效举措。如巴兰·桑达拉卡尼等（Balan Sundarakani et al.，2010）测量了整个供应链的"碳链"，检测了碳排放的转移过程，指出生产和运输碳排放在供应链中所占比例最高，可以通过回收再制造有效降低碳排放量。塔雷克·阿卜杜拉等（Tarek Abdallah et al.，2012）采用生命周期评估法探讨了供应链不同节点的排放量，指出原材料蕴含的排放量在整个供应链中所占比例较高，运输节点的分散程度和回收处置能力会影响产品运输过程排放量。哈罗德·克里克（Harold Krikke，2011）指出提高回收产品的可利用性可以降低产品的再造碳排放，而提高产品质量可以获得较高的可利用性，但没有提出能提高回收质量的具体策略。

很多相关文献已对影响 CLSC 的生产和运输排放进行深入研究，提出了有效降低供应链碳排放的网络设计和优化方案，然而少有文献同时研究多种回收策略（回收模式选择、市场主导力量和回收定价）作用下的 CLSC 排放和收益的波动情况，在考虑回收质量对整体利润的影响方面，研究也尚不深入。同时文献多从企业角度出发，研究影响供应链生产和分销过程排放的因素，然而对于家电行业来说，产品的使用排放不可忽视。在产品使用排放相关研究文献中，多数学者采用实证的方法，计算产品全生命过程的成本和使用碳排放，而忽略了从整个供应链的角度研究产品整个生命周期从生产、分销、使用、回收到再制造过程的总碳排放水平。对于高能耗产品，备受关注的能效问题目前研究尚显不足。

因此，本章将以同时进行新产品和再制造品生产的电子行业为研究对象，研究产品从生产、分销、使用、回收到再制造的整个生命周期的排放和收益，基于回收质量等级评估，考虑不同回收质量和产品使用寿命对再制造处置决策的影响，分析影响各环节排放和收益的因子，研究不同回收模式和不同主导权对供应链排放和收益的波动影响，以 CLSC 利润最大化为目标进行定价和能效决策，研究消费者的购买和处置决策，进而制定降低各环节排放的具体策略，为企业和政府采取积极的减排策略提供决策依据。

2.2 不同回收模式下考虑碳排放的 CLSC 收益波动分析

2.2.1 模型描述与基本假设

1. 模型描述

假设某家电行业的 CLSC 由制造商、零售商和第三方回收商组成，该行业已拥有完善的回收体系和再制造系统，其产品多为模块化设计，使用高度可回收再利用的原材料。再制造流程主要包括三个环节，即原材料加工环节、零部件生产环节和最终产品处理环节。原材料加工环节将零部件进行完全拆解，通过机械粉碎和分离技术回收碳氟化物、黑色金属、有色金属、塑料等原材料，并进行提纯和加工；零部件生产环节采用再制造技术，如表面改性、表面处理、表面涂覆等表面工程技术实现零部件修复工作；最终产品处理环节实现装配、喷漆、检验、包装等工序。

回收产品通过回收检测中心检测分类，回收检测中心按照质量特性将回收产品分为三个层级并进行处置决策：①质量好（H），即无功能缺失与质量损坏的产品，该部分产品主要由消费者偏好变化而退货或包装、外壳划损等因素造成，因此仅需由零售商负责回收，直接进入再制造过程的最终产品生产阶段进行简单喷漆、再包装处理即可再出售；②质量中等（M），即存在部分功能缺失或质量损失，且在寿命周期之内的回收产品，该部分产品属于消费者正常淘汰产品，然而其主要零部件功能未损坏且再制造价值高，由制造商实施回收并进入再制造过程的零部件或最终产品生产阶段；③质量差（L），即进入生命终期的产品，该部分产品主要零部件已部分或完全损坏，再制造成本较高，由专业的第三方回收商进行回收处理，进入再制造过程的原材料或零部件生产阶段，对可再制造部分进行再制造，对无再制造价值的部分进行原材料回收再利用。模型中成本包括产品运输成本、运输碳排放成本、再制造生产成本及再制造碳排放成本。三种回收模式下的 CLSC 结构如图 2.1 所示。

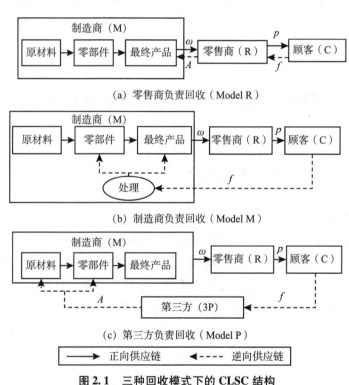

（a）零售商负责回收（Model R）

（b）制造商负责回收（Model M）

（c）第三方负责回收（Model P）

———— 正向供应链　　◀----- 逆向供应链

图 2.1　三种回收模式下的 CLSC 结构

2. 基本参数说明

ω 为批发成本；A 为制造商向回收商提供的回收转移价格，$p > \omega > p_z > A > f > 0$；$e$ 为单件产品单位距离的运输碳排放成本；c 为单件产品单位距离的运输管理成本；x_1，x_2 分别为再制造品从制造商到零售商的运输距离；零售商到消费者的运输距离；x_4 为 Model R 下从消费者到零售商，再到制造商的总回收距离；e_i 为再制造过程不同环节的单位碳排放成本，$i = 1，2，3$ 分别表示回收产品进入再制造过程的原材料生产环节、零部件生产环节、最终产品生产环节；c_i 为再制造过程不同环节的单位生产成本，$i = 1，2，3$；π_j 为利润，$j = m，r，p，T$ 分别表示制造商、零售商、第三方回收商及 CLSC 整体。

3. 基本假设

假设 1：不同回收模式下的再制造品在质量、性能、效用上完全相同，并且销售价格一致。

假设 2：制造商为 Stackelberg 领导者，零售商和第三方物流企业为市场跟随者，供应链各成员均按照自身利益最大化进行决策。

假设 3：再制造过程的成本因素包含生产成本、管理成本和排放成本。生产成本主要指原材料的购置和加工成本。为简化研究，管理成本仅考虑运输过程的管理成本。碳排放成本包含生产排放成本和运输排放成本。生产排放成本与回收品可直接进入的再制造环节相关（即回收品对再制造原材料的替代性越强，回收品可进入的再制造生产环节越接近成品加工环节），运输排放成本与回收路径长度、运输工具的运力相关，不考虑不同回收模式运输工具的差异，即假设三个质量级别的产品单位运输碳排放成本相同。

假设 4：按照回收主体的不同，将考虑三种回收模式下的利益均衡和收益波动规律问题，即零售商回收（Model R）、制造商回收（Model M）、第三方回收（Model P）。

假设 5：假设再制造商首先以价格满足传统零售商的需求 $D(G \geqslant D)$，当传统零售商需求饱和后，再制造商将剩余的产品（$G - D$）以直销价格 p_z 出售给电子渠道，假设电子渠道为完全绿色的渠道，即电子渠道在运输过程产生的碳排放视为零。其中 $D = a - bp$，D 表示传统零售渠道对再制造品的需求，a 为市场潜在规模，b 为价格敏感因子，p 为再制造品零售价格；$G = h + kf$，G 表示回收数量，h 为消费者的环保行为，即消费者愿意无偿参与回收的回收量，k 为回收价格敏感因子，f 为回收价格。

引理：当形成稳定的再制造市场时，满足 $G \geqslant D$。

证明：

假设 $G < D$，则在三种回收模式下回收商的利润如下：

零售商实施回收时，零售商的利润为

$$\max_{p,f} \pi_r = \left[p - \omega - (x_2 + x_4)(e + c) + A - f \right] D$$

制造商实施回收时，制造商的利润为

$$\max_{\omega,f}\pi_m = \left[\omega - (x_1 + x_3)(e + c) - (c_2 + e_2)l_2^M - (c_3 + e_3) - f\right]D$$

第三方回收商实施回收时，第三方回收商的利润为

$$\max_f \pi_p = \left[A - f - x_5(e + c)\right]D$$

通过求解一阶导数可知 $\dfrac{\mathrm{d}\pi_r}{\mathrm{d}f} = \dfrac{\mathrm{d}\pi_m}{\mathrm{d}f} = \dfrac{\mathrm{d}\pi_p}{\mathrm{d}f} = -D$；可知三种回收模式下，回收商利润均与回收价格负相关，回收商回收动力不足，此时很难形成稳定的再制造市场，因此我们仅研究 $G \geqslant D$ 的情况。

假设6：市场是完全开放的，CLSC 各成员之间信息对称。

假设7：市场对产品的需求量相对稳定，各周期销售情况相类似，故本章只考虑单周期的情况。

2.2.2 模型的建立与求解

1. 零售商回收模型（Model R）

制造商决策批发价格 $M(\omega, A)$ 后，零售商决策销售价格和回收价格 $R(p, f/\omega, A)$。制造商的成本包含再制造过程的生产和排放成本、从制造商到零售商的运输管理和排放成本；零售商成本包含回收过程的运输管理和排放成本、从零售商到消费者的运输管理和排放成本，则制造商和零售商的利润最大化模型分别为

$$\max_{\omega,A}\pi_m = \omega D + p_z(G - D) - x_1(e + c)D - (c_3 + e_3)G - AG \qquad (2-1)$$
$$\text{s. t. } \max_{p,f}\pi_r = \left[p - \omega - x_2(e + c)\right]D + \left[A - f - x_4(e + c)\right]G$$

2. 制造商回收模型（Model M）

制造商制定批发价格和回收价格 $M(\omega, f)$ 后，零售商决策前端的销售价格 $R(p/\omega, f)$；制造商的成本包括回收过程的运输管理和排放成本、再制造过程碳排放生产和排放成本、从制造商到零售商的运输管理和排放成本；零售商成本包括从零售商到消费者的运输管理和排放成本，则制造商与零售商的利润最大化模型分别为

$$\max_{\omega,f}\pi_m = \omega D + p_z(G - D) - x_1(e + c)D - x_3(e + c)G$$
$$- \left[(c_2 + e_2)l_2^M + (c_3 + e_3)\right]G - fG \qquad (2-2)$$
$$\text{s. t. } \max_{p,f}\pi_r = \left[p - \omega - x_2(e + c)\right]D$$

式中，x_3 为 Model M 下从顾客到制造商的回收距离，且假设同一回收模式的回收距离相同；l_2^M 为 Model M 下回收品可直接进入零部件生产环节的比例。

3. 第三方回收商回收模型（Model P）

制造商制定批发价格 $M(\omega, A)$ 后，零售商和第三方回收商分别决策销售价格和回收价格 $R(p/\omega, A)$，$P(f/\omega, A)$，制造商的成本包括再制造过程的生产和排放成本，以及从制造商到零售商的运输管理和排放成本；零售商成本包括从零售商到消费者的运输管理和排放成本；第三方回收商的成本包括回收过程的运输管理和排放成本，具体模型为

$$\max_{\omega, A} \pi_m = \omega D + p_z(G - D) - x_1(e + c)D - \left[(1 - l_2^P)(e_1 + c_1) + (e_2 + c_2)\right.$$
$$\left. + (e_3 + c_3)\right]G - AG$$
$$\text{s. t. } \max_p \pi_r = \left[p - \omega - x_2(e + c)\right]D \qquad (2-3)$$
$$\max_f \pi_p = \left[A - f - x_5(e + c)\right]G$$

式中，x_5 为 Model P 下从消费者到第三方回收商再到制造商的总回收距离；l_2^P 为 Model P 下回收品可直接进入零部件生产环节的比例。

通过求解，获得分散决策下 CLSC 三种回收模式定价决策和利润，见表 2-1。表 2-1 中，"—"表示无此变量；E 表示碳排放成本，由运输碳排放和再制造碳排放组成；下角标 R、M、P 分别代表 Model R、Model M、Model P；T 代表总利润；上标"$*$"表示均衡解。

表 2-1　　　　分散决策下 CLSC 三种回收模式定价决策和利润求解

参数	Model R	Model M	Model P
ω	$\dfrac{a}{2b} + \dfrac{p_z + (e + c)(x_1 - x_2)}{2}$	$\dfrac{a}{2b} + \dfrac{p_z + (e + c)(x_1 - x_2)}{2}$	$\dfrac{a}{2b} + \dfrac{p_z + (e + c)(x_1 - x_2)}{2}$
p	$\dfrac{3a}{4b} + \dfrac{p_z + (e + c)(x_1 + x_2)}{4}$	$\dfrac{3a}{4b} + \dfrac{p_z + (e + c)(x_1 + x_2)}{4}$	$\dfrac{3a}{4b} + \dfrac{p_z + (e + c)(x_1 + x_2)}{4}$
f	$\dfrac{L}{4} - \dfrac{3h}{4k}$	$\dfrac{M}{2} - \dfrac{h}{2k}$	$\dfrac{N}{4} - \dfrac{3h}{4k}$
A	$\dfrac{L}{2} - \dfrac{h}{2k}$	—	$\dfrac{N}{2} - \dfrac{h}{2k}$

参数	Model R	Model M	Model P
D	$\dfrac{a-b[p_z+(e+c)(x_1+x_2)]}{4}$	$\dfrac{a-b[p_z+(e+c)(x_1+x_2)]}{4}$	$\dfrac{a-b[p_z+(e+c)(x_1+x_2)]}{4}$
G	$\dfrac{h+kL}{4}$	$\dfrac{h+kM}{2}$	$\dfrac{h+kN}{4}$
π_r	$\dfrac{1}{b}D_R^{*2}+\dfrac{1}{k}G_R^{*2}$	$\dfrac{1}{b}D_M^{*2}$	$\dfrac{1}{b}D_P^{*2}$
π_p	—	—	$\dfrac{1}{k}G_P^{*2}$
π_m	$\dfrac{2}{b}D_R^{*2}+\dfrac{2}{k}G_R^{*2}$	$\dfrac{2}{b}D_M^{*2}+\dfrac{1}{k}G_M^{*2}$	$\dfrac{2}{b}D_P^{*2}+\dfrac{2}{k}G_P^{*2}$
π_T	$\dfrac{3}{b}D_R^{*2}+\dfrac{3}{k}G_R^{*2}$	$\dfrac{3}{b}D_M^{*2}+\dfrac{1}{k}G_M^{*2}$	$\dfrac{3}{b}D_P^{*2}+\dfrac{3}{k}G_P^{*2}$
E	$XD_R^*+Y_1G_R^*$	$XD_M^*+Y_2\dfrac{G_M^*}{2}$	$XD_P^*+Y_3G_P^*$

注：$L=p_z-[e_3+c_3+(e+c)x_4]$，$X=(x_1+x_2)e$，$Y_1=e_3+x_4e$，$M=p_z-[e_3+c_3+(e_2+c_2)l_2^M+(e+c)x_3]$，$Y_2=2(x_3e+l_2^Me_2+e_3)$，$N=p_z-[\sum\limits_{i=1}^{3}(e_i+c_i)-(e_1+c_1)l_2^P+(e+c)x_5]$，$Y_3=\sum\limits_{i=1}^{3}e_i-l_2^Pe_1+x_5e$。

2.2.3　三种回收模式下利润波动规律分析

本节将在分散决策下，研究三种回收模式中各成员的定价决策和利润波动及其影响因素。

结论 1：当不考虑成本因子和碳排放因子，即 $e=0$，$c=0$，$e_i=0$，$c_i=0$，$i=1$，2，3 时，$\omega_R^*=\omega_M^*=\omega_P^*$，$p_R^*=p_M^*=p_P^*$，$f_M^*>f_R^*=f_P^*$，$f_M^*=A_R^*=A_P^*$，$\pi_{TM}^*>\pi_{TR}^*=\pi_{TP}^*$。

结论 1 表明，在不考虑 CLSC 碳排放下：①三种回收模式的批发价格和零售价格是相同的，说明回收模式的不同不会影响正向供应链的定价；②由于制造商是市场的主导者，其愿意支付的回收价格或回收转移价格是一定的，在此条件下，制造商会选择回收成本低、回收质量高的回收模式；③零售商回收模式与制造商回收模式相比，回收质量高且回收成本低，故零售商回收模式更有效；④制造商直接回收的利润要高于其间接回收（Model R 或 Model P）的利润，显然在不考虑运输碳排放的情况下制造商会选择直接回收的方式。

结论2： 当同时考虑成本因子和碳排放因子，即 $e > 0$，$c > 0$，$e_i > 0$，$c_i > 0$，$i = 1，2，3$，有 $\omega_R^* = \omega_M^* = \omega_P^*$，$p_R^* = p_M^* = p_P^*$。

结论2表明，不论是否考虑运作成本或碳排放成本，再制造品正向销售过程不受回收模式的影响。与结论1相比，考虑碳排放成本会抬高零售价，说明生产商将碳排放成本转嫁给消费者。该结论从侧面反映出政府通过征收碳税对碳高排企业进行限制可能损害到消费者的利益，与结论1一致。

结论3： 当同时考虑成本因子和碳排放因子时，回收价格或回收转移价格与出售到电子市场的价格正相关，与碳排放和成本负相关，且满足 $L > M > N$。

结论3表明，不同回收模式下，回收价格的差异不仅与回收质量相关，还与回收再制造过程的碳排放和成本相关。回收商会把回收成本和碳排放成本转嫁给消费者，且只有 $A_R^* > f_M^* > A_P^*$ 时，成员才会有回收动力，回收质量才会较高。

结论4： 当同时考虑成本因子和碳排放因子时，

（1）当 $G_M^* > 1.5 D_M^*$ 且 $\frac{k}{b} \leqslant \frac{X}{Y_i}$，$i = 1，2，3$ 时，提高 p_z 促进不同回收模式总利润增加的同时降低了碳排放。

（2）当 $G_M^* > 1.5 D_M^*$ 且 $\frac{k}{b} > \frac{X}{Y_i}$，$i = 1，2，3$ 时，提高 p_z 促进不同回收模式总利润增加的同时会增加碳排放。

（3）当 $G_M^* \leqslant 1.5 D_M^*$ 且 $\frac{k}{b} \leqslant \frac{X}{Y_i}$，$i = 1，2，3$ 时，提高 p_z 促进 Model R 和 Model P 总利润增加，而 Model M 总利润和不同回收模式的碳排放均降低。

（4）当 $G_M^* \leqslant 1.5 D_M^*$ 且 $\frac{k}{b} > \frac{X}{Y_i}$，$i = 1，2，3$ 时，提高 p_z 促进 Model R 和 Model P 总利润增加，而 Model M 总利润降低，不同回收模式的碳排放增加。

结论4说明分析回收市场和销售市场的需求结构，通过调节 p_z 可以控制碳排放量，然而这种行为可能会损害相关企业的利益，政府或核心企业可以通过回购、补贴等形式实现调节 p_z 的同时又与这些企业共担风险。

2.2.4 算例分析

接下来将研究不同排放因子（单位再制造成本、单位运输排放成本、单位运输管理成本、回收替代性）对供应链利润的影响。在以制造商（如 Apple 公司）为核心企业的电子行业构建 CLSC 体系中，针对不同回收质量的产品（如计算机）具有不同的回收机制，制造商拥有自己的回收团队，同时在某些情况下也会选择第三方回收。参照克里斯托斯·齐科普洛斯等（Christos Zikopoulos et al.，2007）对生产和运输排放数据的获取和分析方法，给出以下实验数据：

假设 $a = 200$，$b = 1.5$，$h = 10$，$k = 1.5$，$p_z = 80$，$x_1 = 50$，$x_2 = 30$，$x_3 = 10$，$x_4 = 3$，$x_5 = 2$，$c = 80$，$c_1 = 25$，$c_2 = 15$，$c_3 = 5$，$e = 0.04$，$e_1 = 2.5$，$e_2 = 1.5$，$e_3 = 0.5$，$l_2^M = 0.5$，$l_2^P = 0.5$，将实验数据代入表 2 - 1，则在三种回收模式下，随不同因子变化的总利润和碳排放波动情况①如图 2.2 ~ 图 2.5 所示。

1. 不同回收模式下总利润（Profit）和总排放（Emission）随 e 和 e_3 变化的波动趋势

由图 2.2（a）可知，随单位运输碳排放成本（e）增加，三种回收模式下的总利润均将减少，由于制造商的回收路径较长，因此其利润减少速度更快；随 e 增加，三种回收模式下的总碳排放量呈先增加后减少的趋势，这是由于 e 增加会导致市场对再制造品的需求和回收量降低，当 CLSC 承受的碳排放成本达到最大值后，市场需求急剧下降，即使 e 很大，总碳排放量也呈下降趋势，当 $e > 0.46$ 时，市场需求几乎为 0。

图 2.2（b）说明再制造碳排放增加时，Model M 碳排放随 e_3 变化波动最快，Model P 随 e_3 变化波动最慢，且 Model P 的 e_3 波动范围最小，Model M 的 e_3 波动范围最大。这是 Model P 的回收价格波动区间小于 Model M 的回收价格波动区间造成的（即需满足回收价格非负性：f_P^* 趋于零时，$e_3 \approx 24.3$，即 Model P 下 e_3 的取值范围为 [0，24.3]；同理有 Model R 下 e_3 的取值范围为 [0，54.5]；Model M 下 e_3 的取值范围为 [0，57.7]）。

---

① 图 2.2 ~ 图 2.5 中 TM、TR、T3P、EM、ER、E3P 分别表示 Model M 的总利润、Model R 的总利润、Model P 的总利润、Model M 的碳排放、Model R 的碳排放、Model P 的碳排放。

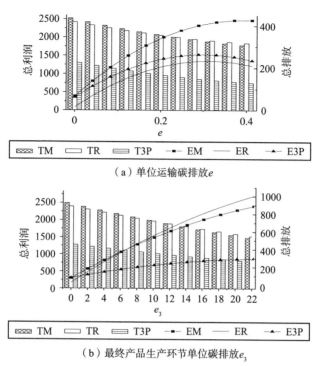

（a）单位运输碳排放e

（b）最终产品生产环节单位碳排放e_3

图2.2 三种回收模式下的总利润和总排放随e和e_3变化的波动趋势

2. 不同回收模式下的总利润和碳排放随c和c_3变化的波动趋势

从图2.3看出，增加运输管理成本或再制造成本，三种回收模式下的总利润和总排放均会降低。这是由于成本提高，市场需求和回收量降低。当$c > 0.62$时，市场需求量趋于0。虽然增加成本可以降低碳排放，但是利润下降更快，这是企业不愿见到的。

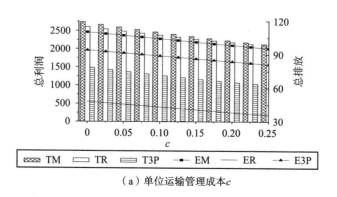

（a）单位运输管理成本c

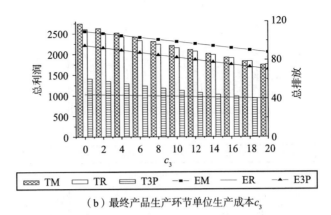

（b）最终产品生产环节单位生产成本c_3

图2.3　三种回收模式下的总利润和碳排放随c和c_3变化的波动趋势

3. 不同回收模式下的总利润随运输路径增长的波动趋势

从图2.4（a）~（b）看出，随CLSC正向销售渠道的路径延长，三种回收模式的利润均减少，碳排放先增加后减少。这是由于随着路径的延长，转嫁到消费者身上的成本增加，导致市场需求量降低，正向渠道运量减少。

从图2.4（c）看出，随着CLSC逆向销售渠道的路径延长，三种回收模式的利润均减少，碳排放先增加后减少。这是随着回收路径的延长，回收价格降低，回收量减少，逆向渠道运量减少造成的。

4. 不同回收模式下总利润随l_2^M / l_2^P变化的波动趋势

如图2.5所示，在Model M中，l_2^M比例增加，即$(1 - l_2^M)$降低（制造商回收质量降低）时，制造商回收产品可以直接进入最终产品生产环节的比例降

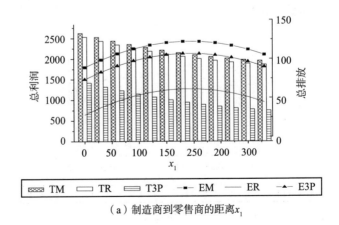

（a）制造商到零售商的距离x_1

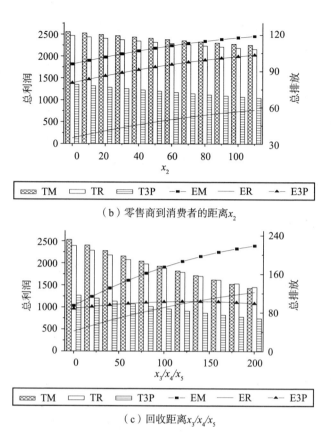

（b）零售商到消费者的距离x_2

（c）回收距离$x_3/x_4/x_5$

图2.4　三种回收模式下的总利润随运输路径增长的波动趋势

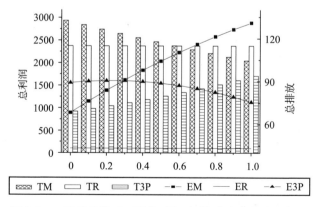

图2.5　三种回收模式下的总利润随l_2^M/l_2^P变化的波动趋势

低，Model M 的利润降低，碳排放增加；Model P 中，l_2^P 比例增加，（第三方的回收质量提升），第三方的回收产品可以直接进入零部件生产环节的比例增加，

Model P 的利润增加，碳排放降低。CLSC 回收质量越高，则回收的总利润越高，总碳排放越低。

当 $l_2^M = 1$，$l_2^P = 1$ 时，Model M 与 Model P 的回收质量相同，回收产品均进入再制造过程的零部件生产环节，此时 Model M 的利润高于 Model P，Model M 的碳排放也高于 Model P。当 $l_2^M = 0$ 时，Model R 与 Model M 的回收质量相同，回收产品全部进入再制造过程的最终产品生产环节，此时 Model M 的利润高于 Model R，Model M 的碳排放也高于 Model R。因此，回收的总利润和碳排放还与回收模式相关。

2.2.5 研究结论

本节建立了一个由制造商、零售商、第三方物流回收商构成的考虑碳排放的 CLSC 系统。根据回收产品质量特性制定了三种回收模式，进行定价决策、实施总利润和碳排放波动分析，从而得出以下结论。

（1）正向销售渠道价格决策不受回收模式影响，企业会将碳排放成本和运作成本转嫁给消费者。

（2）不同回收模式改善利润和碳排放的效率不同，当二者出现矛盾时，政府应通过补贴、技术支持和政策优惠等方式引导企业选择排放较少的回收模式。

（3）较高的回收质量可以在实现 CLSC 利润提高的同时降低碳排放，核心企业可以通过按照回收质量定级的方式制定有效的回收定价机制，以引导回收商提高回收质量。

（4）制造商应根据回收质量设定不同的回收转移价格以促进回收商提供更多更优质的回收品。同时政府或核心企业应采取补贴或利益共享等手段促进更加环保的回收模式的发展。

2.3 不同主导模式下考虑碳排放的 CLSC 收益波动分析

2.3.1 模型描述与基本假设

1. 模型描述

现在很多电子公司如 Apple、Dell 等已拥有完善回收体系，产品多已形成模块化设计，使用高度可回收的原材料，制造商可以同时进行新产品与再制造品生产，其中，新产品使用全新材料进行生产，再制造品使用回收品进行生产。在处理过程中，本节还考虑了回收产品的质量问题。

具体包括以下处置决策。

（1）质量差（L），即进入生命终期的产品，其质量区间为 $[0, m_1]$，对其进行完全拆解，进行金属、塑料等可再利用原材料的提纯，并将提纯原材料投入再制造过程的原材料生产阶段。

（2）质量中等（M），部分功能损坏或质量损失且在寿命周期之内的回收产品，其质量区间为 $[m_1, m_2]$，对其进行模块分解，将可用的零部件投入再制造过程的零部件生产阶段。

（3）质量好（H），即满足无功能、质量损坏的产品，其质量区间为 $[m_2, 1]$，将其直接投入再制造过程的最终产品生产阶段，进行简单的喷漆、清洗或再包装即可出售（其中 $0 < m_1 < m_2 < 1$，m_1 或 m_2 越小，即回收品进入零部件生产层或最终产品生产层的可能性就越大，说明生产商使用了高度可回收再利用的原材料，或产品模块化设计程度高，或制造商的再制造能力强）。

基于 2.2 节不同回收模式的 Model M 和 Model R 模型，研究不同市场主导力量的情况，从而建立四种回收情境，即制造商主导制造商回收（MM）、制造商主导零售商回收（MR）、零售商主导制造商回收（RM）及零售商主导零售商回收（RR）。

2. 基本参数说明

（1）角标。L，M，H 分别表示回收质量等级差、中等、好；$i = 1$，2，3 分别表示再制造过程的原材料生产环节、零部件生产环节、最终产品生产环节；j，$k = m$，l，c 分别为制造商、零售商、顾客；MM/RM 表示制造商负责回收的模式，MR/RR 表示零售商负责回收的模式；n，r 分别表示新产品与再制造品；* 表示均衡解。

（2）外生变量。e_n，c_n 表示新产品的生产碳排放和原材料成本；e_i，c_i 表示再制造品第 i 阶段的生产排放和原材料成本，$e_n > \sum_{i=1}^{3} e_i$，$c_n > \sum_{i=1}^{3} c_i$；e，c 表示运输过程的单位排放和单位管理成本；$x_{j,k}$ 表示从 j 节点到 k 节点的距离；p_z 表示电子渠道销售价格；f_0 表示回收基价；x 表示回收质量（$0 < x < 1$）；t 表示零售商回收模式下，制造商提供给零售商的转移价格系数；$\pi_j (j = M, R,$

TMM，TMR，TRM，TRR）分别表示制造商利润、零售商利润、MM 模式总利润、MR 模式总利润、RM 模式总利润、RR 模式总利润；E 表示 CLSC 整体碳排放。

（3）决策变量。ω_n，ω_r 表示新产品与再制造品的批发价格；m_n，m_r 表示新产品与再制造品的零售利润；θ 表示质量价值系数，即随回收质量提升，回收价格提升的程度。

3. 基本假设

假设 1：假设回收产品全部用于再制造，销售季节结束，制造商将剩余产品以价格 p_z 出售到电子渠道，不考虑电子渠道的运输碳排放和管理成本。

假设 2：回收价格为 $f = f_0 + \theta x$，总回收量为 $G = \int_0^1 (h + kf)f(x)\,dx$，$h$ 为消费者愿意无偿参与回收的回收量，k 为回收价格敏感因子，$f(x)$ 为质量密度函数，假设回收质量满足（0，1）均匀分布，即 $f(x) = 1$，则有

（1）质量差（L）的回收品平均价格为 $f_L = \dfrac{1}{m_1}\int_0^{m_1}(f_0 + \theta x)f(x)\,dx = f_0 + \dfrac{1}{2}\theta m_1$，其回收量为 $G_L = \int_0^{m_1}(h + kf)f(x)\,dx = m_1\left(h + kf_0 + \dfrac{km_1\theta}{2}\right)$；

（2）质量中（M）的回收品平均价格为 $f_M = \dfrac{1}{m_2 - m_1}\int_{m_1}^{m_2}(f_0 + \theta x)f(x)\,dx = f_0 + \dfrac{1}{2}\theta(m_1 + m_2)$，其回收量为 $G_M = \int_{m_1}^{m_2}(h + kf)f(x)\,dx = (m_2 - m_1)\left[h + kf_0 + \dfrac{k(m_1 + m_2)\theta}{2}\right]$；

（3）质量高（H）的回收品平均价格为 $f_H = \dfrac{1}{1 - m_2}\int_{m_2}^1(f_0 + \theta x)f(x)\,dx = f_0 + \dfrac{1}{2}\theta(m_2 + 1)$，其回收量为 $G_H = \int_{m_2}^1(h + kf)f(x)\,dx = (1 - m_2)\left[h + kf_0 + \dfrac{k(1 + m_2)\theta}{2}\right]$，回收总量为 $G = \int_0^1(h + kf)f(x)\,dx = h + kf_0 + \dfrac{k\theta}{2}$。

假设 3：参照杰拉尔多·费雷拉等（Geraldo Ferrera et al.，2006）的研究，假设新产品效用函数为 $U_n = v - (\omega_n + m_n)$，再制造品效用函数为 $U_r = uv - (\omega_r + m_r)$，其中 u 为消费者对再制造品的认可度，假设 $0 < u < 1$，即再制造品带给消费者的效用低于新产品；v 为消费者对该产品的总效用；U_n，U_r 分别为

新产品与再制造品带给消费者的剩余价值，只有 $U_n \geq 0$ 时消费者才会购买新产品，即 $v > \hat{v}_n = \omega_n + m_n$，只有 $U_r \geq 0$ 时消费者才会购买再制造品。

即当 $v > \hat{v}_r = (\omega_r + m_r)/u$，且新产品与再制造品效用等价，即 $U_n = U_r$ 时，有等效用点 $\hat{v}_{nr} = [(\omega_n + m_n) - (\omega_r + m_r)]/(1 - u)$。假设市场规模为 Q，则新产品的市场需求 D_n 和再制造品的市场需求 D_r 为 $D_n = Q - \dfrac{(\omega_n + m_n) - (\omega_r + m_r)}{1 - u}$，$\hat{v}_n \geq \hat{v}_r$，$Q > \hat{v}_n \geq \hat{v}_{nr}$；$D_r = \dfrac{(\omega_n + m_n) - (\omega_r + m_r)}{1 - u} - \dfrac{\omega_r + m_r}{u}$，$\hat{v}_n \geq \hat{v}_r$，$\hat{v}_r < \hat{v}_{nr}$。

如图 2.6 所示，横轴为产品带给消费者的总效用，纵轴为消费者的预期效用最低限度，取两条消费者的预期效用线 U_1 和 U_2，可直观求得新产品的市场需求区间为 $[\hat{v}_{nr}, Q]$，再制造品的市场需求区间为 $[\hat{v}_r, \hat{v}_{nr}]$。

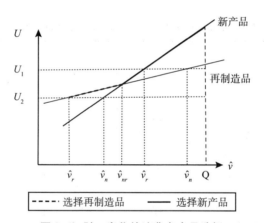

图 2.6 随 v 变化的消费者产品选择

此外，$\omega_n > \omega_r$，$\omega_n > e_n + c_n$，$\omega_r > f + \sum\limits_{i=1}^{3}(e_i + c_i)$，以满足消费者效用偏好，保证回收商回收动力。

假设 4：参照李基勋（Ki‑Hoon Lee，2011）和塔雷克·阿卜杜拉（Tarek Abdallah，2012）对供应链成本和排放来源的研究，将成本因素分为制造过程的原材料成本（CP）、运输过程的管理成本（CT）和回收过程支付给消费者的回收成本（CR）；将排放成本分为生产排放成本（EP）和运输排放成本（ET）。制造商承担整个新产品与再制造品的原材料成本和生产排放成本；同时制造商承担制造商到零售商的运输排放成本和管理成本，零售商承担零售商到消费者的运输排放成本和管理成本，且回收方负责回收过程的排放成本和管理成本。

假设5：制造商在便于操作的情况下，以零售商不同回收质量等级下的回收均价作为参照，即将三种回收质量等级下各自回收均价的 $(1+t)$ 倍作为三种回收质量等级下的回收转移价格，即合计转移给零售商的利润为

$$(1+t)J(J=f_L G_L+f_M G_M+f_H G_H)$$

进而通过计算可求得

$$J=\frac{k(m_1 m_2^2-m_2 m_1^2+m_2-m_2^2+1)}{4}\theta^2+\frac{h+2kf_0}{2}\theta+f_0(h+kf_0)$$

4. 制造商和零售商的收入、成本和碳排放的关系分析

综上所述得到下列关系，见表 2-2。

表 2-2　　　　　制造商和零售商的收入、成本和碳排放的关系式

符号说明		制造商		零售商	
		新产品	再制造品	新产品	再制造品
收入		Rm_n	Rm_r	Rr_n	Rr_r
成本	原材料	CP_n	CP_r	—	—
	运输	CTm_n	CTm_r	CTr_n	CTr_r
	回收	CR			
碳排放	生产	EP_n	EP_r	—	—
	运输	ETm_n	ETm_r	ETr_n	ETr_r

在表 2-2 中，制造商的销售收入 $Rm=Rm_n+Rm_r$，$Rm_n=\omega_n D_n$，$Rm_r=\omega_r D_r+p_z(G-D_r)$；零售商的销售收入 $Rr=Rr_n+Rr_r$，$Rr_n=(\omega_n+m_n)D_n$，$Rr_r=(\omega_r+m_r)D_r$；零售商的总批发成本 $W=\omega_n D_n+\omega_r D_r$。

制造商支付的原材料成本 $CP=CP_n+CP_r$，$CP_n=c_n D_n$，$CP_r=c_1 G_L+c_2(G_L+G_M)+c_3 G$；制造商支付的生产排放成本 $EP=EP_n+EP_r$，$EP_n=e_n D_n$，$EP_r=e_1 G_L+e_2(G_L+G_M)+e_3 G$。

制造商支付的运输管理成本 $CTm=CTm_n+CTm_r$，$CTm_n=cx_{ml}D_n$，在 MM/RM 下：$CTm_r=cx_{cm}G+cx_{ml}D_r$，在 MR/RR 下：$CTm_r=cx_{ml}D_r$；零售商支付的运输管理成本 $CTr=CTr_n+CTr_r$，$CTr_n=cx_{lc}D_n$，在 MM/RM 下，$CTr_r=cx_{lc}D_r$，在

MR/RR 下，$CTr_r = cx_{clm}G + cx_{lc}D_n$。制造商支付的运输排放成本 $ETm = ETm_n + ETm_r$，$ETm_n = ex_{ml}D_n$，在 MM/RM 下，$ETm_r = cx_{cm}G + cx_{ml}D_r$，在 MR/RR 下，$ETm_r = ex_{ml}D_r$；零售商支付的运输排放成本 $ETr = ETr_n + ETr_r$，$ETr_n = ex_{lc}D_n$，在 MM/RM 下：$ETr_r = cx_{lc}D_r$，在 MR/RR 下，$ETr_r = ex_{clm}G + ex_{lc}D_r$。则总碳排放为 $E = EP + ETm + ETr$；再制造品的回收成本为 $CR = \int_0^1 f(h + kf)f(x)\,\mathrm{d}x = f_0(h + kf_0) + \dfrac{h + 2kf_0}{2}\theta + \dfrac{k\theta^2}{3}$。

2.3.2　模型的建立与求解

1. 制造商主导制造商回收（MM）

在 MM 模式中，制造商首先制定新产品与再制造品的批发价格和回收质量系数 $M(\omega_n, \omega_r, \theta)$，然后零售商决策新产品与再制造品的销售利润 $R(m_n, m_r \mid \omega_n, \omega_r, \theta)$。则制造商与零售商的 CLSC 利润最大化模型分别为

$$\max_{\omega_n, \omega_n, \theta} \pi_M = Rm - CP - EP - CTm - ETm - CR \qquad (2-4)$$

$$\text{s. t. } \max_{m_n, m_r} \pi_R = Rr - W - CTr - ETr$$

在 MM 模式中，制造商为 Stackelberg 的主导者，由于模型均为完全信息下的动态博弈，因此可采用逆向求解法求解，又因为在给定 ω_n，ω_r，θ 下，π_R 是关于 m_n，m_r 的严格凹函数，而 π_M 是关于 ω_n，ω_r，θ 的严格凹函数，故模型有唯一最优解。

2. 制造商主导零售商回收（MR）

在 MR 模式中，制造商首先决策新产品与再制造品的批发价格 $M(\omega_n, \omega_r)$，然后零售商确定利润水平和回收质量系数 $R(m_n, m_r, \theta \mid \omega_n, \omega_r)$。则制造商和零售商的 CLSC 利润最大化模型分别为

$$\max_{\omega_n, \omega_n, \theta} \pi_M = Rm - CP - EP - CTm - ETm - (1+t)J \qquad (2-5)$$

$$\text{s. t. } \max_{m_n, m_r} \pi_R = Rr - W - CTr - ETr - CR + (1+t)J$$

制造商为 Stackelberg 的主导者，采用逆向求解法，在给定 ω_n，ω_r 下，π_R 是关于 m_n，m_r，θ 的严格凹函数，而 π_M 是关于 ω_n，ω_r 的严格凹函数，故模型有唯一最优解。

3. 零售商主导制造商回收（RM）

在 RM 模式中，决策顺序变为零售商决策新产品与再制造品的销售利润 $R(m_n, m_r)$ 后，制造商决策新产品与再制造品的批发价格与回收质量系数 $M(\omega_n, \omega_r, \theta \mid m_n, m_r)$。则制造商与零售商的 CLSC 利润最大化模型分别为

$$\max_{m_n, m_r} \pi_R = Rr - W - CTr - ETr \qquad (2-6)$$

$$\text{s. t.} \quad \max_{\omega_n, \omega_n, \theta} \pi_M = Rm - CP - EP - CTm - ETm - CR$$

零售商为 Stackelberg 主导者，采用逆向求解法，在给定 m_n，m_r 下，π_M 是关于 ω_n，ω_r，θ 的严格凹函数，而 π_R 是关于 m_n，m_r 的严格凹函数，故模型有唯一最优解。

4. 零售商主导零售商回收（RR）

在 RR 模式中，决策顺序变为零售商决定销售利润水平和回收质量系数 $R(m_n, m_r, \theta)$ 后，制造商决策新产品与再制造品的批发价格 $M(\omega_n, \omega_r \mid m_n, m_r, \theta)$。则制造商与零售商的 CLSC 利润最大化模型分别为

$$\max_{m_n, m_r} \pi_R = Rr - W - CTr - ETr - CR + (1+t)J \qquad (2-7)$$

$$\text{s. t.} \quad \max_{\omega_n, \omega_n, \theta} \pi_M = Rm - CP - EP - CTm - ETm - (1+t)J$$

零售商为 Stackelberg 的主导者，采用逆向求解法，在给定 m_n，m_r，θ 下，π_M 是关于 ω_n，ω_r 的严格凹函数，而 π_R 是关于 m_n，m_r，θ 的严格凹函数，故模型有唯一最优解。分散决策下 CLSC 四种情境下均衡解见表 2-3。

表 2-3 中：

$$A = p_z - \left[2f_0 + e_3 + c_3 + (e_1 + c_1)m_1^2 + (e_2 + c_2)m_2^2 + (e+c)x_{cm} \right]$$

$$F = 1 - 3(1+t)(1-m_1)m_2(1+m_1-m_2) - 3t$$

$$K = p_z - \left[f_0 + e_3 + c_3 + (e_1 + c_1)m_1 + (e_2 + c_2)m_2 + (e+c)x_{cm} \right], \quad X_1 = e_3 + e_1 m_1 + e_2 m_2 + ex_{cm}$$

$$X_2 = e_3 + e_1 m_1 + e_2 m_2 + ex_{clm}, \quad N = (1+t) - C^* - (e+c)x_{cl}G^*$$

$$Y_1 = k(e_3 + ex_{cm} + e_1 m_1^2 + e_2 m_2^2)/2, \quad Y_2 = k(e_3 + ex_{clm} + e_1 m_1^2 + e_2 m_2^2)/2$$

$$M = \left\{ -(1+t)J + k[A + (e+c)x_{cl}] - h \right\} v_{MR}^*/2 + (h + kf_0)[F + (e+c)x_{cl}]$$

$$H = e_n D_n^* + e(x_{ml} + x_{lc})(D_n^* + D_r^*)$$

表2－3　分散决策下CLSC不同情境最优定价和利润均衡解

变量	MM 模式	MR 模式	RM 模式	RR 模式
ω_n	$\dfrac{Q+(e_n+c_n)+(e+c)(x_{ml}-x_{rlc})}{2}$		$\dfrac{Q+[3(e_n+c_n)+(e+c)(3x_{ml}-x_{lc})]}{4}$	
ω_r	$\dfrac{uQ+p_z+(e+c)(x_{ml}-x_{lc})}{2}$		$\dfrac{uQ+[3p_z+(e+c)(3x_{ml}-x_{lc})]}{4}$	
m_n	$\dfrac{Q-(e_n+c_n)-(e+c)(x_{ml}-3x_{lc})}{4}$		$\dfrac{Q-[(e_n+c_n)+(e+c)(x_{ml}-x_{lc})]}{2}$	
m_r	$\dfrac{uQ-(e_n+c_n)-(e+c)(x_{ml}-3x_{lc})}{4}$		$\dfrac{uQ-[p_z+(e+c)(x_{ml}-x_{lc})]}{2}$	
θ	$\dfrac{3(kA-h)}{4k}$	$\dfrac{3[t(h+2kf_0)-k(e+c)x_{clm}]}{kF}$	$\dfrac{3(kA-h)}{4k}$	$\dfrac{3[t(h+2kf_0)-k(e+c)x_{clm}]}{kF}$
D_n	$\dfrac{Q}{4}-\dfrac{e_n+c_n-p_z}{4(1-u)}$			
D_r	$\dfrac{e_n+c_n}{4(1-u)}-\dfrac{(e+c)(x_{ml}+x_{lc})}{4u}-\dfrac{p_z}{4u(1-u)}$			
π_R	$D_n^{*2}+2uD_n^*D_r^*+uD_r^{*2}=\pi_R^*$	π_R^*+M	$2\pi_R^*$	$2\pi_R^*+M$
π_M	$2\pi_R^*+\dfrac{3(kA-h)^2}{16k}+K(h+kf_0)$	$2\pi_R^*+N$	$\pi_R^*+\dfrac{3(kA-h)^2}{16k}+K(h+kf_0)$	π_R^*+N
π_T	$3\pi_R^*+\dfrac{3(kA-h)^2}{16k}+K(h+kf_0)$	$3\pi_R^*+M+N$	$3\pi_{r.MM}^*+\dfrac{3(kA-h)^2}{16k}+K(h+kf_0)$	$3\pi_{r.MM}^*+M+N$
E	$H+X_1(h+kf_0)+Y_1\theta_{MM}^*$	$H+X_2(h+kf_0)+Y_2\theta_{MR}^*$	$H+X_1(h+kf_0)+Y_1\theta_{MM}^*$	$H+X_2(h+kf_0)+Y_2\theta_{MR}^*$

2.3.3   不同情境下均衡波动规律分析

本节将在四种情境下，研究各成员的定价决策、利润波动及其影响因素。

结论 1：

（1）$\omega_{nMM}^* = \omega_{nMR}^* > \omega_{nRM}^* = \omega_{nRR}^*$，$\omega_{rMM}^* = \omega_{rMR}^* > \omega_{rRM}^* = \omega_{rRR}^*$，$m_{nMM}^* = m_{nMR}^* < m_{nRM}^* = m_{nRR}^*$，$m_{rMM}^* = m_{rMR}^* < m_{rRM}^* = m_{rRR}^*$。

（2）$2\pi_{RMM}^* = \pi_{RRM}^*$，$\pi_{RRR}^* - \pi_{RMR}^* = \pi_{RMM}^*$，$\pi_{MMM}^* - \pi_{MRM}^* = \pi_{RMM}^*$，$\pi_{MMR}^* - \pi_{MRR}^* = \pi_{RMM}^*$，$\pi_{TMM}^* = \pi_{TRM}^*$，$\pi_{TMR}^* = \pi_{TRR}^*$（可由表 2 - 3 直接获得）。

结论 1 表明：相同回收模式下，市场主导者会利用市场地位制定较高的价格以获得较高的利润；然而回收力量的波动只引起 CLSC 内部利润分配的变化，不影响 CLSC 的总利润。

结论 2： 降低单位运输碳排放，市场规模有扩大趋势。

证明： 从表 2 - 3 可以得出

$$p_{nMM}^* = p_{nMR}^* = p_{nRM}^* = p_{nRR}^* = \omega_{nMM}^* + m_{nMM}^* = \frac{3Q + (e_n + c_n) + (e + c)(x_{ml} + x_{lc})}{4},$$

$$p_{rMM}^* = p_{rMR}^* = p_{rRM}^* = p_{rRR}^* = \omega_{rMM}^* + m_{rMM}^* = \frac{3uQ + p_z + (e + c)(x_{ml} + x_{lc})]}{4}$$

$$(2 - 8)$$

从公式（2 - 8）可知，不论新产品还是再制造品，在零售价格不变的情况下，e 降低，Q 有增加趋势。这也是一些电子企业致力于控制产品生命周期碳排放，以获取更大市场规模的原因之一。

结论 3：

（1）在 MM/RM 下，m_1 和 m_2 始终与回收价格负相关。

（2）在 MR/RR 下，当 t 较高（低），且 m_1 或 m_2 较大（小）时，m_1 或 m_2 与零售商的回收价格负相关。

（3）在 MR/RR 下，当 e 较高时，t 与零售商的回收价格负相关。

证明： 从假设 3 容易看出，$\mathrm{d}f_j/\mathrm{d}\theta > 0$，$\mathrm{d}G_j/\mathrm{d}\theta > 0$，$j = L,\ M,\ H$，接下来只研究 θ 即可。

（1）$\mathrm{d}\theta_{MM}^*/\mathrm{d}m_1 = -3m_1(e_1 + c_1)/2 < 0$，$\mathrm{d}\theta_{MM}^*/\mathrm{d}m_2 = -3m_2(e_2 + c_2)/2 < 0$，结论 3（1）得证。

（2）由于 $\theta_{MR}^* = \theta_{RR}^*$，仅对 θ_{MR}^* 证明即可。

$$\frac{d\theta_{MR}^*}{dm_1} = \frac{-9m_2(2m_1 - m_2)(1+t)[t(h+2kf_0) - k(e+c)x_{clm}]}{kF^2},$$

$$\frac{d\theta_{MR}^*}{dm_2} = \frac{9(1-m_1)(1+m_1-2m_2)(1+t)[t(h+2kf_0) - k(e+c)x_{clm}]}{kF^2},$$

当 $t > [k(e+c)x_{clm}/(h+2kf_0)]$ 时，如图 2.7 所示。

①当 $2m_1 - m_2 > 0$，$1 + m_1 - 2m_2 > 0$，即 $0 < m_1 \leqslant 1/3$，$m_1 < m_2 < 2m_1$ 或 $1/3 < m_1 \leqslant 1$，$m_1 < m_2 < (1+m_1)/2$ 时，$d\theta_{MR}^*/dm_1 < 0$，$d\theta_{MR}^*/dm_2 > 0$。

②当 $1 + m_1 - 2m_2 \leqslant 0$，即 $1/3 < m_1 \leqslant 1/2$，$(1+m_1)/2 \leqslant m_2 < 2m_1$ 或 $1/2 < m_1 \leqslant 1$，$\frac{1+m_1}{2} < m_2 < 1$ 时，$d\theta_{MR}^*/dm_1 < 0$，$d\theta_{MR}^*/dm_2 \leqslant 0$。

③当 $2m_1 - m_2 \leqslant 0$，$1 + m_1 - 2m_2 > 0$，即 $0 < m_1 \leqslant 1/3$，$2m_1 \leqslant m_2 < (1+m_1)/2$ 时，$d\theta_{MR}^*/dm_1 \geqslant 0$，$d\theta_{MR}^*/dm_2 > 0$。

④当 $2m_1 - m_2 \leqslant 0$，$1 + m_1 - 2m_2 \leqslant 0$，即 $0 < m_1 \leqslant 1/3$，$(1+m_1)/2 \leqslant m_2 < 1$ 或 $1/3 < m_1 \leqslant 1/2$，$2m_1 < m_2 < 1$ 时，$d\theta_{MR}^*/dm_1 \geqslant 0$，$d\theta_{MR}^*/dm_2 \leqslant 0$。

同理可证，当 $t \leqslant [k(e+c)x_3/(h+2kf_0)]$ 时，情况与上述结论相反。

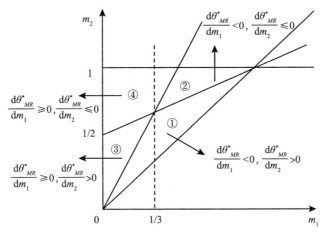

图 2.7　零售商回收模式下 m_1，m_2 与 θ 的关系

（3）$\dfrac{d\theta_{MR}^*}{dt} = \dfrac{3[h + 2kf_0 - 3k(e+c)x_{clm}]}{kF^2}$

$$-\frac{9(1-m_1)m_2(1+m_1-m_2)[h+2kf_0+k(e+c)x_{clm}]}{kF^2}。$$

令 $L = (1 - m_1) m_2 (1 + m_1 - m_2)$，显然 $L > 0$，当 $h + 2kf_0 - 3k(e + c)x_{clm} < 0$，即 $e > \dfrac{h + 2kf_0}{3kx_{clm}} - c$ 时，恒有 $\dfrac{\mathrm{d}\theta_{MR}^*}{\mathrm{d}t} < 0$；当 $h + 2kf_0 - 3k(e + c)x_{clm} \geq 0$，即 $e \leq \dfrac{h + 2kf_0}{3kx_{clm}} - c$ 时，若 $0 < L < \dfrac{h + 2kf_0 - 3k(e + c)x_{clm}}{3[h + 2kf_0 + k(e + c)x_{clm}]}$，则 $\dfrac{\mathrm{d}\theta_{nMR}^*}{\mathrm{d}t} > 0$；若 $L \geq \dfrac{h + 2kf_0 - 3k(e + c)x_{clm}}{3[h + 2kf_0 + k(e + c)x_{clm}]}$，则 $\dfrac{\mathrm{d}\theta_{nMR}^*}{\mathrm{d}t} \leq 0$。

结论 3 说明：在 MM/RM 下，随制造商的再制造能力的提高或产品的可利用性增强（m_1 或 m_2 减小），制造商愿意提供给消费者的回收价格增加，即将部分因节约成本而增加的利润以回收价格的形式作为消费者福利转移给消费者。在 MR/RR 下，制造商要通过综合评估零售商的碳排放和回收能力，以及回收品的可利用性和企业的再制造能力来制定合理的回收转移价格，以促进零售商提供更多高质量的回收品。

结论 4：

（1）$\mathrm{d}\theta_{MM}^*/\mathrm{d}e_i < 0$，$i = 1, 2, 3$（易从表 2 - 3 得出）。

（2）当 $t > \dfrac{k(e + c)x_{clm}}{h + 2kf_0}$ 时，$\mathrm{d}\theta_{MR}^*/\mathrm{d}e < 0$，当 $t < \dfrac{k(e + c)x_{clm}}{h + 2kf_0}$ 时，$\mathrm{d}\theta_{MR}^*/\mathrm{d}e > 0$。

$\dfrac{\mathrm{d}\theta_{MR}^*}{\mathrm{d}e} = -\dfrac{3x_{clm}}{F}$，当 $\dfrac{k(e + c)x_{clm}}{h + 2kf_0} < t$ 时，有 $t(h + 2kf_0) - kx_{clm}(e + c) > 0$，因为 $\theta_{MR}^* > 0$，所以 $F > 0$，$\mathrm{d}\theta_{MR}^*/\mathrm{d}e < 0$；当 $\dfrac{k(e + c)x_{clm}}{h + 2kf_0} > t$ 时，有 $\mathrm{d}\theta_{MR}^*/\mathrm{d}e < 0$，又因为 $\theta_{MR}^* > 0$，则 $F < 0$，$\mathrm{d}\theta_{MR}^*/\mathrm{d}e > 0$。

结论 4 说明：在 MM/RM 下，提高回收质量有助于减少单位生产排放和单位运输排放；而在 MR/RR 下，制造商要在综合考虑回收市场规模和回收商回收能力的基础上通过调节回收转移价格系数的方式控制回收质量。

结论 5：相同回收模式排放总成本相同，即 $E_{MM}^* = E_{RM}^*$，$E_{MR}^* = E_{RR}^*$，不同回收模式下，碳排放量的大小由回收质量、回收路径、生产和运输碳排放因子及市场需求量等因素共同决定（可由表 2 - 3 直接获得）。

结论 5 说明：①CLSC 碳排放总量不因市场主导力量变化而变化；②市场对新产品与再制造品的需求量增加会导致运量和生产量的增加，从而导致总排放量增加，然而供应链成员可以通过改善回收质量，降低单位产品的各类排放因子等手段降低单位产品的排放量。如 Apple 公司 2008—2012 年，产品销量不断增长，业绩不断提升，然而其 2012 年每 1 美元营收产生的碳排放比 2008 年降低了 21.5%。

2.3.4　算例分析

由结论 1 和结论 5 可知，RM/RR 与 MM/MR 的总利润和总排放是一致的，所以本节只对 MM 和 MR 进行数值分析。在以制造商为核心企业的电子行业构建的 CLSC 体系中，参照一些产品排放数据，给出以下实验数据：$Q = 700$，$h = 15$，$k = 1.5$，$f_0 = 2$，$x_{ml} = 50$，$x_{lc} = 30$，$x_{cm} = 30$，$x_{clm} = 6$，$c_n = 225$，$e = 0.04$，$c = 0.04$，$c_1 = 100$，$c_2 = 60$，$c_3 = 20$，$e_n = 22.5$，$e_1 = 10$，$e_2 = 6$，$e_3 = 2$，$m_1 = 0.2$，$m_2 = 0.7$，$p_z = 140$。由 $D_n > 0$，$D_r > 0$，$G > D_r$，求得 $0.5766 < u < 0.7223$，取 $u = 0.72$；由 $v_{MR} > 0$，求得 $0.0343 < t < 0.0417$，取 $t = 0.04$。

1. 回收质量区域分析

考虑不同回收模式下 m_1 和 m_2 的取值情况，如图 2.8 所示①。

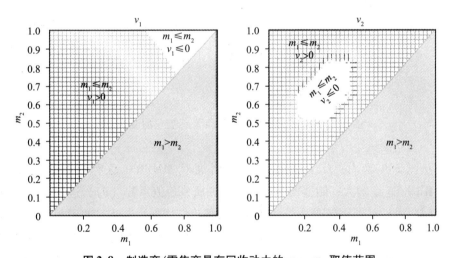

图 2.8　制造商/零售商具有回收动力的 m_1，m_2 取值范围

图 2.8 中灰色区域为不满足 $m_1 \leqslant m_2$ 的区间，不予考虑。当 $m_1 \leqslant m_2$ 时，

---

① m_1 和 m_2 中的下标 1 和 2 分别表示制造商回收模式（MM/RM）和零售商回收模式（MR/RR），以下算例分析中下标含义同上。

白色区域为 v_1（或 v_2）小于零的区域，即制造商（或零售商）不愿参与回收的 m_1，m_2 取值区域；方格区域为 v_1（或 v_2）大于零的区域，即制造商（或零售商）愿意参与回收的 m_1，m_2 取值区域（满足结论 3）。如 Apple 公司在其产品中采用一种高质量可回收再利用的铝外壳，大大提高了产品回收再利用的可能性，从而降低了产品生产过程的碳排放。

如图 2.8 所示，当系统满足 $m_1 = 0.2$，$m_2 = 0.7$ 时，制造商与零售商均有回收动力，有必要分析不同回收模式对系统利润和碳排放的影响。

2. 新产品生产阶段碳排放的波动影响分析

两种回收模式下，随不同排放因子变化的总排放成本及总利润波动情况如图 2.9 ~ 图 2.13 所示。

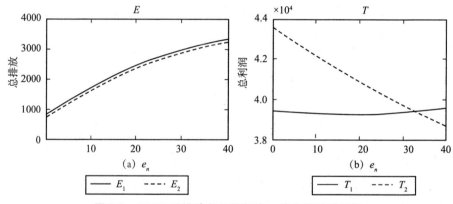

图 2.9　CLSC 总排放和总利润随 e_n 变化的波动趋势

从图 2.9 看出：①新产品碳排放增加对 MM/RM 总利润的影响小于 MR/RR。随 e_n 增大，制造商可以迅速增加质量价值系数（θ），进而提高回收量和回收质量，利用新产品与再制造品的替代性增加再制造品的销售，从而减少供应链利润的损失；然而 MR/RR 下，零售商的回收利润不因生产排放增加而增加，因此不会对市场变化作出反应，导致自身及整个供应链利润的下降，因此如何优化回收转移定价策略，从而使零售商迅速对不同产品的排放变化作出响应是制造商应思考的问题。②当 e_n 较低时，制造商愿意选择总排放较低的 MR/RR；而当 e_n 较高时，制造商愿意选择总排放较高的 MM/RM。因此对 e_n 较高的供应链的 MR/RR 进行补贴是政府积极引导相关企业实现减排目标的重要举措。

3. 再制造品不同生产阶段碳排放的波动影响分析

从图 2.10 ~ 图 2.12 看出：①再制造品碳排放增加对 MM/RM 总利润的影响小于 MR/RR，解释与图 2.9 类似。当生产排放因子不确定时，供应链可能会选择 MM/RM 以降低系统风险，然而其总利润和总排放很可能均不是最佳状态，因此 CLSC 成员明确各节点的排放因子十分重要。②越接近再制造过程的最终产品生产环节，单位再制造生产排放对总排放的影响越大（随 $e_1 - e_3$ 增加，总排放增加幅度依次增加）。这是由于越接近最终产品生产阶段，回收处理量就越大，因此再制造商应着力控制接近生产环节终端的碳排放。如 Apple 公司的许多产品包装的原材料采用回收纸张大大降低了最终产品包装过程的碳排放。

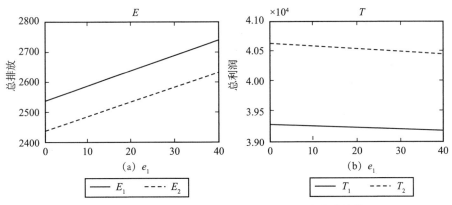

图 2.10 CLSC 总排放和总利润随 e_1 变化的波动趋势

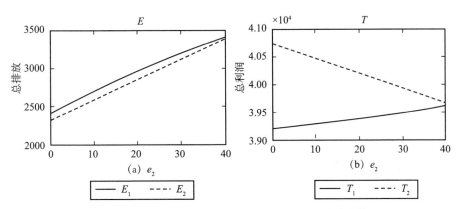

图 2.11 CLSC 总排放和总利润随 e_2 变化的波动趋势

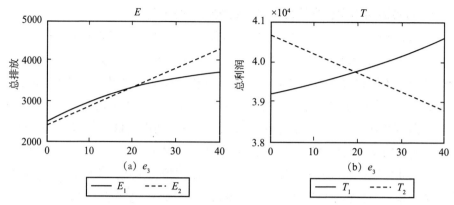

图 2.12　CLSC 总排放和总利润随 e_3 变化的波动趋势

4. 运输阶段碳排放变化的波动影响分析

从图 2.13 看出：①单位运输碳排放增加对 MR/RR 总排放的影响小于 MM/RM；单位运输排放增加对 MR/RR 总利润的影响大于 MM/RM。这是由于随 e 增加，MR/RR 的回收量降低速度远快于 MM/RM，导致 MR/RR 的再制造生产碳排放降低，进而导致总排放降低。随 e 增加，MR/RR 从短期来看，供应链成员会把增加的运输碳排放成本转嫁给消费者，甚至可以促使系统总利润增加，然而随 e 越来越大，回收量和各产品市场需求均降低，运输排放成本大大增加，导致总利润迅速下降（符合结论 2），显然将排放成本转嫁于消费者的行为是饮鸩止渴。②当 e 较高时，MR/RR 下系统总排放较低，但也意味着总利润较低，因此核心企业应该引导供应链实施降低运输碳排放的策略。如 iPhone 5 的包装体积比一代 iPhone 的减小 28%，使每个货盘可多放 60% 的产品，从而减小了单位产品的运输碳排放量。

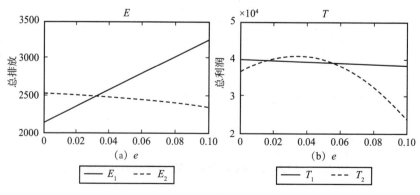

图 2.13　CLSC 总排放和总利润随 e 变化的波动趋势

2.3.5 研究结论

本节建立了一个考虑碳排放和回收质量分级的由制造商与零售商组成的 CLSC 系统结构。根据回收模式和市场主导力量的不同设计了四种回收情境，进行了定价决策，分析了影响定价决策的因子，并实施了总利润和总排放的波动分析，从而得出以下结论。

（1）市场主导力量的不同仅引起供应链内部各成员利润分配的差异，而不影响供应链的总利润和总排放，而回收模式不同会引起 CLSC 总利润和总排放的差异。

（2）定量分析生产各环节的排放因子对企业实现利润增值和减排任务至关重要。

（3）在 MM/RM 下制造商可以利用新产品与再制造品的替代性降低生产排放对 CLSC 利润的影响。

（4）改善接近最终产品生产阶段的碳排放对降低供应链碳排放的作用更显著。

（5）将增加的运输碳排放成本转嫁于消费者的行为是不可取的，从企业产品设计角度出发，降低单位产品碳排放才是有效的减排手段。

2.4 再制造 CLSC 碳排放与收益波动分析

2.4.1 模型描述与基本假设

1. 模型描述

假设某空调企业拥有完善的回收体系和再制造体系，其产品多为模块化设计，使用高度可回收的原材料，并可以同时进行新产品与再制造品的生产与销售。其中，新产品使用全新的原材料进行生产，再制造品以回收品为主要原材料，同时也采用新产品作为辅助材料进行生产。其生产、销售和回收具体包括以下过程。

（1）生产商根据消费者对新产品与再制造品的市场需求情况制定一个合理的销售价格，根据消费者对两种产品的能效偏好情况制定合理的能效等级。

（2）生产商进行产品生产和分销，生产过程需支付生产必需的原材料成本或再制造成本及该过程产生的排放成本；分销过程主要考虑运输过程的排放成本。

（3）消费者根据新产品与再制造品的价格信息和能效信息进行评估。在空调销售市场上由于新产品比再制造品具有更长的使用寿命和更高的能效，因此消费者对新产品的偏好一般高于再制造品。

（4）消费者使用产品时所支付的电费，即使用过程产生的间接排放成本。

（5）消费者进行产品淘汰处置决策，回收商（可委托第三方）根据产品的质量进行评估并支付回收价格。生产商会采取一定的方法提取出评估回收质量的关键指标，并根据指标的特性和重要性赋予权重，对回收质量进行初步评估，进而根据回收质量和回收努力程度确定回收价格。

（6）回收产品经初步回收质量鉴定后进入回收中心并被初步分类，然后进入检测中心。

（7）在检测中心对回收产品的回收质量作出详细评估，确定回收品进入再制造过程不同环节的可能性。即回收产品以概率 $H(m)$ 进入零部件层，对再制造过程的替代程度为 t_2；以概率 $1 - H(m)$ 进入原材料层，对再制造过程的替代程度为 t_1。在检测中心，根据回收质量检测结果将回收品投入再制造生产过程的不同环节。

（8）在再制造过程中，假设再制造品的生产过程分为三个环节，与 2.2 节一致，以回收空调为例，具体拆解过程如图 2.14 所示。

2. 基本参数说明

（1）角标。n，r 分别表示新产品与再制造品；i，j 分别表示消费者第 i 年淘汰新产品，第 j 年淘汰再制造品，其中 $0 < i < N_n$，$0 < j < N_r$，N_n，N_r 分别表示新产品与再制造品的使用寿命；k 表示使用 k 年的产品，对于新产品 $0 < k < i$，对于再制造品 $0 < k < j$；D、R 分别表示分销渠道和回收渠道。

（2）外生变量。m 表示回收质量；x 表示运输距离；p_e，p_c 分别表示电价、碳交易价格；$H(m)$ 表示回收质量为 m 的回收品进入零部件层的概率；t_1，t_2 分别表示进入原材料层、零部件层的回收品的再制造替代性；c_n，e_n 分别表示新产品的单位生产成本、单位排放成本；e_t，e_g 分别表示单位产品运输

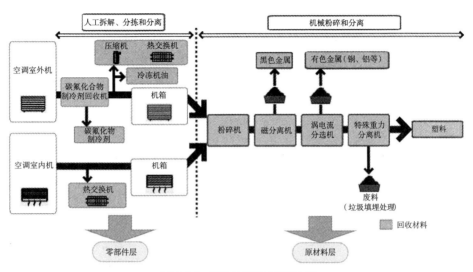

图 2.14　回收空调的拆解过程

排放成本、能效改善投入成本；$A(m)$ 表示质量为 m 的回收再制造原材料的不可替代部分比例；$g(m)$、$s(m)$ 分别表示质量为 m 的产品的回收价格、质量为 m 产品的残值；D 表示市场需求；G 表示回收量；EU、EC、ECU、ECO_2 分别表示产品每年制冷需求量、产品初始年限的制冷消耗功率、产品消费总排放成本、产品总排放量；$\bar{C}$ 表示消费者的产品年均支付成本；eCO_2 为二氧化碳转换系数，表示每消耗一度电产生的 CO_2（kg）；EP、ET、EG、$Emission$：分别为生产总排放量、运输总排放量（包括分销和回收）、使用总排放量、总排放量。

（3）决策变量。t 表示回收努力程度；p_n、p_r 分别表示新产品、再制造品的销售价格；EER_{n0}、EER_{r0} 分别表示新产品、再制造品能效比。

3. 基本假设

假设 1：仅研究单冷空调（仅用于制冷）的情况，假设某款空调的新产品与再制造品的使用寿命分别为 N_n 和 N_r。

假设 2：回收商对回收空调的质量主要从 5 个指标进行评估，首先回收商对回收品的 5 个指标分别进行打分，再根据这 5 个指标的重要性赋予权重，进而评估回收质量 m。

空调产品价值指标 V =［外观，开机情况，制冷情况，使用年限，维修拆机史］。

外观 = [外观完好，轻微磨损，严重损坏]；开机情况 = [能正常开机，不能正常开机]；制冷情况 = [能正常制冷，不能正常制冷]；使用年限 = [1 年以下，2~4 年，5~8 年，8 年以上]；维修拆机史 = [有，无]。

回收质量等级 $m = WV$，$0 < m < 1$，其中 W 为价值权重矩阵，V 为回收商对回收品的价值评价。假设回收质量 m 近似服从正态分布 (μ, σ^2)，$f(m)$ 是 m 的密度函数。

$H(m)$ 是关于 m 的递增函数，则平均再制造成本和再制造碳排放之和为

$$c_r + e_r = (c_n + e_n) \int_0^1 \left[(1 - t_1)(1 - H(m)) + (1 - t_2) H(m) \right] f(m) \, \mathrm{d}m;$$

令 $A(m) = (1 - t_1)(1 - H(m)) + (1 - t_2) H(m)$，则

$$A = \int_0^1 \left[(1 - t_1)(1 - H(m)) + (1 - t_2) H(m) \right] f(m) \, \mathrm{d}m$$

假设 3：一般消费者综合衡量产品的价格、能效、回收服务后制定购买决策，然而消费者一般仅能从新产品标识的能效信息中获得能耗情况，因此消费者制定购买决策时，常从生产商宣称的能效等级，即刚出厂时的产品能效方面进行考虑。假设各期消费者对新产品与再制造品的需求稳定（即各阶段需求量相等：$D_n(k) = D_n$，$D_r(k) = D_r$），则新产品与再制造品的市场需求份额分别为

$$D_n = Q - a p_n + e(EER_{n0} - EER_L) \tag{2-9}$$

$$D_r = \mu Q - a p_r + e(EER_{r0} - EER_L) \tag{2-10}$$

式中，a 为销售价格敏感因子；e 为能效敏感因子；μ 为消费者对再制造品的偏好程度；EER_L 为不增加消费者效用时达到的能效比。

假设 4：回收价格 $g(m) = Btm^2$，B 为回收价值系数，即产品质量为 1，回收努力程度为 1 时的回收价格，$0 < B \leq p_r$。回收量 $G(t) = t(D_n + D_r)$，且仅当 $Btm^2 + e_t(x_R + x_D) < mc_n$ 时，回收商才有回收动力。回收的总成本为

$$CR(m) = Bt^2 m^2 (D_n + D_r)$$

则回收质量 m 从 0 到 1 的总回收成本为

$$CR = Bt^2 (D_n + D_r)(\mu^2 + \sigma^2) \tag{2-11}$$

假设 5：假设回收品残值 $s(m)$ 满足关系 $s(m) = ms$，即回收品残值随回收质量的提高呈线性增加趋势，则平均回收残值为

$$S = \int_0^1 ms f(m) \, \mathrm{d}m = \mu s \tag{2-12}$$

假设 6：市场上同时销售新产品和再制造品，生产商的回收量可以充分满

足再制造品市场需求，即 $G_n + G_r - D_r > 0$，再制造品销售季节结束，生产商将没有销售完的产品以残值 s 进行处理。生产商有回收动力，则必须满足 $p_n > p_r > s > e_t x_R$，$p_n > e_n + c_n + e_t x_D$，$p_r > A(e_n + c_n) + e_t x_f + e_t x_D + g(m)$。

假设7：采用定速型空调的制冷能效比（EER）的定义，有

$$新产品的制冷能效比 EER_n^i = \frac{EU_n^i}{EC_n^i}, \quad EER_{n0} = \frac{EU}{EC_{n0}} \tag{2-13}$$

$$再制造品的制冷能效比 EER_r^j = \frac{EU_r^j}{EC_r^i}, \quad EER_{r0} = \frac{EU}{EC_{r0}} \tag{2-14}$$

假设每年制冷需求量恒定，则 $EU_n^i = iEU$，$EU_r^j = jEU$，随着电器的使用年限增加，能效比逐渐降低，则新产品和再制造品使用第 k 年的制冷消耗功率分别为 $EC_n^i(k) = EC_{n0}e^{y\frac{k-1}{N_n}}$，$EC_r^j(k) = EC_{r0}e^{y\frac{k-1}{N_r}}$，$y$ 为能耗因子，$0 < y < 1$。则

$$EC_n^i = \sum_{k=1}^{i} EC_{n0}e^{y\frac{k-1}{N_n}} \tag{2-15}$$

$$ECU_n^i = p_e \sum_{k=1}^{i} EC_{n0}e^{y\frac{k-1}{N_n}} \tag{2-16}$$

$$ECO_{2n}^i = eCO_2 \sum_{k=1}^{i} EC_{n0}e^{y\frac{k-1}{N_n}} \tag{2-17}$$

$$EC_r^j = \sum_{k=1}^{j} EC_{r0}e^{y\frac{k-1}{N_r}} \tag{2-18}$$

$$ECU_r^j = p_e \sum_{k=1}^{j} EC_{r0}e^{y\frac{k-1}{N_r}} \tag{2-19}$$

$$ECO_{2r}^j = eCO_2 \sum_{k=1}^{j} EC_{r0}e^{y\frac{k-1}{N_r}} \tag{2-20}$$

假设8：消费者总支付成本（LCC）包括购买成本（P）和间接碳排放成本（ECU）（即使用过程中的电能消耗）。消费者完全理性，选择平均使用成本最低的阶段进行产品淘汰。假设新产品与再制造品分别在第 i 年和第 j 年淘汰平均成本最低，此外，产品淘汰时消费者还可参与回收获得产品残值，则消费者对新产品与再制造品各年的平均支付成本分别为

$$\bar{C}_n = \frac{p_n + ECU_n^i - f^i(m)}{i} \tag{2-21}$$

$$\bar{C}_r = \frac{p_r + ECU_r^j - f^j(m)}{j} \tag{2-22}$$

2.4.2　模型的建立与求解

1. 模型建立

供应链总碳排放量 $Emission = Emission_n + Emission_r$，其中 $Emission_n = EP_n + ET_n + EG_n$，$Emission_r = EP_r + ET_r + EG_r$。则新产品与再制造品在生产和运输过程中的单位产品排放量计算见表 2 – 4。

表 2 – 4　　　　新产品与再制造品单位产品的生产和运输排放量计算

单位产品排放量（$Emission$）/kg	新产品	再制造品
生产（EP）	$EP_n = e_n/p_c \times 1000$	$EP_r = Ae_n/p_c \times 1000$
运输（ET）	$ET_n = e_t x_D/p_c \times 1000$	$ET_r = e_t(x_D + x_R)/p_c \times 1000$

则在整个供应链中，新产品与再制造品的生产和运输排放量计算见表 2 – 5。

表 2 – 5　　　　新产品与再制造品在供应链中生产和运输排放量计算

供应链排放量（$Emission$）/kg	新产品	再制造品
生产（EP）	$EP_n = (e_n D_n/p_c) \times 1000$	$EP_r = (Ae_n D_r/p_c) \times 1000$
运输（ET）	$ET_n = (e_t x_D D_n/p_c) \times 1000$	$ET_r = [(e_t x_D D_r + e_t x_R G)/p_c] \times 1000$

其中：

（1）新产品与再制造品生产成本：$CP_n = c_n D_n$，$CP_r(m) = A(m) \cdot CP_n$。

（2）回收总成本：$CR = Bt^2(D_n + D_r)(\mu^2 + \sigma^2)$（见公式 2 – 11）。

（3）新产品与再制造品排放成本满足 $CE_n = CEP_n + CET_n + CEG_n$，$CE_r(m) = CEP_r(m) + CET_r + CEG_r$；生产排放成本 $CEP_n = e_n D_n$，$CEP_r(m) = A(m) \cdot CEP_n$；运输排放成本 $CET_r = e_t x_D D_r + e_t x_R G$；能效改善成本 $CEG_n = e_g(EER_{n0} - EER_L)^2$，$CEG_r = e_g(EER_{r0} - EER_L)^2$；进而可获得供应链总成本 $TC_n = CP_n + CE_n$，$TC_r(m) = CP_r(m) + CE_r(m) + CR$。

（4）新产品与再制造品利润 $TR_n = p_n D_n$，$TR_r(m) = p_r D_r + s(m)(G - D_r)$。

综上所述，在以生产商利润最大化为目标的前提下，构建新产品与再制造

品的 $CET_n = e_t x_D D_n$ 利润模型为

新产品总利润 $\qquad T_n = TR_n - TC_n \qquad$ (2-23)

回收质量为 m 的再制造品总利润

$$T_r(m) = TR_r(m) - TC_r(m) \qquad (2-24)$$

则当回收质量 m 近似服从正态分布 $N(\mu, \sigma^2)$ 时，再制造品总利润为

$$T_r = \int_0^1 [TR_r(m) - TC_r(m)] f(m) \mathrm{d}m \qquad (2-25)$$

则 CLSC 总利润为 $\qquad T(m) = T_n + T_r(m) \qquad$ (2-26)

$$T = T_n + T_r \qquad (2-27)$$

2. 模型求解

引理： 该模型存在最优解且最优解唯一。

证明： 在公式（2-27）中分别对 p_n，p_r，t，EER_{n0}，EER_{r0} 求解一阶导数和二阶导数，进而计算海赛矩阵为

$$\boldsymbol{H} = \begin{bmatrix} -2a & e & 0 & 0 & aK \\ e & -2e_g & 0 & 0 & -eK \\ 0 & 0 & -2a & e & aK \\ 0 & 0 & e & -2e_g & -eK \\ aK & -eK & aK & -eK & -2B(D_n + D_r) \end{bmatrix} \qquad (2-28)$$

式中，$K = 2Bt + e_t x_R - S$，当 $2ae_g - e^2 > 0$，且 $\dfrac{K^2}{B(D_n + D_r)} < \dfrac{4ae_g - e^2}{2a^2 e_g}$ 时，容易计算海赛矩阵的顺序主子式 $|H_1| = -2a < 0$；$|H_2| = 4ae_g - e^2 > 0$；$|H_3| = -2a(4ae_g - e^2) < 0$；$|H_4| = (4ae_g - e^2)^2 > 0$；$|H_5| = 2a^2 e_g K^2 - 2B(D_n + D_r)(4ae_g - e^2) < 0$。即该矩阵是负定的，因此目标函数是关于 p_n，p_r，t，EER_{n0}，EER_{r0} 的严格凹函数，模型存在最优解 $(p_n^*, p_r^*, t, EER_{n0}^*, EER_{r0}^*)$。

同理可证：当 $\dfrac{K(m)^2}{B(D_n(m) + D_r(m))} < \dfrac{4ae_g - e^2}{2a^2 e_g}$ 时，公式（2-26）是关于 $p_n(m)$，$p_r(m)$，$t(m)$，$EER_{n0}(m)$，$EER_{r0}(m)$ 的严格凹函数，模型存在唯一最优解 $(p_n^*(m), p_r^*(m), t(m), EER_{n0}^*(m), EER_{r0}^*(m))$。

预估回收质量为 m 时新产品和再制造品的最佳定价和能效策略及再制造品的回收努力决策为

$$p_n^*(m) = \frac{2e_g Q + (2ae_g - e^2) C_n}{4ae_g - e^2} - \frac{(2ae_g - e^2)(ms - e_t x_R)^2}{4Bm^2(4ae_g - e^2)}$$

$$EER_{n0}^*(m) = EER_L + \frac{e(Q - aC_n)}{4ae_g - e^2} + \frac{ea(ms - e_t x_R)^2}{4Bm^2(4ae_g - e^2)}$$

$$p_r^*(m) = \frac{2e_g uQ + (2ae_g - e^2)(C_r(m) + ms)}{4ae_g - e^2} - \frac{(2ae_g - e^2)(ms - e_t x_R)^2}{4Bm^2(4ae_g - e^2)}$$

$$EER_{r0}^*(m) = EER_L + \frac{e[uQ - a(C_r(m) + ms)]}{4ae_g - e^2} + \frac{ea(ms - e_t x_R)^2}{4Bm^2(4ae_g - e^2)}$$

$$t(m) = \frac{ms - e_t x_R}{2Bm^2} \tag{2-29}$$

此时满足 $K = 0$，公式（2-28）即海赛矩阵负定，模型有唯一最优解。因此，市场需求、回收量和利润为

$$D_n^*(m) = \frac{2ae_g(Q - aC_n)}{4ae_g - e^2} + \frac{a^2 e_g(ms - e_t x_R)^2}{2Bm^2(4ae_g - e^2)}$$

$$D_r^*(m) = \frac{2ae_g[uQ - a(C_r(m) + ms)]}{4ae_g - e^2} + \frac{a^2 e_g(ms - e_t x_R)^2}{2Bm^2(4ae_g - e^2)}$$

$$G^*(m) = \frac{ae_g(ms - e_t x_R)\{2Bm^2[(1+u)Q - a(C_n + C_r(m) + ms)] + a(ms - e_t x_R)^2\}}{2B^2 m^4(4ae_g - e^2)}$$

$$TR_n^*(m) = \frac{e_g(Q - aC_n)}{4ae_g - e^2} - \frac{a^2 e_g(ms - e_t x_R)^4}{16B^2 m^4(4ae_g - e^2)}$$

$$TR_r^*(m) = \frac{e_g[uQ - a(C_r(m) + ms)]^2}{4ae_g - e^2}$$

$$+ \frac{ae_g(ms - e_t x_R)^2\{8Bm^2[(1+u)Q - a(C_n + C_r(m) + ms)] + 3a(ms - e_t x_R)^2\}}{16B^2 m^4(4ae_g - e^2)}$$

当回收质量 m 服从正态分布 $N(\mu, \sigma^2)$ 时，可获得新产品与再制造品的一般定价策略：

$$p_n^* = \frac{2e_g Q + (2ae_g - e^2)C_n}{4ae_g - e^2} - \frac{(2ae_g - e^2)(S - e_t x_R)^2}{4B\int_0^1 m^2 f(m)\,dm(4ae_g - e^2)} \tag{2-30}$$

$$p_r^* = \frac{2e_g uQ + (2ae_g - e^2)(C_r + S)}{4ae_g - e^2} - \frac{(2ae_g - e^2)(S - e_t x_R)^2}{4B\int_0^1 m^2 f(m)\,dm(4ae_g - e^2)} \tag{2-31}$$

$$EER_{n0}^* = EER_L + \frac{e(Q - aC_n)}{4ae_g - e^2} + \frac{ea(S - e_t x_R)^2}{4Bm^2(4ae_g - e^2)} \tag{2-32}$$

$$EER_{r0}^* = EER_L + \frac{e[uQ - a(C_r + S)]}{4ae_g - e^2} + \frac{ea(S - e_t x_R)^2}{4B\int_0^1 m^2 f(m)\,\mathrm{d}m(4ae_g - e^2)} \quad (2-33)$$

$$t = \frac{S - e_t x_R}{2B\int_0^1 m^2 f(m)\,\mathrm{d}m} \quad (2-34)$$

此时满足 $K = 0$，公式（2-28）即海赛矩阵负定，模型有唯一最优解。则市场需求、回收量及利润情况为

$$D_n^* = \frac{2ae_g(Q - aC_n)}{4ae_g - e^2} + \frac{a^2 e_g(S - e_t x_R)^2}{2B\int_0^1 m^2 f(m)\,\mathrm{d}m(4ae_g - e^2)} \quad (2-35)$$

$$D_r^* = \frac{2ae_g[uQ - a(C_r + S)]}{4ae_g - e^2} + \frac{a^2 e_g(S - e_t x_R)^2}{2B\int_0^1 m^2 f(m)\,\mathrm{d}m(4ae_g - e^2)} \quad (2-36)$$

$$G^* = \frac{ae_g(S - e_t x_R)\{2B[(1+u)Q - a(C_n + C_r + S)] + a(S - e_t x_R)^2\}}{2B^2[\int_0^1 m^2 f(m)\,\mathrm{d}m]^2(4ae_g - e^2)}$$

$$\quad (2-37)$$

$$TR_n^* = \frac{e_g(Q - aC_n)}{4ae_g - e^2} - \frac{a^2 e_g(S - e_t x_R)^4}{16B^2[\int_0^1 m^2 f(m)\,\mathrm{d}m]^2(4ae_g - e^2)} \quad (2-38)$$

$$TR_r^* = \frac{e_g[uQ - a(C_r + S)]^2}{4ae_g - e^2}$$

$$+ \frac{ae_g(S - e_t x_R)^2\{8B[(1+u)Q - a(C_n + C_r + S)] + 3a(S - e_t x_R)^2\}}{16B^2[\int_0^1 m^2 f(m)\,\mathrm{d}m]^2(4ae_g - e^2)}$$

$$\quad (2-39)$$

$$T^* = \frac{e_g\{(Q - aC_n)^2 + [uQ - a(C_r + S)]^2\}}{4ae_g - e^2}$$

$$+ \frac{ae_g(S - e_t x_R)^2\{4B[(1+u)Q - a(C_n + C_r + S)] + a(S - e_t x_R)^2\}}{8B^2[\int_0^1 m^2 f(m)\,\mathrm{d}m]^2(4ae_g - e^2)}$$

$$\quad (2-40)$$

式中，$C_n = e_n + c_n + e_t x_D$；$C_r(m) = A(m)(e_n + c_n) + e_t x_D$；$C_r = \int_0^1 [A(m)(e_n + c_n) + e_t x_D]\mathrm{d}m = A = \int_0^1 [1 - mt_1(1 - H(m)) + mt_2 H(m)]f(m)\mathrm{d}(m)$。

2.4.3 算例分析

1. 基本假设

（1）假设张家购置 1 台（KF - 35GW 系列）1.5p 的定频单冷全新空调，每年有 100 天会开空调进行制冷，平均每天需要开空调 8 小时。

（2）假设在某空调公司推出再制造品后，住在同一栋楼的李家与张家同一时间购置了一台（MSD - BF 系列）1.5p 定频单冷再制造空调，假设李家的房屋条件及每年使用空调的频率和时间与张家完全一致。接下来我们对张家和李家对这两台空调的购买和处置决策及其支付的总成本和总排放进行详细分析。

2. 参数赋值与说明

对一些参数赋值进行说明。$Q = 250000$，$u = 0.75$，$a = 4$，$e = 35$，$EER_L = 2.9$，$e_g = 50000$，$s = 850$，$c_n = 1700$，$e_n = 100$，$m = 0.47$，$t_1 = 0.2$，$t_2 = 0.5$，$B = 1200$，$e_t = 0.5$，$x_D = 300$，$x_R = 40$，$N_n = 10$，$N_r = 8$，$H(m) = 0.7m$，$eCO_2 = 0.785$，$y = 0.7$，$p_e = 0.54$，$p_c = 27.8$，$EU = 2788800$。说明：

（1）根据居民阶梯电价规定，将居民每月用电量划分为三档[①]，为了便于计算，采用电价收取的中间档 0.54 元/度（1 度 $= 1kW \cdot h$）。随着技术的不断变革，越来越多的大功率电器进入家庭，家庭用电量不可避免地会增加，然而每月用电超过 400 度所承担的费用会大大超过一般住户的预期，因此一般住户会将用电量控制在 221 ~ 400 度。

（2）1p 空调[②]的制冷量是 2000Cal，则 1p 空调制冷量应为 $2000 \times 1.162 = 2324W$。而 1.5p 的制冷量应为 $2000 \times 1.5 \times 1.162 = 3486W$。因此假设一台 1.5p 空调制冷量是 3486W/h。则每年张家和李家的空调总制冷需求量 $EU = 3486 \times 8 \times 100 = 2788800W$。

（3）一般来说，家庭卧室的制冷需求量为 115 ~ 145W/m^2，大一些的客厅的制冷需求量为 145 ~ 175W/m^2。

---

① 第一档为每月不超过 220 度的电量，电价保持 0.49 元/度不变；第二档为每月 221 ~ 400 度的电量，电价为 0.54 元/度，比第一档提高 0.05 元/度；第三档为每月超过 400 度的电量，电价为 0.79 元/度，比第一档提高 0.3 元/度；居民阶梯电价以年度为周期结算。

② "p"是英制的功率单位 HP，即一匹马力，中国常说的空调是多少匹，是根据空调消耗功率估算出空调的制冷量。

（4）2010 年中国推出的《房间空气调节器能效限定值及能效等级》规定见表 2 - 6。该规定中空调的最低能效比为 2.9，因此设定能效下限 $EER_L = 2.9$ 是合理的。

表 2 - 6 　　　　　　《房间空气调节器能效限定值及能效等级》规定

	类型	额定制冷量（CC）W	L1	L2	L3
新能效标准 （GB 12021.3—2010）	分体式	CC≤4500	3.6	3.4	3.2
		4500 < CC≤7100	3.5	3.3	3.1
		7100 < CC≤14000	3.4	3.2	3
	整体式	—	3.3	3.1	2.9

（5）由于我国主要采取火力发电，根据专家统计：1 度电约相当于 0.4kg 标准煤，相当于 0.272kg 碳，约合 0.785kg 的 CO_2，因此定义 $eCO_2 = 0.785$。

（6）碳价是随时变动的，取较为活跃的深圳排放权交易所（CEEX）[①] 在 2018 年 8 月的 15 个交易日的均价作为本节碳价（表 2 - 7），即 $p_c = 27.8$，进而获得企业在生产过程中单位产品需要支付的碳成本 $e_n = 100$，产品在分销过程中单位产品单位运输距离需要支付的碳成本 $e_t = 0.5$。

（7）对假设 2 中的 5 个指标进行打分，假设其中对新产品与再制造品的使用年限评分服从均匀分布，当产品超过使用年限时，对该指标的评分会出现负值情况。

对新产品的使用年限评分 $v_{n5} = \dfrac{N_n - i}{N_n} = 1 - 0.1i$；对再制造品的使用年限评分 $v_{r5} = \dfrac{N_r - j}{N_r} = 1 - 0.125j$。则对新产品与再制造品的回收质量的打分赋值见表 2 - 8。

———————————

① 目前中国有 5 家碳交易所，分别是深圳排放权交易所（China Emissions Exchange，CEEX）、上海环境能源交易所（Shanghai Environment and Energy Exchange，SEEE）、北京环境交易所（China Beijing Environment Exchange，CBEEX）、广州碳排放权交易所（Guangzhou Emissions Exchange，GZEEX）、天津环境能源交易所（Tianjin Climate Exchange，TCX）。

表 2 - 7　　　　　　　　2018 年 8 月深圳碳排放权交易所碳价成交情况　　　　单位：元

交易日期	开盘价	最高价	最低价	成交均价	交易日期	开盘价	最高价	最低价	成交均价
2018/8/30	33.54	33.54	33.54	33.54	2018/8/20	27.46	27.46	27.46	27.46
2018/8/29	30.49	30.49	30.49	30.49	2018/8/16	30.51	30.51	30.51	30.51
2018/8/28	27.73	27.73	27.73	27.73	2018/8/15	27.74	27.74	27.74	27.74
2018/8/27	39.48	39.48	39.48	39.48	2018/8/13	20.64	25.22	20.64	20.66
2018/8/24	26.92	26.92	22.93	24.93	2018/8/10	22.93	22.93	22.93	22.93
2018/8/23	24.47	24.47	24.47	24.47	2018/8/09	25.48	25.48	25.48	25.48
2018/8/22	28.00	33.23	27.19	28.00	2018/8/02	23.16	23.16	23.16	23.16
2018/8/21	30.21	30.21	30.21	30.21					

表 2 - 8　　　　　　　　　　产品回收质量各指标评估

产品	指标 i	外观 A_1	开机情况 A_2	制冷情况 A_3	拆机维修使用 A_4	使用年限 A_5
新产品	评分 v_i	0.5	0.5	0.4	1	$v_{n5} = 1 - 0.1i$
	权重 k_i	0.1	0.3	0.2	0.1	0.3
再制造品	评分 v_i	0.5	0.5	0.4	1	$v_{r5} = 1 - 0.125$
	权重 k_i	0.1	0.3	0.2	0.1	0.3

新产品回收质量为

$$m_n = kv = \sum_{i=1}^{5} k_i v_i$$
$$= 0.5 \times 0.1 + 0.5 \times 0.3 + 0.4 \times 0.2 + 1 \times 0.1 + (1 - 0.1i) \times 0.3$$
$$= 0.68 - 0.03i$$

再制造品回收质量为

$$m_r = kv = \sum_{i=1}^{5} k_i v_i$$
$$= 0.5 \times 0.1 + 0.5 \times 0.3 + 0.4 \times 0.2 + 1 \times 0.1 + (1 - 0.125j) \times 0.3$$
$$= 0.68 - 0.0375j$$

在评估回收质量的 5 个指标中，当仅改变使用年限而保持其他 4 个指标不变时，显然可以看出随着使用年限的增加回收质量会下降。

新产品：消费者实施淘汰时的回收质量为

$$m_n = \frac{N_n - i}{N_n}$$

再制造品：消费者实施淘汰时的回收质量为

$$m_r = \frac{N_r - j}{N_r}$$

（8）由假设4求得仅当 $m \geq 0.0235$ 时，回收商才会有回收动力，即需满足 $t > 0$。

（9）由假设7得到 $EC_{n0} = \dfrac{EU}{EER_{n0}} = \dfrac{2788800}{3.6606} = 761842$，$EC_{r0} = \dfrac{EU}{EER_{r0}} =$

$\dfrac{2788800}{3.5282} = 790431$，$EC_n^i = 761842 \sum\limits_{k=1}^{i} e^{0.7\frac{k-1}{10}}$，$ECU_n^i = 0.54 \times 761842 \sum\limits_{k=1}^{i} e^{0.7\frac{k-1}{10}}$，

$ECO_{2n}^i = 0.785 \times 761842 \sum\limits_{k=1}^{i} e^{0.7\frac{k-1}{10}}$，$EC_r^j = 790431 \sum\limits_{k=1}^{j} e^{0.7\frac{k-1}{8}}$，$ECU_r^j = 0.54 \times$

$790431 \sum\limits_{k=1}^{j} e^{0.7\frac{k-1}{8}}$，$ECO_{2r}^j = 0.785 \times 790431 \sum\limits_{k=1}^{j} e^{0.7\frac{k-1}{8}}$。

3. 关于回收质量与回收再制造替代性的影响分析

将以上参数代入公式（2–30）~公式（2–40）中，得到以下结果。

（1）再制造品不可替代性与回收努力程度随回收质量变化趋势如图2.15

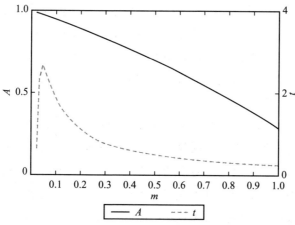

图2.15　再制造原材料不可替代比例和回收努力程度随回收质量变化趋势

所示。随回收质量提升，A 增大，则 $1-A$ 减小，回收品对再制造原材料的替代性增加；然而回收努力程度随回收质量的提升呈先增大后降低的趋势，其原因主要是当 $ms>3e_ix_R$ 时，会拉低新产品与再制造品的定价，同时又抬高能效水平，此时生产商盈利难度大，回收积极性降低。这与现在空调能效水平不断升级、价格不断降低，空调淘汰周期变短，然而回收市场并不景气的现状是相符合的。

（2）新产品与再制造品的定价决策随回收质量变化趋势如图 2.16 所示。

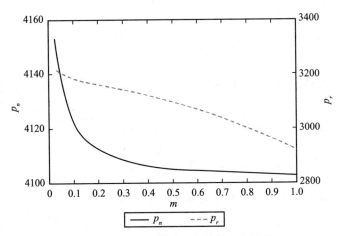

图 2.16 定价决策随回收质量变化趋势

随回收质量的提升，回收原材料对再制造过程的替代性增加，再制造成本减少，不论新产品还是再制造品都选择用降价的策略扩大销量，且当回收质量较低时，新产品定价对回收质量变动更敏感。这是因为再制造品低廉的生产成本和购买成本对新产品造成的威胁迅速增加，然而随市场需求趋于饱和，新产品降价趋势趋于平缓。

（3）新产品和再制造品的能效决策随回收质量变化趋势如图 2.17 所示。

在价格不变的条件下，随回收质量增加，再制造品能效水平提升显著，当回收质量较低时，新产品迅速对市场作出反应，能效改善力度明显，推动新产品市场需求增加；然而当市场需求趋于饱和时，新产品能效提升动力不足，但再制造品的能效水平始终无法超越新产品。

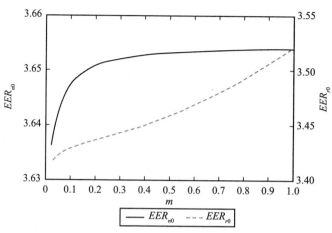

图2.17　能效决策随回收质量变化趋势

（4）新产品和再制造品的市场需求随回收质量变化趋势如图2.18所示。

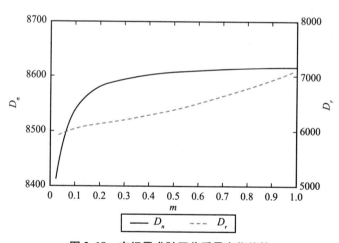

图2.18　市场需求随回收质量变化趋势

随着回收质量的增加，消费者淘汰产品的周期变短，为扩大市场需求，新产品不断降低价格、提升能效，与再制造品抗衡；然而受整体市场需求影响，当回收质量足够大后，随回收质量提高，新产品市场需求增长乏力。在新产品与再制造品的竞争中，消费者将从中受益。

（5）产品利润随回收质量的变化趋势如图2.19所示。

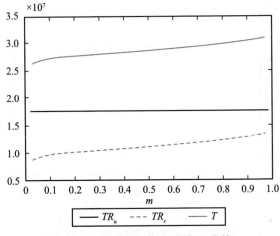

图 2.19　利润随回收质量变化趋势

随回收质量提升，再制造品利润显著提升，带动供应链整体利润提升；新产品的 CLSC 利润水平不因回收质量变动而波动。

（6）产品的碳排放随回收质量变化趋势如图 2.20 所示。随回收质量提升，新产品与再制造品的碳排放量均显著降低，提高回收质量有助于降低 CLSC 的碳排放。

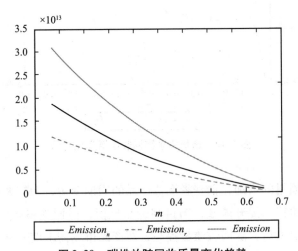

图 2.20　碳排放随回收质量变化趋势

（7）当回收质量服从正态分布 $N(0.5, 0.1^2)$ 时，由于 t_1，t_2 仅影响再制造品的利润和排放情况，因此仅考虑再制造品的情况，再制造品定价决策、能效决策、市场需求和利润随原材料替代性变化趋势如图 2.21 和图 2.22 所示。

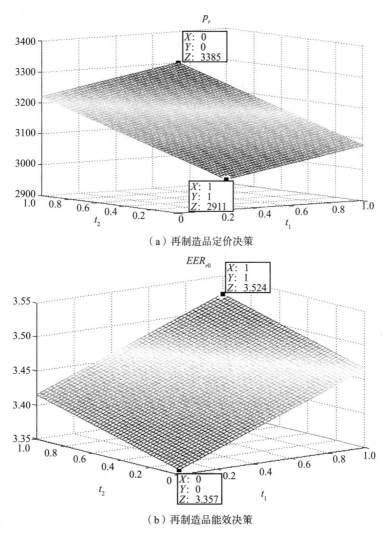

（a）再制造品定价决策

（b）再制造品能效决策

图 2.21　再制造品定价决策和能效决策随原材料替代性变化趋势

由图 2.21 可以得出，随着回收品进入原材料层或零部件层对原材料的替代性增加，生产成本降低，再制造商的单位产品利润增加，推动再制造品定价降低，提升了其能效升级的动力。

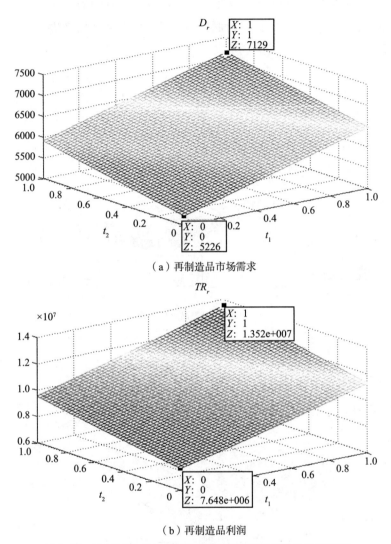

（a）再制造品市场需求

（b）再制造品利润

图2.22　再制造品市场需求和利润随原材料替代性变化趋势

由图2.22可以得出，随着回收品进入原材料层或零部件层对原材料的替代性增加，再制造品市场需求增加，利润增加。

（8）在生产商对新产品与再制造品的定价与能效决策不变的条件下，分析消费者的空调淘汰决策及该空调在整个生命周期的排放量，见表2-9。

表 2 - 9 购买新产品的消费者决策

（a）张家购买新产品的消费者淘汰决策

使用年限 (i)/年	购买成本 (p_n^i)/元	排放成本 (ECU_n^i)/元	回收收入 $[f_n^i(m)]$/元	平均成本 $(\bar{C}_n^i)$/元	生产排放 (EP_n^j)/kg	运输排放 (ET_n^i)/kg	使用排放 (ECO_{2n}^i)/kg	平均排放 $(Emission_n^i)$/kg
0	4107	0.00	279	3827.90	3597.12	2697.84	0.00	6294.96
1	4107	410.77	266	4251.42	3597.12	2697.84	597.13	6892.09
2	4107	860.23	254	2356.81	3597.12	2697.84	1250.52	3772.74
3	4107	1352.00	241	1739.38	3597.12	2697.84	1965.40	2753.45
4	4107	1890.10	228	1442.25	3597.12	2697.84	2747.65	2260.65
5	4107	2478.85	215	1274.10	3597.12	2697.84	3603.52	1979.70
6	4107	3123.06	203	1171.24	3597.12	2697.84	4540.00	1805.83
7	4107	3827.93	190	1106.44	3597.12	2697.84	5564.68	1694.23
8	4107	4599.19	177	1066.14	3597.12	2697.84	6685.86	1622.60
9	4107	5443.07	164	1042.86	3597.12	2697.84	7912.61	1578.62
10	4107	6366.47	152	1032.19	3597.12	2697.84	9254.96	1547.15
11	4107	7376.79	139	1031.36	3597.12	2697.84	10723.67	1552.14
12	4107	8482.25	126	1038.60	3597.12	2697.84	12330.67	1554.99
13	4107	9691.83	113	1052.73	3597.12	2697.84	14089.05	1568.01

（b）李家购买再制造品的消费者淘汰决策

使用年限 (j)/年	购买成本 (p_r^j)/元	排放成本 (ECU_r^j)/元	回收收入 $[f_r^j(m)]$/元	平均成本 $(\bar{C}_r^i)$/元	生产排放 (EP_r^j)/kg	运输排放 (ET_r^i)/kg	使用排放 (ECO_{2r}^i)/kg	平均排放 $(Emission_n^i)$/kg
0	3094	0.00	279	2815.00	2290.55	3057.55	0.00	5348.10
1	3094	433.70	263	3264.64	2322.93	3057.55	630.48	6010.96
2	3094	920.12	247	1883.50	2355.29	3057.55	1337.59	3375.22
3	3094	1465.53	231	1442.78	2387.67	3057.55	2130.44	2525.22
4	3094	2076.86	215	1238.90	2420.05	3057.55	3019.14	2124.18
5	3094	2762.10	199	1131.36	2452.41	3057.55	4015.27	1905.05
6	3094	3529.96	183	1073.43	2484.79	3057.55	5131.52	1778.98

（b）李家购买再制造品的消费者淘汰决策　　　　续表

使用年限 (j)/年	购买成本 (p_r^j)/元	排放成本 (ECU_r^j)/元	回收收入 $[f_r^j(m)]$ /元	平均成本 $(\overline{C}_r^j)$/元	生产排放 (EP_r^j)/kg	运输排放 (ET_r^j)/kg	使用排放 (ECO_{2r}^i) /kg	平均排放 $(Emission_n^i)$ /kg
7	3094	4390.21	167	1045.25	2517.15	3057.55	6382.07	1708.11
8	3094	5353.86	152	1037.05	2549.53	3057.55	7782.93	1673.75
9	3094	6433.34	136	1043.53	2581.91	3057.55	9352.17	1675.74
10	3094	7642.27	120	1061.66	2614.27	3057.55	11109.60	1678.14
11	3094	8996.49	104	1089.71	2646.65	3057.55	13078.23	1707.49
12	3094	10512.84	88	1126.59	2679.02	3057.55	15282.55	1751.59
13	3094	12211.22	72	1171.80	2711.40	3057.55	17751.50	1809.27
14	3094	14114.34	56	1225.18	2743.77	3057.55	20518.07	1879.96
15	3094	16246.92	40	1286.73	2776.14	3057.55	23618.21	1963.46

对于新产品来说，空调在第 11 年末的年均成本最低，因此消费者选择在第 11 年末淘汰空调。然而该空调使用第 10 年末的年均碳排放量是最低的，如果第 11 年末淘汰，则年均碳排放增加 4.99kg。对于 10 万台相同的空调，在 10 年里增加的碳排放量将达到 49.9 万 kg，这个数字很惊人。政府或核心企业应鼓励消费者在第 10 年末淘汰产品。而对于再制造品来说，产品寿命较短。本例中，再制造品达到最低年均成本与最低年均碳排放量是在同一年，消费者应在第 8 年末淘汰该再制造品。

再制造品的最低年均成本高于新产品，虽然再制造品的购买成本偏低，但综合使用成本、排放成本及再制造品的寿命周期，再制造品未必真的为消费者省钱，也未必更环保，这与产品性质和行业当前的再制造水平相关。

（9）新产品与再制造品在生产、运输及使用中碳排放对比，如图 2.23 所示。其中，$s_p = EP_r/EP_n$，$s_t = ET_r/ET_n$，$s_u = EU_r/EU_n$。

随着产品淘汰年限的延长，再制造品与新产品在生产、运输和使用过程的排放量比值呈逐渐增高的趋势，即再制造品随使用年限增加，碳排放量增长速度高于新产品。虽然再制造品在生产环节由于回收品对原材料的替代性，制造再制造品碳排放量较低，但是由于使用排放偏高，再制造品在整个生命周期的碳排放还是要高于新产品。因此，再制造品应着力改善再制造工艺，有效控制使用过程的碳排放。

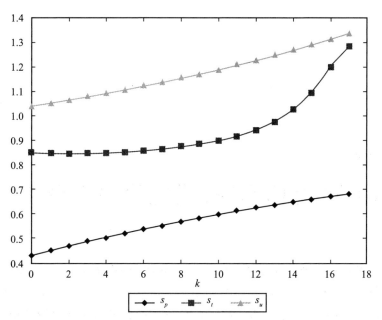

图2.23 再制造品和新产品在生产、运输、使用中碳排放随淘汰年限变化趋势

2.4.4 研究结论

本节建立了一个综合考虑家电产品从生产、分销、使用到回收全生命周期的 CLSC 系统；研究了生产商以利润最大化为目标的新产品与再制造品定价和能效决策，分析了消费者的购买决策和处置决策，并在综合考虑了生产商和消费者决策的前提下分析了 CLSC 的碳排放波动情况，从而得出以下结论。

（1）本节指出回收质量的提升，有助于推动新产品与再制造品能效升级，从而降低产品使用过程的碳排放量。

（2）随着再制造工艺的改善，回收品对再制造原材料或零部件的替代性增强，有助于扩大市场需求，提升供应链整体利润水平。

（3）当消费者对产品进行理性处置决策，即在产品年均成本最低情况下淘汰时，产品整个生命周期的年均碳排放量有可能不是最低，在这种情况下，政府应通过回收补贴等手段引导消费者进行产品回收再利用。

（4）对比新产品与再制造品各环节的碳排放，指出当再制造工艺仍不成熟时，随着使用年限的增加，产品使用过程产生的间接碳排放增加明显，再制造品在整个生命周期的碳排放量高于新产品。

第 3 章
不同再制造 CLSC 模式定价决策分析

本章构造了四种再制造 CLSC 模式，分别为 OEM 生产新产品并再制造（Model M）；OEM 生产新产品，IO 负责再制造（Model R）；OEM 和 IO 都参与再制造业务（Model C），以及 OEM 和 IO 协同合作的再制造决策模型（Model Z）。接着研究在不同模式中，产品可拆卸性和回收质量不确定性因素对再制造 CLSC 的定价决策。首先，在 Model M、Model R、Model C 三类模型中，运用博弈论，通过敏感性分析，研究产品拆卸性和回收质量不确定性因素对产品销售价格、市场需求量及供应链各个成员利润的影响；然后，通过比较分析，研究不同模式下成员的获利情形。

3.1 引言

大部分电子电器产品是由大量零部件装配而成的，具有模块化产品特征。废旧品的回收再制造过程主要包括回收、拆卸、分类、清洗、鉴定、再制造加工、装配、检测。因此拆卸工序为再制造过程的技术"瓶颈"，是否可以拆卸成独立的零部件、是否能够无损拆卸等产品拆卸性在一定程度上决定着再制造的技术可行性。以某品牌滚筒式洗衣机为例，通过模块化设计提高产品的拆卸性，其模块见表 3-1。

表3－1　　　　　　　　　某品牌滚筒式洗衣机零部件模块化划分

模块	零件标号	零件名称	模块	零件编号	零件名称
箱体模块	1	壳体	传动模块	12	大皮带轮
	2	圆环形门		13	小皮带轮
	3	控制面板		14	皮带
	4	后盖板		15	管状加热器
洗涤（桶体）模块	5	盛水外筒		16	电机
	6	洗涤内筒		17	排水泵
	7	主轴	控制座模块	18	电磁阀
	8	三脚架		19	进水管
	9	滚动轴承		20	程序控制器
	10	密封圈		21	感应器
	11	支架		22	安全开关

基于模块划分标准得到最优的拆卸模型，如图3.1所示。

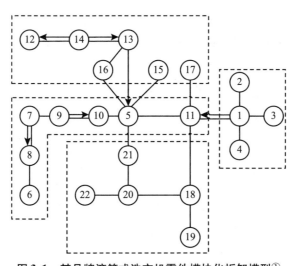

图3.1　某品牌滚筒式洗衣机零件模块化拆卸模型①

---

① 无向直线表示两个零部件连接但无拆卸先后顺序约束，有向直线表示两个零部件拆卸顺序箭尾优先箭头。

根据表 3-1 中的模块划分和图 3.1 所示的拆卸模型，该洗衣机的拆卸工序可以实现拆卸效率高、拆卸时间短、拆卸成本低、对部件二次损坏小等目的。

由此，为了改善产品的拆卸性，提高产品的回收质量，很多企业已将焦点转移到面向产品拆卸性的设计中。此外，在回收废旧品的过程中还涉及废旧品回收质量的认定。本章讨论的回收质量是指回收的废旧品经过拆卸处理后得到的零部件的质量水平。影响回收质量的关键因素包括以下几个。

1. 产品拆卸性

废旧品的拆卸过程将直接影响得到的零部件的质量水平，仍以某品牌滚筒式洗衣机为例，高水平的产品拆卸技术可以在拆卸过程中减少对零部件的损伤，得到较高质量的零部件。

2. 回收质量

产品被淘汰的时期，针对电子电器设备，消费者作出淘汰产品的决定往往分散在产品生命末期的不同时段，回收的废旧品质量、零部件的剩余使用寿命往往是随机的。

3. 产品市场竞争程度

考虑市场环境，再制造品以其良好的质量标准，可以作为新产品的替代品，将对新产品市场占有率构成显著影响。不同的再制造模式将会形成不同的市场竞争环境。

（1）OEM 再制造模式，新产品与 OEM 再制造品均为 OEM 的产品系列，二者既存在竞争关系，也存在市场互补关系。

（2）IO 再制造模式，OEM 生产的新产品与 IO 生产的再制造品属于完全竞争关系。

（3）OEM 和 IO 共同再制造模式，新产品、OEM 再制造品、IO 再制造品同时存在，三种产品因产品质量和价格差异带来的市场竞争最为激烈。

（4）OEM/IO 协同合作再制造模式，OEM 和 IO 作为统一决策整体，协调新产品和再制造品的市场需求。

基于此，CLSC 成员在进行再制造决策时考虑产品的拆卸性、回收质量及产品市场竞争程度等影响因素是至关重要的。因此，选择怎样的再制造模式，如何决定产品的拆卸性，如何应对回收质量波动的影响，CLSC 如何协同合作已经成为企业必须解决的再制造战略决策问题。

3.2　基于 OEM 再制造模式定价决策研究

3.2.1　模型描述与基本假设

1. 模型描述

OEM 再制造模式（Model M）中，市场上只存在单一 OEM 同时进行制造和再制造运作，不存在其他再制造商的竞争。OEM 不仅生产新产品并直接销售给消费者，还从市场上直接回收废旧品进行再制造，并将 OEM 再制造品直接销售给消费者。

2. 基本假设

假设 1：新产品和 OEM 再制造品不同质，销售价格不同。新产品销售价格为 p_n^M，OEM 再制造品销售价格为 p_r^M。其中，$p_r^M < p_n^M$。

假设 2：消费者购买新产品和 OEM 再制造品的意愿不同，假设购买新产品的意愿为 $\theta(0 < \theta < 1)$，其中 $f(\theta)$ 服从 $[0, 1]$ 的均匀分布，购买 OEM 再制造品的意愿为 $\rho\theta(0 < \rho < 1)$。新产品、OEM 再制造品对于消费者的效用函数分别为 $U_n = \theta - p_n$，$U_r = \rho\theta - p_r$。

市场有 M 个消费者，设 Θ_n，Θ_r 分别表示购买新产品和 OEM 再制造品的消费者集合，则 $\Theta_n = \{\theta: U_n \geqslant \max(U_r, 0)\}$，$\Theta_r = \{\theta: U_r \geqslant \max(U_n, 0)\}$；$g_n$，$g_r$ 分别表示购买新产品和 OEM 再制造品的消费者市场份额，则 $g_n = \int_{\Theta \in \Theta_n} f(\theta) \mathrm{d}\theta$，$g_r = \int_{\Theta \in \Theta_r} f(\theta) \mathrm{d}\theta$；故消费者对于新产品和 OEM 再制造品的需求函数分别为 $D_n = Mg_n$，$D_r = Mg_r$。故新产品和 OEM 再制造品的需求量分别为

新产品需求量：$D_n^M = M \dfrac{1 - \rho - p_n^M + p_r^M}{1 - \rho}$ (3 - 1)

OEM 再制造品需求量：$D_r^M = M \dfrac{\rho p_n^M - p_r^M}{\rho(1 - \rho)}$ (3 - 2)

假设 3：产品成本由固定成本、生产成本和回收成本三部分构成。

（1）固定成本：固定成本受产品拆卸性策略的影响。H 策略（高产品拆卸性策略）相比 L 策略（低产品拆卸性策略）需要 OEM 投入更高的固定成

本，即 $\tilde{T}_l < \tilde{T}_h$（其中 h 表示 H 策略，l 表示 L 策略），假设 $y^M = \tilde{T}_h - \tilde{T}_l$ 表示固定成本投资差额。

（2）生产成本：新产品的生产成本 $c_{nj}(j=h，l)$ 受到产品拆卸性的影响，当产品拆卸性提高时，新产品的生产成本降低，即 $c_{nh} < c_{nl}$。

OEM 再制造品的生产成本受到产品拆卸性和回收质量的共同影响。OEM 再制造品的生产成本为 $(1-\gamma_j)c_{nj} + \gamma_j c_{rj}(j=h，l)$，$\gamma_j$ 表示以回收的废旧品为原材料进行再制造的部分，其再制造成本为 c_{rj}；$1-\gamma_j$ 表示不能通过回收废旧品进行再制造的部分，需要采用与新产品相同的原材料和技术进行制造，其制造成本为 c_{nj}；当产品拆卸性提高时，再制造成本降低，即 $c_{rh} < c_{rl}$。同时，产品拆卸性提高也可以提高回收品的平均质量水平，进而提高通过回收废旧品进行再制造部分的比例，即 $\gamma_h > \gamma_l$。综合考虑产品拆卸性和回收质量对 OEM 再制造品的生产成本的影响可得：$(1-\gamma_h)c_{nh} + \gamma_h c_{rh} < (1-\gamma_l)c_{nl} + \gamma_l c_{rl}$。这两个因素对 OEM 再制造品生产成本的共同影响如图 3.2 所示。

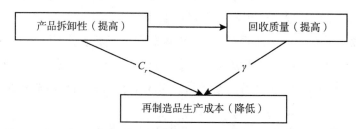

图 3.2　产品拆卸性和回收质量对 OEM 再制造品生产成本的共同影响

（3）回收成本：定义 $q(0 \leqslant q \leqslant 1)$ 为废旧品的最低回收质量水平，$x(0 \leqslant x \leqslant 1)$ 为废旧品的回收质量水平，考虑回收质量的不确定性，假设 x 服从指数分布，即 $x \sim E(\lambda)$（λ 代表指数分布参数），则回收质量的概率密度函数为 $X(x) = \begin{cases} \lambda e^{-\lambda x}, & q < x < 1 \\ 0, & \text{其他} \end{cases}$，回收质量的期望值为 $E[x_j] = q_j e^{-\lambda q_j} - e^{-\lambda} + \dfrac{1}{\lambda}$，$(j=h，l)$。

根据对回收质量不确定性的定义，第一，回收质量的整体水平受到产品拆卸性的影响，高产品拆卸性的回收质量期望值高于低产品拆卸性回收质量期望值，即 $q_h > q_l$，$E[x_h] > E[x_l]$；第二，即使产品拆卸性确定时，回收质量也是不确定的，也会在相应范围内波动。

回收成本受多种因素影响，如回收质量、库存成本、运输成本、管理成本等，其中回收质量对回收成本的影响最为显著，假设单位回收成本为回收质量的函数，$c(q_j) = \dfrac{\eta c(x_j)^2}{2}$，$(j = h,\ l)$，则 $E[c(q_j)] = \dfrac{\eta[E(x_j)]^2}{2} = \dfrac{\eta}{2}\left[q_j e^{-\lambda q_j} - e^{-\lambda} + \dfrac{1}{\lambda}\right]^2$，$(j = h,\ l)$，$\eta$ 表示成本系数，$c(q_j)$ 是关于 q_j 的增函数。基于上述假设，OEM 的利润为

$$\pi_{mj}^M = (p_{nj}^M - c_{nj})D_{nj}^M + [p_{rj}^M - (1 - \gamma_j)c_{nj} - \gamma_j c_{rj} - c(q_j)]D_{rj}^M - \tilde{T}_j,\ (j = h,\ l) \tag{3-3}$$

3. Model M 模式均衡解

OEM 以自身利润最大化为目标进行决策，得到新产品最优价格 p_n^{M*}、OEM 再制造品最优价格 p_r^{M*}：

$$p_{nj}^{M*} = \frac{1 + c_{nj}}{2} \tag{3-4}$$

$$p_{rj}^{M*} = \frac{\rho + (1 - \gamma_j)c_{nj} + \gamma_j c_{rj} + c(q_j)}{2} \tag{3-5}$$

3.2.2　产品拆卸性对 Model M 定价决策影响研究

1. 市场规模 M 对产品拆卸性的决策影响

存在市场规模临界值 $\bar{M}$，当 $M < \bar{M}$ 时，OEM 采取 L 策略获利更高；反之，采取 H 策略获利更高。

证明：当 $M \to 0$ 时，$\pi_{mh}^M \to -\tilde{T}_h$，$\pi_{ml}^M \to -\tilde{T}_l$，因 $\tilde{T}_h > \tilde{T}_l$，则 $\pi_{mh}^M < \pi_{ml}^M$。求 π_{mj}^M 对 M 的一阶导数，得到 $\dfrac{\mathrm{d}\pi_{mj}^M}{\mathrm{d}M} > 0$ 且 $\dfrac{\mathrm{d}\pi_{mh}^M}{\mathrm{d}M} > \dfrac{\mathrm{d}\pi_{ml}^M}{\mathrm{d}M}$。由此可以得到唯一 $\bar{M}$，使得 $\pi_{mh}^M = \pi_{ml}^M$。当 $M < \bar{M}$ 时，$\pi_{mh}^M < \pi_{ml}^M$；当 $M > \bar{M}$ 时，$\pi_{mh}^M > \pi_{ml}^M$。OEM 采取 H 策略时需要投入较多的固定成本和回收成本，因而需要更大的市场规模以形成规模经济来提高企业利润。

2. 产品拆卸性策略对产品销售价格的影响

根据公式（3-4）和公式（3-5）可得 H 策略与 L 策略产品销售价格的关系为

$$p_{nh}^{M*} - p_{nl}^{M*} = \frac{1 + c_{nh}}{2} - \frac{1 + c_{nl}}{2} = \frac{c_{nh} - c_{nl}}{2} < 0 \qquad (3-6)$$

$$p_{rh}^{M*} - p_{rl}^{M*} = \frac{\rho + (1 - \gamma_h)c_{nh} + \gamma_h c_{rh} + c(q_h)}{2} - \frac{\rho + (1 - \gamma_l)c_{nl} + \gamma_l c_{rl} + c(q_l)}{2}$$

$$= \frac{[(1 - \gamma_h)c_{nh} + \gamma_h c_{rh}] - [(1 - \gamma_l)c_{nl} + \gamma_l c_{rl}]}{2} + \frac{c(q_h) - c(q_l)}{2}$$

$$(3-7)$$

新产品销售价格对比：H 策略的新产品销售价格较之 L 策略更低，原因是产品拆卸性的提高降低了新产品的生产成本，从而使新产品的销售价格降低。

OEM 再制造品销售价格对比：两种策略 OEM 再制造品销售价格取决于产品拆卸性变动对回收成本的影响幅度和对生产成本影响幅度之间的关系。

（1）当产品拆卸性变动对 OEM 再制造品生产成本的影响幅度较大时，H 策略的 OEM 再制造品销售价格较低。

原因是 H 策略中，高产品拆卸性一方面降低了再制造成本，提高了通过回收废旧品进行再制造的比例，从而使 OEM 再制造品的生产成本降低；另一方面高产品拆卸性提升了废旧品的回收质量水平，进而增加了回收成本。但是 OEM 再制造品生产成本降低的幅度大于回收成本增加的幅度，即再制造单位总成本降低，销售价格降低。

（2）当产品拆卸性变动对回收成本的影响幅度较大时，L 策略的 OEM 再制造品销售价格较低。

原因是 H 策略中，高产品拆卸性引起的回收成本增加幅度大于 OEM 再制造品生产成本降低幅度，即再制造品单位总成本增加，导致 H 策略的 OEM 再制造品销售价格高于 L 策略。

3. 产品拆卸性策略对市场需求量的影响

根据公式（3-1）、公式（3-4）和公式（3-5）可得 H 策略与 L 策略的市场需求量关系为

$$D_{nh}^M - D_{nl}^M = \frac{M[1 - \rho - c_{nh} + (1 - \gamma_h)c_{nh} + \gamma_h c_{rh} + c(q_h)]}{2(1 - \rho)}$$

$$- \frac{M[1 - \rho - c_{nl} + (1 - \gamma_l)c_{nl} + \gamma_l c_{rl} + c(q_l)]}{2(1 - \rho)}$$

$$= \frac{M}{2(1 - \rho)} \{ (c_{nl} - c_{nh}) - [(1 - \gamma_l)c_{nl} + \gamma_l c_{rl} + c(q_l)]$$

$$+ \left[(1 - \gamma_h)c_{nh} + \gamma_h c_{rh} + c(q_h) \right] \}$$

$$= \frac{M}{2(1-\rho)} \{ \left[(1-\gamma_h)c_{nh} + \gamma_h c_{rh} \right] - \left[(1-\gamma_l)c_{nl} + \gamma_l c_{rl} \right]$$

$$+ c(q_h) - c(q_l) - (c_{nh} - c_{nl}) \} \qquad (3-8)$$

新产品需求量对比：两种策略的新产品需求量取决于产品拆卸性变动对新产品生产成本的影响幅度与对 OEM 再制造品生产成本和回收成本的影响幅度之差之间的关系。

（1）当产品拆卸性变动对新产品生产成本的影响幅度较大时，H 策略的新产品需求量较大。

原因是 H 策略中，高产品拆卸性一方面降低了新产品生产成本，使得新产品销售价格降低；另一方面降低了 OEM 再制造品生产成本，增加了回收成本，使得 OEM 再制造品单位总成本或增加或降低，即使 OEM 再制造品单位总成本降低，其降低幅度也小于新产品生产成本的降低幅度，从而导致 OEM 再制造品销售价格或增加或降低且降价幅度小于新产品降价幅度。高产品拆卸性引发的新产品降价优势，促使消费者转向新产品市场，从而对新产品的需求量增加。

（2）当产品拆卸性变动对 OEM 再制造品生产成本和回收成本的影响幅度之差较大时，L 策略的新产品需求量较大。

原因是 H 策略中，高产品拆卸性引起的 OEM 再制造品生产成本降低幅度大于回收成本增加幅度和新产品生产成本降低幅度之和，即 OEM 再制造品单位总成本降低幅度大于新产品生产成本降低幅度，使得 OEM 再制造品销售价格降低幅度大于新产品销售价格降低幅度。高产品拆卸性引发的 OEM 再制造品降价优势，促使消费者从新产品市场向 OEM 再制造品市场转移，从而对新产品的需求量降低。

根据公式（3-2）、公式（3-4）和公式（3-5）可得

$$D_{rh}^M - D_{rl}^M = \frac{M[\rho c_{nh} - (1-\gamma_h)c_{nh} - \gamma_h c_{rh} - c(q_h)]}{2\rho(1-\rho)}$$

$$- \frac{M[\rho c_{nl} - (1-\gamma_l)c_{nl} - \gamma_l c_{rl} - c(q_l)]}{2\rho(1-\rho)}$$

$$= \frac{M}{2\rho(1-\rho)} \{ \left[(1-\gamma_l)c_{nl} + \gamma_l c_{rl} \right] - \left[(1-\gamma_h)c_{nh} + \gamma_h c_{rh} \right]$$

$$+ \left[c(q_l) - c(q_h) \right] - \rho(c_{nl} - c_{nh}) \} \qquad (3-9)$$

考虑消费者购买 OEM 再制造品的意愿是购买新产品意愿的 ρ 倍，若 OEM 再制造品的销售价格降低幅度小于 ρ 倍新产品销售价格降低幅度，则 OEM 再制造品降价优势不足以弥补消费者对 OEM 再制造品购买意愿的折损，无法吸引更多的消费者转向 OEM 再制造品市场，故只有当 OEM 再制造品降价幅度大于 ρ 倍新产品降价幅度时，才可以促进更多的消费者购买 OEM 再制造品。

OEM 再制造品需求量对比：两种策略的 OEM 再制造品需求量取决于产品拆卸性变动对 ρ 倍新产品生产成本的影响幅度与对 OEM 再制造品生产成本和回收成本的影响幅度之差之间的关系。

（1）当产品拆卸性变动对 OEM 再制造品生产成本和回收成本的影响幅度之差较大时，H 策略的 OEM 再制造品需求量较大。

原因是 H 策略中，高产品拆卸性引起的 OEM 再制造品生产成本降低幅度大于回收成本增加幅度和 ρ 倍新产品生产成本降低幅度之和，即 OEM 再制造品单位总成本降低幅度大于 ρ 倍新产品生产成本降低幅度，进而 OEM 再制造品销售价格降低幅度大于 ρ 倍新产品销售价格降低幅度。高产品拆卸性引发的 OEM 再制造品降价优势足以吸引更多的消费者进入 OEM 再制造品市场，从而 OEM 再制造品的需求量增加。

（2）当产品拆卸性变动对 ρ 倍新产品生产成本的影响幅度较大时，L 策略的 OEM 再制造品需求量较大。

原因是 H 策略中，高产品拆卸性引发的 OEM 再制造品单位总成本或增加或降低幅度小于 ρ 倍新产品生产成本降低幅度。进而 OEM 再制造品销售价格降低幅度小于 ρ 倍新产品销售价格降低幅度，高产品拆卸性引发的 OEM 再制造品降价优势不足以吸引更多的消费者进入 OEM 再制造品市场，反而新产品降价优势更具有吸引力，导致部分 OEM 再制造品的市场份额流失，从而 OEM 再制造品的需求量减少。

4. 产品拆卸性策略对 OEM 利润的影响

假设 A 表示新产品生产成本，$A_j = c_{nj}$，B 表示 OEM 再制造品生产成本，$B_j = (1 - \gamma_j) c_{nj} + \gamma_j c_{rj}$，$D$ 表示回收成本，$D_j = c(q_j)$，根据公式（3-1）~公式（3-5）可得 OEM 利润为

$$\pi_{mj}^M = (p_{nj}^M - c_{nj}) D_{nj}^M + [p_{rj}^M - (1 - \gamma_j) c_{nj} - \gamma_j c_{rj} - c(q_j)] D_{rj}^M - \tilde{T}_j$$

$$= M(p_{nj}^M - c_{nj}) \frac{1 - \rho - p_{nj}^M + p_{rj}^M}{1 - \rho} + M[p_{rj}^M - (1 - \gamma_j) c_{nj} - \gamma_j c_{rj} - c(q_j)] \frac{\rho p_{nj}^M - p_{rj}^M}{\rho(1 - \rho)} - \tilde{T}_j$$

$$= \frac{M(1-A_j)(1-\rho-A_j+B_j+D_j)}{4(1-\rho)} + \frac{M(\rho-B_j-D_j)(\rho A_j-B_j-D_j)}{4\rho(1-\rho)} - \tilde{T}_j$$

$$= \frac{M[\rho-\rho^2-2\rho A_j+2\rho^2 A_j-2\rho A_j(B_j+D_j)+\rho A_j^2+(B_j+D_j)^2]}{4\rho(1-\rho)} - \tilde{T}_j \quad (3-10)$$

$$\frac{\partial \pi_{mj}^M}{\partial A_j} = -\frac{M(1-\rho-A_j+B_j+D_j)}{2(1-\rho)} < 0 \qquad \frac{\partial \pi_{mj}^M}{\partial B_j} = \frac{\partial \pi_{mj}^M}{\partial D_j} = -\frac{M(\rho A_j-B_j-D_j)}{2\rho(1-\rho)} < 0$$

OEM 利润随新产品生产成本和 OEM 再制造品生产成本、回收成本、固定成本的增加而降低。

OEM 利润对比：H 策略中，新产品生产成本和 OEM 再制造品生产成本降低，而回收成本和固定成本较高；L 策略中，回收成本和固定成本较低，而新产品生产成本和 OEM 再制造品生产成本较高。因此，在不考虑市场规模 M 变动的前提下，OEM 需要综合考虑产品拆卸性变动对生产成本的影响幅度和对回收成本、固定成本的影响幅度之间的关系，进而决定采取 H 策略或 L 策略。

3.2.3　回收质量不确定性对 Model M 定价决策影响研究

回收质量的整体水平受到产品拆卸性的影响，高产品拆卸性的回收质量期望值高于低产品拆卸性回收质量期望值。当产品的拆卸性确定后，废旧品的回收质量水平会在相应的范围内呈现波动趋势。

回收质量对供应链的影响主要包括两个方面：第一，回收再制造比例 γ；第二，回收成本 $c(q)$。而回收质量波动时，回收再制造比例和回收成本也随之波动。本节主要研究不考虑产品拆卸性变动时，回收质量不确定性对 Model M 模式定价决策的影响。即 q 在 $[q_n, q_m]$ 区间内波动、γ 在 $[\gamma_n, \gamma_m]$ 区间内波动时，产品销售价格、市场需求量和 OEM 利润的波动规律。

1. 回收质量不确定性对产品销售价格的影响

根据公式（3-4）可得：新产品销售价格只与新产品生产成本有关，而回收质量不确定性对新产品销售价格无影响。

根据公式（3-5）可得：OEM 再制造品销售价格的期望值为

$$E[p_r^{M*}] = \frac{\rho+(1-\gamma)c_n+\gamma c_r+E[c(q)]}{2} \quad (3-11)$$

回收质量水平较高（$q \to q_m$），回收再制造比例提高（$\gamma \to \gamma_m$）时，OEM 再制造品生产成本降低，回收成本增加 $[c(q) \to c(q_m)]$。OEM 再制造品销售价格期望值取决于回收质量波动引起的 OEM 再制造品生产成本变动幅度和回收成本变动幅度之间的关系：当回收质量波动引起的 OEM 再制造品生产成本变动幅度较大时，若回收质量在高水平波动，则 OEM 再制造品销售价格较低；当回收质量波动引起的回收成本变动幅度较大时，若回收质量在低水平波动，则 OEM 再制造品销售价格较高。

2. 回收质量不确定性对市场需求量的影响

根据公式（3-1）、公式（3-2）、公式（3-4）和公式（3-5）可得：新产品和 OEM 再制造品市场需求量期望值取决于回收质量波动引起的 OEM 再制造品生产成本变动幅度和回收成本变动幅度之间的关系。

（1）当回收质量波动引起的 OEM 再制造品生产成本变动幅度较大时，若回收质量在高水平波动，则新产品的市场需求量较低，OEM 再制造品的市场需求量较高。原因是回收质量水平较高时，OEM 再制造品单位总成本较低，从而 OEM 再制造品的销售价格较低，而新产品销售价格保持不变，部分消费者将会从新产品市场转移到 OEM 再制造品市场，从而导致新产品的市场需求量降低，而 OEM 再制造品的市场需求量增加。

（2）当回收质量波动引起的回收成本变动幅度较大时，若回收质量在高水平波动，则新产品的需求量较大，OEM 再制造品需求量较小。

3. 回收质量不确定性对 OEM 利润的影响

根据公式（3-1）～公式（3-5）可得 OEM 利润期望值为

$$E[\pi_m^M] = (p_n^M - c_n)D_n^M + \{p_r^M - (1-\gamma)c_n - \gamma c_r - E[c(q)]\}D_r^M - \widetilde{T}$$

$$= M(p_n^M - c_n)\frac{1-\rho - p_n^M + p_r^M}{1-\rho} + M\{p_r^M - (1-\gamma)c_n - \gamma c_r$$

$$- E[c(q)]\}\frac{\rho p_n^M - p_r^M}{\rho(1-\rho)} - \widetilde{T}$$

$$= \frac{M(1-c_n)(1-\rho - c_n + B + E[D])}{4(1-\rho)}$$

$$+ \frac{M(\rho - B - E[D])(\rho c_n - B - E[D])}{4\rho(1-\rho)} - \widetilde{T} \quad (3-12)$$

$$\frac{\partial E[\pi_m^M]}{\partial B} = \frac{\partial E[\pi_m^M]}{\partial E[D]} = -\frac{M(\rho c_n - B - E[D])}{2\rho(1-\rho)} < 0$$

OEM 利润的期望值随 OEM 再制造品生产成本和回收成本的增加而降低。OEM 利润的期望值取决于回收质量波动引起的 OEM 再制造品生产成本变动幅度和回收成本变动幅度之间的关系。

（1）当回收质量波动引起的 OEM 再制造品生产成本变动幅度较大时，若回收质量在高水平波动，则 OEM 利润较大。原因是回收质量水平较高时，OEM 再制造品生产成本较低，回收成本较大，但回收质量变动对 OEM 再制造品生产成本影响较大，即 OEM 单位总成本较低，OEM 利润较高。

（2）当回收质量波动引起的回收成本变动幅度较大时，若回收质量在高水平波动，则 OEM 利润较低。

3.2.4　算例分析

以某洗衣机产品为例，研究产品拆卸性策略和回收质量不确定性对 Model M 模式定价决策的影响。假设试验数据如下：

$M \in [10, 30]$，$\rho = 0.8$，$c_{nh} \in (0.4, 0.6)$，$c_{nl} = 0.6$，$c_{rh} \in (0.05, 0.25)$，$c_{rl} = 0.25$，$\gamma_l = 0.7$，$\gamma_h \in (0.7, 0.9)$，$q_l = 0.1$，$q_h \in (0.1, 0.9)$，$\tilde{T}_l = 0.5$，$\tilde{T}_h = \tilde{T}_l + y^M (y \in [0.1, 1])$，$\eta = 0.2$，$\lambda = 0.75$

1. 市场规模 M 对产品拆卸性策略的决策影响

根据公式（3-3），只考虑市场规模对利润的影响，假设其他变量试验数据为 $y^M = 0.5$，$\gamma_h = 0.8$，$q_h = 0.2$，$q_l = 0.1$，$c_{nh} = 0.5$，$c_{rh} = 0.2$，通过算例验证 H/L 策略下，市场规模变动对 OEM 利润的影响规律，如图 3.3 所示。

由图 3.3 可证，$\bar{M}$ 为市场规模临界值，当 $M < \bar{M}$ 时，市场规模较小，H

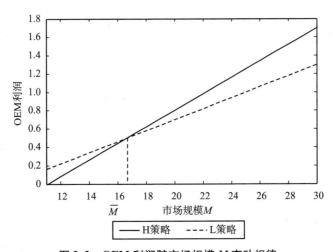

图 3.3　OEM 利润随市场规模 M 变动规律

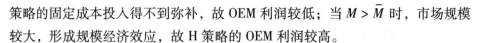
策略的固定成本投入得不到弥补，故 OEM 利润较低；当 $M > \bar{M}$ 时，市场规模较大，形成规模经济效应，故 H 策略的 OEM 利润较高。

2. 产品拆卸性策略在 Model M 中的影响分析

产品拆卸性变动对新产品、OEM 再制造品生产成本和回收成本的影响程度是不一致的。产品拆卸性变动对这三者影响程度的关系直接影响产品销售价格、市场需求量和 OEM 利润呈不同的波动规律，进而影响 OEM 的产品拆卸性决策。

表 3 - 2 的五组实验数据代表产品拆卸性对产品生产成本的影响程度从较强逐渐减弱的变化趋势，同时对回收成本的影响幅度从较弱逐渐加强的变化趋势，并根据公式（3 - 1）～公式（3 - 5）得到表 3 - 2 中产品销售价格、市场需求量和 OEM 利润。

根据表 3 - 2 得到新产品销售价格随新产品生产成本变动的波动规律，如图 3.4 所示；产品拆卸性对 OEM 再制造品生产成本的影响程度和对回收成本的影响程度之间的关系发生变化时，OEM 再制造品销售价格的波动规律如图 3.5 所示。

由图 3.4 可以验证，H 策略的新产品销售价格较 L 策略更低。由图 3.5 可以验证，当产品拆卸性变动对 OEM 再制造品生产成本的影响幅度较大时，H 策略的 OEM 再制造品销售价格较低；当产品拆卸性变动对回收成本的影响幅度较大时，L 策略的 OEM 再制造品销售价格较低。

表 3 - 2　　　　　　　产品拆卸性策略在 Model M 中的影响分析

因素	L 策略	H 策略				
		第一组	第二组	第三组	第四组	第五组
新产品生产成本 c_{nj}	0.600	0.400	0.450	0.500	0.550	0.594
OEM 再制造成本 c_{rj}	0.250	0.050	0.100	0.150	0.200	0.248
回收再制造比例 γ_j	0.700	0.710	0.750	0.800	0.850	0.900
回收质量水平 q_j	0.100	0.150	0.300	0.500	0.700	0.900
回收成本 $c(q_j)$	0.091	0.099	0.121	0.145	0.163	0.174
新产品销售价格 p_{nj}^M	0.800	0.700	0.725	0.750	0.775	0.797
新产品需求量 D_{nj}^M	3.447	3.788	4.396	4.883	4.881	4.697

续表

因素	L策略	H策略				
		第一组	第二组	第三组	第四组	第五组
OEM 再制造品销售价格 p_{rj}^{M}	0.623	0.525	0.554	0.582	0.608	0.628
OEM 再制造品需求量 D_{rj}^{M}	3.191	6.515	4.817	3.271	2.337	1.741
OEM 利润 π_{mj}^{M}	0.754	1.926	1.393	0.932	0.548	0.252
变动幅度 新产品生产成本 $\lvert c_{nh} - c_{nl} \rvert$	—	0.200	0.150	0.100	0.050	0.006
变动幅度 ρ 倍新产品生产成本 $\lvert c_{nh} - c_{nl} \rvert$	—	0.160	0.120	0.080	0.040	0.0048
变动幅度 OEM 再制造品生产成本 $\lvert (1-\gamma_h)c_{nh} + \gamma_h c_{rh} - (1-\gamma_l)c_{nl} - \gamma_l c_{rl} \rvert$	—	0.204	0.168	0.135	0.103	0.072
变动幅度 回收成本 $\lvert c(q_h) - c(q_l) \rvert$	—	0.008	0.030	0.054	0.072	0.083
对新产品和 OEM 再制造品生产成本的影响程度	强 →→→→→→→→→→→→→→→→ 弱					
对回收成本的影响程度	弱 →→→→→→→→→→→→→→→→ 强					

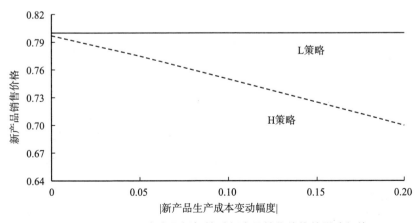

图 3.4　Model M 中产品拆卸性对新产品销售价格的影响规律

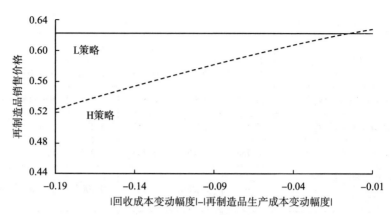

图 3.5　Model M 中产品拆卸性对 OEM 再制造品销售价格的影响规律

根据表 3 - 2 得到产品拆卸性变动对新产品生产成本的影响幅度与对 OEM 再制造品生产成本和回收成本的影响幅度之差之间的关系发生变化时，新产品需求量的波动规律如图 3.6 所示。产品拆卸性变动对 ρ 倍新产品生产成本的影响幅度与对 OEM 再制造品生产成本和回收成本的影响幅度之差之间的关系发生变化时，OEM 再制造品需求量的波动规律如图 3.7 所示。

由图 3.6 可以验证，当产品拆卸性变动对新产品生产成本的影响幅度较大时，H 策略的新产品需求量较大；当产品拆卸性变动对新产品生产成本的影响幅度与对 OEM 再制造品生产成本和回收成本的影响幅度之差相近时，H 策略和 L 策略的新产品需求量差距较小。

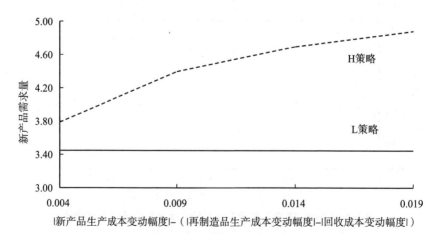

图 3.6　Model M 中产品拆卸性对新产品需求量的影响规律

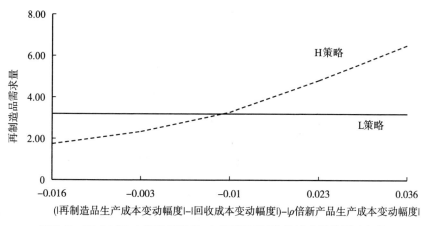

图 3.7　Model M 中产品拆卸性对 OEM 再制造品需求量的影响规律

由图 3.7 可以验证，当产品拆卸性变动对 OEM 再制造品生产成本和回收成本的影响幅度之差较大时，H 策略的 OEM 再制造品需求量较大；当产品拆卸性变动对 ρ 倍新产品生产成本的影响幅度较大时，L 策略的 OEM 再制造品需求量较大。

根据表 3-2 得到在不考虑固定成本和市场规模的前提下，产品拆卸性变动对新产品生产成本、OEM 再制造品生产成本和回收成本的影响幅度之间的关系发生波动时，OEM 利润的波动规律如图 3.8（a）所示。只考虑固定成本和市场规模变动对 OEM 利润的影响如图 3.8（b）所示。

由图 3.8（a）可以验证，在不考虑固定成本和市场规模变动的前提下，产品拆卸性变动对新产品和 OEM 再制造品生产成本的影响幅度较大时，OEM

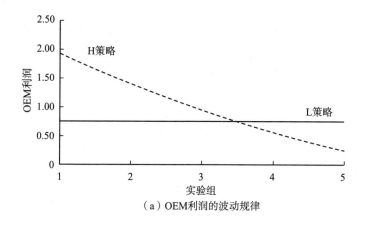

（a）OEM利润的波动规律

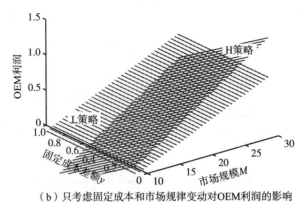

（b）只考虑固定成本和市场规律变动对OEM利润的影响

图 3.8　Model M 中产品拆卸性对 OEM 利润的影响规律

采取 H 策略获利更高；产品拆卸性变动对回收成本的影响幅度较大时，OEM 采取 L 策略获利更高。

由图 3.8（b）可以验证，高产品拆卸性需要较小的固定成本投入且市场规模较大时，OEM 采取 H 策略获利更高；高产品拆卸性需要较大的固定成本投入但市场规模较小时，OEM 采取 L 策略获利更高，采取 H 策略获利较低甚至为负。

3. 回收质量不确定性在 Model M 中的影响分析

假设试验数据如下：

$M = 30$，$\rho = 0.8$，$c_n = 0.6$，$c_r = 0.3$，$\gamma \in (0.75, 0.85)$，$q \in (0.15, 0.35)$，$\tilde{T} = 1$，$\eta = 0.2$，$\lambda = 0.75$

表 3-3 中的五组试验数据回收质量水平在（0.15，0.35）区间内波动，回收再制造比例在（0.75，0.85）区间内波动，五组数据分别代表回收质量波动引起回收成本变动幅度从高于再制造品生产成本变动幅度逐渐减弱至低于再制造品生产成本变动幅度的变化趋势，并根据公式（3-1）~公式（3-5）得到表 3-3 中产品的销售价格和需求量。

表 3-3　　　　　　回收质量不确定性在 Model M 中的影响分析

序号	基数	第一组	第二组	第三组	第四组	第五组
回收质量水平 q	0.15	0.19	0.23	0.27	0.31	0.35
回收再制造比例 γ	0.75	0.77	0.79	0.81	0.83	0.85

续表

序号	基数	第一组	第二组	第三组	第四组	第五组
回收成本 $c(q)$	0.0990	0.1052	0.1112	0.1170	0.1225	0.1277
回收成本变动幅度 $\Delta\left\|c(q)\right\|$	—	0.0062	0.0122	0.0180	0.0235	0.0287
OEM 再制造品生产成本 $(1-\gamma)c_n + \gamma c_r$	0.3750	0.3690	0.3630	0.3570	0.3510	0.3450
OEM 再制造品生产成本变动幅度 $\Delta\left\|(1-\gamma)c_n + \gamma c_r\right\|$	—	0.0060	0.0120	0.0180	0.0240	0.0300
OEM 再制造品销售价格 p_r^M	0.6370	0.6371	0.6371	0.6370	0.6367	0.6364
新产品需求量 D_n^M	5.5503	5.5660	5.5652	5.5469	5.5102	5.4545
OEM 再制造品需求量 D_r^M	0.5621	0.5426	0.5435	0.5664	0.6123	0.6819

根据表 3 - 3 得到回收质量波动引起 OEM 再制造品生产成本波动幅度和回收成本波动幅度之间的关系发生变化时，OEM 再制造品销售价格、新产品需求量、OEM 再制造品需求量的波动规律如图 3.9 ~ 图 3.11 所示。

由图 3.9 可以验证，当回收质量波动引起的 OEM 再制造品回收成本变动幅度较大时，随着回收质量波动趋向高水平，OEM 再制造品销售价格逐渐升高；当回收质量波动引起的 OEM 再制造品生产成本变动幅度较大时，随着回收质量波动趋向高水平，OEM 再制造品销售价格逐渐降低。

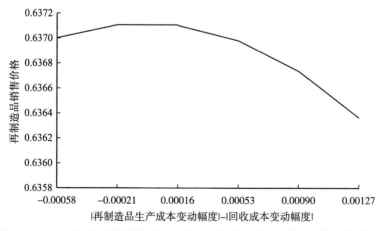

图 3.9　Model M 中回收质量不确定性对 OEM 再制造品销售价格的影响规律

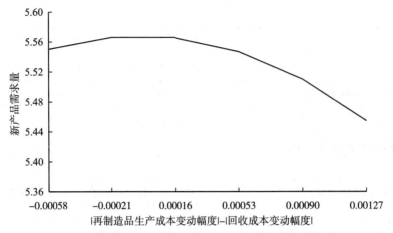

图 3.10   Model M 中回收质量不确定性对新产品需求量的影响规律

由图 3.10 可以验证，当回收质量波动引起的回收成本变动幅度较大时，随着回收质量波动趋向高水平，新产品需求量逐渐增加；当回收质量波动引起的 OEM 再制造品生产成本变动幅度较大时，随着回收质量波动趋向高水平，新产品需求量逐渐减少。

由图 3.11 可以验证，当回收质量波动引起的回收成本变动幅度较大时，随着回收质量波动趋向高水平，OEM 再制造品需求量逐渐降低；当回收质量波动引起的 OEM 再制造品生产成本变动幅度较大时，随着回收质量波动趋向高水平，OEM 再制造品需求量逐渐增加。

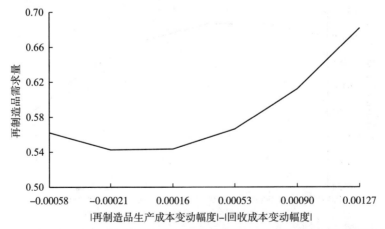

图 3.11   Model M 中回收质量不确定性对 OEM 再制造品需求量的影响规律

由图 3.12 可以验证，当回收质量波动引起的 OEM 再制造品生产成本变动幅度较大时，若回收质量在高水平波动，OEM 利润较高；当回收质量波动引起的回收成本变动幅度较大时，若回收质量在高水平波动，OEM 利润较低。

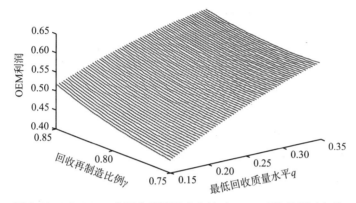

图 3.12　Model M 中回收质量不确定性对 OEM 利润的影响规律

3.2.5　研究结论

本节构建了单一 OEM 同时进行制造和再制造的 Model M 模式，分析了产品拆卸性和回收质量不确定性对产品销售价格、市场需求量、OEM 利润的影响规律，并通过算例进行验证，得出以下结论。

（1）市场规模对产品拆卸性决策的影响：存在市场规模临界值，当市场规模大于临界值时，OEM 采取 H 策略获利更高；反之，采取 L 策略获利更高。

（2）产品拆卸性对新产品销售价格的影响：H 策略的新产品销售价格较 L 策略更低。

（3）产品拆卸性对 OEM 再制造品销售价格的影响：当产品拆卸性变动对 OEM 再制造品生产成本的影响幅度较大时；H 策略的 OEM 再制造品销售价格较低；当产品拆卸性变动对回收成本的影响幅度较大时，L 策略的 OEM 再制造品销售价格较低。

（4）产品拆卸性对新产品需求量的影响：当产品拆卸性变动对新产品生产成本的影响幅度较大时，H 策略的新产品需求量较大；当产品拆卸性变动对 OEM 再制造品生产成本和回收成本的影响幅度之差较大时，L 策略的新产品需求量较大。

（5）产品拆卸性对 OEM 再制造品需求量的影响：当产品拆卸性变动对 OEM 再制造品生产成本和回收成本的影响幅度之差较大时，H 策略的 OEM 再制造品需求量较大；当产品拆卸性变动对 ρ 倍新产品生产成本的影响幅度较大时，L 策略的 OEM 再制造品需求量较大。

（6）产品拆卸性对 OEM 利润的影响：在不考虑固定成本和市场规模变动的前提下，产品拆卸性变动对新产品和 OEM 再制造品生产成本的影响幅度较大时，OEM 采取 H 策略获利更高；产品拆卸性变动对回收成本的影响幅度较大时，OEM 采取 L 策略获利更高。

（7）回收质量不确定性对新产品销售价格无影响。

（8）回收质量不确定性对 OEM 再制造品销售价格的影响：当回收质量波动引起的 OEM 再制造品生产成本变动幅度较大时，若回收质量在高水平波动，则 OEM 再制造品销售价格较低；当回收质量波动引起的回收成本变动幅度较大时，若回收质量在低水平波动，则 OEM 再制造品销售价格较高。

（9）回收质量不确定性对新产品和 OEM 再制造品需求量的影响：当回收质量波动引起的 OEM 再制造品生产成本变动幅度较大时，若回收质量在高水平波动，新产品的需求量较小，OEM 再制造品的需求量较大；当回收质量波动引起的回收成本变动幅度较大时，若回收质量在高水平波动，新产品的需求量较大，OEM 再制造品需求量较小。

（10）回收质量不确定性对 OEM 利润的影响：当回收质量波动引起的 OEM 再制造品生产成本变动幅度较大时，若回收质量在高水平波动，则 OEM 利润较大；当回收质量波动引起的回收成本变动幅度较大时，若回收质量在高水平波动，则 OEM 利润较低。

3.3 基于 IO 再制造模式定价决策研究

3.3.1 模型描述与基本假设

1. 模型描述

IO 再制造模式（Model R）中，市场上存在单一 OEM 进行新产品制造，同时存在单一 IO 进行再制造。OEM 生产新产品并直接销售给消费者，IO 从市场上直接回收废旧品进行再制造，并将 IO 再制造品直接销售给消费者。

2. 基本假设

假设 1：新产品和 IO 再制造品不同质，销售价格不同。新产品销售价格为 p_n^R，IO 再制造品销售价格为 p_t^R。其中，$p_t^R < p_n^R$。

假设 2：消费者购买新产品和 IO 再制造品的意愿不同，且购买 IO 再制造品的意愿小于购买 OEM 再制造品的意愿。假设购买新产品的意愿为 $\theta(0 < \theta < 1)$，其中 $f(\theta)$ 服从 $[0, 1]$ 的均匀分布，购买 IO 再制造品的意愿为 $\mu\theta(0 < \mu < \rho < 1)$。新产品、IO 再制造品对于消费者的效用函数分别为 $U_n = \theta - p_n$，$U_t = \mu\theta - p_t$。

市场有 M 个消费者，设 Θ_n，Θ_t 分别表示购买新产品和 IO 再制造品的消费者集合，则 $\Theta_n = \{\theta: U_n \geq \max(U_t, 0)\}$，$\Theta_t = \{\theta: U_t \geq \max(U_n, 0)\}$；$g_n$，$g_t$ 分别表示购买新产品和 IO 再制造品的消费者市场份额，则 $g_n = \int_{\Theta \in \Theta_n} f(\theta)\mathrm{d}\theta$，$g_t = \int_{\Theta \in \Theta_t} f(\theta)\mathrm{d}\theta$；故消费者对于新产品和 IO 再制造品的需求函数分别为 $D_n = Mg_n$，$D_t = Mg_t$。

故新产品需求量：
$$D_n^R = M\frac{1 - \mu - p_n^R + p_t^R}{1 - \mu} \qquad (3-13)$$

IO 再制造品需求量：
$$D_t^R = M\frac{\mu p_n^R - p_t^R}{\mu(1 - \mu)} \qquad (3-14)$$

假设 3：与 Model M 相同，产品成本由固定成本、生产成本和回收成本三部分构成。

（1）固定成本：OEM 不参与再制造，其投入的固定成本较 Model M 中较低。H 策略相比 L 策略需要 OEM 投入更高的固定成本，即 $T_l < T_h$，且 $T_l < \tilde{T}_l$，$T_h < \tilde{T}_h$，（其中 h 表示 H 策略，l 表示 L 策略），假设 $y^R = T_h - T_l$ 表示固定成本投资差额。

（2）生产成本：新产品的生产成本为 $c_{nj}(j = h, l)$，且 $c_{nh} < c_{nl}$；IO 再制造品的生产成本为 $(1 - \gamma_j)c_{nj} + \gamma_j c_{tj}(j = h, l)$，IO 再制造成本低于 OEM 再制造成本，即 $c_{tj} < c_{rj}$ 且 $c_{th} < c_{tl}$，$\gamma_h > \gamma_l$，$(1 - \gamma_h)c_{nh} + \gamma_h c_{th} < (1 - \gamma_l)c_{nl} + \gamma_l c_{tl}$。

（3）回收成本：$c(q_j) = \frac{\eta c\,(x_j)^2}{2}(j = h, l)$，其中 $q_h > q_l$，$c(q_h) > c(q_l)$。

基于以上假设，得到 OEM 利润为

$$\pi_{mj}^{R} = (p_{nj}^{R} - c_{nj})D_{nj}^{R} - T_{j}(j = h, \ l) \tag{3-15}$$

IO 利润为

$$\pi_{rj}^{R} = [p_{tj}^{R} - (1-\gamma_{j})c_{nj} - \gamma_{j}c_{tj} - c(q_{j})]D_{tj}^{R}(j = h, \ l) \tag{3-16}$$

3. Model R 均衡解

OEM 为 Stackelberg 博弈的主导者，首先，OEM 以自身利润最大化为目标进行决策，得到新产品最优价格 p_{n}^{R*}；其次，IO 再以自身利润最大化为目标进行决策，得到 IO 再制造品最优价格 p_{t}^{R*} 为

$$p_{nj}^{R*} = \frac{1+c_{nj}}{2} - \frac{\mu - [(1-\gamma_{j})c_{nj} + \gamma_{j}c_{tj} + c(q_{j})]}{2(2-\mu)} \tag{3-17}$$

$$p_{tj}^{R*} = \frac{\mu(1+c_{nj})}{4} + \frac{(4-\mu)[(1-\gamma_{j})c_{nj} + \gamma_{j}c_{tj} + c(q_{j})] - \mu^{2}}{4(2-\mu)} \tag{3-18}$$

3.3.2 产品拆卸性对 Model R 定价决策影响研究

1. 市场规模 M 对产品拆卸性的决策影响

存在市场规模临界值 $\bar{M}$。当 $M < \bar{M}$ 时，OEM 采取 L 策略获利更高；反之，采取 H 策略获利更高（证明同 3.2 节）。OEM 采取 H 策略时需要投入较高的固定成本，因而需要更大的市场规模以形成规模经济来提高企业利润。

2. 产品拆卸性策略对产品销售价格的影响

根据公式（3-17）可得 H 策略和 L 策略新产品销售价格的关系为

$$p_{nh}^{R*} - p_{nl}^{R*} = \frac{c_{nh} - c_{nl}}{2} + \frac{[(1-\gamma_{h})c_{nh} + \gamma_{h}c_{th}] - [(1-\gamma_{l})c_{nl} + \gamma_{l}c_{tl}]}{2(2-\mu)}$$

$$+ \frac{c(q_{h}) - c(q_{l})}{2(2-\mu)} \tag{3-19}$$

新产品销售价格对比：两种策略的新产品销售价格取决于产品拆卸性变动对回收成本影响幅度和 IO 再制造品生产成本影响幅度之差与对（$2-\mu$）倍新产品生产成本影响幅度之间的关系。

（1）当产品拆卸性变动对回收成本影响幅度和 IO 再制造品生产成本影响幅度之差较大时，L 策略的新产品销售价格较低。

原因是 H 策略中，高产品拆卸性提高了回收成本，且回收成本增加的幅度高于 IO 再制造品生产成本降低幅度与（$2-\mu$）倍新产品生产成本降低幅度

之和，即 IO 再制造品的单位总成本增加，而新产品的生产成本降低，导致 IO 再制造品销售价格的增加，新产品虽然生产成本降低，但是 IO 再制造品销售价格提升，降低了市场竞争程度，OEM 为了获得更多利润而适度提高新产品销售价格，因此，H 策略的新产品销售价格较 L 策略更高。

（2）当产品拆卸性变动对（$2-\mu$）倍新产品生产成本影响幅度较大时，H 策略的新产品销售价格较低。

原因是 H 策略中，高产品拆卸性引起的新产品生产成本降低幅度较大，IO 再制造品单位总成本或降低或小幅增加，但增加程度不足以影响市场竞争程度，因此，H 策略的新产品销售价格较 L 策略更低。

根据公式（3-18）可得 H 策略和 L 策略 IO 再制造品销售价格的关系为

$$p_{th}^{R*} - p_{tl}^{R*} = \frac{\mu(c_{nh} - c_{nl})}{4}$$

$$+ \frac{(4-\mu)\left[(1-\gamma_h)c_{nh} + \gamma_h c_{th} + c(q_h) - (1-\gamma_l)c_{nl} - \gamma_l c_{tl} - c(q_l)\right]}{4(2-\mu)}$$

$$(3-20)$$

IO 再制造品销售价格对比：两种策略 IO 再制造品的销售价格取决于产品拆卸性变动对回收成本影响幅度和 IO 再制造品生产成本影响幅度之差与对 $\mu(2-\mu)/(4-\mu)$ 倍新产品生产成本影响幅度之间的关系。

（1）当产品拆卸性变动对回收成本影响幅度和 IO 再制造品生产成本影响幅度之差较大时，L 策略的 IO 再制造品销售价格较低。

原因是 H 策略中，高产品拆卸性提高了回收成本，且回收成本增加的幅度高于 IO 再制造品生产成本降低幅度与 $\mu(2-\mu)/(4-\mu)$ 倍新产品生产成本降低幅度之和，即 IO 再制造品的单位总成本增加，而新产品的生产成本降低，导致 IO 再制造品销售价格的增加，因此，H 策略的 IO 再制造品销售价格较 L 策略更高。

（2）当产品拆卸性变动对 $\mu(2-\mu)/(4-\mu)$ 倍新产品生产成本影响幅度较大时，H 策略的 IO 再制造品销售价格较低。

原因是 H 策略中，高产品拆卸性引起的新产品生产成本降低幅度较大，新产品销售价格降低幅度随之增大，IO 再制造品单位总成本或降低或小幅增加。但受新产品降价的影响，IO 为了稳定市场份额，不得不降低 IO 再制造品的销售价格，因此，H 策略的 IO 再制造品销售价格较 L 策略更低。

3. 产品拆卸性策略对市场需求量的影响

根据公式（3 - 13）、公式（3 - 17）和公式（3 - 18）可得 H 策略和 L 策略新产品需求量的关系为

$$D_{nh}^{R*} - D_{nl}^{R*} = M\left\{\dfrac{\begin{array}{l}(2-\mu)(c_{nl}-c_{nh}) + [(1-\gamma_h)c_{nh} + \gamma_h c_{th}] \\ -[(1-\gamma_l)c_{nl} + \gamma_l c_{tl}] + c(q_h) - c(q_l)\end{array}}{4(1-\mu)}\right\} \quad (3-21)$$

新产品需求量对比：两种策略的新产品需求量取决于产品拆卸性变动对 IO 再制造品生产成本影响幅度和回收成本影响幅度之差与对（2 - μ）倍新产品生产成本影响幅度之间的关系。

（1）当产品拆卸性变动对 IO 再制造品生产成本影响幅度和回收成本影响幅度之差较大时，L 策略的新产品需求量较大。

原因是 H 策略中，高产品拆卸性引起的 IO 再制造品单位总成本降低幅度大于（2 - μ）倍新产品生产成本降低幅度，进而 IO 再制造品降价幅度大于新产品降价幅度。IO 再制造品的大幅降价优势吸引更多消费者转向 IO 再制造品市场，新产品价格竞争力较弱，市场份额流失，因此，H 策略的新产品需求量较 L 策略更小。

（2）当产品拆卸性变动对（2 - μ）倍新产品生产成本影响幅度较大时，H 策略的新产品需求量较大。

原因是 H 策略中，高产品拆卸性引起的新产品生产成本降低幅度较大，IO 再制造品单位总成本或降低或小幅增加，但增加程度不足以影响市场竞争程度，新产品销售价格降低幅度大于 IO 再制造品销售价格降低幅度，新产品的降价优势吸引更多的消费者进入新产品市场，新产品需求量随之增加，因此，H 策略的新产品需求量较 L 策略更大。

根据公式（3 - 13）、公式（3 - 14）和公式（3 - 18）可得 H 策略和 L 策略 IO 再制造品需求量的关系为

$$D_{th}^{R*} - D_{tl}^{R*} = M\left\{\dfrac{\begin{array}{l}\mu(2-\mu)(c_{nh}-c_{nl}) - (4-3\mu)[(1-\gamma_h)c_{nh} \\ +\gamma_h c_{th} + c(q_h) - (1-\gamma_l)c_{nl} - \gamma_l c_{tl} - c(q_l)]\end{array}}{4\mu(1-\mu)(2-\mu)}\right\} \quad (3-22)$$

IO 再制造品需求量对比：两种策略的 IO 再制造品需求量取决于产品拆卸性变动对 IO 再制造品生产成本影响幅度和回收成本影响幅度之差与对 $\mu(2-\mu)/(4-3\mu)$ 倍新产品生产成本影响幅度之间的关系。

（1）当产品拆卸性变动对 IO 再制造品生产成本影响幅度和回收成本影响

幅度之差较大时，H 策略的 IO 再制造品需求量较大。

原因是 H 策略中，高产品拆卸性降低了 IO 再制造品的单位总成本和新产品生产成本，IO 再制造品销售价格降低，新产品销售价格降低的幅度不足以影响市场竞争程度，故 IO 再制造品的需求量增加，因此，H 策略的 IO 再制造品需求量较 L 策略更大。

（2）当产品拆卸性变动对 $\mu(2-\mu)/(4-3\mu)$ 倍新产品生产成本影响幅度较大时，L 策略的 IO 再制造品需求量较大。

原因是 H 策略中，高产品拆卸性引起的新产品生产成本降低幅度较大，新产品销售价格降低幅度随之增大，IO 再制造品单位总成本或降低或小幅增加，新产品的降价优势促使部分消费者从 IO 再制造品市场转向新产品市场，导致 IO 再制造品市场份额流失，因此，H 策略的 IO 再制造品需求量较 L 策略更小。

4. 产品拆卸性策略对 OEM 利润和 IO 利润的影响

假设 A 表示新产品生产成本 $A_j = c_{nj}$，C 表示 IO 再制造品生产成本 $C_j = (1-\gamma_j)c_{nj} + \gamma_j c_{tj}$，$D$ 表示回收成本 $D_j = c(q_j)$，则 OEM 利润为

$$\pi_{mj}^R = (p_{nj}^R - c_{nj})D_{nj}^R - T_j = M(p_{nj}^R - c_{nj})\frac{1-\mu-p_{nj}^R+p_{tj}^R}{1-\mu} - T_j$$

$$= \frac{M\left[2-2\mu-(2-\mu)A_j+C_j+D_j\right]^2}{8(1-\mu)(2-\mu)} - T_j \qquad (3-23)$$

$$\frac{\partial \pi_{mj}^R}{\partial A_j} < 0, \quad \frac{\partial \pi_{mj}^R}{\partial C_j} = \frac{\partial \pi_{mj}^R}{\partial D_j} > 0$$

$$\pi_{rj}^R = \left[p_{tj}^R - (1-\gamma_j)c_{nj} - \gamma_j c_{tj} - c(q_j)\right]D_{tj}^R$$

$$= M\left[p_{tj}^R - (1-\gamma_j)c_{nj} - \gamma_j c_{tj} - c(q_j)\right]\frac{\mu p_{nj}^R - p_{tj}^R}{\mu(1-\mu)}$$

$$= \frac{M}{\mu(1-\mu)}\left[\frac{2\mu(1-\mu)+\mu(2-\mu)A_j-(4-3\mu)(C_j+D_j)}{4(2-\mu)}\right]^2 \qquad (3-24)$$

$$\frac{\partial \pi_{rj}^R}{\partial A_j} > 0, \quad \frac{\partial \pi_{mj}^R}{\partial C_j} = \frac{\partial \pi_{mj}^R}{\partial D_j} < 0$$

OEM 生产的新产品与 IO 生产的 IO 再制造品属于可替代关系，二者之间存在市场竞争。

OEM 利润随新产品生产成本和固定成本增加而降低，随 IO 再制造品生产成本、回收成本增加而增加。在不考虑市场规模 M 变动的前提下，新产品生

产成本增加，会导致新产品价格增加，需求量减少，OEM 收入降低而成本增加，利润减少；IO 再制造品生产成本增加或回收成本增加时，会导致 IO 再制造品价格增加而需求量减少，从而使得消费者转向新产品市场，使得 OEM 利润增加；固定成本投入增加，OEM 利润降低。IO 利润随新产品生产成本增加而增加，随 IO 再制造品生产成本、回收成本增加而降低。

3.3.3 回收质量不确定性对 Model R 定价决策影响研究

1. 回收质量不确定性对产品销售价格的影响

根据公式（3 – 17）和公式（3 – 18）可得新产品和 IO 再制造品销售价格的期望值为

$$E[p_n^{R*}] = \frac{1 + c_n}{2} - \frac{\mu - \{(1 - \gamma)c_n + \gamma c_t + E[c(q)]\}}{2(2 - \mu)} \tag{3-25}$$

$$E[p_t^{R*}] = \frac{\mu(1 + c_n)}{4} + \frac{(4 - \mu)\{(1 - \gamma)c_n + \gamma c_t + E[c(q)]\} - \mu^2}{4(2 - \mu)} \tag{3-26}$$

回收质量水平较高 $q \to q_m$，回收再制造比例提高 $\gamma \to \gamma_m$ 时，IO 再制造品生产成本降低，回收成本增加 $c(q) \to c(q_m)$。新产品和 IO 再制造品销售价格期望值取决于回收质量波动引起的 IO 再制造品生产成本变动幅度和回收成本变动幅度之间的关系：当回收质量波动引起的 IO 再制造品生产成本变动幅度较大时，若回收质量在高水平波动，新产品和 IO 再制造品的销售价格均较低；当回收质量波动引起的回收成本变动幅度较大时，若回收质量在低水平波动，新产品和 IO 再制造品的销售价格均较高。

2. 回收质量不确定性对市场需求量的影响

根据公式（3 – 13）、公式（3 – 14）、公式（3 – 17）和公式（3 – 18）可得新产品和 IO 再制造品需求量的期望值为

$$E[D_n^R] = M\frac{1 - \mu - p_n^R + p_t^R}{1 - \mu} = M\frac{\mu(1 - \mu) - (2 - \mu)c_n + (1 - \gamma)c_n + \gamma c_t + E[c(q)]}{4(1 - \mu)}$$

$$\tag{3-27}$$

$$E[D_t^R] = M\frac{\mu p_n^R - p_t^R}{\mu(1 - \mu)} = M\frac{\mu c_n - \{[(1 - \gamma)c_n + \gamma c_t] - E[c(q)]\}}{4\mu(1 - \mu)} \tag{3-28}$$

$$\frac{dE[p_t^{R*}]}{dC} - \frac{dE[p_n^{R*}]}{dC} = \frac{(4 - \mu)}{4(2 - \mu)} - \frac{\mu}{2(2 - \mu)} = \frac{4 - 3\mu}{4(2 - \mu)} > 0$$

新产品和 IO 再制造品需求量的期望值取决于回收质量波动引起的 IO 再制造品生产成本变动幅度和回收成本变动幅度之间的关系：

当回收质量波动引起的 IO 再制造品生产成本变动幅度较大时，若回收质量在高水平波动，新产品的需求量较小，IO 再制造品的需求量较大。原因是：IO 再制造品生产成本波动引起的 IO 再制造品销售价格波动幅度大于新产品销售价格波动幅度，当回收质量水平较高时，IO 再制造品生产成本较低，IO 再制造品的销售价格降低幅度大于新产品销售价格降低幅度，促使部分消费者从新产品市场转向 IO 再制造品市场，从而导致新产品需求量减少，而 IO 再制造品需求量增加。

当回收质量波动引起的回收成本变动幅度较大时，若回收质量在高水平波动，新产品的需求量较大，IO 再制造品需求量较小。

3. 回收质量不确定性对 OEM 利润和 IO 利润的影响

根据公式（3–13）~公式（3–18），OEM 和 IO 利润期望值为

$$E\left[\pi_m^R\right] = (p_n^R - c_n)D_n^R - T = M(p_n^R - c_n)\frac{1-\mu-p_n^R+p_t^R}{1-\mu} - T$$

$$= \frac{M\{2-2\mu-(2-\mu)A+C+E[D]\}^2}{8(1-\mu)(2-\mu)} - T \tag{3–29}$$

$$\frac{\partial E\left[\pi_m^R\right]}{\partial C} = \frac{\partial E\left[\pi_m^R\right]}{\partial E[D]} > 0$$

$$E\left[\pi_r^R\right] = \left[p_t^R - (1-\gamma)c_n - \gamma c_t - c(q)\right]D_t^R$$

$$= M\left[p_t^R - (1-\gamma)c_n - \gamma c_t - c(q)\right]\frac{\mu p_n^R - p_t^R}{\mu(1-\mu)}$$

$$= \frac{M}{\mu(1-\mu)}\left\{\frac{2\mu(1-\mu)+\mu(2-\mu)A-(4-3\mu)[C+E(D)]}{4(2-\mu)}\right\}^2 \tag{3–30}$$

$$\frac{\partial E\left[\pi_m^R\right]}{\partial C} = \frac{\partial E\left[\pi_m^R\right]}{\partial E[D]} < 0$$

OEM 利润的期望值随 IO 再制造品生产成本和回收成本的增加而增加，IO 利润的期望值随 IO 再制造品生产成本和回收成本的增加而减少。OEM 利润和 IO 利润的期望值取决于回收质量波动引起的 IO 再制造品生产成本变动幅度和回收成本变动幅度之间的关系：当回收质量波动引起的 IO 再制造品生产成本变动幅度较大时，若回收质量在高水平波动，OEM 利润较小，IO 利润较高；

当回收质量波动引起的回收成本变动幅度较大时，若回收质量在高水平波动，OEM 利润较大，IO 利润较低。

3.3.4 算例分析

以某洗衣机产品为例，研究产品拆卸性策略和回收质量不确定性对 Model R 模式定价决策的影响。假设试验数据如下：

$M \in [10, 30]$，$\mu = 0.6$，$c_{nh} \in [0.4, 0.6)$，$c_{nl} = 0.6$，$c_{th} \in [0.05, 0.2)$，$c_{tl} = 0.2$，$\gamma_l = 0.7$，$\gamma_h \in (0.7, 0.9)$，$q_l = 0.1$，$q_h \in (0.1, 0.9)$，$T_l = 0.3$，$T_h = T_l + y^R (y \in [0.1, 1])$，$\eta = 0.2$，$\lambda = 0.75$

1. 产品拆卸性策略在 Model R 中的影响分析

表 3-4 中的五组实验数据分别代表产品拆卸性对产品生产成本影响程度从较强逐渐减弱的变化趋势，以及对回收成本影响程度从较弱逐渐加强的变化趋势，并根据公式（3-13）~公式（3-18）得到表 3-4 中产品销售价格、需求量和成员利润。

表 3-4　　　　　　　　产品拆卸性策略在 Model R 中的影响分析

因素	L 策略	H 策略				
		第一组	第二组	第三组	第四组	第五组
新产品生产成本 c_{nj}	0.600	0.400	0.450	0.500	0.550	0.599
IO 再制造品生产成本 c_{tj}	0.200	0.050	0.090	0.130	0.170	0.199
回收再制造比例 γ_j	0.700	0.710	0.750	0.800	0.850	0.900
回收质量水平 q_j	0.100	0.150	0.300	0.500	0.700	0.900
回收成本 $c(q_j)$	0.091	0.099	0.121	0.145	0.163	0.174
新产品销售价格 p_{nj}^R	0.732	0.575	0.618	0.660	0.700	0.733
新产品需求量 D_{nj}^R	6.956	9.197	8.833	8.421	7.867	7.021
IO 再制造品销售价格 p_{rj}^R	0.425	0.298	0.336	0.373	0.405	0.426
IO 再制造品需求量 D_{rj}^R	1.783	5.913	4.365	2.946	1.896	1.663
OEM 利润 π_{mj}^R	0.622	1.011	0.886	0.751	0.579	0.339
IO 利润 π_{rj}^R	0.025	0.280	0.152	0.069	0.029	0.022

续表

因素		L策略	H策略				
			第一组	第二组	第三组	第四组	第五组
变动幅度	新产品生产成本 $\lvert c_{nh} - c_{nl} \rvert$	—	0.200	0.150	0.100	0.050	0.001
	IO再制造品生产成本 $\lvert (1-\gamma_h)c_{nh} + \gamma_h c_{th} - (1-\gamma_l)c_{nl} - \gamma_l c_{tl} \rvert$	—	0.169	0.140	0.116	0.093	0.081
	回收成本 $\lvert c(q_h) - c(q_l) \rvert$	—	0.008	0.030	0.054	0.072	0.083
对新产品和OEM再制造品生产成本影响幅度 对回收成本的影响幅度		强 ⟶ 弱 弱 ⟶ 强					

根据表 3 – 4 得到产品拆卸性对新产品生产成本的影响幅度、IO 再制造品生产成本的影响幅度和回收成本的影响幅度之间的关系发生变化时，新产品和 IO 再制造品销售价格、新产品和 IO 再制造品需求量的波动规律，如图 3.13 ~ 图 3.16 所示。

由图 3.13 可以验证：当产品拆卸性变动对回收成本影响幅度和 IO 再制造品生产成本影响幅度之差较大时，L 策略的新产品销售价格较低；当产品拆卸性变动对 $(2 - \mu)$ 倍新产品生产成本影响幅度较大时，H 策略的新产品销售价格较低。随着产品拆卸性变动对其两者影响幅度的差距逐渐缩小，H 策略的新产品销售价格逐渐升高。

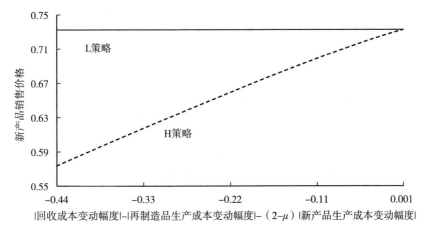

图 3.13　Model R 中产品拆卸性策略对新产品销售价格的影响规律

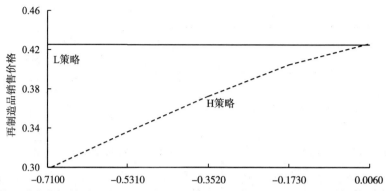

（4−μ）|回收成本变动幅度|−（4−μ）|再制造品生产成本变动幅度|−μ（2−μ）|新产品生产成本变动幅度|

图 3. 14　Model R 中产品拆卸性策略对 IO 再制造品销售价格的影响规律

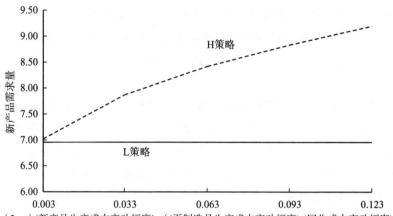

（2−μ）|新产品生产成本变动幅度|−（|再制造品生产成本变动幅度|−|回收成本变动幅度|）

图 3. 15　Model R 中产品拆卸性策略对新产品需求量的影响规律

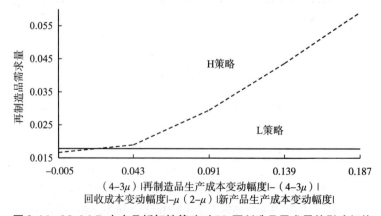

（4−3μ）|再制造品生产成本变动幅度|−（4−3μ）|
回收成本变动幅度|−μ（2−μ）|新产品生产成本变动幅度|

图 3. 16　Model R 中产品拆卸性策略对 IO 再制造品需求量的影响规律

由图3.14可以验证，当产品拆卸性变动对回收成本影响幅度和IO再制造品生产成本影响幅度之差较大时，L策略的IO再制造品销售价格较低；当产品拆卸性变动对$\mu(2-\mu)/(4-\mu)$倍新产品生产成本影响幅度较大时，H策略的IO再制造品销售价格较低。随着产品拆卸性变动对其两者影响幅度的差距逐渐缩小，H策略的IO再制造品销售价格逐渐升高。

由图3.15可以验证：当产品拆卸性变动对$(2-\mu)$倍新产品生产成本影响幅度较大时，H策略的新产品需求量较大；随着产品拆卸性变动对$(2-\mu)$倍新产品生产成本影响幅度与对IO再制造品生产成本影响幅度和回收成本影响幅度之差之间的差距逐渐增加，H策略的新产品需求量逐渐增大。

由图3.16可以验证：当产品拆卸性变动对IO再制造品生产成本影响幅度和回收成本影响幅度之差较大时，H策略的IO再制造品需求量较大；当产品拆卸性变动对$\mu(2-\mu)/(4-3\mu)$倍新产品生产成本影响幅度较大时，H策略的IO再制造品需求量较大。

根据表3-4得到在不考虑固定成本和市场规模的前提下，产品拆卸性对新产品生产成本的影响幅度、IO再制造品生产成本的影响幅度和回收成本的影响幅度之间的关系发生变化时，OEM利润和IO利润的变化规律如图3.17（a）、图3.17（b）所示，固定成本和市场规模对OEM利润的影响如图3.17（c）所示。

由图3.17（a）和图3.17（b）可以验证，在不考虑固定成本和市场规模变动的前提下，产品拆卸性变动对新产品和IO再制造品的生产成本影响幅度逐渐减小，而对回收成本影响幅度逐渐增大时，H策略的OEM利润和IO利润均逐渐降低，甚至低于L策略。

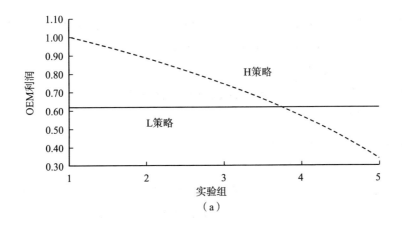

（a）

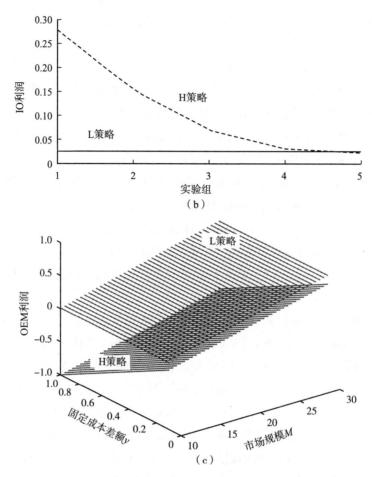

图 3.17　Model R 中产品拆卸性策略对 OEM 利润、IO 利润的影响规律

由图 3.17（c）可以验证，当提高产品拆卸性需要投入的固定成本较高且市场规模较小时，H 策略的 OEM 利润低于 L 策略；若需要投入的固定成本较低，H 策略的 OEM 利润高于 L 策略。

2. 回收质量不确定性在 Model R 中的影响分析

假设试验数据如下：

$M = 30$，$\rho = 0.8$，$c_n = 0.6$，$c_r = 0.3$，$\gamma \in (0.75, 0.85)$，$q \in (0.15, 0.35)$，$\tilde{T} = 1$，$\eta = 0.2$，$\lambda = 0.75$

假设产品拆卸性稳定不变，回收质量水平在 [0.15, 0.35]，回收再制造比例在 [0.75, 0.85] 范围内波动，表 3 - 5 中五组实验数据分别给出了不同波动下销售价格、需求量的变动情况，并根据公式（3－13）~公式（3－18）得到表3－5中的产品销售价格和需求量。

表 3 – 5　　　　　　　回收质量不确定性在 Model R 中的影响分析

因素	基数	第一组	第二组	第三组	第四组	第五组
回收质量水平 q	0.15	0.19	0.23	0.27	0.31	0.35
回收再制造比例 γ	0.75	0.77	0.79	0.81	0.83	0.85
回收成本 $c(q)$	0.0990	0.1052	0.1112	0.1170	0.1225	0.1277
回收成本变动幅度 $\Delta\mid c(q)\mid$	—	0.0062	0.0122	0.0180	0.0235	0.0287
IO 再制造品生产成本 $(1-\gamma)c_n+\gamma c_t$	0.300	0.292	0.284	0.276	0.268	0.260
IO 再制造品生产成本变动幅度 $\Delta\mid(1-\gamma)c_n+\gamma c_t\mid$	—	0.008	0.016	0.024	0.032	0.040
新产品销售价格 p_n^R	0.7282	0.7276	0.7269	0.7261	0.7252	0.7242
IO 再制造品销售价格 p_t^R	0.4180	0.4169	0.4157	0.4143	0.4128	0.4111
新产品需求量 D_n^R	6.7313	6.6977	6.6600	6.6180	6.5713	6.5199
IO 再制造品需求量 D_t^R	2.3704	2.4583	2.5570	2.6672	2.7895	2.9242

根据表3－5得到回收质量波动引起 IO 再制造品生产成本波动幅度和回收成本波动幅度之间的关系发生变动时，新产品和 IO 再制造品销售价格、新产品和 IO 再制造品需求量的波动规律如图3.18~图3.21所示。

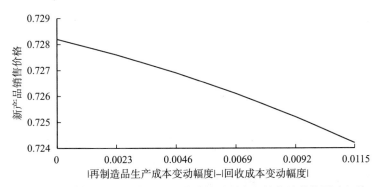

图 3.18　Model R 中回收质量不确定性对新产品销售价格的影响规律

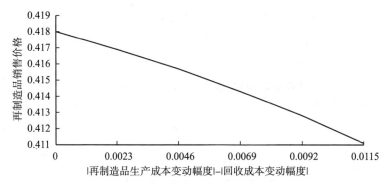

图 3.19　Model R 中回收质量不确定性对 IO 再制造品销售价格的影响规律

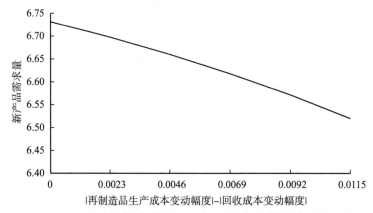

图 3.20　Model R 中回收质量不确定性对新产品需求量的影响规律

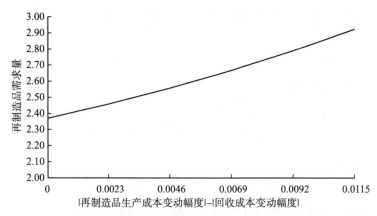

图 3.21　Model R 中回收质量不确定性对 IO 再制造品需求量的影响规律

由图 3.18、图 3.19 可以验证：当回收质量波动引起的 IO 再制造品生产成本变动幅度较大时，若回收质量在高水平波动，新产品和 IO 再制造品销售价格均较低；当回收质量波动引起的回收成本变动幅度较大时，若回收质量在低水平波动，新产品和 IO 再制造品销售价格均较高。

由图 3.20、图 3.21 可以验证：当回收质量波动引起的 IO 再制造品生产成本变动幅度较大时，若回收质量在高水平波动，新产品的需求量较小，IO 再制造品的需求量较大；当回收质量波动引起的回收成本变动幅度较大时，若回收质量在高水平波动，新产品的需求量较大，IO 再制造品的需求量较小。

由图 3.22、图 3.23 可以验证：OEM 利润的期望值随最低回收质量水平增

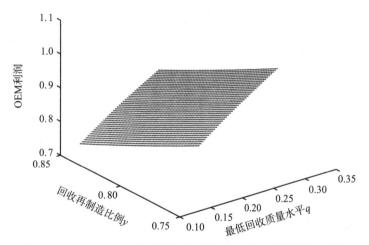

图 3.22　Model R 中回收质量不确定性对 OEM 利润的影响规律

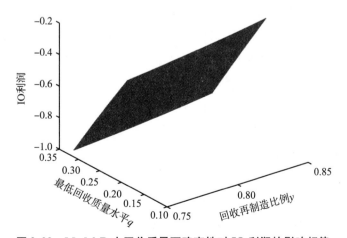

图 3.23　Model R 中回收质量不确定性对 IO 利润的影响规律

加而增大，随回收再制造比例增加而减小，IO 利润的期望值随最低回收质量水平增加而减小，随回收再制造比例增加而增大。即当回收质量波动引起的 IO 再制造品生产成本变动幅度较大时，若回收质量在高水平波动，则 OEM 利润较小，IO 利润较大；当回收质量波动引起的回收成本变动幅度较大时，若回收质量在高水平波动，则 OEM 利润较大，IO 利润较小。

3.3.5 研究结论

本节构建了 OEM 生产新产品并直接销售给消费者，IO 回收废旧品进行再制造并将再制造品直接销售给消费者的 Model R 模型，分析了产品拆卸性和回收质量不确定性对产品销售价格、市场需求量、OEM 利润、IO 利润的影响规律，并通过算例进行验证，得出以下结论。

（1）市场规模对产品拆卸性决策的影响：存在市场规模临界值，当市场规模大于临界值时，采取 H 策略对 OEM 和 IO 更有利，反之，采取 L 策略更有利。

（2）产品拆卸性对新产品销售价格的影响：当产品拆卸性变动对回收成本影响幅度和 IO 再制造品生产成本影响幅度之差较大时，L 策略的新产品销售价格较低；当产品拆卸性变动对（$2-\mu$）倍新产品生产成本影响幅度较大时，H 策略的新产品销售价格较低。

（3）产品拆卸性对 IO 再制造品销售价格的影响：当产品拆卸性变动对回收成本影响幅度和 IO 再制造品生产成本影响幅度之差较大时，L 策略的 IO 再制造品销售价格较低；当产品拆卸性变动对 $\mu(2-\mu)/(4-\mu)$ 倍新产品生产成本影响幅度较大时，H 策略的 IO 再制造品销售价格较低。

（4）产品拆卸性对新产品需求量的影响：当产品拆卸性变动对（$2-\mu$）倍新产品生产成本影响幅度较大时，H 策略的新产品需求量较大；随着产品拆卸性变动对（$2-\mu$）倍新产品生产成本影响幅度与对 IO 再制造品生产成本影响幅度和回收成本影响幅度之差之间的差距逐渐缩小，H 策略的新产品需求量逐渐减小。

（5）产品拆卸性对 IO 再制造品需求量的影响：当产品拆卸性变动对 IO 再制造品生产成本影响幅度和回收成本影响幅度之差较大时，H 策略的 IO 再制造品需求量较大；当产品拆卸性变动对 $\mu(2-\mu)/(4-3\mu)$ 倍新产品生产成本影响幅度较大时，L 策略的 IO 再制造品需求量较大。

（6）产品拆卸性对 OEM 和 IO 利润的影响：在不考虑固定成本和市场规模变动的前提下，产品拆卸性变动对新产品和 IO 再制造品生产成本的影响幅度较大时，H 策略的 OEM 利润和 IO 利润较高，产品拆卸性变动对回收成本的影响幅度较大时，L 策略的 OEM 利润和 IO 利润较高。

（7）回收质量不确定性对销售价格的影响：当回收质量波动引起的 IO 再制造品生产成本变动幅度较大时，若回收质量在高水平波动，新产品和 IO 再制造品销售价格均较低；当回收质量波动引起的回收成本变动幅度较大时，若回收质量在低水平波动，新产品和 IO 再制造品销售价格均较高。

（8）回收质量不确定性对需求量的影响：当回收质量波动引起的 IO 再制造品生产成本变动幅度较大时，若回收质量在高水平波动，新产品的需求量较小，IO 再制造品的需求量较大；当回收质量波动引起的回收成本变动幅度较大时，若回收质量在高水平波动，新产品的需求量较大，IO 再制造品的需求量较小。

（9）回收质量不确定性对 OEM 利润、IO 利润的影响：当回收质量波动引起的 IO 再制造品生产成本变动幅度较大时，若回收质量在高水平波动，OEM 利润较低，IO 利润较高；当回收质量波动引起的回收成本变动幅度较大时，若回收质量在高水平波动，OEM 利润较高，IO 利润较低。

3.4 基于不同再制造模式定价决策比较分析

3.4.1 OEM 和 IO 共同再制造模式定价决策研究

1. OEM 和 IO 共同再制造模型构建与基本假设

OEM 和 IO 共同再制造模式（Model C）中，市场上存在单一 OEM 进行新产品制造并回收废旧品进行再制造，同时存在单一 IO 进行再制造。OEM 生产新产品并直接销售给消费者，OEM 和 IO 同时从市场上直接回收废旧品进行再制造，并将再制造品直接销售给消费者。

假设 1：新产品、OEM 再制造品、IO 再制造品不同质，销售价格不同。新产品销售价格为 p_n^C，OEM 再制造品销售价格为 p_r^C，IO 再制造品销售价格为 p_t^C。其中，$p_t^C < p_r^C < p_n^C$。

假设 2：消费者购买新产品、OEM 再制造品、IO 再制造品的意愿不同，且购买 IO 再制造品的意愿小于购买 OEM 再制造品的意愿小于购买新产品的意愿。假设购买新产品的意愿为 $\theta(0<\theta<1)$，其中 $f(\theta)$ 服从 $[0，1]$ 的均匀分布，购买 OEM 再制造品的意愿为 $\rho\theta(0<\rho<1)$，购买 IO 再制造品的意愿为 $\mu\theta(0<\mu<\rho<1)$。消费者购买新产品、OEM 再制造品、IO 再制造品的效用函数分别为 $U_n=\theta-p_n$，$U_r=\rho\theta-p_r$，$U_t=\mu\theta-p_t$。

市场有 M 个消费者，设 Θ_n，Θ_r，Θ_t 分别表示购买新产品、OEM 再制造品、IO 再制造品的消费者集合，则 $\Theta_n=\{\theta:U_n\geqslant\max(U_r，U_t，0)\}$，$\Theta_r=\{\theta:U_r\geqslant\max(U_n，U_t，0)\}$，$\Theta_t=\{\theta:U_t\geqslant\max(U_n，U_r，0)\}$；$g_n$，$g_r$，$g_t$ 分别表示购买新产品、OEM 再制造品、IO 再制造品的消费者市场份额，则 $g_n=\int_{\Theta\in\Theta_n}f(\theta)\mathrm{d}\theta$，$g_r=\int_{\Theta\in\Theta_r}f(\theta)\mathrm{d}\theta$，$g_t=\int_{\Theta\in\Theta_t}f(\theta)\mathrm{d}\theta$；故消费者对于新产品、OEM 再制造品、IO 再制造品的需求函数分别为 $D_n=Mg_n$，$D_r=Mg_r$，$D_t=Mg_t$。

新产品、OEM 再制造品、IO 再制造品的需求量分别为

新产品需求量：
$$D_n^C=M\frac{1-\rho-p_n^C+p_r^C}{1-\rho} \tag{3-31}$$

OEM 再制造品需求量：
$$D_r^C=M\frac{(\rho-\mu)(p_n^C-p_r^C)-(1-\rho)(p_r^C-p_t^C)}{(1-\rho)(\rho-\mu)} \tag{3-32}$$

IO 再制造品需求量：
$$D_t^C=M\frac{\mu p_r^C-\rho p_t^C}{\mu(\rho-\mu)} \tag{3-33}$$

假设 3：与 Model M 相同，产品成本由固定成本、生产成本和回收成本三部分构成。

（1）固定成本：OEM 参与再制造，H 策略相比 L 策略需要 OEM 投入更高的固定成本，即 $\tilde{T}_l<\tilde{T}_h$，假设 $y^C=y^M=\tilde{T}_h-\tilde{T}_l$ 表示固定成本投资差额。

（2）生产成本：新产品的生产成本为 $c_{nj}(j=h，l)$；OEM 再制造品的生产成本为 $(1-\gamma_j)c_{nj}+\gamma_j c_{rj}(j=h，l)$；IO 再制造品的生产成本为 $(1-\gamma_j)c_{nj}+\gamma_j c_{tj}(j=h，l)$。同时，IO 再制造成本低于 OEM 再制造成本低于新产品成本，即 $c_{tj}<c_{rj}<c_{nj}$ 且 $c_{nh}<c_{nl}$，$c_{rh}<c_{rl}$，$c_{th}<c_{tl}$，$\gamma_h>\gamma_l$，$(1-\gamma_h)c_{nh}+\gamma_h c_{rh}<(1-\gamma_l)c_{nl}+\gamma_l c_{rl}$，$(1-\gamma_h)c_{nh}+\gamma_h c_{th}<(1-\gamma_l)c_{nl}+\gamma_l c_{tl}$。

（3）回收成本：$c(q_j)=\dfrac{\eta c(x_j)^2}{2}(j=h，l)$，因 $q_h>q_l$，则 $c(q_h)>c(q_l)$。

基于上述假设，OEM 利润为

$$\pi_{mj}^C = (p_{nj}^C - c_{nj}) D_{nj}^C + [p_{rj}^C - (1 - \gamma_j) c_{nj} - \gamma_j c_{rj} - c(q_j)] D_{rj}^C - \widetilde{T}_j, \quad (j = h, \ l)$$

(3 – 34)

IO 利润为

$$\pi_{rj}^C = [p_{tj}^C - (1 - \gamma_j) c_{nj} - \gamma_j c_{tj} - c(q_j)] D_{tj}^C, \quad (j = h, \ l) \qquad (3 – 35)$$

根据公式（3 – 31）~公式（3 – 35）得到 Model C CLSC 成员最优决策。OEM 为 Stackelberg 博弈的主导者，首先，OEM 以自身利润最大化为目标进行决策，得到新产品最优价格 p_n^{C*}、OEM 再制造品最优价格 p_r^{C*}；其次，IO 再以自身利润最大化为目标进行决策，得到 IO 再制造品最优价格 p_t^{C*}：

假设新产品生产成本 $A_j = c_{nj}$，OEM 再制造品生产成本 $B_j = (1 - \gamma_j) c_{nj} + \gamma_j c_{rj}$，IO 再制造品生产成本 $C_j = (1 - \gamma_j) c_{nj} + \gamma_j c_{tj}$，回收成本 $D_j = c(q_j)$，则

$$p_{nj}^{C*} = \frac{1 + A_j}{2} + \frac{\rho(C_j + D_j) - \mu\rho}{2(2\rho - \mu)} \qquad (3 – 36)$$

$$p_{rj}^{C*} = \frac{2\rho + B_j + D_j}{2} + \frac{\rho(C_j + D_j - 2\rho)}{2(2\rho - \mu)} \qquad (3 – 37)$$

$$p_{tj}^{C*} = \frac{\mu + C_j + D_j}{4} + \frac{\mu(B_j + D_j)}{4\rho} + \frac{\mu(C_j + D_j - 2\rho)}{4(2\rho - \mu)} \qquad (3 – 38)$$

2. 产品拆卸性对 Model C 定价决策影响研究

（1）根据公式（3 – 36）可得 H/L 策略新产品销售价格的关系为

$$p_{nh}^{C*} - p_{nl}^{C*} = \frac{A_h - A_l}{2} + \frac{\rho(C_h - C_l + D_h - D_l)}{2(2\rho - \mu)} \qquad (3 – 39)$$

新产品销售价格对比：两种策略的新产品销售价格取决于产品拆卸性变动对回收成本影响幅度和 IO 再制造品生产成本影响幅度之差与对 $(2\rho - \mu)/\rho$ 倍新产品生产成本影响幅度之间的关系。

①当产品拆卸性变动对回收成本影响幅度和 IO 再制造品生产成本影响幅度之差较大时，L 策略的新产品销售价格较低。

原因是 H 策略中，高产品拆卸性在降低产品生产成本的同时增加了回收成本，且回收成本增加的幅度超过了生产成本降低的幅度，使得 IO 再制造品单位总成本升高，IO 再制造品销售价格升高，新产品生产成本降低，而 OEM 为了增加利润，也会适度地提高新产品的价格，因此，H 策略新产品销售价格较 L 策略更高。

②当产品拆卸性变动对 $(2\rho - \mu)/\rho$ 倍新产品生产成本影响幅度较大时，

H 策略的新产品销售价格较低。

原因是 H 策略中，高产品拆卸性引起的新产品生产成本降低幅度较大，IO 再制造品单位总成本降低或小幅度升高，但不足以影响市场竞争程度，新产品销售价格下降，H 策略的新产品销售价格较 L 策略更低。

（2）根据公式（3-37）可得 H/L 策略 OEM 再制造品销售价格的关系为

$$p_{rh}^{C*} - p_{rl}^{C*} = \frac{(2\rho - \mu)(B_h - B_l) + \rho(C_h - C_l) + (3\rho - \mu)(D_h - D_l)}{2(2\rho - \mu)} \qquad (3-40)$$

OEM 再制造品销售价格对比：两种策略的 OEM 再制造品销售价格取决于产品拆卸性变动对回收成本的影响幅度与对再制造品生产成本影响幅度之间的关系。

①当产品拆卸性变动对回收成本的影响幅度较大时，L 策略的 OEM 再制造品销售价格较低。

原因是 H 策略中，高产品拆卸性使得回收成本增加幅度过大，导致 OEM 再制造品和 IO 再制造品单位总成本均升高，销售价格均降低。

②当产品拆卸性变动对再制造品生产成本影响幅度较大时，H 策略的 OEM 再制造品销售价格较低。

原因是 H 策略中，高产品拆卸性引起的再制造品生产成本降低幅度较大，OEM 再制造品和 IO 再制造品单位总成本均降低，销售价格均升高。

（3）根据公式（3-38）可得 H/L 策略 IO 再制造品销售价格的关系为

$$p_{th}^{C*} - p_{tl}^{C*} = \frac{\mu(2\rho - \mu)(B_h - B_l) + 2\rho^2(C_h - C_l) + [2\rho^2 + \mu(2\rho - \mu)](D_h - D_l)}{4\rho(2\rho - \mu)}$$

$$(3-41)$$

同理，IO 再制造品销售价格对比：两种策略的 OEM 再制造品销售价格取决于产品拆卸性变动对回收成本的影响幅度与对再制造品生产成本影响幅度之间的关系。

①当产品拆卸性变动对回收成本的影响幅度较大时，L 策略的 IO 再制造品销售价格较低。

②当产品拆卸性变动对再制造品生产成本的影响幅度较大时，H 策略的 IO 再制造品销售价格较低。

（4）根据公式（3-31）、公式（3-32）、公式（3-36）和公式（3-37）可得 H/L 策略新产品需求量的关系为

$$D_{nh}^{C*} - D_{nl}^{C*} = M \frac{A_l - A_h + B_h - B_l + D_h - D_l}{2(1-\rho)} \qquad (3-42)$$

新产品需求量对比：两种策略的新产品销售价格取决于产品拆卸性变动对新产品生产成本影响幅度与对 OEM 再制造品生产成本影响幅度和回收成本影响幅度之差之间的关系。

①当产品拆卸性变动对新产品生产成本影响幅度较大时，H 策略的新产品需求量较大。

原因是 H 策略中，高产品拆卸性引起新产品生产成本降低，OEM 再制造品单位总成本降低或小幅度增加，新产品销售价格降低，OEM 再制造品销售价格降低或小幅度增加，新产品降价优势吸引更多消费者进入新产品市场，新产品需求量增加。

②当产品拆卸性变动对 OEM 再制造品生产成本影响幅度和回收成本影响幅度之差较大时，L 策略的新产品需求量较大。

原因是 H 策略中，高产品拆卸性引起的 OEM 再制造品单位总成本降低幅度大于新产品生产成本降低幅度，OEM 再制造品降价幅度大于新产品降价幅度，消费者转向 OEM 再制造品市场，OEM 再制造品需求量增加，而新产品需求量减少。

（5）根据公式（3-31）、公式（3-32）、公式（3-36）和公式（3-37）可得 H/L 策略 OEM 再制造品需求量的关系为

$$D_{rh}^{C*} - D_{rl}^{C*} = M \frac{2\rho(\rho-\mu)(A_h-A_l)+(-4\rho^2+3\mu\rho+2\rho-\mu)(B_h-B_l+D_h-D_l)}{4\rho(1-\rho)(\rho-\mu)}$$

（3-43）

OEM 再制造品需求量对比：两种策略的 OEM 再制造品需求量取决于产品拆卸性变动对 $(4\rho^2-3\mu\rho-2\rho+\mu)$ 倍 OEM 再制造品生产成本影响幅度和回收成本影响幅度之差与对 $2\rho(\rho-\mu)$ 倍新产品生产成本影响幅度之间的关系。

①当产品拆卸性变动对 $(4\rho^2-3\mu\rho-2\rho+\mu)$ 倍 OEM 再制造品生产成本影响幅度和回收成本影响幅度之差较大时，H 策略的 OEM 再制造品需求量较大。

原因是 H 策略中，高产品拆卸性引起的 OEM 再制造品单位总成本降低幅度大于新产品生产成本降低幅度，OEM 再制造品降价幅度大于新产品降价幅度，吸引更多消费者进入 OEM 再制造品市场，OEM 再制造品需求量增加。

②当产品拆卸性变动对 $2\rho(\rho-\mu)$ 倍新产品生产成本影响幅度较大时，L 策略的 OEM 需求量较大。

原因是 H 策略中，高产品拆卸性引起的新产品生产成本降低，OEM 再制

造品单位总成本升高或小幅度降低，新产品降价幅度大于 OEM 再制造品降价幅度，消费者转向新产品市场，OEM 再制造品需求量减少。

（6）根据公式（3 – 32）、公式（3 – 33）、公式（3 – 37）和公式（3 – 38）可得 H/L 策略 IO 再制造品需求量的关系为

$$D_{th}^{C*} - D_{tl}^{C*} = M \left\{ \frac{\mu(2\rho - \mu)(B_h - B_l) + 2\rho(\mu - \rho)(C_h - C_l)}{4\mu(\rho - \mu)(2\rho - \mu)} + [\mu(2\rho - \mu) + 2\rho(\mu - \rho)](D_h - D_l) \right\} \quad (3 - 44)$$

同理，IO 再制造品需求量对比：两种策略的 IO 再制造品需求量取决于产品拆卸性变动对回收成本的影响幅度与对再制造品生产成本影响幅度之间的关系。

①当产品拆卸性变动对回收成本的影响幅度较大时，H 策略的 IO 再制造品需求量较大。

②当产品拆卸性变动对再制造品生产成本影响幅度较大时，L 策略的 IO 再制造品需求量较大。

（7）根据公式（3 – 31）～公式（3 – 38）可得 H/L 利润策略 OEM 利润和 IO 利润的关系为

$$\pi_{mj}^C = (p_{nj}^C - c_{nj})D_{nj}^C + [p_{rj}^C - (1 - \gamma_j)c_{nj} - \gamma_j c_{rj} - c(q_j)]D_{rj}^C - \tilde{T}_j$$
$$(\rho - \mu)(p_{nj}^C - A_j)(1 - \rho - p_{nj}^C + p_{rj}^C) +$$
$$= M \frac{(p_{rj}^C - B_j - D_j)[(\rho - \mu)(p_{nj}^C - p_{rj}^C) - (1 - \rho)(p_{rj}^C - p_{tj}^C)]}{(1 - \rho)(\rho - \mu)} - \tilde{T}_j \quad (3 - 45)$$
$$\pi_{rj}^C = [p_{tj}^C - (1 - \gamma_j)c_{nj} - \gamma_j c_{tj} - c(q_j)]D_{tj}^C$$
$$= \frac{M(p_{tj}^C - C_j - D_j)(\mu p_{rj}^C - \rho p_{tj}^C)}{\mu(\rho - \mu)} \quad (3 - 46)$$

新产品与 OEM 再制造品、IO 再制造品属于可替代关系，三者之间存在市场竞争。

OEM 利润随新产品生产成本增加而降低，随 OEM 再制造品生产成本增加而增加，随 IO 再制造品生产成本增加而增加，随回收成本增加而增加。

IO 利润随 OEM 再制造品生产成本增加而增加，随 IO 再制造品生产成本增加而降低，随回收成本增加而降低。

在不考虑市场规模 M 变动的前提下：

①新产品生产成本增加，会导致新产品价格增加，需求量减少，OEM 收入降低而成本增加，利润减少。

②OEM 再制造品生产成本的增加，导致 OEM 再制造品销售价格的增加，消费者会流向新产品和 IO 再制造品市场，OEM 在新产品市场单位获利更高，故 OEM 和 IO 的利润均增加。

③IO 再制造品生产成本增加，导致 IO 再制造品销售价格升高，新产品和 OEM 再制造品更具有市场竞争力，导致 OEM 利润升高而 IO 利润降低。

④回收成本增加时，导致 OEM 再制造品和 IO 再制造品价格升高而需求量减少，但新产品需求量增加，导致 OEM 利润升高而 IO 利润降低。

⑤固定成本投入增加，OEM 利润降低。

3. 回收质量不确定性对 Model C 定价决策影响研究

（1）根据公式（3-36）、公式（3-37）和公式（3-38）可得销售价格的期望值：

$$E[p_n^{C*}] = \frac{1+A}{2} + \frac{\rho\{(C+E[c(q)]\} - \mu\rho}{2(2\rho-\mu)} \tag{3-47}$$

$$E[p_r^{C*}] = \frac{2\rho+B+E[c(q)]}{2} + \frac{\rho\{C+E[c(q)]-2\rho\}}{2(2\rho-\mu)} \tag{3-48}$$

$$E[p_t^{C*}] = \frac{\mu+C+E[c(q)]}{4} + \frac{\mu\{B+E[c(q)]\}}{4\rho} + \frac{\mu\{C+E[c(q)]-2\rho\}}{4(2\rho-\mu)} \tag{3-49}$$

新产品、OEM 再制造品、IO 再制造品销售价格的期望值取决于回收质量波动引起的再制造品生产成本变动幅度和回收成本变动幅度之间的关系：当回收质量波动引起的再制造品生产成本变动幅度较大时，若回收质量在高水平波动，三种产品销售价格均较低；当回收质量波动引起的回收成本变动幅度较大时，若回收质量在低水平波动，三种产品销售价格均较高。

$$\frac{dE[p_r^{C*}]}{dB} - \frac{dE[p_t^{C*}]}{dB} = \frac{1}{2} - \frac{\mu}{4\rho} = \frac{2\rho-\mu}{4\rho} > 0 \tag{3-50}$$

$$\frac{dE[p_n^{C*}]}{dC} = \frac{dE[p_r^{C*}]}{dC} = \frac{dE[p_t^{C*}]}{dC} = \frac{\rho}{2(2\rho-\mu)} \tag{3-51}$$

$$\frac{dE[p_n^{C*}]}{dD} < \frac{dE[p_t^{C*}]}{dD} < \frac{dE[p_r^{C*}]}{dD} \tag{3-52}$$

由公式（3-50）~公式（3-52）可知，OEM 再制造品生产成本降低时，OEM 再制造品销售价格降低幅度大于 IO 再制造品销售价格降低幅度；IO 再制造品生产成本降低时，三种产品销售价格降低幅度一致；回收成本增加时，新产品销售价格增加幅度小于 IO 再制造品销售价格增加幅度小于 OEM 再制造品销售价格增加幅度。

（2）根据公式（3-31）~公式（3-33）、公式（3-36）~公式（3-38）对三种产品需求量求导可得：当回收质量波动引起的 OEM 再制造品生产成本变动幅度较大时，若回收质量在高水平波动，新产品的需求量较小，OEM 再制造品需求量较大；当回收质量波动引起的回收成本变动幅度较大时，若回收质量在高水平波动，新产品的需求量较大，OEM 再制造品需求量较小。

当回收质量波动引起的 OEM 和 IO 再制造品生产成本变动幅度较大时，若回收质量在高水平波动，IO 再制造品需求量较小；当回收质量波动引起的回收成本变动幅度较大时，若回收质量在高水平波动，IO 再制造品需求量较大。

（3）根据公式（3-31）~公式（3-38）对 OEM 和 IO 利润求导可得：OEM 利润随 OEM 再制造品生产成本增加而增加，随 IO 再制造品生产成本增加而增加，随回收成本增加而增加。OEM 利润的期望值取决于回收质量波动引起的 OEM 再制造品生产成本变动幅度和回收成本变动幅度之间的关系：当回收质量波动引起的再制造品生产成本变动幅度较大时，若回收质量在高水平波动，OEM 利润较高；当回收质量波动引起的回收成本变动幅度较大时，若回收质量在高水平波动，OEM 利润较低。

IO 利润随 OEM 再制造品生产成本增加而增加，随 IO 再制造品生产成本增加而降低，随回收成本增加而降低。IO 利润的期望值取决于回收质量波动引起的 OEM 再制造品单位总成本变动幅度和 IO 再制造品单位总成本变动幅度之间的关系：当回收质量波动引起的 OEM 再制造品单位总成本变动幅度较大时，若回收质量在高水平波动，IO 利润较低；当回收质量波动引起的 IO 再制造品单位总成本变动幅度较大时，若回收质量在高水平波动，IO 利润较高。

Model M、Model R、Model C 三种再制造模式对 OEM 盈利各有利弊，对比三种模式中新产品、OEM 再制造品、IO 再制造品销售价格、需求量和成员利润，发掘对 OEM 最有利的再制造模式和产品拆卸性策略。

3.4.2　三种再制造模式定价决策比较分析

1. 三种再制造模式的产品销售价格比较分析

三种再制造模式中新产品、OEM 再制造品、IO 再制造品最优销售价格见表 3-6。

表 3 - 6　　　　　　　　　三种再制造模式的产品销售价格

三种再制造模式	Model M	Model R	Model C
新产品	$p_{nj}^{M*} = \dfrac{1 + A_j}{2}$	$p_{nj}^{R*} = \dfrac{1 + A_j}{2} - \dfrac{\mu - (C_j + D_j)}{2(2 - \mu)}$	$p_{nj}^{C*} = \dfrac{1 + A_j}{2} + \dfrac{\rho(C_j + D_j) - \mu\rho}{2(2\rho - \mu)}$
OEM 再制造品	$p_{rj}^{M*} = \dfrac{\rho + B_j + D_j}{2}$		$p_{rj}^{C*} = \dfrac{2\rho + B_j + D_j}{2}$ $+ \dfrac{\rho(C_j + D_j - 2\rho)}{2(2\rho - \mu)}$
IO 再制造品		$p_{tj}^{R*} = \dfrac{\mu(1 + A_j)}{4} - \dfrac{\mu^2}{4(2 - \mu)}$ $+ \dfrac{(4 - \mu)(C_j + D_j)}{4(2 - \mu)}$	$p_{tj}^{C*} = \dfrac{\mu + C_j + D_j}{4} + \dfrac{\mu(B_j + D_j)}{4\rho}$ $+ \dfrac{\mu(C_j + D_j - 2\rho)}{4(2\rho - \mu)}$

根据表 3 - 6，比较三种再制造模式中产品的销售价格，得到

新产品销售价格：$p_{nj}^{M*} > p_{nj}^{R*} > p_{nj}^{C*}$

OEM 再制造品销售价格：$p_{rj}^{M*} > p_{rj}^{C*}$

IO 再制造品销售价格：$p_{tj}^{R*} > p_{tj}^{C*}$

由此可得：Model M 中产品的销售价格最高，Model C 中产品的销售价格最低，Model R 中产品的销售价格居中。Model M 中产品之间的市场竞争最弱，Model R 中产品之间的市场竞争居中，Model C 中产品之间的市场竞争最激烈。产品之间竞争程度越激烈，生产商降低销售价格的幅度越大。

2. 三种再制造模式的市场需求量比较分析

三种再制造模式中新产品、OEM 再制造品、IO 再制造品最优需求量见表 3 - 7。

表 3 - 7　　　　　　　　　三种再制造模式的市场需求量

三种再制造模式	Model M	Model R	Model C
新产品	$D_{nj}^M = M\dfrac{1 - \rho - p_{nj}^M + p_{rj}^M}{1 - \rho}$	$D_{nj}^R = M\dfrac{1 - \mu - p_{nj}^R + p_{tj}^R}{1 - \mu}$	$D_{nj}^C = M\dfrac{1 - \rho - p_{nj}^C + p_{rj}^C}{1 - \rho}$
OEM 再制造品	$D_{rj}^M = M\dfrac{\rho p_{nj}^M - p_{rj}^M}{\rho(1 - \rho)}$		$D_{rj}^C = M\dfrac{p_{nj}^C - p_{rj}^C}{1 - \rho} - M\dfrac{p_{rj}^C - p_{tj}^C}{\rho - \mu}$
IO 再制造品		$D_{tj}^R = M\dfrac{\mu p_{nj}^R - p_{tj}^R}{\mu(1 - \mu)}$	$D_{tj}^C = M\dfrac{\mu p_{rj}^C - \rho p_{tj}^C}{\mu(\rho - \mu)}$

根据表 3 – 7，比较三种再制造模式中的产品需求量，得到新产品需求量：

$$D_{nj}^M = D_{nj}^C = M\frac{1-\rho-A_j+B_j+D_j}{2(1-\rho)}$$

$$D_{nj}^R = M\frac{2(1-\mu)-(2-\mu)A_j+C_j+D_j}{4(1-\mu)}$$

$$D_{nj}^M - D_{nj}^R = M\left[\frac{-A_j+B_j+D_j}{2(1-\rho)} - \frac{-(2-\mu)A_j+C_j+D_j}{4(1-\mu)}\right]$$

OEM 再制造品需求量：

$$D_{rj}^M - D_{rj}^C = \frac{M(\rho A_j-B_j-D_j)}{2\rho(1-\rho)} - \frac{M(1-\rho+A_j-B_j-D_j)}{2(1-\rho)} + \frac{M(2\rho-\mu)(\rho+B_j+D_j)}{4\rho(\rho-\mu)}$$

$$= \frac{M\mu(\rho+B_j+D_j)}{4\rho(\rho-\mu)} > 0$$

IO 再制造品需求量：

$$D_{tj}^R - D_{tj}^C = M\frac{2\mu(1-\mu)+\mu(2-\mu)A_j-(4-3\mu)(C_j+D_j)}{4\mu(1-\mu)(2-\mu)}$$

$$- \frac{M}{\mu(\rho-\mu)}\left[\frac{\mu(B_j+D_j)}{4} - \frac{\rho(\rho-\mu)(C_j+D_j)}{2(2\rho-\mu)} + \frac{\mu\rho(4\rho-3\mu)}{4(2\rho-\mu)}\right] < 0$$

由此可得：①Model M 和 Model C 的新产品需求量相等，与 Model R 中新产品需求量的关系取决于三种产品的成本；②Model M 比 Model C 的 OEM 再制造需求量大，Model C 中市场竞争激烈，OEM 再制造品既没有新产品的认可度优势，又没有 IO 再制造品的价格优势，因此，购买 OEM 再制造品的需求量较小；③Model R 比 Model C 的 IO 再制造品需求量小，Model C 中的 IO 再制造品受市场竞争影响，销售价格很低，使得其需求量超过 Model R。

3.4.3 算例分析

以某洗衣机产品为例，比较分析三种再制造模式的定价决策。假设试验数据如下：

$M=30$，$\rho=0.8$，$\mu=0.6$，$c_{nh}\in[0.4,0.6)$，$c_{nl}=0.6$，$c_{rh}\in[0.05,0.25)$，$c_{rl}=0.25$，$c_{th}\in[0.03,0.2)$，$c_{tl}=0.2$，$\gamma_l=0.7$，$\gamma_h\in(0.7,0.9)$，$q_l=0.1$，$q_h\in(0.1,0.9)$，$\tilde{T}_l=0.5$，$\tilde{T}_h=1$，$T_l=0.3$，$T_h=0.6$，$\eta=0.2$，$\lambda=0.75$

表 3 – 8 给出四组试验数据，分别代表产品拆卸性对产品生产成本影响幅

表3-8　三种分散决策再制造模式中产品销售价格、需求量、成员利润波动规律

因素	Model M					Model R					Model C				
	L策略	H策略				L策略	H策略				L策略	H策略			
		1	2	3	4		1	2	3	4		1	2	3	4
新产品生产成本 c_{nj}	0.6	0.4	0.45	0.5	0.55	0.6	0.4	0.45	0.5	0.55	0.6	0.4	0.45	0.5	0.55
新产品生产成本变动幅度	—	0.2	0.15	0.1	0.05	—	0.2	0.15	0.1	0.05	—	0.2	0.15	0.1	0.05
OEM再制造品生产成本 $(1-\gamma_j)c_{nj}+\gamma_j c_{rj}$	0.355	0.152	0.18	0.204	0.227	—	—	—	—	—	0.355	0.152	0.18	0.204	0.227
OEM再制造品生产成本变动幅度	—	0.203	0.175	0.151	0.128	—	—	—	—	—	—	0.203	0.175	0.151	0.128
IO再制造品生产成本 $(1-\gamma_j)c_{nj}+\gamma_j c_{rj}$	—	—	—	—	—	0.32	0.137	0.158	0.172	0.185	0.32	0.137	0.158	0.172	0.185
IO再制造品生产成本变动幅度	—	—	—	—	—	—	0.183	0.162	0.148	0.135	—	0.183	0.162	0.148	0.135
回收质量水平 q_j	0.1	0.15	0.3	0.5	0.7	0.1	0.15	0.3	0.5	0.7	0.1	0.15	0.3	0.5	0.7
回收成本 $c(q_j)$	0.091	0.099	0.121	0.145	0.163	0.091	0.099	0.121	0.145	0.163	0.091	0.099	0.121	0.145	0.163
回收成本变动幅度	—	0.008	0.03	0.054	0.072	—	0.008	0.03	0.054	0.072	—	0.008	0.03	0.054	0.072
回收再制造比例 γ_j	0.7	0.71	0.75	0.8	0.85	0.7	0.71	0.75	0.8	0.85	0.7	0.71	0.75	0.8	0.85
新产品销售价格	0.8	0.7	0.725	0.75	0.775	0.733	0.57	0.61	0.649	0.685	0.724	0.5545	0.5964	0.6368	0.6738

续表

因素	Model M L策略	Model M H策略 1	2	3	4	Model R L策略	Model R H策略 1	2	3	4	Model C L策略	Model C H策略 1	2	3	4
OEM 再制造销售价格	0.623	0.525	0.551	0.575	0.595	—	—	—	—	—	0.547	0.3798	0.422	0.4614	0.4936
IO 再制造销售价格	—	—	—	—	—	0.425	0.289	0.322	0.353	0.379	0.158	0.0515	0.0779	0.1023	0.1219
新产品需求量	3.447	3.788	3.834	3.683	2.968	6.956	8.931	8.412	7.821	7.07	3.447	3.7878	3.8336	3.6832	2.9682
OEM 再制造品需求量	3.191	6.515	5.521	4.771	4.727	—	—	—	—	—	−31.85	−23.03	−25.45	−27.55	−28.73
IO 再制造品需求量	—	—	—	—	—	1.783	6.61	5.47	4.517	3.983	50.504	46.668	47.72	48.749	49.668
OEM 利润	0.754	1.926	1.431	0.996	0.638	0.622	0.919	0.748	0.565	0.352	−3.301	−3.392	−3.515	−3.589	−3.622
IO 利润	—	—	—	—	—	0.0254	0.35	0.239	0.163	0.127	−12.78	−8.625	−9.578	−10.47	−11.19

度从较强逐渐减弱的变化趋势，以及对回收成本影响幅度从较弱逐渐加强的变化趋势，并根据公式（3-1）~公式（3-5）、公式（3-13）~公式（3-6）、公式（3-31）~公式（3-38）得到表3-8三种再制造模式中产品销售价格、需求量和成员利润。

1. 三种再制造模式的产品销售价格比较分析

根据表3-8得到，三种再制造模式中产品拆卸性对产品生产成本的影响幅度和对回收成本的影响幅度之间的关系发生变化时，新产品、OEM再制造品、IO再制造品销售价格的波动规律如图3.24~图3.26所示。

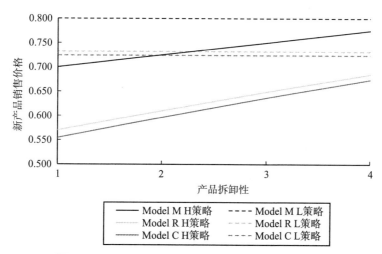

图 3. 24　三种再制造模式中新产品销售价格变化趋势

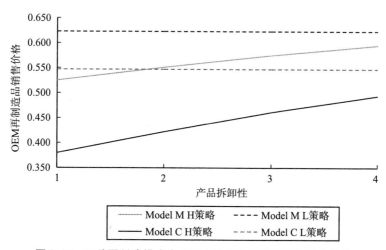

图 3. 25　三种再制造模式中 OEM 再制造品销售价格变化趋势

由图 3.24 可以验证：①同一模式中，H 策略的新产品销售价格低于 L 策略；②Model M 的 L 策略新产品销售价格最高，Model C 的 H 策略新产品销售价格最低；③相同产品拆卸性策略中，Model M 的新产品销售价格大于 Model R 大于 Model C；④产品拆卸性变动对产品生产成本影响幅度较大时，H 策略新产品销售价格较低，随着对产品生产成本影响幅度逐渐减小，对回收质量影响幅度逐渐增大，H 策略的新产品销售价格呈上升趋势。

由图 3.25 可以验证：①同一模式中，H 策略的 OEM 再制造品销售价格低于 L 策略；②Model M 的 L 策略 OEM 再制造品销售价格最高，Model C 的 H 策略 OEM 再制造品销售价格最低；③相同产品拆卸性策略中，Model M 的 OEM 再制造品销售价格大于 Model C；④产品拆卸性变动对产品生产成本影响幅度较大时，H 策略的 OEM 再制造品销售价格较低，随着对产品生产成本影响幅度逐渐减小，对回收质量影响幅度逐渐增大，H 策略的 OEM 再制造品销售价格呈上升趋势。

由图 3.26 可以验证：①同一模式中，H 策略的 IO 再制造品销售价格低于 L 策略；②Model R 模式的 L 策略 IO 再制造品销售价格最高，Model C 的 H 策略 IO 再制造品销售价格最低；③相同产品拆卸性策略中，Model R 的 IO 再制造品销售价格高于 Model C；④产品拆卸性变动对产品生产成本影响幅度较大时，H 策略的 IO 再制造品销售价格较低，随着对产品生产成本影响幅度逐渐减小，对回收质量影响幅度逐渐增大，H 策略的 IO 再制造品销售价格呈上升趋势。

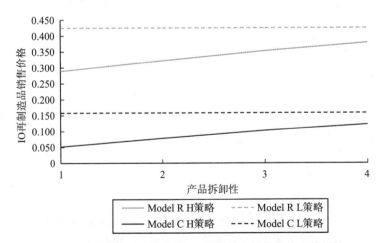

图 3.26　三种再制造模式中 IO 再制造品销售价格变化趋势

2. 三种再制造模式的市场需求量比较分析

根据表3-8得到，三种再制造模式中，产品拆卸性变动对产品生产成本的影响幅度和对回收成本的影响幅度之间的关系发生变化时，新产品、OEM再制造品、IO再制造品需求量的波动规律如图3.27~图3.29所示。

图3.27可以验证：①Model M 和 Model C 的新产品需求量相同；②相同产品拆卸性策略中，Model R 的新产品需求量最大；③同一再制造模式中，当产品拆卸性变动对产品生产成本影响幅度较大时，H 策略的新产品需求量大于L

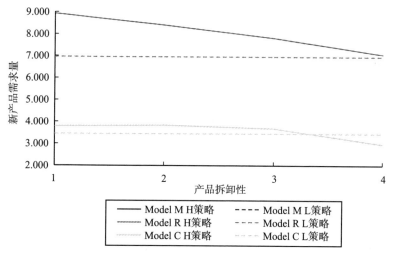

图3.27　三种再制造模式中新产品需求量变化趋势

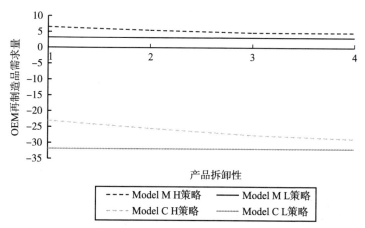

图3.28　三种再制造模式中 OEM 再制造品需求量变化趋势

策略，当对回收质量影响幅度较大时，H 策略的新产品需求量接近 L 策略，甚至小于 L 策略；④产品拆卸性变动对产品生产成本影响幅度较大时，H 策略新产品需求量较大，随着对产品生产成本影响幅度逐渐减小，对回收质量影响幅度逐渐增大，H 策略的新产品需求量呈下降趋势。

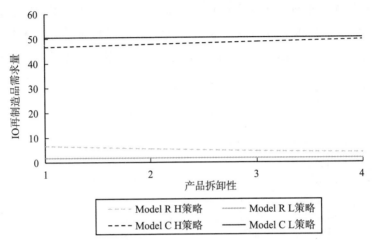

图 3.29   三种再制造模式中 IO 再制造品需求量变化趋势

由图 3.28 可以验证：①同一模式中，H 策略的 OEM 再制造品需求量大于 L 策略；②Model C 的 H/L 策略中，OEM 再制造品的需求量均为负，此时，OEM 再制造品在价格方面没有 IO 再制造品有优势，在消费者认可度方面没有新产品有优势，故其无法进入市场。

由图 3.29 可以验证：①Model R 中，产品拆卸性变动对产品生产成本影响幅度较大时，H 策略的 IO 再制造品需求量较大且大于 L 策略，随着对产品生产成本影响幅度逐渐减小，对回收质量影响幅度逐渐增大，H 策略的 IO 再制造品需求量呈下降趋势并趋近 L 策略；②Model C 中，产品拆卸性变动对产品生产成本影响幅度较大时，H 策略的 IO 再制造品需求量较小且小于 L 策略，随着对产品生产成本影响幅度逐渐减小，对回收质量影响幅度逐渐增大，H 策略的 IO 再制造品需求量呈上升趋势并趋近 L 策略；③Model C 中 IO 再制造品需求量大于 Model R。

3. 三种再制造模式的成员利润比较分析

根据表 3-8 得到，三种再制造模式中，产品拆卸性变动对产品生产成本的影响幅度和对回收成本的影响幅度之间的关系发生变化时，OEM 利润、IO

利润的波动规律如图 3.30 和图 3.31 所示。

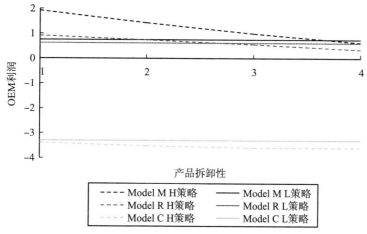

图 3.30　三种再制造模式中 OEM 利润变化趋势

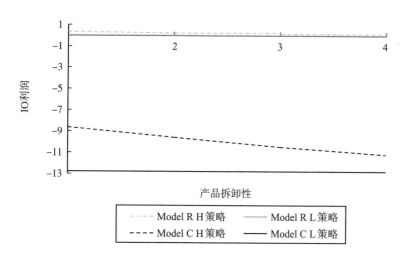

图 3.31　三种再制造模式中 IO 利润变化趋势

由图 3.30 可以验证：①Model C 的 OEM 利润为负，该模式市场竞争过于激烈，OEM 再制造品无法挤进市场，再制造业务增加了 OEM 的成本，却没能带来收益，导致 OEM 利润为负；②产品拆卸性变动对产品生产成本影响幅度较大时，H 策略的 OEM 利润较高，采取 H 策略对 OEM 更有利，随着对产品生产成本影响幅度逐渐减小，对回收质量影响幅度逐渐增大，H 策略的 OEM

利润呈下降趋势并低于 L 策略，采取 L 策略对 OEM 更有利；③相同拆卸性策略下，OEM 在 Model M 中获利高于 Model R。

由图 3.31 可以验证：①Model C 的 IO 利润为负，该模式市场竞争过于激烈，IO 再制造品为进入市场，采取降低销售价格的策略，销售价格过低，以致低于 IO 再制造品生产成本和回收成本之和，导致 IO 利润为负；②Model R 模式中，IO 在 H 策略下获利略高于 L 策略。

3.4.4　研究结论

本节基于 Model M 和 Model R 中 CLSC 成员定价决策的研究，引入共同再制造 Model C，并比较分析了三种再制造模式的新产品、OEM 再制造品、IO 再制造品销售价格、需求量和成员利润，通过算例进行验证，得出以下结论。

（1）Model C 中的产品市场竞争过于激烈，对 OEM 和 IO 双方都不利，故该模式被淘汰。

（2）从消费者角度考虑，Model R 的产品销售价格低于 Model M，H 策略的产品销售价格低于 L 策略。

（3）从 OEM 角度考虑，不考虑固定成本影响时，Model M 获利更高。

第 4 章
考虑政府参与的再制造 CLSC 决策研究

本章针对由第三方企业回收处理废旧品的三种回收再利用运作模式，研究在政府补贴和碳税双重机制作用下再制造 CLSC 定价决策问题。首先，构建由制造商、零售商和第三方回收企业组成的再制造 CLSC，通过第三方回收处理将废旧物料分不同渠道送入制造企业的原材料层、零部件层和产品层，对应形成回收再利用的原材料、可再制造的零部件及形成二手品的废旧品处理类别。其次，政府通过废旧品不同处理类别实施差别补贴，同时根据生产、运输、再制造过程产生的碳排放实施碳税管控。基于此，研究再制造 CLSC 的定价决策与利益协调问题。最后，建立了政府与再制造 CLSC 成员系统的博弈定价模型，并构建以社会福利最大化为目标的数学模型，较为详细地分析了废旧品的分类处理过程分别对补贴力度及碳税税率，废旧品的回收价格、回收努力程度、回收量，以及再制造 CLSC 各成员利润的影响。

4.1　引言

随着人们对资源节约和环境友好意识的加强，政府采用补贴机制干预废旧品回收再制造市场运作，鼓励外部经济，采用碳税机制消除外部不经济的双重作用下，再制造 CLSC 成员如何作出定价决策至关重要，定价是否合理直接关系到 CLSC 运作效率与协调管理。

目前，已有不少学者研究了再制造品定价策略，陈俊铭等（Jen－Ming

Chen et al.，2012）研究了回收质量、回收数量及再制造品市场需求对再制造品利润的影响。石健迈等（Jianmai Shi et al.，2011）基于新产品和再制造品无差别定价，研究了需求和回收量都不确定条件下的价格策略。周海霞等（2011）对再制造/制造集成供应链系统中同类产品的三种不同形式进行了差别定价策略研究。高举红等（2010，2016）建立了产品回收量与回收价格和回收努力同时相关的 CLSC 模型，研究了废旧品回收的定价策略及不同权力结构下的 CLSC 成员决策。皮尔储杜·乔瓦尼等（PietroDe Giovanni et al.，2016）的研究表明废旧品回收量取决于再制造成本降低与退换货机制。

有关政府参与的 CLSC 定价策略研究方面，张曙红等（2012）基于回收率的奖惩激励措施，研究了回收再制造 CLSC 的定价和回收决策。周占峰等（2012）基于回收量的补贴，研究了再制造逆向物流系统的定价问题。王文彬等（Wenbin Wang et al.，2018）设计了奖惩机制优化两阶段 CLSC。此外，邱碧冰等（Jiuh－BiingSheu et al.，2011，2012）分析了政府财政补贴对逆向供应链成员企业协调合作的促进作用，以及政府财政干预对绿色供应链竞争的影响。高举红等（2014，2015）在政府补贴及碳税机制的基础上，对再制造品市场进行细分，有针对性地在再制造 CLSC 中采用定价策略。于玉刚等（Yu-gang Yu et al.，2016）以制造商利润最大化为目标，建立了考虑不同消费者环境意识水平和政府补贴政策的制造商的生产决策优化模型，分析消费者环境意识和绿色补贴对制造商生产决策的影响。贾法尔·海达里等（Jafar Heydari et al.，2017）采用不同政策（补贴、碳税）协调两阶段逆向供应链，研究表明政府激励制造商比零售商能够更加有效地提高 CLSC 绩效。苗兆伟等（Zhaowei Miao et al.，2018）基于两种常用的碳排放法规，根据企业再制造成本和政府补贴将需求市场分为四种情境，分析了在碳税政策和限额与交易计划下制造商的最优定价和生产决策。刘勇等（Yong Liu et al.，2019）考虑到政府补贴政策下的企业社会责任，确定最优政府补贴率与企业社会责任水平之间的关系。

基于此，目前的研究大多集中于回收产品数量和再制造品需求的不确定性，而对于 CLSC 中废旧品回收再处理的高度不确定性涉及较少，这也是制约再制造 CLSC 回收问题进一步研究的"瓶颈"之一。在政府鼓励企业回收再制造的政策下，设计相应补贴机制；为避免无秩序再制造过程带来的环境污染，设计相应碳税机制，在此双重机制下，企业如何响应政府号召从中获利，政府如何设计补贴及碳税机制以引导回收品的环保再制造是另一研究"瓶颈"。CLSC 系统中的不确定性主要体现在回收模式、回收商的努力程度、回收品的质量和数量、再制造利用形式、产品市场需求及政府补贴/碳税机制等方面。本章试图从动态角度研究多种不确定性条件下的再制造 CLSC 产品定价问题、利润分配问题，以及为政府设计补贴、碳税机制提供理论依据。

4.2　基于碳税及补贴机制的再制造 CLSC 定价研究

4.2.1　模型描述与基本假设

1. 模型描述

假设政府依据废旧品层级给予第三方补贴，依据碳排放量制定碳税机制作用于再制造 CLSC 成员，再制造商负责废旧品从原材料到零部件再到最终产品的整个生产流程，第三方回收废旧品并进行测试分类，然后按照其再利用特性将其分为三层而进行再处理过程。

（1）产品层，即满足无功能缺失与质量损坏的产品，该部分产品主要是在退换期中由于消费者偏好变化或包装、外壳划损等因素而退货，直接进入再处理过程的最终产品经简单喷漆、再包装处理生成二手品出售。

（2）零部件层，即满足部分功能缺失或质量损失，且在寿命周期之内的回收产品，该部分产品属于消费者正常进行产品淘汰下来的，然而其主要零部件功能未损坏且再制造价值高，进入再制造过程的零部件层生成再制造品出售。

（3）原材料层，即进入生命终期的产品，该部分产品主要零部件已部分或完全损坏，再制造成本较高，对无再制造价值的部分进行原材料回收再利用处理加工后视为新产品。由此构成的回收再利用 CLSC 结构如图 4.1 所示。

2. 参数说明

（1）角标。

φ 表示废旧品再利用的不同层级，其中 $\varphi = 1$，2，3，分别为原材料层、零部件层、产品层，分别利用其再制造生产为新产品、再制造品、二手品。i

表示不同决策模式，其中 i 可取 D，C，SC，分别表示分散决策、集中决策、协调决策。

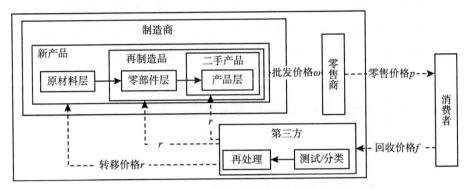

图 4.1　回收再利用 CLSC 结构

（2）非决策变量。

c_φ 表示废旧品再利用层级 φ 的再制造单位成本，其中 $c_1 > c_2 > c_3$。

Δ_φ 表示废旧品再利用层级 φ 的再制造所节约的边际成本，且 $\Delta_1 < \Delta_2 < \Delta_3$。

l_φ 表示回收废旧品再利用层级 φ 的比例，其中 $l_1 + l_2 + l_3 = 1$。

E_γ 表示 CLSC 再制造过程中的碳排放量，包括第三方拆解、运输和再制造三个过程。其中，拆解过程中每单位原材料层碳排放量为 E_1，零部件层碳排放量为 E_2，产品层碳排放量为 E_3，且 $E_1 > E_2 > E_3$；运输过程中每单位产品从消费者到第三方为 E_4，从第三方到制造商为 E_5，从制造商到零售商为 E_8；再制造过程中每单位原材料加工为 E_6，零部件加工为 E_7。

$D_\varphi = a_\varphi - b_\varphi p_\varphi$ 表示新产品、再制造品、二手品的需求函数；其中，a_φ，b_φ 为大于 0 的常数，a_φ 表示相应产品的市场潜在需求，b_φ 表示消费者对相应产品的销售价格的敏感系数。

$R = \alpha + \beta f + \lambda e$ 表示废旧品的回收量，其中，α，β，λ 为大于 0 的常数，α 表示当回收价格及回收努力水平为 0 时废旧品的供给量，表明部分消费者愿意免费返回的废旧品量，体现了消费者的环保意识；β，λ 分别表示消费者对回收价格的敏感系数及回收商回收努力水平效应。

π_i^j 表示在决策模式 i 中，CLSC 成员 j 的利润，j 可取 M，R，$3P$，T，分别表示制造商、零售商、第三方、供应链总利润。

（3）决策变量。

p_φ 表示新产品、再制造品、二手品的单位零售价格，为零售商的决策变量。

ω_φ 表示新产品、再制造品、二手品的单位批发价格，为制造商的决策变量。

r_φ 表示制造商向第三方购买废旧品再利用层级 φ 的单位回购价格，为制造商的决策变量。为了简化模型，假设 $r_2 = hr_1$，$r_3 = kr_1$，其中 h，k 为常数，且 h，$k \geqslant 1$。

f 表示废旧品的单位回收价格，为回收商的决策变量。

e 表示回收商的回收努力水平（如加大公益广告的宣传、人力资源投入、回收渠道网络的建立等），为回收商的决策变量。

3. 模型基本假设

假设1：制造商、零售商、第三方均为独立的决策者，在本节的分散决策定价模型中，制造商是 Stackelberg 博弈的主导者，所有成员都按照自身利益最大化来作决策。

假设2：市场上的消费者分为三类，第一类是高消费者群体，只购买新产品；第二类是中消费者群体，只购买再制造品；第三类是低消费者群体，只购买二手品。这比较符合我国社会的现实情况。

假设3：基于回收量的补贴策略是政府为了确保 CLSC，有效引导 CLSC 回收而设计。$s_\varphi (s_\varphi > 0)$ 为政府针对废旧品再利用层级 φ 给予第三方的补贴力度，且 $s_1 > s_2 > s_3$。

假设4：基于碳排放的碳税策略是政府为了降低 CLSC 再制造中的碳排放而设计的。t 为碳税税率，即每单位的碳排放量所征收的碳税。

假设5：第三方的回收努力成本是回收努力水平的增函数，且对于回收努力水平是凸增的；令 $\frac{1}{2} c_{3P} e^2$ 为当第三方的回收努力水平为 e 时的努力成本，$c_{3P} > 0$ c_{3P} 为常数，表示第三方的回收努力成本系数。此时随着回收努力水平的增加，回收努力成本将急剧攀升，意味着现实生活中过分地追求高回收量是不经济的，且实际上也是很难实现的。

假设6：市场是完全开放的，CLSC 各成员都是在信息对称的情况下作出的决策。

假设7：市场对产品的需求量相对稳定，每周期的情况相类似，故本章只研究单周期范围内的情况。

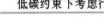

4.2.2　CLSC 再制造决策定价模型

1. 集中决策定价模型

在集中决策的模式下，制造商、零售商和第三方充分合作，以供应链总利润最大化为目标，共同对零售价格、回收价格和回收努力水平作出决策，旨在为 CLSC 的协调提供一个基准。集中决策问题为

$$\max_{p_\varphi, f, e} \pi_C^T = \left[p_1 - c_1 - (E_6 + E_7 + E_8)t \right] D_1 + \left[p_2 - c_2 - (E_7 + E_8)t \right] D_2$$

$$+ \left[p_3 - c_3 - E_8 t \right] D_3 - fR - \frac{1}{2} c_{3P} e^2 - (E_1 l_1 R + E_2 l_2 R + E_3 l_3 R)t$$

$$+ (\Delta_1 + s_1) l_1 R + (\Delta_2 + s_2) l_2 R + (\Delta_3 + s_3) l_3 R - (E_4 + E_5) Rt \quad (4-1)$$

根据 π_C^T 对 p_φ、f、e 的海赛（Hesse）矩阵可知，π_C^T 是关于 p_φ、f、e 的联合凹函数，故存在最优解，联立求解 π_C^T 关于 p_φ、f、e 的一阶条件得

$$p_1^{C*} = \frac{c_1}{2} + \frac{a_1}{2b_1} + \frac{E_6 + E_7 + E_8}{2} t \quad (4-2)$$

$$p_2^{C*} = \frac{c_2}{2} + \frac{a_2}{2b_2} + \frac{E_7 + E_8}{2} t \quad (4-3)$$

$$p_3^{C*} = \frac{c_3}{2} + \frac{a_3}{2b_3} + \frac{E_8}{2} t \quad (4-4)$$

$$f^{C*} = \frac{\begin{array}{c} \left[l_1(s_1 + \Delta_1) + l_2(s_2 + \Delta_2) + l_3(s_3 + \Delta_3) - E_1 l_1 t \right. \\ \left. - E_2 l_2 t - E_3 l_3 t - E_4 t - E_5 t \right] (\lambda^2 - c_{3P}\beta) + \alpha c_{3P} \end{array}}{\lambda^2 - 2c_{3P}\beta} \quad (4-5)$$

$$e^{C*} = \frac{\begin{array}{c} \lambda \left[E_1 l_1 t\beta + E_2 l_2 t\beta + E_3 l_3 t\beta + E_4 t\beta + E_5 t\beta - (s_1 + \Delta_1) l_1 \beta \right. \\ \left. - (s_2 + \Delta_2) l_2 \beta - (s_3 + \Delta_3) l_3 \beta - \alpha \right] \end{array}}{\lambda^2 - 2c_{3P}\beta} \quad (4-6)$$

将以上所求得的最优价格策略代入 CLSC 的总利润函数即可得到此模式下的最优利润 π_C^{T*}。

2. 分散决策的定价模型

制造商制定批发价格 ω_φ 和回购价格 r_φ 后，零售商和第三方分别决策销售价格 p_φ 和回收价格 f 及回收努力水平 e，制造商、零售商和第三方的利润最大化模型分别为

$$\max_{\omega_\varphi, r_\varphi} \pi_D^M = \left[\omega_1 - c_1 - (E_6 + E_7 + E_8)t \right] D_1 + \left[\omega_2 - c_2 - (E_7 + E_8)t \right] D_2 + \left[\omega_3 \right.$$

$$-c_3 - E_8 t\,]D_3 + \Delta_1 l_1 R + \Delta_2 l_2 R + \Delta_3 l_3 R - (l_1 r_1 + l_2 r_2 + l_3 r_3)R \qquad (4-7)$$

$$\text{s. t.} \quad \max_{p_\varphi} \pi_D^R = (p_1 - \omega_1)D_1 + (p_2 - \omega_2)D_2 + (p_3 - \omega_3)D_3 \qquad (4-8)$$

$$\max_{f,e} \pi_D^{3P} = (l_1 r_1 + l_2 r_2 + l_3 r_3)R - fR - \frac{1}{2}c_{3P}e^2 - (E_1 l_1 R + E_2 l_2 R + E_3 l_3 R)t$$

$$+ s_1 l_1 R + s_2 l_2 R + s_3 l_3 R - (E_4 + E_5)Rt \qquad (4-9)$$

由于制造商是 Stackelberg 领导者，故决策顺序为制造商先决策，零售商根据制造商的决策结果作出决策。因此可以采用逆向归纳法来求解模型：

$$\omega_1^{D*} = \frac{c_1}{2} + \frac{a_1}{2b_1} + \frac{E_6 + E_7 + E_8}{2}t \qquad (4-10)$$

$$\omega_2^{D*} = \frac{c_2}{2} + \frac{a_2}{2b_2} + \frac{E_7 + E_8}{2}t \qquad (4-11)$$

$$\omega_3^{D*} = \frac{c_3}{2} + \frac{a_3}{2b_3} + \frac{E_8}{2}t \qquad (4-12)$$

$$p_1^{D*} = \frac{c_1}{4} + \frac{3a_1}{4b_1} + \frac{E_6 + E_7 + E_8}{4}t \qquad (4-13)$$

$$p_2^{D*} = \frac{c_2}{4} + \frac{3a_2}{4b_2} + \frac{E_7 + E_8}{4}t \qquad (4-14)$$

$$p_3^{D*} = \frac{c_3}{4} + \frac{3a_3}{4b_3} + \frac{E_8}{4}t \qquad (4-15)$$

$$f^{D*} = \frac{\begin{array}{c}(l_1 s_1 + l_2 s_2 + l_3 s_3 + l_1 \Delta_1 + l_2 \Delta_2 + l_3 \Delta_3 - E_1 l_1 t - E_2 l_2 t \\ - E_3 l_3 t - E_4 t - E_5 t)\beta(\lambda^2 - c_{3P}\beta) - \lambda^2 \alpha + 3\alpha\beta c_{3P}\end{array}}{2\beta(\lambda^2 - 2c_{3P}\beta)} \qquad (4-16)$$

$$e^{D*} = \frac{\begin{array}{c}\lambda\big[E_1 l_1 t\beta + E_2 l_2 t\beta + E_3 l_3 t\beta + E_4 t\beta + E_5 t\beta - l_1(s_1 + \Delta_1)\beta \\ - l_2(s_2 + \Delta_2)\beta - l_3(s_3 + \Delta_3)\beta - \alpha\big]\end{array}}{2(\lambda^2 - 2c_{3P}\beta)} \qquad (4-17)$$

$$r_1^{D*} = \frac{\begin{array}{c}E_1 l_1 t\beta + E_2 l_2 t\beta + E_3 l_3 t\beta + E_4 t\beta + E_5 t\beta + l_1 \Delta_1 \beta \\ + l_2 \Delta_2 \beta + l_3 \Delta_3 \beta - l_1 s_1 \beta - l_2 s_2 \beta - l_3 s_3 \beta - \alpha\end{array}}{2\beta(l_1 + hl_2 + kl_3)} \qquad (4-18)$$

命题： $p_1^{C*} < p_1^{D*}$，$p_2^{C*} < p_2^{D*}$，$p_3^{C*} < p_3^{D*}$，$f^{C*} > f^{D*}$，$e^{C*} > e^{D*}$。

证明： 由简单的代数运算知 $p_1^{C*} < p_1^{D*}$，$p_2^{C*} < p_2^{D*}$，$p_3^{C*} < p_3^{D*}$，$e^{C*} > e^{D*}$；

$$f^{C*} - f^{D*} = \frac{\begin{array}{c}\big[l_1(s_1 + \Delta_1) + l_2(s_2 + \Delta_2) + l_3(s_3 + \Delta_3) - E_1 l_1 t \\ - E_2 l_2 t - E_3 l_3 t - E_4 t - E_5 t\big](\lambda^2 - c_{3P}\beta) + \alpha c_{3P}\end{array}}{\lambda^2 - 2c_{3P}\beta}$$

$$-\frac{\begin{array}{c}(l_1 s_1 + l_2 s_2 + l_3 s_3 + l_1 \Delta_1 + l_2 \Delta_2 + l_3 \Delta_3 - E_1 l_1 t - E_2 l_2 t \\ - E_3 l_3 t - E_4 t - E_5 t) \beta (\lambda^2 - c_{3P} \beta) - \lambda^2 \alpha + 3 \alpha \beta c_{3P}\end{array}}{2 \beta (\lambda^2 - 2 c_{3P} \beta)}$$

$$= \frac{\begin{array}{c}(l_1 s_1 + l_2 s_2 + l_3 s_3 + l_1 \Delta_1 + l_2 \Delta_2 + l_3 \Delta_3 - E_1 l_1 t - E_2 l_2 t \\ - E_3 l_3 t - E_4 t - E_5 t) \beta (\lambda^2 - c_{3P} \beta) + \alpha (\lambda^2 - c_{3P} \beta)\end{array}}{2 \beta (\lambda^2 - 2 c_{3P} \beta)}$$

$$= \frac{\begin{array}{c}(l_1 s_1 + l_2 s_2 + l_3 s_3 + l_1 \Delta_1 + l_2 \Delta_2 + l_3 \Delta_3 - E_1 l_1 t - E_2 l_2 t \\ - E_3 l_3 t - E_4 t - E_5 t)(\lambda^2 - c_{3P} \beta) + \alpha c_{3P}\end{array}}{2(\lambda^2 - 2 c_{3P} \beta)} + \frac{\alpha (\lambda^2 - 2 c_{3P} \beta)}{2 \beta (\lambda^2 - 2 c_{3P} \beta)}$$

$$= \frac{1}{2} f^{C*} + \frac{\alpha}{2\beta} > 0$$

则 $f^{C*} - f^{D*} > 0$，即 $f^{C*} > f^{D*}$。

由命题可知与集中决策相比，分散决策导致新产品、再制造品、二手品的零售价格升高，需求量减少；废旧品回收价格降低、第三方的回收努力水平降低、回收量减少。故分散决策效率降低，需要协调才能提高 CLSC 效率。

结论： 政府碳税税率 t 会影响三类产品的批发价格、零售价格，废旧品回收价格、回购价格及回收努力水平；补贴力度 s 影响废旧品回收价格、回购价格及回收努力水平。无论是集中决策还是分散决策，批发价格、零售价格会随着政府碳税税率 t 的增大而升高；废旧品回收努力水平随着碳税税率 t 的增大而升高，随着补贴力度 s 的增大而降低，回收价格会随着碳税税率 t 的增大而降低，随着补贴力度 s 的增大而升高。分散决策中，废旧品的回购价格随着碳税税率 t 的增大而升高，随着补贴力度 s 的增大而降低。

4.2.3 CLSC 协调决策定价模型

依据以上的分析可知，分散决策模式下 CLSC 存在双重边际加价效应，系统的效益并不是最优的。为了提高 CLSC 系统效率，必须协调制造商、零售商和第三方的利润。因此，对传统正向供应链中的使用特许经营费用契约（Franchise Contract，FC）加以改进，以便对存在价格差异的 CLSC 进行协调。实施过程如下：假设制造商与零售商、第三方在销售和回收之前签订契约（ω_1^{SC}，ω_2^{SC}，ω_3^{SC}，r^{SC}，F_1，F_2），规定制造商以批发价 ω_1^{SC}，ω_2^{SC}，ω_3^{SC} 将新产品、再制造品、二手品转给零售商，同时以回购价格从第三方处购买废旧品。

在一个经营周期结束后，制造商分享零售商的一定销售利润 $F_1(F_1>0)$，分享第三方的一定回收利润 $F_2(F_2>0)$。由此构建的模型为

$$\max_{\omega_\varphi,r_\varphi}\pi_{SC}^M=\left[\omega_1-c_1-(E_6+E_7+E_8)t\right]D_1+\left[\omega_2-c_2-(E_7+E_8)t\right]D_2+\left[\omega_3-c_3\right.$$
$$\left.-E_8t\right]D_3+\Delta_1l_1R+\Delta_2l_2R+\Delta_3l_3R-(l_1r_1+l_2r_2+l_3r_3)R+F_1-F_2$$
$$(4-19)$$

$$\text{s. t. }\max_{p_\varphi}\pi_{SC}^R=(p_1-\omega_1)D_1+(p_2-\omega_2)D_2+(p_3-\omega_3)D_3-F_1\qquad(4-20)$$

$$\max_{f,e}\pi_{SC}^{3P}=(l_1r_1+l_2r_2+l_3r_3)R-fR-\frac{1}{2}c_{3P}e^2-(E_1l_1R+E_2l_2R$$
$$+E_3l_3R)t+s_1l_1R+s_2l_2R+s_3l_3R-(E_4+E_5)Rt+F_2\qquad(4-21)$$

$$(p_1-\omega_1)D_1+(p_2-\omega_2)D_2+(p_3-\omega_3)D_3-F_1\geqslant\pi_D^{R*}\qquad(4-22)$$

$$(l_1r_1+l_2r_2+l_3r_3)R-fR-\frac{1}{2}c_{3P}e^2-(E_1l_1R+E_2l_2R+E_3l_3R)t$$
$$+s_1l_1R+s_2l_2R+s_3l_3R-(E_4+E_5)Rt+F_2\geqslant\pi_D^{3P*}\qquad(4-23)$$

公式（4-20）和公式（4-21）分别是零售商、第三方的激励相容约束条件，公式（4-22）和公式（4-23）分别是零售商、第三方的个人理性约束条件，由于在分散决策时，制造商是博弈主导者，故公式（4-22）和公式（4-23）取等号。

$$\omega_1^{SC*}=c_1+(E_6+E_7+E_8)t\qquad(4-24)$$

$$\omega_2^{SC*}=c_2+(E_7+E_8)t\qquad(4-25)$$

$$\omega_3^{SC*}=c_3+E_8t\qquad(4-26)$$

$$p_1^{SC*}=\frac{c_1}{2}+\frac{a_1}{2b_1}+\frac{E_6+E_7+E_8}{2}t\qquad(4-27)$$

$$p_2^{SC*}=\frac{c_2}{2}+\frac{a_2}{2b_2}+\frac{E_7+E_8}{2}t\qquad(4-28)$$

$$p_3^{SC*}=\frac{c_3}{2}+\frac{a_3}{2b_3}+\frac{E_8}{2}t\qquad(4-29)$$

$$f^{SC*}=\frac{\begin{array}{c}[l_1(s_1+\Delta_1)+l_2(s_2+\Delta_2)+l_3(s_3+\Delta_3)-E_1l_1t\\-E_2l_2t-E_3l_3t-E_4t-E_5t](\lambda^2-c_{3P}\beta)+\alpha c_{3P}\end{array}}{\lambda^2-2c_{3P}\beta}\qquad(4-30)$$

$$e^{SC*}=\frac{\begin{array}{c}\lambda[E_1l_1t\beta+E_2l_2t\beta+E_3l_3t\beta+E_4t\beta+E_5t\beta-(s_1+\Delta_1)l_1\beta\\-(s_2+\Delta_2)l_2\beta-(s_3+\Delta_3)l_3\beta-\alpha]\end{array}}{\lambda^2-2c_{3P}\beta}\qquad(4-31)$$

$$r_1^{SC*} = \frac{l_1\Delta_1 + l_2\Delta_2 + l_3\Delta_3}{l_1 + hl_2 + kl_3} \qquad (4-32)$$

$$F_1 = \frac{(b_3c_3 - a_3 + E_8b_3t)^2}{4b_3} + \frac{b_1c_1[b_1c_1 - a_1 + (E_6 + E_7 + E_8)b_1t] - a_1}{2}$$

$$+ \frac{(E_6 + E_7)b_1t}{2} + \frac{b_2c_2[b_2c_2 - a_2 + (E_7 + E_8)b_2t] - a_2}{2} + \frac{E_7b_2t + E_8t}{2} - \pi_D^{R*}$$

$$(4-33)$$

$$F_2 = \pi_D^{3P*} - \frac{\left(\begin{array}{c} c_{3P}(E_1l_1t\beta + E_2l_2t\beta + E_3l_3t\beta + E_4t\beta + E_5t\beta - l_1s_1\beta \\ - l_1\Delta_1\beta - l_2s_2\beta - l_2\Delta_2\beta - l_3s_3\beta - l_3\Delta_3\beta - \alpha) \end{array}\right)^2}{2(2c_{3P}\beta - \lambda^2)} \qquad (4-34)$$

将以上结果与集中决策模式下的最优定价策略进行比较得 $p_1^{SC*} = p_1^{C*}$，$p_2^{SC*} = p_2^{C*}$，$p_3^{SC*} = p_3^{C*}$，$f^{SC*} = f^{C*}$，$e^{SC*} = e^{C*}$，可见实现了分散决策模型下 CLSC 的协调。

从以上协调结果可以看出，采用协调契约可以消除分散决策模型中的双重边际化效应，实现 CLSC 的协调，提高产品销售量和废旧品回收量。CLSC 的协调可使消费者获得更好的福利，同时对环保更有益。

4.2.4　算例分析

通过算例比较不同决策情形下 CLSC 定价决策的均衡解，并分析不同决策模式下政府碳税、补贴对 CLSC 价格、需求量、利润、第三方回收努力程度、回收量的影响。某电子企业的相关参数如下：$c_1 = 30$，$c_2 = 20$，$c_3 = 10$，$\Delta_1 = 10$，$\Delta_2 = 20$，$\Delta_3 = 30$，$a_1 = 300$，$b_1 = 2$，$a_2 = 400$，$b_2 = 4$，$a_3 = 300$，$b_3 = 5$，$\alpha = 2$，$\beta = 5$，$\lambda = 5$，$c_{3P} = 10$，$E_1 = 8$，$E_2 = 5$，$E_3 = 3$，$E_4 = 2$，$E_5 = 1$，$E_6 = 6$，$E_7 = 4$，$E_8 = 3$，$l_1 = 0.2$，$l_2 = 0.4$，$l_3 = 0.4$，$h = 5$，$k = 8$，$s_1 = 10$，$s_2 = 8$，$s_3 = 6$，$t = 0.25$。

由表 4-1 中的数据验证了对于新产品、再制造品和二手品这三种产品，CLSC 集中决策下的总利润高于分散决策，且三种产品的销售价格低于分散决策，废旧品的回收价格高于分散决策，显然分散决策时供应链出现双重边际效应，而集中定价决策模式通过降低产品定价，提升产品销售量来增加供应链利润。也进一步表明两部定价契约可实现 CLSC 的协调。

表4-1　　　　　　　不同决策情形下 CLSC 定价决策的均衡解

均衡解	集中	分散	协调	均衡解	集中	分散	协调
ω_1^*	—	91.63	33.25	e^*	9.35	4.67	9.35
ω_2^*	—	60.88	21.75	r^*	—	1.48	4.07
ω_3^*	—	35.38	10.75	π^T	17593.75	13054.72	17593.75
p_1^*	91.63	120.81	91.63	π^M	—	8734.32	13273.35
p_2^*	60.88	80.44	60.88	π^R	—	3992.57	3992.57
p_3^*	35.38	47.69	35.38	π^{3P}	—	327.83	327.83
f^*	8.95	4.27	8.95				

从图4.2~图4.4 可以看出，在碳税税率不变的情形下，随着不同层级废旧品的补贴力度提高，三种决策模式下的第三方回收价格、回收努力程度均增加；进而废旧品的回收量也随之增加。对于回收价格、努力程度及回收量，集中决策均明显大于分散决策，采用契约协调之后与集中决策相等。由此可以得出，随着补贴力度的增加，单位废旧品的回收成本下降，因此第三方回收废旧品的意愿增强，愿意提高回收价格、增加回收固定投资以提高回收量。与此同时，消费者都可从中受益。

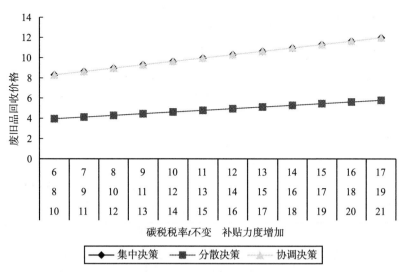

图4.2　当碳税税率 $t = 0.25$ 时回收价格随补贴力度的变化

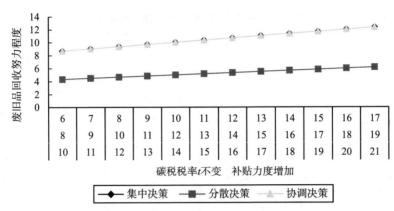

图 4.3　当碳税税率 $t = 0.25$ 时回收努力程度随补贴力度的变化

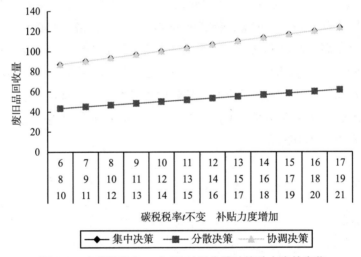

图 4.4　当碳税税率 $t = 0.25$ 时回收量随补贴力度的变化

从图 4.5～图 4.7 可以看出，在补贴力度不变的情形下，随着政府碳税税率的提高，三种决策模式下的第三方回收价格、回收努力程度均下降；进而废旧品的回收量也随之下降。对于回收价格、努力程度及回收量，集中决策均明显大于分散决策，采用契约协调之后与集中决策相等。由此可以得出，随着碳税税率的增加，在回收过程尤其是拆解工序，碳排放量巨大，对周围环境的污染严重，因此单位回收成本上升，第三方不再愿意大批量回收废旧品，故通过降低回收价格、减少回收固定投资来降低废旧品回收量。但是这样将会降低资源的有效利用率，对环境污染严重，如废旧电子产品直接焚烧、填埋等。

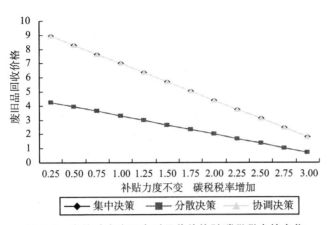

图4.5　当补贴力度不变时回收价格随碳税税率的变化

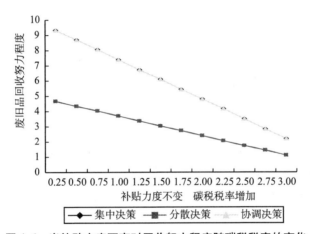

图4.6　当补贴力度不变时回收努力程度随碳税税率的变化

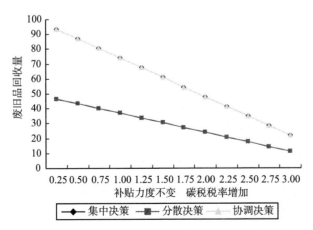

图4.7　当补贴力度不变时回收量随碳税税率的变化

从图4.8~图4.10可以看出，随着碳税税率的提高，三类产品的批发价格、零售价格均上升，且有新产品＞再制造品＞二手品，但需求量下降。对于批发价格，协调决策的批发价格明显低于分散决策；对于零售价格，集中决策明显低于分散决策，采用契约协调之后与集中决策相等；对于产品需求量，集中决策明显大于分散决策，采用契约协调之后与集中决策相等。由此可以得出，批发价格、零售价格、产品需求量只受碳税税率的影响，随着碳税税率的增加，产品再制造过程碳排放成本增加，制造商提高批发价格以增加利润，进而产品的零售价格上升，而消费者对产品价格较敏感，故产品的需求量减少。在协调决策模式下，制造商在销售之前与零售商签订契约，然后以低价转让给零售商，零售商再以集中决策时最优零售价格销售产品，故与分散决策相比，整个产品的零售价格下降、需求量增加，在一个经营周期结束后，制造商分享零售商的销售利润以弥补制造商的损失。

从图4.11~图4.12可以看出，在碳税税率不变的前提下，随着补贴力度的提高，各种决策模式下的CLSC总利润、成员利润均增加。集中决策的总利润、各成员利润明显大于分散决策，采用契约协调之后与集中决策相等，由此可以得出，随着补贴力度的增加，废旧品的处理成本下降，进而制造商的回购价格下降、再制造成本降低，由此可以降低批发价格以价格优势占领市场。在协调决策模式下，零售商、第三方利润为分散决策最优利润；与分散决策相比，CLSC总利润增加的部分被制造商占有，因此制造商利润在协调决策模式下显著增加。

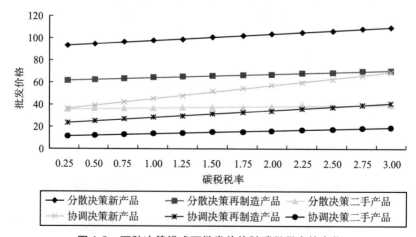

图4.8　两种决策模式下批发价格随碳税税率的变化

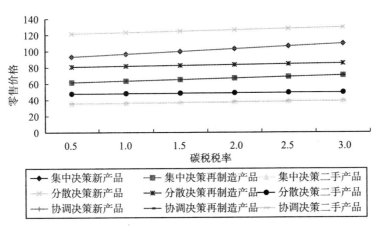

图 4.9　零售价格随碳税税率的变化

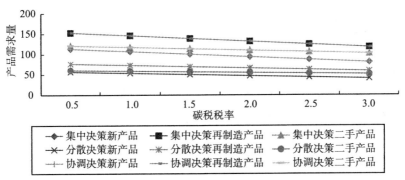

图 4.10　产品需求量随碳税税率的变化

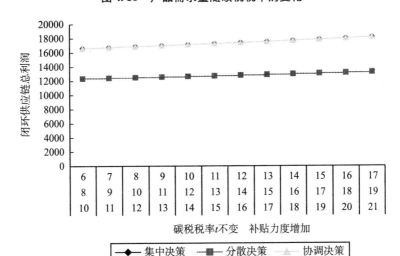

图 4.11　碳税税率 $t = 0.25$ 供应链总利润随补贴力度的变化

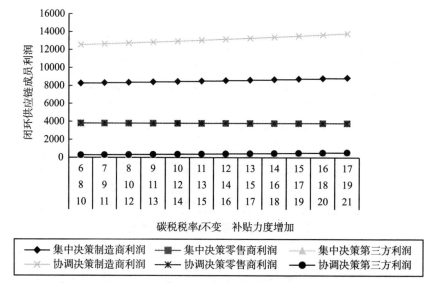

图 4.12　当碳税税率 $t = 0.25$ 供应链成员利润随补贴力度的变化

从图 4.13～图 4.14 可以看出，在补贴力度不变的前提下，随着碳税税率的提高，各种决策模式下的 CLSC 总利润、成员利润均下降。集中决策的总利润、各成员利润明显大于分散决策，采用契约协调之后与集中决策相等。由此可以得出，随着碳税税率的增加，废旧品的拆解成本、运输成本、再制造成本增加，故 CLSC 各成员对再制造品的积极性下降，总利润、各成员利润均下降。在协调决策模式下，零售商、第三方利润为分散决策最优利润；与分散决策相比，CLSC 总利润增加的部分被制造商占有，因此，制造商利润在协调决策模式下显著增加。

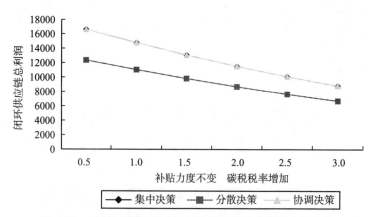

图 4.13　补贴不变条件下供应链总利润随碳税税率的变化

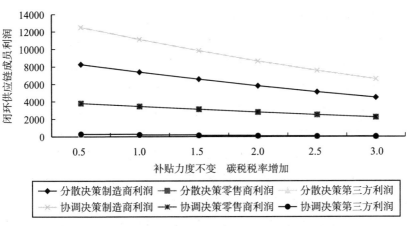

图 4.14　补贴不变条件下供应链成员利润随碳税税率的变化

进一步分析可知，采取契约协调后，制造商作为博弈主导者获取增加的全部收益，零售商只获得与分散决策相同的利润，整个 CLSC 总利润达到了集中决策的水平。需要注意的是，在本节的协调契约中，由于该契约为制造商所掌控，零售商、第三方只得到了分散决策模式下的利润，很容易引起零售商和第三方的不满，从而导致协调契约破裂，因此制造商还应该在获取的超额收益中，抽出一部分分给零售商和第三方，只有这样才能更好地保持 CLSC 协调的稳定性。

4.2.5　研究结论

本节在考虑政府制定碳税及补贴制度下，建立了集中决策和分散决策的再制造 CLSC 模型，通过对两种决策情境的各节点企业决策的比较，指出集中决策有利于提高 CLSC 的利润，并针对分散决策中的双重边际效应，进行了契约协调，在保证整体供应链利润最优的情况下，实现了 CLSC 的协调。在此基础上进行了算例研究，分析了碳税及补贴对废旧品回收价格、回收努力程度、回收量，新产品、再制造品、二手品的价格，以及 CLSC 利润的影响，同时比较了三种决策情境下的算例结果，得出以下结论。

（1）无论集中决策、分散决策还是协调决策，补贴力度增大，废旧品的回收价格、回收努力程度、回收量得到提高，CLSC 总利润、各成员利润得到提高。并且它们的变化幅度随补贴力度的增大而增大。

（2）在三种决策情境下，碳税税率增大，废旧品的回收价格、回收努力程度、回收量都下降，新产品、再制造品、二手品的批发价格、零售价格、需求量也下降，CLSC 总利润、各成员利润下降。并且它们的变化幅度随碳税税率的增大而减少。当政府的补贴力度一定时，若设定的碳税税率相对较低，则有利于提高 CLSC 成员回收再制造的积极性；若政府设定过高的碳税税率，则可以明显改善回收再制造的碳排放量，但是将打击 CLSC 成员再制造的积极性。因此，政府在制定补贴力度政策时，一定要与碳税税率的设定相配合，寻求补贴力度和碳税税率的平衡，才能对 CLSC 成员的回收再制造活动起到有效的激励作用。一味地只强调奖励或惩罚的作用，并不可取。

（3）分散决策模式下 CLSC 存在双重边际加价效应，本节采用协调契约进行了改进，改进后实现了 CLSC 的协调。

4.3　废旧品分类处理对再制造 CLSC 成员决策的影响分析

4.3.1　模型描述与基本假设

再制造 CLSC 结构如图 4.1 所示。

符号约定如下。

s_φ 表示政府针对单位层级 φ 给予第三方的补贴力度。同样地，为了简化模型，假设 $s_2 = \nu s_1$，$s_3 = \eta s_1$，其中 μ，η 为常数。

$E_{\varphi\vartheta}$ 表示单位层级 φ 废旧品在再制造过程 ϑ 中的碳排放量，其中，$\vartheta = 1$，2 分别包括拆解过程和再制造过程，运输过程碳排放 $E_{t\phi}$ 包括从消费者到第三方碳排放 E_{t1}、从第三方到制造商碳排放 E_{t2}、从制造商到零售商碳排放 E_{t3}。整个再制造过程的总碳排放为

$$E_{\text{total}} = E_{\varphi\vartheta} + E_{t\phi} = \sum_\vartheta E_{\varphi\vartheta} + \sum_\phi E_{t\phi}$$

4.3.2　模型的建立与求解

基于上述 CLSC 中政府和企业间的博弈问题，本节建立了两阶段模型。第

一阶段：由社会福利最大化（Social Welfare，SW）得到政府最优补贴力度 s_φ^* 及碳税税率 t^*。第二阶段：在政府给定 s_φ^* 和 t^* 的前提下，CLSC 成员制定最优定价策略。本节采用逆向归纳法求解该模型，即先求第二阶段的 CLSC 成员的最优定价策略，再求第一阶段的政府补贴力度及碳税税率。

1. 再制造 CLSC 成员最优定价决策

在政府给定补贴力度 s_φ 和碳税税率 t 下，以制造商为 Stackelberg 领导者决定批发价格 ω_φ 和回购价格 r_φ，零售商依据制造商给定的批发价格，制定最优的零售价格 p_φ，而第三方将决定最优的回收价格 f 及回收努力程度 e。根据上述模型得到

制造商利润函数：

$$\pi_M = \sum_{\varphi=1}^{3} (\omega_\varphi - c_\varphi - E_{\varphi 2}t - E_{t3}t)D_\varphi + (\sum_{\varphi=1}^{3} \Delta_\varphi l_\varphi)R - \sum_{\varphi=1}^{3} l_\varphi R r_\varphi \quad (4-35)$$

零售商的利润函数：$\quad \pi_R = \sum_{\varphi=1}^{3} (p_\varphi - \omega_\varphi)D_\varphi \quad\quad\quad (4-36)$

第三方的利润函数：

$$\pi_{3P} = \sum_{\varphi=1}^{3} (l_\varphi r_\varphi + l_\varphi s_\varphi)R - fR - \frac{1}{2}c_{3P}e^2 - [\sum_{\varphi=1}^{3} (E_{\varphi 1}l_\varphi) + \sum_{\phi=1}^{2} E_{t\phi}]Rt$$

$$(4-37)$$

根据逆向推导法，首先确定零售商的最优零售价格 p_φ^*、第三方的最优回收价格 f^* 和最优回收努力程度 e^*。对于给定的 ω_φ，由公式（4-36）关于 p_φ 的二阶导数 $\dfrac{\partial^2 \pi_R}{\partial p_\varphi^2} = -2b_\varphi < 0$ 可知 π_R 是关于 p_φ 的严格凹函数，公式（4-36）存在最优解，它关于 ω_φ 的最优反应函数为

$$p_\varphi = \frac{\omega_\varphi}{2} + \frac{a_\varphi}{2b_\varphi} \quad\quad\quad (4-38)$$

对于给定的 ω_φ 和 r_φ，公式（4-37）关于 f 和 e 的二阶导数分别为 $\dfrac{\partial^2 \pi_{3P}}{\partial f^2} =$

$-2\beta < 0$，$\dfrac{\partial^2 \pi_{3P}}{\partial e^2} = -c_{3P} < 0$，可知 π_{3P} 是关于 f 和 e 的联合凹函数，公式（4-37）存在最优解，它关于 ω_φ 和 r_φ 的最优反应函数为

$$f = \frac{[\sum_{\varphi=1}^{3} (l_\varphi r_\varphi + l_\varphi s_\varphi) - (\sum_{\varphi=1}^{3} E_{\varphi 1}l_\varphi + \sum_{\phi=1}^{2} E_{t\phi})t](c_{3P}\beta - \lambda^2) - c_{3P}\alpha}{2c_{3P}\beta - \lambda^2}$$

$$(4-39)$$

$$e = \frac{\lambda \left[\sum\limits_{\varphi=1}^{3} (l_\varphi r_\varphi + l_\varphi s_\varphi)\beta + \alpha - (\sum\limits_{\varphi=1}^{3} E_{\varphi 1} l_\varphi + \sum\limits_{\phi=1}^{2} E_{t\phi}) t\beta \right]}{2c_{3P}\beta - \lambda^2} \tag{4-40}$$

然后确定制造商最优批发价格 ω_φ^*、最优回购价格 r_φ^*。将公式（4-38）~ 公式（4-40）代入公式（4-35），由于 $r_2 = hr_1$，$r_3 = kr_1$，故只需求 π_M 关于 ω_φ 和 r_1 的二阶导数，分别为 $\frac{\partial^2 \pi_M}{\partial \omega_\varphi^2} = -b_\varphi < 0$，$\frac{\partial^2 \pi_M}{\partial r_1^2} = \frac{2c_{3P}\beta^2 (l_1 + hl_2 + kl_3)}{\lambda^2 - 2c_{3P}\beta}$。显然，当 $\lambda^2 - 2c_{3P}\beta < 0$ 时，π_M 是关于 ω_φ 和 r_φ 的联合凹函数，公式（4-35）存在最优解。从而可求得制造商最优批发价格 ω_φ^* 与最优回购价格 r_φ^* 分别为

$$\omega_1^* = \frac{c_1}{2} + \frac{a_1}{2b_1} + \frac{E_{12} + E_{t3}}{2} t \tag{4-41}$$

$$\omega_2^* = \frac{c_2}{2} + \frac{a_2}{2b_2} + \frac{E_{22} + E_{t3}}{2} t \tag{4-42}$$

$$\omega_3^* = \frac{c_3}{2} + \frac{a_3}{2b_3} + \frac{E_{32} + E_{t3}}{2} t \tag{4-43}$$

$$r_1^* = \frac{\left[(\sum\limits_{\varphi=1}^{3} E_{\varphi 1} l_\varphi + \sum\limits_{\phi=1}^{2} E_{t\phi}) t + \sum\limits_{\varphi=1}^{3} l_\varphi \Delta_\varphi - (l_1 + \nu l_2 + \eta l_3) s_1 \right]\beta - \alpha}{2\beta(l_1 + hl_2 + kl_3)} \tag{4-44}$$

$$r_2^* = h \frac{\left[(\sum\limits_{\varphi=1}^{3} E_{\varphi 1} l_\varphi + \sum\limits_{\phi=1}^{2} E_{t\phi}) t + \sum\limits_{\varphi=1}^{3} l_\varphi \Delta_\varphi - (l_1 + \nu l_2 + \eta l_3) s_1 \right]\beta - \alpha}{2\beta(l_1 + hl_2 + kl_3)} \tag{4-45}$$

$$r_3^* = k \frac{\left[(\sum\limits_{\varphi=1}^{3} E_{\varphi 1} l_\varphi + \sum\limits_{\phi=1}^{2} E_{t\phi}) t + \sum\limits_{\varphi=1}^{3} l_\varphi \Delta_\varphi - (l_1 + \nu l_2 + \eta l_3) s_1 \right]\beta - \alpha}{2\beta(l_1 + hl_2 + kl_3)} \tag{4-46}$$

将公式（4-41）~公式（4-43）代入公式（4-38），求得零售商的最优零售价格为

$$p_1^* = \frac{c_1}{4} + \frac{3a_1}{4b_1} + \frac{E_{12} + E_{t3}}{4} t \tag{4-47}$$

$$p_2^* = \frac{c_2}{4} + \frac{3a_2}{4b_2} + \frac{E_{22} + E_{t3}}{4} t \tag{4-48}$$

$$p_3^* = \frac{c_3}{4} + \frac{3a_3}{4b_3} + \frac{E_{32} + E_{t3}}{4}t \qquad (4-49)$$

将公式（4-41）~公式（4-46）分别代入公式（4-39）~公式（4-40），分别求得第三方的最优回收价格及最优回收努力程度为

$$f^* = \frac{\left[s_1(l_1 + \nu l_2 + \eta l_3) + \sum\limits_{\varphi=1}^{3} l_\varphi \Delta_\varphi - \left(\sum\limits_{\varphi=1}^{3} E_{\varphi 1} l_\varphi + \sum\limits_{\phi=1}^{2} E_{t\phi} \right)t \right]\beta(c_{3P}\beta - \lambda^2) - \alpha(3c_{3P}\beta - \lambda^2)}{2\beta(2c_{3P}\beta - \lambda^2)} \qquad (4-50)$$

$$e^* = \frac{\lambda\left\{ \left[\sum\limits_{\varphi=1}^{3} l_\varphi \Delta_\varphi + (l_1 + \nu l_2 + \eta l_3)s_1 - \left(\sum\limits_{\varphi=1}^{3} E_{\varphi 1} l_\varphi + \sum\limits_{\phi=1}^{2} E_{t\phi} \right)t \right]\beta + \alpha \right\}}{2(2c_{3P}\beta - \lambda^2)} \qquad (4-51)$$

将公式（4-47）~公式（4-49）代入需求函数，公式（4-50）~公式（4-51）代入回收函数，有

$$D_1^* = \frac{a_1}{4} - \frac{b_1 c_1}{4} - \frac{b_1(E_{12} + E_{t3})}{4}t \qquad (4-52)$$

$$D_2^* = \frac{a_2}{4} - \frac{b_2 c_2}{4} - \frac{b_2(E_{22} + E_{t3})}{4}t \qquad (4-53)$$

$$D_3^* = \frac{a_3}{4} - \frac{b_3 c_3}{4} - \frac{b_3(E_{32} + E_{t3})}{4}t \qquad (4-54)$$

$$R^* = \frac{c_{3P}\beta\left[\left(\sum\limits_{\varphi=1}^{3} l_\varphi \Delta_\varphi + (l_1 + \nu l_2 + \eta l_3)s_1 \right)\beta + \alpha - \left(\sum\limits_{\varphi=1}^{3} E_{\varphi 1} l_\varphi + \sum\limits_{\phi=1}^{2} E_{t\phi} \right)t\beta \right]}{2(2c_{3P}\beta - \lambda^2)} \qquad (4-55)$$

由公式（4-41）~公式（4-55）进一步求得制造商、零售商及第三方的期望利润分别为

$$\pi_M^* = \sum\limits_{\varphi=1}^{3} \frac{\left[b_\varphi c_\varphi - a_\varphi + (E_{\varphi 2} + E_{t3})b_\varphi t \right]^2}{8b_\varphi}$$

$$+ \frac{c_{3P}\left\{ \left(\sum\limits_{\varphi=1}^{3} l_\varphi \Delta_\varphi + (l_1 + \nu l_2 + \eta l_3)s_1 \right)\beta - \left(\sum\limits_{\varphi=1}^{3} E_{\varphi 1} l_\varphi + \sum\limits_{\phi=1}^{2} E_{t\phi} \right)t\beta + \alpha \right\}^2}{4(2c_{3P}\beta - \lambda^2)}$$

$$(4-56)$$

$$\pi_R^* = \sum_{\varphi=1}^{3} \frac{\left[b_\varphi c_\varphi - a_\varphi + (E_{\varphi 2} + E_{t3}) b_\varphi t \right]^2}{16 b_\varphi} \qquad (4-57)$$

$$\pi_{3P}^* = \frac{c_{3P}\left\{ \left[\sum\limits_{\varphi=1}^{3} l_\varphi \Delta_\varphi + (l_1 + \nu l_2 + \eta l_3) s_1 \right] \beta - \left(\sum\limits_{\varphi=1}^{3} E_{\varphi 1} l_\varphi + \sum\limits_{\phi=1}^{2} E_{t\phi} \right) t \beta + \alpha \right\}^2}{8(2 c_{3P} \beta - \lambda^2)}$$

$$(4-58)$$

根据公式（4-41）～公式（4-43）、公式（4-47）～公式（4-49）与公式（4-52）～公式（4-54）易得结论。

结论： 新产品、再制造品及二手品的批发价格、零售价格及需求量均取决于政府针对再制造与运输过程所征收的碳税及制造商自身的再制造成本，与政府给予的补贴力度无关。由于这三类产品分别利用原材料层、零部件层、产品层的废旧品再制造而成，因此再制造成本与再制造过程的碳排放量分别随着废旧品质量下降而呈现下降趋势，故这三类产品的批发价格及零售价格分别逐渐递减。对于消费者而言，这三类产品的心理预期价格也呈下降趋势，因此，这种定价方法比较符合实际情况。然而随着碳税税率增加，三类产品的批发价格及零售价格都会提高，需求量均会随之下降。基于此，政府制定碳税机制时，应考虑三类产品的不同碳排放量，制定合理的碳税税率，引导并控制企业利用各层废旧品进行回收再制造；对于企业而言，应该在现有基础上进行工艺调整、设备改进、技术提升等，由此降低三类产品的单位再制造过程的能耗，从而降低其碳排放量。

2. 政府补贴及碳税机制的最优决策

基于公式（4-35）～公式（4-58）的模型框架，假设目标函数 SW 主要包括五个要素：①消费者剩余（CS）；②生产者（包括制造商、零售商和第三方）剩余（PS）；③政府财政收支（EI）；④资源再循环利用产生的环境效益（EB）；⑤产品生产导致的环境成本（EC）。则目标函数可表示为

$$SW = CS + PS + EI + EB - EC$$

$$= \sum_{\varphi=1}^{3} \frac{1}{2} b_\varphi D_\varphi^{*2} + (\pi_M^* + \pi_R^* + \pi_{3P}^*) + \left\{ t \left(\sum_{\vartheta=1}^{2} \sum_{\varphi=1}^{3} E_{\varphi\vartheta} + \sum_{\phi=1}^{3} E_{t\phi} \right) \right.$$

$$\left. - \sum_{\varphi=1}^{3} l_\varphi s_\varphi R^* \right\} + \sum_{\varphi=1}^{3} J_\varphi l_\varphi R^* - \sum_{\varphi=1}^{3} K_\varphi D_\varphi^* \qquad (4-59)$$

式中，J_φ 表示第三方加工处理层级 φ 废旧品得到的每单位处理品的环境效益产出；K_φ 表示制造商利用层级 φ 废旧品进行生产，每单位产品导致的环境治理成本。

为了简化模型假设 $s_2 = \nu s_1$，$s_3 = \eta s_1$，对于给定的 D_φ^*、R^*、π_M^*、π_R^*、π_{3P}^*，根据 SW 对 s_1、t 的海赛矩阵可知，SW 是关于 s_1、t 的联合凹函数，因此存在最优解，随后联立求解 SW 关于 s_1、t 的一阶条件得

$$s_1^* = \frac{\beta \sum_{\varphi=1}^{3} l_\varphi \Delta_\varphi + 2\beta \sum_{\varphi=1}^{3} J_\varphi l_\varphi - \alpha}{\beta(l_1 + \nu l_2 + \eta l_3)} - \frac{\sum_{\varphi=1}^{3} E_{\varphi 1} l_\varphi + \sum_{\phi=1}^{3} E_{t\phi}}{(l_1 + \nu l_2 + \eta l_3)} t^* \quad (4-60)$$

$$t^* = \frac{\begin{aligned} &(2c_{3P}\beta - \lambda^2)\big[\sum_{\varphi=1}^{3}(E_{\varphi 2} + E_{t3})(a_\varphi b_\varphi^2 - b_\varphi^3 c_\varphi - 4K_\varphi b_\varphi \\ &+ 6a_\varphi - 6b_\varphi c_\varphi) - (16\sum_{\vartheta=1}^{2}\sum_{\varphi=1}^{3} E_{\varphi\vartheta} + 16\sum_{\phi=1}^{3} E_{t\phi})\big] \\ &+ 16c_{3P}\alpha\beta\big(\sum_{\phi=1}^{2} E_{t\phi} + \sum_{\varphi=1}^{3} E_{\varphi 1} l_\varphi\big)\big[\alpha + \beta\sum_{\varphi=1}^{3} l_\varphi(J_\varphi + \Delta_\varphi)\big] \end{aligned}}{\begin{aligned} &16c_{3P}\beta^2\big(\sum_{\varphi=1}^{3} E_{\varphi 1}^2 l_\varphi^2 + \sum_{\phi=1}^{3} E_{t\phi}^2\big) + 32c_{3P}\beta^2\big(E_{11}l_1 \sum_{\varphi=2}^{3} E_{\varphi 1}l_\varphi + E_{21}E_{31}l_2 l_3 \\ &+ E_{t1}E_{t2} + \sum_{\varphi=1}^{3} E_{\varphi 1}l_\varphi \sum_{\phi=1}^{3} E_{t\phi}\big) + \big[2E_{t3}\big(\sum_{\varphi=1}^{3} E_{\varphi 2}b_\varphi^3 + 6\sum_{\varphi=1}^{3} E_{\varphi 2}b_\varphi\big) \\ &+ \big(\sum_{\varphi=1}^{3} E_{\varphi 2}^2 b_\varphi^3 + 6\sum_{\varphi=1}^{3} E_{\varphi 2}^2 b_\varphi\big) + E_{t3}^2\big(\sum_{\varphi=1}^{3} b_\varphi^3 + 6\sum_{\varphi=1}^{3} b_\varphi\big)\big](2c_{3P}\beta - \lambda^2) \end{aligned}} \quad (4-61)$$

将最优均衡解 s_1^* 和 t^* 代入第一阶段，可以得出再制造 CLSC 成员的最优决策 ω_φ^*、p_φ^*、f^*、e^* 等及最大利润 π_M^*、π_R^* 和 π_{3P}^*。因篇幅关系，这里不再展开叙述。

4.3.3　算例分析

4.3.2 节通过建立政府和再制造 CLSC 成员博弈的两阶段规划模型，得到再制造 CLSC 成员在政府补贴及碳税机制下的最优决策。由于部分求解结果较复杂，因此基于 4.3.2 节所得到的结论，采用数值分析法，分析了各层级废旧品比例对政府补贴及碳税机制、第三方回收策略及回收量、再制造 CLSC 成员利润的影响。某个人电脑（Personal Computer，PC）再制造企业的相关参数如下：$c_1 = 100$，$c_2 = 80$，$c_3 = 60$，$\Delta_1 = 20$，$\Delta_2 = 40$，$\Delta_3 = 60$，$a_1 = 3000$，$b_1 = 10$，$a_2 = 4000$，$b_2 = 20$，$a_3 = 3000$，$b_3 = 25$，$\alpha = 2$，$\beta = 5$，$\lambda = 10$，$c_{3P} = 25$，$E_{11} = 8$，$E_{21} = 5$，$E_{31} = 3$，$E_{t1} = 2$，$E_{t2} = 1$，$E_{t3} = 3$，$E_{12} = 6$，$E_{22} = 4$，$E_{32} = 2$，$J_1 = 100$，$J_2 = 150$，$J_3 = 200$，$K_1 = 100$，$K_2 = 80$，$K_3 = 60$，$l_1 = 0.2$，$l_2 = 0.5$，

$l_3 = 0.3$，$h = 5$，$k = 8$，$\nu = 0.6$，$\eta = 0.4$。首先分析各层废旧品比例对政府补贴及碳税机制的影响，将上述数据代入公式（4–60）~公式（4–61）可得以下结果。

从图 4.15 可以看出，随着原材料层废旧品比例、零部件层废旧品比例的增加，碳税税率均降低。并且当 $(l_1, l_2) = (1, 0)$ 时 $t^* = 15.26$，此时第三方回收的废旧品全部以原材料形式进行再制造，最优碳税税率为 15.26；当 $(l_1, l_2) = (0, 1)$ 时 $t^* = 15.36$，此时第三方回收的废旧品全部以零部件形式进行再制造，最优碳税税率为 15.36；当 $(l_1, l_2) = (0, 0)$ 时 $t^* = 15.40$，此时第三方回收的废旧品全部以产品形式进行再制造，最优碳税税率为 15.40。这是由于产品层废旧品在整个再制造过程中碳排放量较低，对再制造技术要求较低，企业可从中获得较高的利润，故第三方更愿意回收产品层废旧品，政府制定较高的碳税税率；原材料层废旧品的再制造过程碳排放量较高，政府制定较低的碳税税率以有效地引导企业回收再制造。

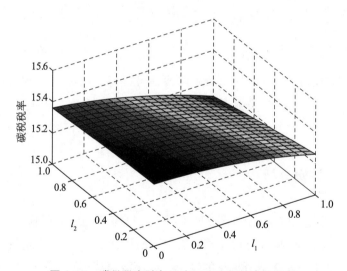

图 4.15　碳税税率随各层废旧品比例的变化趋势

从图 4.16 可以看出，随着原材料层废旧品比例、零部件层废旧品比例的增加，各层废旧品补贴力度均降低。当 $(l_1, l_2) = (1, 0)$ 时 $s_1^* = 305.96$，此时第三方回收的废旧品全部以原材料形式进行再制造，原材料层最优补贴力度为 305.96；当 $(l_1, l_2) = (0, 1)$ 时 $s_2^* = 620.64$，此时第三方回收的废旧品全部以零部件形式进行再制造，零部件层最优补贴力度为 620.64；当 $(l_1, l_2) =$

（0，0）时 $s_3^* = 921$，此时第三方回收的废旧品全部以产品形式进行再制造，产品层最优补贴力度为921。这是由于政府针对原材料层废旧品征收较少的碳税，针对产品层废旧品征收较多的碳税，因此为了有效地引导企业利用各层级废旧品进行回收再制造，政府制定较低的原材料层废旧品补贴力度、较高的产品层废旧品补贴力度。

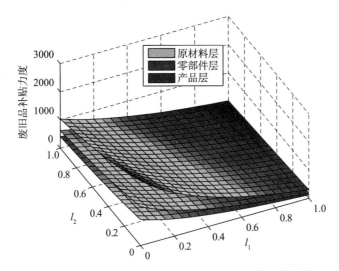

图4.16　废旧品补贴力度随各层废旧品比例的变化趋势

综上所述容易得出表4-2，由于各层废旧品再制造过程的成本及碳排放量不同，故政府对于原材料层废旧品采取低补贴、低碳税策略，对于零部件层废旧品采取较高补贴、较高碳税策略，对于产品层废旧品采取高补贴、高碳税策略。由此引导再制造企业积极回收废旧品，并在拆解处理设备、再制造技术等方面进行大力投资，降低回收再制造过程的碳排放量。

表4-2　　　　　　　　**各层废旧品的最优补贴力度及最优碳税税率**

各层废旧品	原材料层	零部件层	产品层
补贴力度	305.96	620.64	921.00
碳税税率	15.26	15.36	15.40

然后，研究各层废旧品比例对第三方定价决策及再制造 CLSC 利润的影响，将该电子企业的相关参数代入公式（4-48）~公式（4-49）及

公式（4-55）~公式（4-58）可得以下结果。

从图4.17~图4.18可以看出，随着原材料层废旧品比例、零部件层废旧品比例的增加，废旧品回收价格、回收努力程度均上升，故废旧品回收量随着原材料层废旧品比例、零部件层废旧品比例的增加而增加。这是由于当废旧品以原材料形式进入再制造环节，整个再制造过程的碳排放量相对较大，政府为了引导企业进行回收，征收较少的碳税，同时第三方也获得相应的补贴，从而可以投资购买先进环保的拆解设备，以减少拆解过程中的碳排放量，第三方从中获益，因此以较高回收价格和较高回收努力程度购买此类废旧品，其回收量也较大；当废旧品以零部件或产品形式进入再制造过程，整个再制造过程的碳排放量相对较小，政府征收较高额的碳税，第三方对先进环保拆解设备的投资较少，同时第三方将部分碳税转移给消费者，因此以低回收价格和低回收努力程度购买此类废旧品，其回收量也较小。

从图4.19可以看出，随着原材料层废旧品比例、零部件层废旧品比例的增加，制造商及第三方利润均上升。这是由于当废旧品经检测、拆解为原材料层时，再制造过程的成本较高、碳排放量较大，政府采取低补贴、低碳税的策略有效引导CLSC成员回收再制造，因此制造商及第三方从中获益，同时改善了低质量废旧品得不到很好回收再利用的现状；当废旧品经检测、拆解为零部件层或产品层时，再制造过程的成本较低、碳排放量较小，政府采取高补贴、高碳税的策略，引导企业不只是利用质量好的废旧品进行再制造，更多关注那些质量较差的废旧品，从而实现低碳化再制造模式。

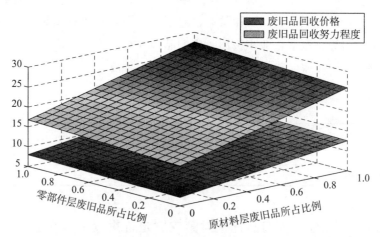

图4.17 废旧品回收价格及回收努力程度随各层废旧品比例的变化趋势

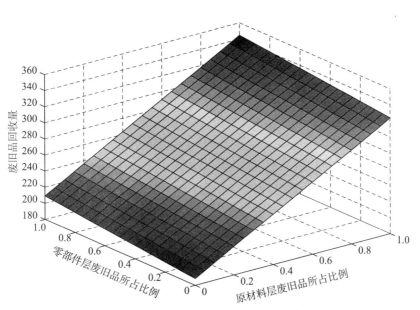

图 4.18 废旧品回收量随各层废旧品比例的变化趋势

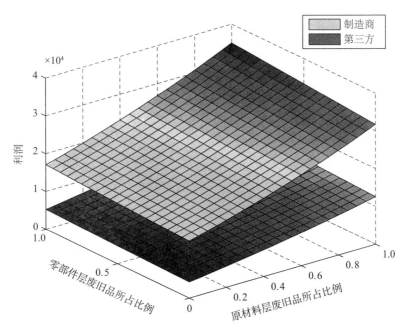

图 4.19 制造商及第三方利润随各层废旧品比例的变化趋势

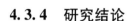

4.3.4 研究结论

本节在考虑政府制定补贴及碳税机制的前提下，建立了政府与再制造 CLSC 系统的两阶段博弈定价模型，并以最大化社会福利为目标，得出了最优补贴力度与最优碳税税率。以某 PC 再制造企业为背景进行算例分析，分析了各层废旧品分别对补贴力度及碳税税率、废旧品的回收价格、回收努力程度、回收量和再制造 CLSC 成员利润的影响，得出以下结论。

（1）政府针对原材料层废旧品采取低补贴、低碳税策略；对于零部件层废旧品采取较高补贴、较高碳税策略；对于产品层废旧品采取高补贴、高碳税策略。

（2）在补贴及碳税机制下，原材料层废旧品回收价格＞零部件层废旧品回收价格＞产品层废旧品回收价格；原材料层废旧品回收努力程度＞零部件层废旧品回收努力程度＞产品层废旧品回收努力程度；原材料层废旧品回购价格＞零部件层废旧品回购价格＞产品层废旧品回购价格。

（3）三类产品的批发价格、零售价格随着碳税税率增加而增加，但均不受补贴力度的影响；并且新产品批发价格＞再制造品批发价格＞二手品批发价格；新产品零售价格＞再制造品零售价格＞二手品零售价格。

第 5 章
细分市场下再制造 CLSC 决策与协调研究

本章根据消费者对新产品、再制造品、二手品的不同支付意愿 WTP 差异，在考虑政府再制造补贴及碳税机制前提下，研究基于消费者 WTP 差异的三类产品定价策略及其影响因素；基于此，综合考虑普通消费者和绿色消费者对不同产品的 WTP 所产生的 CLSC 决策研究，一方面，针对新产品和再制造品的消费者 WTP 差异，利用博弈论研究不同主导力量的再制造 CLSC 的定价与协调决策，分析动态变化的市场情境下定价策略的选择规律；另一方面，针对三类产品的消费者 WTP 差异，研究 CLSC 的定价决策，分析动态变化的市场情境下定价策略的选择规律，为企业实施再制造策略提供可行性分析依据。

5.1 引言

在买方市场背景下，从消费者角度出发研究 CLSC 定价决策问题，分析消费者市场变化对定价决策的影响，能够为企业及时应对市场变化提供指导，以及完善 CLSC 定价决策研究。如某高端手机产品，其市场流通性较好、价值较高，更新换代较快，第三方回收商如有得卖、回收宝等为扩展企业业务，通常会按照废旧品回收质量的差异采取不同的再处理方式，而在质量、性能、可靠性等方面的差异使得消费者对新产品、再制造品和二手品（本章简称为"三类产品"）这三类产品具有不同的 WTP。

针对考虑消费者产品偏好的再制造 CLSC 系统，郭军华等（2012）基于消费者对再制造品的 WTP 低于新产品建立了 CLSC 决策模型。王玉燕等（2014）在制造商回收模式下，通过对比研究四种决策模式（集中决策、制造商主导、零售商主导和权力对等）下的最优定价策略、回收策略和 CLSC 利润。王文宾等（2010）在此基础上表明消费者对再制造品偏好程度的增加对 CLSC 成员利润具有不同的影响。考虑政府碳税和消费者偏好的影响，焦建玲等（2016）指出消费者对再制造品偏好程度的增加会带来良好的经济效益和环境效益。基于此，徐朗等（Lang Xu et al.，2018）研究了制造商主导下最优的销售价格、减排率和废旧品回收率。张曙红和初叶萍（2014）进一步分析了在政府回收奖惩约束机制影响下收益共享契约对考虑消费者偏好的制造商主导下的 CLSC 的协调效果。

随着人们环保意识的增强和企业对再制造品宣传力度的加大，詹姆斯·D. 阿比等（James D. Abbey et al.，2014，2015）发现绿色消费者认为再制造品更具有吸引力。顾文均等（Wenjun Gu et al.，2015，2016）假设绿色消费者对新产品与再制造品具有不同的 WTP，分析了绿色消费者市场比例对新产品和再制造品定价决策的影响。吴成汉等（Cheng–Han Wu et al.，2016）分别研究了销售驱动再制造战略和回收驱动再制造战略下的 CLSC 定价策略和回收策略。刘光富等（2017）分析得出消费者对再制造商生产的再制造品偏好程度的增加会提高新产品和制造商生产的再制造品的最优销售价格。考虑消费者对新产品、再制造品和二手品具有不同的 WTP，许茂增等（2014）对比研究了制造商和经销商组成的二级 CLSC 系统产品的差别定价策略。高举红等（2017，2018）在此基础上分析细分消费市场变化对定价决策的影响。

因此，针对再制造 CLSC，只有少数文献按照再制造品偏好程度对消费者群体进行划分，考虑不同消费者群体偏好行为的影响，但如何在动态变化的消费者市场情境下选择最优的定价策略有待进一步研究；针对包含三类产品的 CLSC，尚没有文献研究绿色消费者的存在对该类型 CLSC 定价决策的影响，以及分析如何在动态变化的消费者市场情境下选择最优的定价策略。

综上所述，本章以制造商利润最大化为目标，考虑再制造过程的补贴及碳税机制，研究基于消费者不同购买意愿 WTP 下的新产品、再制造品和二手品定价策略及其影响因素；考虑普通消费者和绿色消费者对新产品和再制造品的 WTP 差异，研究制造商和零售商分别主导下再制造 CLSC 的定价与协调决策，分析动态变化的市场情境下定价策略的选择规律；综合考虑普通消费者和绿色消费者对三类产品的 WTP 差异，研究 CLSC 的定价决策，分析动态变化的市场情境下定价策略的选择规律，为企业实施再制造策略提供可行性分析依据。

5.2　考虑市场细分的再制造 CLSC 定价分析

5.2.1　模型描述与基本假设

1. 模型描述

假设政府依据废旧品等级给予补贴，且依据产品再制造过程的碳排放量征收碳税，由制造商负责废旧品从原材料到零部件再到最终产品的整个生产流程，同时负责废旧品的回收、测试/分类、拆解，由此构成的再制造 CLSC 结构如图 5.1 所示。

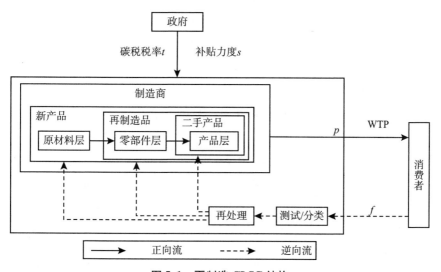

图 5.1　再制造 CLSC 结构

2. 参数说明

φ 表示废旧品再利用的不同层级，其中 $\varphi = 1$，2，3，分别为原材料层、零部件层、产品层。c_φ 表示层级 φ 的废旧品的再制造单位成本，且有 $c_1 > c_2 >$

c_3。l_φ 表示单位层级 φ 的废旧品占废旧品的比例，其中 $l_1 + l_2 + l_3 = 1$。p_φ 表示销售价格。D_φ 表示需求量。$R = \alpha + \beta f$ 表示废旧品的回收量，其中，α，β 为大于 0 的常数，α 表示当回收价格及努力程度为零时废旧品的供给量，表明部分消费者愿意免费返回的废旧品的数量，体现了消费者的环保意识；β 分别表示消费者对回收价格的敏感系数；f 表示废旧品的单位回收价格。

s_φ 表示政府对单位层级 φ 废旧品给予的补贴。

E_φ 表示分别为再制造商利用原材料层废旧品、零部件层废旧品及产品层废旧品进行再制造过程中的碳排放量，且有 $E_1 > E_2 > E_3$。

t 表示碳税税率，即每单位的碳排放量所征收的碳税。

3. 模型基本假设

假设 1：市场是完全开放的，CLSC 各成员都是在信息对称的情况下作出的决策。市场对产品的需求量相对稳定，每周期的情况相类似。

假设 2：假设市场规模标准化为 1，消费者对产品的评价 θ 服从 $[0, 1]$ 上的均匀分布，且假定其累计分布函数为 $F(\theta) = \theta$。消费者愿意支付 WTP 或对产品的评价直接取决于产品质量（如保修、外观及技术规格等）。假设消费者对新产品的评价为 θ，则对再制造品的评价为 $\varepsilon\theta$，对二手品的评价是 $\delta\theta$，$\delta < \varepsilon < 1$。例如，翻新 PC 通常被认为比新 PC 的质量要略低。因此，消费者购买新产品、再制造品和二手品的净效用 u_1，u_2 和 u_3 分别为 $u_1 = \theta - p_1$，$u_2 = \varepsilon\theta - p_2$，$u_3 = \delta\theta - p_3$。

根据消费者的净效用对消费者分类，见表 5 - 1。

表 5 - 1 消费者分类

类型	特征描述	满足的条件
消费者 A	只可能购买新产品	$u_1 \geq 0$ 且 $u_1 \geq u_2$ 且 $u_1 \geq u_3$
消费者 B	只可能购买再制造品	$u_2 \geq 0$ 且 $u_2 \geq u_1$ 且 $u_2 \geq u_3$
消费者 C	只可能购买二手品	$u_3 \geq 0$ 且 $u_3 \geq u_1$ 且 $u_3 \geq u_1$

考虑市场对新产品、再制造品和二手品都有需求的情况下，通过求解表 5 - 1 中不同消费者满足的条件，可得到这三类产品不同情境下的需求函数。

情境 1：当 $\varepsilon > \dfrac{p_2}{p_1}$ 且 $\delta > \dfrac{p_3}{p_1}$ 且 $(\varepsilon - \delta)p_1 + (1 - \varepsilon)p_3 \geq (1 - \delta)p_2$ 且 $\varepsilon \leq 1 -$

$(p_1 - p_2)$且$\dfrac{\delta}{\varepsilon} > \dfrac{p_3}{p_2}$且$\varepsilon - \delta \geqslant p_2 - p_3$时，

$$D_1^1 = \int_{\frac{p_1 - p_2}{1 - \varepsilon}}^1 f(\theta)\,\mathrm{d}\theta = 1 - \frac{p_1 - p_2}{1 - \varepsilon}\,,\quad D_2^1 = \int_{\frac{p_2 - p_3}{\varepsilon - \delta}}^{\frac{p_1 - p_2}{1 - \varepsilon}} f(\theta)\,\mathrm{d}\theta = \frac{p_1 - p_2}{1 - \varepsilon} - \frac{p_2 - p_3}{\varepsilon - \delta}$$

$$D_3^1 = \int_{\frac{p_3}{\delta}}^{\frac{p_2 - p_3}{\varepsilon - \delta}} f(\theta)\,\mathrm{d}\theta = \frac{p_2 - p_3}{\varepsilon - \delta} - \frac{p_3}{\delta}$$

情境2： 当$\varepsilon > \dfrac{p_2}{p_1}$且$\delta > \dfrac{p_3}{p_1}$且$(\varepsilon - \delta)p_1 + (1 - \varepsilon)p_3 \geqslant (1 - \delta)p_2$且$\varepsilon \leqslant 1 -$

$(p_1 - p_2)$且$\dfrac{\delta}{\varepsilon} > \dfrac{p_3}{p_2}$且$\varepsilon - \delta < p_2 - p_3$时，

$$D_1^2 = \int_{\frac{p_1 - p_2}{1 - \varepsilon}}^1 f(\theta)\,\mathrm{d}\theta = 1 - \frac{p_1 - p_2}{1 - \varepsilon}\,,\quad D_2^2 = \int_{\frac{p_2 - p_3}{\varepsilon - \delta}}^{\frac{p_1 - p_2}{1 - \varepsilon}} f(\theta)\,\mathrm{d}\theta = \frac{p_1 - p_2}{1 - \varepsilon} - \frac{p_2 - p_3}{\varepsilon - \delta}$$

$$D_3^2 = \int_{\frac{p_3}{\delta}}^1 f(\theta)\,\mathrm{d}\theta = 1 - \frac{p_3}{\delta}$$

5.2.2　再制造 CLSC 定价决策模型

在政府补贴及碳税机制下，以再制造商自身利润最大化为目标对三类产品的销售价格和废旧品的回收价格作出决策，其利润最大化模型为

$$\max_{p_\varphi,\, f} \pi = \sum_{\varphi=1}^3 (p_\varphi - c_\varphi - E_\varphi t) D_\varphi + \left(\sum_{\varphi=1}^3 s_\varphi l_\varphi \right) R - fR \tag{5-1}$$

根据π对p_φ、f的海赛矩阵可知，π是关于p_φ、f的联合凹函数，故存在最优解，联立求解π关于p_φ、f的一阶条件得以下结果。

情境1： 当$\varepsilon > \dfrac{p_2}{p_1}$且$\delta > \dfrac{p_3}{p_1}$且$(\varepsilon - \delta)p_1 + (1 - \varepsilon)p_3 \geqslant (1 - \delta)p_2$且$\varepsilon \leqslant 1 -$

$(p_1 - p_2)$且$\dfrac{\delta}{\varepsilon} > \dfrac{p_3}{p_2}$且$\varepsilon - \delta \geqslant p_2 - p_3$时，

$$p_1^{1*} = \frac{c_1 + E_1 t + 1}{2} \tag{5-2}$$

$$p_2^{1*} = \frac{c_2 + E_2 t + \varepsilon}{2} \tag{5-3}$$

$$p_3^{1*} = \frac{c_3 + E_3 t + \delta}{2} \tag{5-4}$$

$$D_1^{1*} = \frac{c_1 - c_2 + E_1 t - E_2 t + \varepsilon - 1}{2(\varepsilon - 1)} \qquad (5-5)$$

$$D_2^{1*} = \frac{c_1 - c_2 + E_1 t - E_2 t + 1 - \varepsilon}{2(1 - \varepsilon)} - \frac{c_2 - c_3 + E_2 t - E_3 t + \varepsilon - \delta}{2(\varepsilon - \delta)} \qquad (5-6)$$

$$D_3^{1*} = \frac{c_2 - c_3 + E_2 t - E_3 t + \varepsilon - \delta}{2(\varepsilon - \delta)} - \frac{c_3 + E_3 t + \delta}{2\delta} \qquad (5-7)$$

结论 1：由于 $c_1 > c_2 > c_3$，$E_1 > E_2 > E_3$，$\delta < \varepsilon < 1$，则 $c_2 - c_3 + E_2 t - E_3 t + \varepsilon - \delta > 0$，$c_1 - c_2 + E_1 t - E_2 t + 1 - \varepsilon > 0$ 成立。

当 $c_1 - c_2 + E_1 t - E_2 t + \varepsilon - 1 < 0$，即新产品需求 $D_1^{1*} > 0$，令 $A = \frac{c_1 - c_2 + E_1 t - E_2 t + 1 - \varepsilon}{2(1 - \varepsilon)}$，$B = \frac{c_2 - c_3 + E_2 t - E_3 t + \varepsilon - \delta}{2(\varepsilon - \delta)}$，$C = \frac{c_3 + E_3 t + \delta}{2\delta}$，则当 $c_1 - c_2 + E_1 t - E_2 t + \varepsilon - 1 < 0$，则 $A > B$，$B > C$ 时，再制造商销售新产品、再制造品、二手品；

当 $c_1 - c_2 + E_1 t - E_2 t + \varepsilon - 1 < 0$，令 $A = \frac{c_1 - c_2 + E_1 t - E_2 t + 1 - \varepsilon}{2(1 - \varepsilon)}$，$B = \frac{c_2 - c_3 + E_2 t - E_3 t + \varepsilon - \delta}{2(\varepsilon - \delta)}$，$C = \frac{c_3 + E_3 t + \delta}{2\delta}$，则 $A > B$，$B < C$ 时，再制造商销售新产品、再制造品；

当 $c_1 - c_2 + E_1 t - E_2 t + \varepsilon - 1 < 0$，令 $A = \frac{c_1 - c_2 + E_1 t - E_2 t + 1 - \varepsilon}{2(1 - \varepsilon)}$，$B = \frac{c_2 - c_3 + E_2 t - E_3 t + \varepsilon - \delta}{2(\varepsilon - \delta)}$，$C = \frac{c_3 + E_3 t + \delta}{2\delta}$，则 $A < B$，$B > C$ 时，再制造商销售新产品、二手品；

当 $c_1 - c_2 + E_1 t - E_2 t + \varepsilon - 1 < 0$，令 $A = \frac{c_1 - c_2 + E_1 t - E_2 t + 1 - \varepsilon}{2(1 - \varepsilon)}$，$B = \frac{c_2 - c_3 + E_2 t - E_3 t + \varepsilon - \delta}{2(\varepsilon - \delta)}$，$C = \frac{c_3 + E_3 t + \delta}{2\delta}$，则 $A < B < C$ 时，再制造商只销售新产品；

当 $c_1 - c_2 + E_1 t - E_2 t + \varepsilon - 1 > 0$，即新产品需求 $D_1^{1*} < 0$，再制造商可能只销售再制造品，或只销售二手品，或销售再制造品、二手品。

即当 $c_1 - c_2 + E_1 t - E_2 t + \varepsilon - 1 > 0$，令 $A = \frac{c_1 - c_2 + E_1 t - E_2 t + 1 - \varepsilon}{2(1 - \varepsilon)}$，$B = \frac{c_2 - c_3 + E_2 t - E_3 t + \varepsilon - \delta}{2(\varepsilon - \delta)}$，$C = \frac{c_3 + E_3 t + \delta}{2\delta}$，则 $A > B$，$B < C$ 时，再制造商只销

售再制造品；

当 $c_1 - c_2 + E_1 t - E_2 t + \varepsilon - 1 > 0$，令 $A = \dfrac{c_1 - c_2 + E_1 t - E_2 t + 1 - \varepsilon}{2(1 - \varepsilon)}$，$B =$ $\dfrac{c_2 - c_3 + E_2 t - E_3 t + \varepsilon - \delta}{2(\varepsilon - \delta)}$，$C = \dfrac{c_3 + E_3 t + \delta}{2\delta}$，则 $A < B$，$B > C$ 时，再制造商只销售二手品；

当 $c_1 - c_2 + E_1 t - E_2 t + \varepsilon - 1 > 0$，令 $A = \dfrac{c_1 - c_2 + E_1 t - E_2 t + 1 - \varepsilon}{2(1 - \varepsilon)}$，$B =$ $\dfrac{c_2 - c_3 + E_2 t - E_3 t + \varepsilon - \delta}{2(\varepsilon - \delta)}$，$C = \dfrac{c_3 + E_3 t + \delta}{2\delta}$，则 $A > B > C$ 时，再制造商销售再制造品、二手品。

$$f^{1*} = \frac{s_1 l_1 + s_2 l_2 + s_3 l_3}{2} - \frac{\alpha}{2\beta} \tag{5-8}$$

$$R^{1*} = \frac{\alpha}{2} + \beta \frac{s_1 l_1 + s_2 l_2 + s_3 l_3}{2} \tag{5-9}$$

情境 2： 当 $\varepsilon > \dfrac{p_2}{p_1}$ 且 $\delta > \dfrac{p_3}{p_1}$ 且 $(\varepsilon - \delta) p_1 + (1 - \varepsilon) p_3 \geq (1 - \delta) p_2$ 且 $\varepsilon \leq 1 - (p_1 - p_2)$ 且 $\dfrac{\delta}{\varepsilon} > \dfrac{p_3}{p_2}$ 且 $\varepsilon - \delta < p_2 - p_3$ 时，有

$$p_1^{2*} = \frac{c_1}{2} + \frac{c_3}{4} + \frac{E_1 t}{2} + \frac{E_3 t}{4} + \frac{\delta(2c_3 - 4c_2 - 4E_2 t + 2E_3 t + 3\delta)}{8(4\varepsilon - 5\delta)} + \frac{1}{2} - \frac{\delta}{8} \tag{5-10}$$

$$p_2^{2*} = \frac{2\varepsilon c_2 + \varepsilon c_3 - 3\delta c_2 - \delta c_3 + 2\varepsilon E_2 t + \varepsilon E_3 t - 3\delta E_2 t - \delta E_3 t + 2\varepsilon^2 + \delta^2 - 3\varepsilon\delta}{4\varepsilon - 5\delta} \tag{5-11}$$

$$p_3^{2*} = -\frac{\delta c_2 - 2\varepsilon c_3 + 2\delta c_3 - 2\varepsilon E_3 t + \delta E_2 t + 2\delta E_3 t - 3\varepsilon\delta + 3\delta^2}{4\varepsilon - 5\delta} \tag{5-12}$$

$$D_1^{2*} = D_1^{1*} = \frac{c_1 - c_2 + E_1 t - E_2 t + \varepsilon - 1}{2(\varepsilon - 1)} \tag{5-13}$$

$$D_2^{2*} = \frac{c_1 - c_2 + E_1 t - E_2 t + 1 - \varepsilon}{2(1 - \varepsilon)} - \frac{2c_2 - c_3 + 2E_2 t - E_3 t + 2\varepsilon - 4\delta}{4\varepsilon - 5\delta} \tag{5-14}$$

$$D_3^{2*} = \frac{4c_2 - 2c_3 - 3\delta + 4E_2 t - 2E_3 t}{4(4\varepsilon - 5\delta)} - \frac{2c_3 - \delta + 2E_3 t}{4\delta} \tag{5-15}$$

结论 2： 由于 $c_1 > c_2 > c_3$，$E_1 > E_2 > E_3$，$\delta < \varepsilon < 1$，则 $c_1 - c_2 + E_1 t - E_2 t +$

$1 - \varepsilon > 0$ 成立。

当 $c_1 - c_2 + E_1 t - E_2 t + \varepsilon - 1 < 0$，即新产品需求 $D_1^{2*} > 0$，令 $A = \dfrac{c_1 - c_2 + E_1 t - E_2 t + 1 - \varepsilon}{2(1 - \varepsilon)}$，$E = \dfrac{2c_2 - c_3 + 2E_2 t - E_3 t + 2\varepsilon - 4\delta}{4\varepsilon - 5\delta}$，$F = \dfrac{4c_2 - 2c_3 - 3\delta + 4E_2 t - 2E_3 t}{4(4\varepsilon - 5\delta)}$，$G = \dfrac{2c_3 - \delta + 2E_3 t}{4\delta}$，则当 $c_1 - c_2 + E_1 t - E_2 t + \varepsilon - 1 < 0$，则 $A > E$，$F > G$ 时，再制造商销售新产品、再制造品、二手品；

当 $c_1 - c_2 + E_1 t - E_2 t + \varepsilon - 1 < 0$，令 $A = \dfrac{c_1 - c_2 + E_1 t - E_2 t + 1 - \varepsilon}{2(1 - \varepsilon)}$，$E = \dfrac{2c_2 - c_3 + 2E_2 t - E_3 t + 2\varepsilon - 4\delta}{4\varepsilon - 5\delta}$，$F = \dfrac{4c_2 - 2c_3 - 3\delta + 4E_2 t - 2E_3 t}{4(4\varepsilon - 5\delta)}$，$G = \dfrac{2c_3 - \delta + 2E_3 t}{4\delta}$，则 $A > E$，$F < G$ 时，再制造商销售新产品、再制造品；

当 $c_1 - c_2 + E_1 t - E_2 t + \varepsilon - 1 < 0$，令 $A = \dfrac{c_1 - c_2 + E_1 t - E_2 t + 1 - \varepsilon}{2(1 - \varepsilon)}$，$E = \dfrac{2c_2 - c_3 + 2E_2 t - E_3 t + 2\varepsilon - 4\delta}{4\varepsilon - 5\delta}$，$F = \dfrac{4c_2 - 2c_3 - 3\delta + 4E_2 t - 2E_3 t}{4(4\varepsilon - 5\delta)}$，$G = \dfrac{2c_3 - \delta + 2E_3 t}{4\delta}$，则 $A < E$，$F > G$ 时，再制造商销售新产品、二手品；

当 $c_1 - c_2 + E_1 t - E_2 t + \varepsilon - 1 < 0$，令 $A = \dfrac{c_1 - c_2 + E_1 t - E_2 t + 1 - \varepsilon}{2(1 - \varepsilon)}$，$E = \dfrac{2c_2 - c_3 + 2E_2 t - E_3 t + 2\varepsilon - 4\delta}{4\varepsilon - 5\delta}$，$F = \dfrac{4c_2 - 2c_3 - 3\delta + 4E_2 t - 2E_3 t}{4(4\varepsilon - 5\delta)}$，$G = \dfrac{2c_3 - \delta + 2E_3 t}{4\delta}$，则 $A < E$，$F < G$，再制造商只销售新产品；

当 $c_1 - c_2 + E_1 t - E_2 t + \varepsilon - 1 > 0$，即新产品需求 $D_1^{2*} < 0$，再制造商可能只销售再制造品，或只销售二手品，或销售再制造品、二手品；

即当 $c_1 - c_2 + E_1 t - E_2 t + \varepsilon - 1 > 0$，令 $A = \dfrac{c_1 - c_2 + E_1 t - E_2 t + 1 - \varepsilon}{2(1 - \varepsilon)}$，$E = \dfrac{2c_2 - c_3 + 2E_2 t - E_3 t + 2\varepsilon - 4\delta}{4\varepsilon - 5\delta}$，$F = \dfrac{4c_2 - 2c_3 - 3\delta + 4E_2 t - 2E_3 t}{4(4\varepsilon - 5\delta)}$，$G = \dfrac{2c_3 - \delta + 2E_3 t}{4\delta}$，则 $A > E$，$F < G$ 时，再制造商只销售再制造品；

当 $c_1 - c_2 + E_1 t - E_2 t + \varepsilon - 1 > 0$，令 $A = \dfrac{c_1 - c_2 + E_1 t - E_2 t + 1 - \varepsilon}{2(1 - \varepsilon)}$，$E = \dfrac{2c_2 - c_3 + 2E_2 t - E_3 t + 2\varepsilon - 4\delta}{4\varepsilon - 5\delta}$，$F = \dfrac{4c_2 - 2c_3 - 3\delta + 4E_2 t - 2E_3 t}{4(4\varepsilon - 5\delta)}$，$G = \dfrac{2c_3 - \delta + 2E_3 t}{4\delta}$，

则 $A < E$，$F > G$ 时，再制造商只销售二手品；

当 $c_1 - c_2 + E_1 t - E_2 t + \varepsilon - 1 > 0$，令 $A = \dfrac{c_1 - c_2 + E_1 t - E_2 t + 1 - \varepsilon}{2(1 - \varepsilon)}$，$E =$

$\dfrac{2c_2 - c_3 + 2E_2 t - E_3 t + 2\varepsilon - 4\delta}{4\varepsilon - 5\delta}$，$F = \dfrac{4c_2 - 2c_3 - 3\delta + 4E_2 t - 2E_3 t}{4(4\varepsilon - 5\delta)}$，$G = \dfrac{2c_3 - \delta + 2E_3 t}{4\delta}$，

则 $A > E$，$F > G$ 时，再制造商销售再制造品、二手品。

$$f^{2*} = f^{1*} = \frac{s_1 l_1 + s_2 l_2 + s_3 l_3}{2} - \frac{\alpha}{2\beta} \qquad (5-16)$$

$$R^{2*} = R^{1*} = \frac{\alpha}{2} + \beta \frac{s_1 l_1 + s_2 l_2 + s_3 l_3}{2} \qquad (5-17)$$

结论 3：在情境 1 和情境 2 下，废旧品的回收价格与废旧品再利用形式、再制造过程的成本节约、补贴力度相关，与消费者 WTP，以及再制造过程征收碳税无关。

5.2.3　算例分析

通过算例比较分析，两种情境下消费者 WTP、政府碳税对三类产品的价格及需求量的影响，废旧品的质量等级对回收价格和回收量的影响。某生产 PC 产品企业的相关参数如下：$c_1 = 0.3$，$c_2 = 0.15$，$c_3 = 0.05$，$\alpha = 1$，$\beta = 8$，$E_1 = 0.5$，$E_2 = 0.3$，$E_3 = 0.2$，$l_1 = 0.2$，$l_2 = 0.4$，$s_1 = 0.3$，$s_2 = 0.25$，$s_3 = 0.2$，$t = 0.1$。

1. 探讨消费者 WTP 对三类产品的价格和需求量的影响

情境 1：将上述数据代入结论 1，其结果如图 5.2 所示，其中横坐标表示再制造品相对新产品的愿意支付程度 ε，纵坐标表示二手品相对新产品的愿意支付程度 δ。直线 $C_1 F_1$ 表示新产品需求的临界线，即在直线 $C_1 F_1$ 左侧，新产品需求大于 0，反之，小于 0；直线 $G_1 E_1$ 表示再制造品需求的临界线，即在直线 $G_1 E_1$ 右侧，再制造品需求大于 0，反之，小于 0；直线 OH_1 表示二手品需求的临界线，即在直线 OH_1 上方，二手品需求大于 0，反之，小于 0；故将 $\triangle OG_1 I_1$ 分为七个区域。

其中：区域 Ⅰ，当 $\varepsilon < 0.83$，$28\varepsilon - 17\delta > 11$，$18\delta > 7\varepsilon$ 时，再制造商销售新产品、再制造品、二手品；区域 Ⅱ，当 $\varepsilon < 0.83$，$28\varepsilon - 17\delta > 11$，$18\delta < 7\varepsilon$ 时，再制造商销售新产品、再制造品；区域 Ⅲ，当 $\varepsilon < 0.83$，$28\varepsilon - 17\delta < 11$，

$18\delta > 7\varepsilon$ 时，再制造商销售新产品、二手品；区域Ⅳ，当 $\varepsilon < 0.83$，$28\varepsilon - 17\delta < 11$，$18\delta < 7\varepsilon$ 时，再制造商只销售新产品；区域Ⅴ，当 $\varepsilon < 0.83$，$28\varepsilon - 17\delta > 11$，$18\delta < 7\varepsilon$ 时，再制造商只销售再制造品；区域Ⅵ，当 $\varepsilon > 0.83$，$28\varepsilon - 17\delta < 11$，$18\delta > 7\varepsilon$ 时，再制造商只销售二手品；区域Ⅶ，当 $\varepsilon > 0.83$，$28\varepsilon - 17\delta > 11$，$18\delta > 7\varepsilon$ 时，再制造商销售再制造品、二手品。

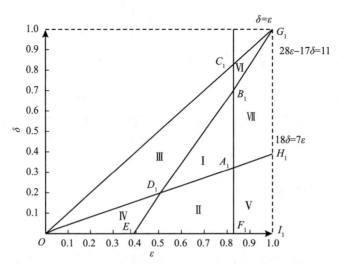

图5.2　当 $t = 0.1$ 时，消费者 WTP 对三类产品需求区域的影响

由图5.2可知，由于假设 $0 < \delta < \varepsilon < 1$，则当 ε，δ 在 $\triangle OC_1F_1$ 内，新产品需求大于0，即 $\varepsilon < 0.83$ 时，新产品的销售价格 p_1^{1*} 为 0.675，其需求量为 $D_1^{1*} = \dfrac{1}{2} + \dfrac{0.17}{2(\varepsilon - 1)}$，随着 ε 增加，新产品需求量减少。说明此时消费者对再制造品的认可程度增加，愿意以较高的价格购买再制造品，所以新产品需求量下降。

当 ε、δ 在 $\triangle E_1 G_1 I_1$ 内，再制造品需求大于0，即 $28\varepsilon - 17\delta > 11$，此时 $0.39 < \varepsilon < 1$，则再制造品销售价格 p_2^{1*} 为 $[0.285, 0.59]$，其需求量为 $D_2^{1*} = \dfrac{0.17}{2(1 - \varepsilon)} - \dfrac{0.11}{2(\varepsilon - \delta)}$，随着 ε 增加，δ 减少，再制造品的需求量增加。说明随着对再制造品的认可程度增加，消费者对再制造品愿意支付较高价格，欲购买新产品的部分消费者转而购买再制造品；然而当消费者对二手品的认可程度降低的时候，消费者对二手品愿意支付较低价格，故消费者也可能会放弃购买二手

品，从而购买再制造品，再制造品的需求量增加。

当 ε、δ 在 $\triangle OG_1H_1$ 内，二手品需求 >0，即 $18\delta>7\varepsilon$，此时 $0.389<\delta<1$，则再制造品销售价格 p_3^{1*} 为 $[0.23，0.535]$，其需求量为 $D_3^{1*}=\dfrac{0.11}{2(\varepsilon-\delta)}-\dfrac{0.07}{2\delta}$。随着 ε 减少，δ 增加，二手品的需求量增加。说明当消费者对再制造品的认可程度降低，再制造品的愿意支付价格也降低，从而再制造品的销售量降低，购买再制造品的消费者可能会购买二手品，故二手品的需求量增加；然而当消费者对二手品的认可程度增加的时候，消费者愿意以较高价格购买二手品，由于二手品定价较低，故消费者也可能会放弃购买再制造品，从而购买二手品，二手品的需求量增加。

2. 讨论碳税税率对三类产品的价格及需求量影响

（1）当 $t=0.5$ 时，其结果如图5.3所示，将 $\triangle OG_2I_2$ 可分为七个区域。

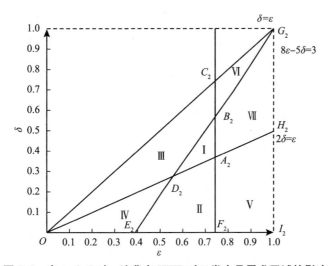

图5.3　当 $t=0.5$ 时，消费者WTP对三类产品需求区域的影响

其中：区域 Ⅰ，当 $\varepsilon<0.75$，$8\varepsilon-5\delta>3$，$2\delta>\varepsilon$ 时，销售新产品、再制造品、二手品；区域 Ⅱ，当 $\varepsilon<0.75$，$8\varepsilon-5\delta>3$，$2\delta<\varepsilon$ 时，销售新产品、再制造品；区域 Ⅲ，当 $\varepsilon<0.75$，$8\varepsilon-5\delta<3$，$2\delta>\varepsilon$ 时，销售新产品、二手品；区域 Ⅳ，当 $\varepsilon<0.75$，$8\varepsilon-5\delta<3$，$2\delta<\varepsilon$ 时，只销售新产品；区域 Ⅴ，当 $\varepsilon>0.75$，$8\varepsilon-5\delta>3$，$2\delta<\varepsilon$ 时，只销售再制造品；区域 Ⅵ，当 $\varepsilon>0.75$，$8\varepsilon-5\delta<3$，$2\delta<\varepsilon$ 时，只销售二手品；区域 Ⅶ，当 $\varepsilon>0.75$，$8\varepsilon-5\delta>3$，$2\delta>\varepsilon$

时，销售再制造品、二手品。

同理，由图 5.3 可知，当 ε、δ 在 $\triangle OC_2F_2$ 内，新产品需求大于 0，即 $\varepsilon <$ 0.75 时，新产品的销售价格 p_1^{1*} 为 0.775，其需求量为 $D_1^{1*} = \dfrac{0.25}{2(\varepsilon-1)} + \dfrac{1}{2}$。当 ε、δ 在 $\triangle E_2G_2I_2$ 内，再制造品需求大于 0，即 $8\varepsilon - 5\delta > 3$，此时 $0.375 < \varepsilon <$ 1，则再制造品销售价格 p_2^{1*} 为 $[0.3375, 0.65]$，其需求量为 $D_2^{1*} =$ $\dfrac{0.25}{2(1-\varepsilon)} - \dfrac{0.15}{2(\varepsilon-\delta)}$。当 ε、δ 在 $\triangle OG_2H_2$ 内，二手品需求大于 0，即 $2\delta > \varepsilon$，此时 $0.5 < \delta < 1$，则二手品销售价格 p_3^{1*} 为 $[0.325, 0.575]$，其需求量为 $D_3^{1*} = \dfrac{0.15}{2(\varepsilon-\delta)} - \dfrac{0.15}{2\delta}$。

由图 5.2 和图 5.3 可以得出，随着碳税税率增加，点 E、F 左移，点 H 上移，即新产品的需求区域缩小，再制造品的需求区域增加，二手品的需求区域缩小。在新产品、再制造品、二手品的碳排放量一定时，对于新产品需求临界线有 $\varepsilon = 0.85 - (E_1 - E_2)t$，随着 t 增加，则 ε 较小，故点 F 左移。这是由于碳税税率增加，新产品与再制造品的碳税差额较大，则新产品与再制造品的销售价格差较大，故消费者对再制造品相对新产品的愿意支付程度较低，即 ε 较小，F 左移。对于点 $E\left(\dfrac{0.1+(E_2-E_3)t}{0.25+(E_1-E_3)t}, 0\right)$，$\dfrac{0.1+(E_2-E_3)t}{0.25+(E_1-E_3)t}$ 随着 t 增加而减少，故点 E 左移。这是由于新产品的碳税明显高于再制造品，故新产品的销售价格也明显高于再制造品，故消费者对再制造品相对新产品的愿意支付程度较低，所以点 E 左移。对于点 $H\left(1, \dfrac{0.05+E_3t}{0.15+E_2t}\right)$，$\dfrac{0.05+E_3t}{0.15+E_2t}$ 随着 t 增加而增加，故点 H 上移。这是由于在点 H，消费者对再制造品相对新产品的愿意支付程度为 1，即消费者将再制造品视为新产品。随着碳税税率增加，再制造品、二手品的销售价格均上升，且消费者对二手品销售价格上升幅度较大，即消费者对二手品相对新产品的愿意支付程度较高，H 上移。

（2）对于情境 2，当 $t = 0.1$ 时，其结果如图 5.4 所示，直线 A_3G_3 表示新产品需求的临界线，即在直线 A_3G_3 左侧，新产品需求大于 0，反之，小于 0；曲线 B_3F_3 与 Q_3M_3 表示再制造品需求的临界线，即在曲线 B_3F_3 与 Q_3M_3 之间，再制造品需求大于 0，反之，小于 0；曲线 C_3L_3 与 OK_3 表示二手品需求的临界线，即在曲线 C_3L_3 与 OK_3 之间，二手品需求大于 0，反之，小于 0；故将

$\triangle ON_3J_3$ 分为七个区域。其中：区域Ⅰ，当 $\varepsilon < 0.83$，$1.26\varepsilon + 2.15\delta - 3\varepsilon\delta > 0.58$，$1.28\delta - 8\delta^2 - 0.56\varepsilon + 4\varepsilon\delta > 0$ 时，销售新产品、再制造品、二手品；区域Ⅱ，当 $\varepsilon < 0.83$，$1.26\varepsilon + 2.15\delta - 3\varepsilon\delta > 0.58$，$1.28\delta - 8\delta^2 - 0.56\varepsilon + 4\varepsilon\delta < 0$ 时，销售新产品、再制造品；区域Ⅲ，当 $\varepsilon < 0.83$，$1.26\varepsilon + 2.15\delta - 3\varepsilon\delta < 0.58$，$1.28\delta - 8\delta^2 - 0.56\varepsilon + 4\varepsilon\delta > 0$，销售新产品、二手品；区域Ⅳ，当 $\varepsilon < 0.83$，$1.26\varepsilon + 2.15\delta - 3\varepsilon\delta < 0.58$，$1.28\delta - 8\delta^2 - 0.56\varepsilon + 4\varepsilon\delta < 0$，只销售新产品；区域Ⅴ，当 $\varepsilon > 0.83$，$1.26\varepsilon + 2.15\delta - 3\varepsilon\delta > 0.58$，$1.28\delta - 8\delta^2 - 0.56\varepsilon + 4\varepsilon\delta < 0$ 时，只销售再制造品；区域Ⅵ，当 $\varepsilon > 0.83$，$1.26\varepsilon + 2.15\delta - 3\varepsilon\delta < 0.58$，$1.28\delta - 8\delta^2 - 0.56\varepsilon + 4\varepsilon\delta > 0$ 时，只销售二手品，该区域不存在；区域Ⅶ，当 $\varepsilon > 0.83$，$1.26\varepsilon + 2.15\delta - 3\varepsilon\delta > 0.58$，$1.28\delta - 8\delta^2 - 0.56\varepsilon + 4\varepsilon\delta > 0$ 时，销售再制造品、二手品。

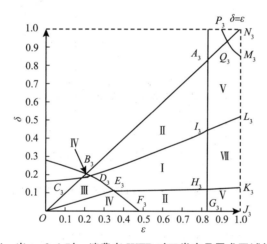

图 5.4　当 $t = 0.1$ 时，消费者 WTP 对三类产品需求区域的影响

由图 5.4 可知，由于假设 $0 < \delta < \varepsilon < 1$，则当 ε，δ 在 $\triangle OA_3G_3$ 内，新产品需求大于 0，即 $\varepsilon < 0.83$ 时，新产品的销售价格为 $p_1^{2*} = 0.67625 + \dfrac{4\delta^2 - 0.29\delta - 2\varepsilon\delta}{16\varepsilon - 20\delta}$，其需求量为 $D_1^{2*} = \dfrac{1}{2} + \dfrac{1}{8(\varepsilon - 1)}$。

当 ε，δ 在区域 $B_3Q_3M_3J_3F_3$ 内，再制造品需求大于 0，即 $1.26\varepsilon + 2.15\delta - 3\varepsilon\delta > 0.58$，则再制造品销售价格为 $p_2^{2*} = \dfrac{0.43\varepsilon - 0.61\delta + 2\varepsilon^2 + \delta^2 - 3\varepsilon\delta}{4\varepsilon - 5\delta}$，其需求量为

$$D_2^{2*} = \frac{1}{2} + \frac{0.17}{2(1-\varepsilon)} - \frac{0.29 + 2\varepsilon - 4\delta}{4\varepsilon - 5\delta}$$

当 ε，δ 在区域 $OC_3L_3K_3E_3$ 内，二手品需求大于 0，即 $1.28\delta - 8\delta^2 - 0.56\varepsilon + 4\varepsilon\delta > 0$，则二手品销售价格为 $p_3^{2*} = -\dfrac{0.32\delta - 0.14\varepsilon - 3\varepsilon\delta + 3\delta^2}{4\varepsilon - 5\delta}$，其需求量为

$$D_3^{2*} = \frac{0.32\delta - 0.14\varepsilon + \varepsilon\delta - 2\delta^2}{\delta(4\varepsilon - 5\delta)}$$

（3）当 $t = 0.5$ 时，仍将 $\triangle ON_4R_4$ 分为七个区域，如图5.5所示。

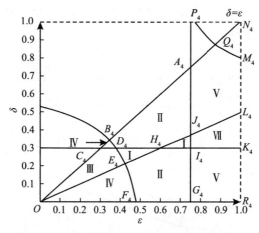

图5.5　当 $t = 0.5$ 时，消费者 WTP 对三类产品需求区域的影响

其中：区域Ⅰ，则当 $\varepsilon < 0.75$，$1.9\varepsilon + 1.75\delta - 3\varepsilon\delta > 0.9$，$0.6\delta - 0.3\varepsilon + \varepsilon\delta - 2\delta^2 > 0$ 时，销售新产品、再制造品、二手品；区域Ⅱ，当 $\varepsilon < 0.75$，$1.9\varepsilon + 1.75\delta - 3\varepsilon\delta > 0.9$，$0.6\delta - 0.3\varepsilon + \varepsilon\delta - 2\delta^2 < 0$ 时，销售新产品、再制造品；区域Ⅲ，当 $\varepsilon < 0.75$，$1.9\varepsilon + 1.75\delta - 3\varepsilon\delta < 0.9$，$0.6\delta - 0.3\varepsilon + \varepsilon\delta - 2\delta^2 > 0$ 时，销售新产品、二手品；区域Ⅳ，当 $\varepsilon < 0.75$，$1.9\varepsilon + 1.75\delta - 3\varepsilon\delta < 0.9$，$0.6\delta - 0.3\varepsilon + \varepsilon\delta - 2\delta^2 < 0$ 时，只销售新产品；区域Ⅴ，当 $\varepsilon > 0.75$，$1.9\varepsilon + 1.75\delta - 3\varepsilon\delta > 0.9$，$0.6\delta - 0.3\varepsilon + \varepsilon\delta - 2\delta^2 < 0$ 时，只销售再制造品；区域Ⅵ，当 $\varepsilon > 0.75$，$1.9\varepsilon + 1.75\delta - 3\varepsilon\delta < 0.9$，$0.6\delta - 0.3\varepsilon + \varepsilon\delta - 2\delta^2 > 0$ 时，只销售二手品，该区域不存在；区域Ⅶ，当 $\varepsilon > 0.75$，$1.9\varepsilon + 1.75\delta - 3\varepsilon\delta > 0.9$，$0.6\delta - 0.3\varepsilon + \varepsilon\delta - 2\delta^2 > 0$ 时，销售再制造品、二手品。

由图5.5可知，由于假设 $0 < \delta < \varepsilon < 1$，则当 ε，δ 在 $\triangle OA_4G_4$ 内，新产品需求大于 0，即 $\varepsilon < 0.75$ 时，新产品的销售价格为 $P_1^{2*} = 0.73125 + \dfrac{-0.9\delta - 4\varepsilon\delta + 8\delta^2}{8(4\varepsilon - 5\delta)}$，其需求量为 $D_1^{2*} = \dfrac{1}{2} + \dfrac{1}{8(\varepsilon - 1)}$。当 ε，δ 在区域 $B_4Q_4M_4R_4F_4$ 内，再制造品需求大于 0，即 $1.9\varepsilon + 1.75\delta - 3\varepsilon\delta > 0.9$，则再制造品销售价格为 $p_2^{2*} = \dfrac{0.75\varepsilon - 1.05\delta + 2\varepsilon^2 + \delta^2 - 3\varepsilon\delta}{4\varepsilon - 5\delta}$，其需求量为

$$D_2^{2*} = \frac{1}{2} + \frac{1}{8(1-\varepsilon)} - \frac{0.45 + 2\varepsilon - 4\delta}{4\varepsilon - 5\delta}$$

当 ε、δ 在 $\triangle OC_4H_4$ 与 $\triangle H_4L_4K_4$ 内时，二手品需求大于 0，即 $0.6\delta - 0.3\varepsilon + \varepsilon\delta - 2\delta^2 > 0$，则二手品销售价格为 $p_3^{2*} = -\dfrac{0.6\delta - 0.3\varepsilon - 3\varepsilon\delta + 3\delta^2}{4\varepsilon - 5\delta}$，其需求量为 $D_3^{2*} = \dfrac{(2\delta - \varepsilon)(0.3 - \delta)}{\delta(4\varepsilon - 5\delta)}$。

由图5.4和图5.5可以得出，随着碳税税率增加，新产品需求临界线 AG 左移，再制造品临界线 BF、QM 向中间靠拢，二手品临界线 CK、OL 向中间靠拢，即新产品、再制造品、二手品的需求区域均缩小。这是由于在新产品、再制造品、二手品的碳排放量一定时，随着碳税税率增加，新产品与再制造品的碳税差额较大，则新产品与再制造品的销售价格差较大，故消费者对再制造品相对新产品的愿意支付程度较低，即 ε 较小，直线 AG 左移。在再制造品需求区域，随着碳税增加，当消费者对新产品有需求时，消费者对再制造品及二手品的认可程度较高，故再制造品临界线 BF 右移；当消费者不购买新产品时，消费者对废旧品进行再制造的认可程度较差，故再制造品临界线 QM 左移，故再制造品临界线 BF、QM 向中间靠拢，再制造品需求区域缩小。对于二手品，当消费者对二手品的愿意支付价格较低时，即 OL，随着碳税税率增加，消费者的环保意识增强，愿意支付较高的价格购买二手品，故二手品需求临界线 OL 上移；当消费者对二手品的愿意支付价格较高时，即 CK，随着碳税税率的增加，二手品的销售价格升高，消费者的购买意愿下降，故二手品需求临界线 CK 下移，因此，二手品临界线 CK、OL 向中间靠拢，二手品的需求区域缩小。

3. 废旧品的质量等级对废旧品回收价格、回收量的影响

由图5.6与图5.7可知，随着原材料层废旧品、零部件层废旧品的比例增加，废旧品的回收价格提高、回收量增加。当 $(l_1, l_2) = (0, 0)$ 时，废旧品

回收价格 $f^* = 0.0375$，回收量 $R^* = 1.3$，此时废旧品质量较好，以产品形式

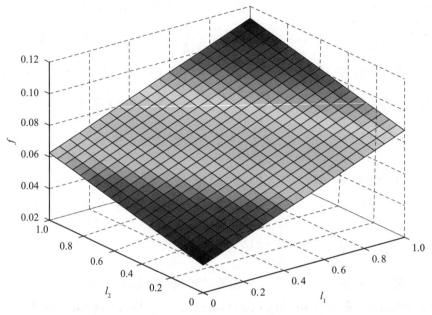

图 5.6　废旧品回收价格随原材料层废旧品比例、零部件层废旧品比例的变化趋势

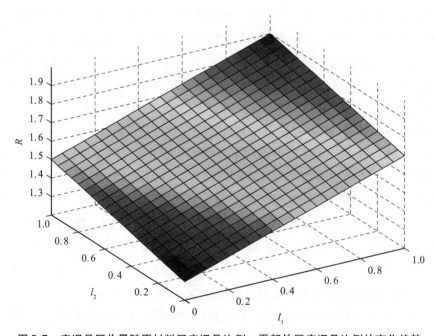

图 5.7　废旧品回收量随原材料层废旧品比例、零部件层废旧品比例的变化趋势

进入再制造过程，政府给予再制造商的补贴较低，再制造商以低价回收废旧品，相应地废旧品的回收量也较低；当 $(l_1, l_2) = (0, 1)$ 时，废旧品回收价格 $f^* = 0.0625$，回收量 $R^* = 1.5$，废旧品以零部件形式进入再制造过程；当 $(l_1, l_2) = (1, 0)$ 时，废旧品回收价格 $f^* = 0.0875$，回收量 $R^* = 1.7$，废旧品以原材料形式进入再制造过程。因此，当政府对不同质量等级的废旧品给予不同补贴，即对于原材料层废旧品给予高补贴，对于零部件层废旧品给予较高补贴，对于产品层废旧品给予较低补贴，废旧品的质量等级越低时，政府给予再制造商的补贴越高，再制造商制定的废旧品回收价格越高，从而废旧品回收量越大。由此可以得出，补贴机制可以有效地引导再制造商回收废旧品，改善了质量较差废旧品的回收状况。

5.2.4　研究结论

本节考虑新产品、再制造品及二手品存在质量差异，在政府补贴及碳税机制和消费者 WTP 约束下，建立了由再制造商与消费者组成的再制造 CLSC 模型，得到两种情境下再制造品定价策略，即以消费者对新产品购买愿意为基准（情境1：消费者对再制造品的购买意愿较高。情境2：消费者对二手品的购买意愿较高）。然后采用 PC 再制造企业数据进行了算例研究，比较分析两种情境下消费者 WTP、政府碳税对三类产品的价格及需求量影响，以及废旧品的质量等级对回收价格、回收量的影响，得出以下结论。

（1）以消费者对新产品 WTP 为基准，当消费者对再制造品的 WTP 较高时，随着碳税税率增加，新产品的需求区域缩小，再制造品的需求区域增大，二手品的需求区域缩小，因此，政府采取低碳税政策引导原材料层废旧品与产品层废旧品进行回收再制造，高碳税政策引导零部件层废旧品进行回收再制造。

（2）以消费者对新产品 WTP 为基准，当消费者对二手品的 WTP 较高时，随着碳税税率增加，新产品、再制造品、二手品的需求区域均缩小，因此，政府采取低碳税政策引导废旧品进行再制造。

（3）当政府对不同质量等级的废旧品给予不同补贴，废旧品质量越差时，政府给予再制造商的补贴越高，再制造商制定的废旧品回收价格越高，从而废旧品回收量越大；废旧品质量较好时，政府给予再制造商的补贴越低，再制造商制定的废旧品回收价格越低，从而废旧品回收量越小。

5.3 消费者偏好影响下再制造 CLSC 的定价与协调研究

5.3.1 模型描述与基本假设

以负责新产品生产和废旧品再制造、决定产品批发价格的制造商，负责产品销售、决定产品销售价格的零售商，以及负责废旧品回收、决定废旧品转移价格的第三方回收商组成的多级 CLSC 为研究对象。

1. 参数说明

（1）角标。

φ：$\varphi = 1$ 表示新产品，$\varphi = 2$ 表示再制造品。

n：$n = M$ 代表制造商主导，$n = R$ 代表零售商主导。

i：$i = \mathrm{I}$ 代表情境 I，$i = \mathrm{II}$ 代表情境 II。

（2）非决策变量。

c_{φ} 表示产品的单位生产成本。

ρ 表示绿色消费者的市场比例。

θ_l，θ_g 分别表示普通消费者和绿色消费者对新产品的 WTP。

ε 表示普通消费者对再制造品相对于新产品的偏好程度，则普通消费者对再制造品的 WTP 为 $\varepsilon\theta_l$。

f，R 分别表示废旧品的回收价格和回收量。

D_{φ} 表示每种情境下总体消费者市场对产品的需求量。

π_M，π_R，π_T，π_C 分别表示制造商利润、零售商利润、第三方回收商利润和 CLSC 整体利润，$\pi_C = \pi_M + \pi_R + \pi_T$。

（3）决策变量。

b 表示废旧品的单位转移价格。

w_{φ}，p_{φ} 表示产品的单位批发价格、单位销售价格。

2. 基本假设

假设 1：假设每周期市场情形类似，需求相对稳定，将市场规模标准化为

1，本节只研究单周期的情况。

假设2：结合产品的实际生产和销售情况，假设再制造品的生产成本和销售价格均低于新产品，即 $c_2 < c_1$，$p_2 < p_1$。

假设3：每一个消费者最多只购买一单位的新产品或再制造品。

假设4：消费者对新产品的 WTP 的 θ_l 和 θ_g 均服从 $[0, 1]$ 上的均匀分布，且普通消费者对再制造品的偏好程度小于1，即 $\varepsilon < 1$。则普通消费者和绿色消费者的产品效用分别为 $u_1^l = \theta_l - p_1$，$u_2^l = \varepsilon\theta_l - p_2$；$u_1^g = \theta_g - p_1$，$u_2^g = \theta_g - p_2$。

假设5：假设废旧品的回收量 $R = \alpha + \lambda f$，与再制造品的需求量 D_2 相等。

由 $D_2 = R = \alpha + \lambda f$，得到 $f = \dfrac{D_2 - \alpha}{\lambda}$，则回收成本 $D_2 f = BD_2 - \alpha BD_2$。其中，$\alpha$ 为回收价格为0时消费者自愿返回的废旧品数量，$B = \dfrac{1}{\lambda}$，λ 为回收量对回收价格的敏感系数。

3. 产品需求函数

基于消费者效用理论，当消费者对新产品的效用大于等于0且超过再制造品时，其购买新产品；当消费者对再制造品的效用大于0且超过新产品时，其购买再制造品。

（1）普通消费者的产品需求函数。

①当 $\varepsilon < \dfrac{p_2}{p_1}$ 时，对任意的 θ_l，均有 $u_1^l > u_2^l$。普通消费者群只对新产品有需求，产品的需求函数为 $D_1^l = (1-\rho)(1-p_1)$。

②当 $\dfrac{p_2}{p_1} < \varepsilon < 1 - (p_1 - p_2)$ 时，若 $\dfrac{p_2}{\varepsilon} \leqslant \theta_l < \dfrac{p_1 - p_2}{1 - \varepsilon}$，则 $u_2^l \geqslant 0$ 且 $u_2^l > u_1^l$；若 $\dfrac{p_1 - p_2}{1 - \varepsilon} < \theta_l < 1$，则 $u_1^l \geqslant 0$ 且 $u_1^l > u_2^l$。普通消费者群对新产品和再制造品均有需求，产品的需求函数为 $D_1^l = (1-\rho)\left(1 - \dfrac{p_1 - p_2}{1 - \varepsilon}\right)$，$D_2^l = (1-\rho)\left(\dfrac{p_1 - p_2}{1 - \varepsilon} - \dfrac{p_2}{\varepsilon}\right)$。

（2）绿色消费者的产品需求函数。因为 $p_1 < p_2$，所以对任意的 θ_g，均有 $u_1^g > u_2^g$。绿色消费者只对再制造品有需求，产品的需求函数为 $D_2^g = \rho(1-p_2)$。

综合以上普通消费者和绿色消费者对产品的不同需求情形，本节将市场划分为情境 I（普通消费者群只对新产品有需求，绿色消费者群只对再制造品有需求）、情境 II（普通消费者群对新产品和再制造品都有需求，绿色消费者群只对再制造品有需求）。每种情境下产品的需求函数见表 5-2。

表 5-2   不同情境下产品的需求函数

情境	条件	D_1	D_2
I	$\varepsilon < \dfrac{p_2}{p_1}$	$(1-\rho)(1-p_1)$	$\rho(1-p_2)$
II	$\dfrac{p_2}{p_1} < \varepsilon < 1-(p_1-p_2)$	$(1-\rho)\left(1-\dfrac{p_1-p_2}{1-\varepsilon}\right)$	$\rho(1-p_2)+(1-\rho)\left(\dfrac{p_1-p_2}{1-\varepsilon}-\dfrac{p_2}{\varepsilon}\right)$

5.3.2 再制造 CLSC 定价决策模型

CLSC 成员以各自利润最大化进行决策，三者的利润函数分别为

$$\max_{w_1,w_2}\pi_M = D_1(w_1-c_1)+D_2(w_2-c_2-b) \tag{5-18}$$

$$\max_{p_1,p_2}\pi_R = D_1(p_1-w_1)+D_2(p_2-w_2) \tag{5-19}$$

$$\max_b\pi_T = (b+\alpha B)D_2 - BD_2^2 \tag{5-20}$$

若 CLSC 由制造商主导，则应首先确定 w_1，w_2，然后确定 p_1，p_2；若 CLSC 由零售商主导，则应首先确定 p_1，p_2 然后确定 w_1，w_2。最后，第三方回收商根据制造商对废旧品的需求量确定废旧品的转移价格 b。

1. 制造商主导下再制造 CLSC 定价决策模型

在情境 I 下，依据逆向推导法求得再制造 CLSC 定价决策的最优均衡解为

$$p_1^{MI*} = \frac{1+w_1}{2}, \quad p_2^{MI*} = \frac{1+w_2}{2} \tag{5-21}$$

$$w_1^{MI*} = \frac{1+c_1}{2}, \quad w_2^{MI*} = \frac{1}{2} + \frac{B\rho+c_2-\alpha B}{2(1+B\rho)} \tag{5-22}$$

$$p_1^{MI*} = \frac{3+c_1}{4}, \quad p_2^{MI*} = \frac{3}{4} + \frac{B\rho+c_2-\alpha B}{4(1+B\rho)} \tag{5-23}$$

$$b^{MI*} = \frac{B\rho(1-c_2+\alpha B)}{2(1+B\rho)} - \alpha B \tag{5-24}$$

与情境 I 的求解类似，可求得情境 II 下的最优均衡解，见表 5-3。

表 5 - 3　　　　　　　　　　　　制造商主导下的最优均衡解

最优均衡解	情境 I	情境 II
b^{Mi*}	$B\dfrac{\rho(1-c_2+\alpha B)}{2(1+B\rho)}-\alpha B$	$B\dfrac{\rho+Yc_1-X(c_2-\alpha B)}{2(1+BX)}-\alpha B$
w_1^{Mi*}	$\dfrac{1+c_1}{2}$	$\dfrac{1}{2(X-Y)}+\dfrac{1-\rho}{2Y}+\dfrac{c_1}{2}$
w_2^{Mi*}	$\dfrac{1}{2}\left(1+\dfrac{B\rho}{1+B\rho}\right)+\dfrac{c_2-\alpha B}{2(1+B\rho)}$	$\dfrac{1}{2(X-Y)}+\dfrac{B(\rho+Yc_1)+c_2-\alpha B}{2(1+BX)}$
p_1^{Mi*}	$\dfrac{3+c_1}{4}$	$\dfrac{3}{4(X-Y)}+\dfrac{3}{4}\dfrac{1-\rho}{Y}+\dfrac{c_1}{4}$
p_2^{Mi*}	$\dfrac{1}{4}\left(3+\dfrac{B\rho}{1+B\rho}\right)+\dfrac{c_2-\alpha B}{4(1+B\rho)}$	$\dfrac{3}{4(X-Y)}+\dfrac{B(\rho+Yc_1)+c_2-\alpha B}{4(1+BX)}$

注：$X=\rho+\dfrac{1-\rho}{\varepsilon(1-\varepsilon)}$，$Y=\dfrac{1-\rho}{1-\varepsilon}$。

将表 5 - 3 中的最优均衡解分别代入公式（5 - 18）~ 公式（5 - 20），可求得在制造商主导下 CLSC 各成员利润及 CLSC 利润。

在情境 I 下，有

$$\pi_M^{M*}=\frac{(1-\rho)(1-c_1)^2}{8}+\frac{\rho(1-c_2+\alpha B)^2}{8(1+B\rho)} \tag{5-25}$$

$$\pi_R^{MI*}=\frac{(1-\rho)(1-c_1)^2}{16}+\frac{\rho(1-c_2+\alpha B)^2}{16(1+B\rho)^2} \tag{5-26}$$

$$\pi_T^{MI*}=\frac{B\rho^2(1-c_2+\alpha B)^2}{16(1+B\rho)^2} \tag{5-27}$$

$$\pi_C^{MI*}=\frac{3(1-\rho)(1-c_1)^2}{16}+\frac{3\rho(1-c_2+\alpha B)^2}{16(1+B\rho)} \tag{5-28}$$

在情境 II 下，有

$$\pi_M^{MII*}=\frac{X}{8Y(X-Y)}+\frac{(\rho+Yc_1)^2(1+BX-BY)}{8Y(1+BX)}+\frac{X(c_2-\alpha B)^2}{8(1+BX)}$$
$$-\frac{(\rho+Yc_1)}{4Y}-\frac{(\rho+Yc_1)(c_2-\alpha B)}{4(1+BX)} \tag{5-29}$$

$$\pi_R^{MII*}=\frac{X}{16Y(X-Y)}+\frac{(\rho+Yc_1)^2(1+BX-BY)}{16Y(1+BX)}-\frac{B(\rho+Yc_1)^2}{16(1+BX)^2}$$

$$+ \frac{X(c_2 - \alpha B)^2}{16(1 + BX)^2} - \frac{(\rho + Yc_1)(c_2 - \alpha B)}{8(1 + BX)^2} - \frac{\rho + Yc_1}{8Y} \tag{5-30}$$

$$\pi_T^{M\text{II}*} = \frac{B[\rho + Yc_1 - X(c_2 - \alpha B)]^2}{16(1 + BX)^2} \tag{5-31}$$

$$\pi_C^{M\text{II}*} = \frac{3X}{16Y(X - Y)} + \frac{3(\rho + Yc_1)^2(1 + BX - BY)}{16Y(1 + BX)} + \frac{3X(c_2 - \alpha B)^2}{16(1 + BX)}$$

$$- \frac{3(\rho + Yc_1)(c_2 - \alpha B)}{8(1 + BX)} - \frac{3(\rho + Yc_1)}{8Y} \tag{5-32}$$

2. 零售商主导下再制造 CLSC 定价决策模型

同样依据逆向推导法，可求得零售商主导下的最优均衡解，见表 5 – 4。

表 5 – 4　　　　　　　　　　　零售商主导下的最优均衡解

最优均衡解	情境 I	情境 II
b^{Ri*}	$B\dfrac{\rho(1 - c_2 + \alpha B)}{2(1 + 2B\rho)} - \alpha B$	$B\dfrac{\rho + Yc_1 - X(c_2 - \alpha B)}{2(1 + 2BX)} - \alpha B$
w_1^{Ri*}	$\dfrac{1 + 3c_1}{4}$	$\dfrac{1}{4(X - Y)} + \dfrac{(1 - \rho)}{4Y} + \dfrac{3c_1}{4}$
w_2^{Ri*}	$\dfrac{1}{4}\left(1 + \dfrac{2B\rho}{1 + 2B\rho}\right) + \dfrac{c_2 - \alpha B}{4}\dfrac{3 + 4B\rho}{1 + 2B\rho}$	$\dfrac{1}{4(X - Y)} + \dfrac{B}{2}\dfrac{\rho + Yc_1}{1 + 2BX} + \dfrac{c_2 - \alpha B}{4}\dfrac{3 + 4BX}{1 + 2BX}$
p_1^{Ri*}	$\dfrac{3 + c_1}{4}$	$\dfrac{3}{4(X - Y)} + \dfrac{3(1 - \rho)}{4Y} + \dfrac{c_1}{4}$
p_2^{Ri*}	$\dfrac{1}{4}\left(3 + \dfrac{2B\rho}{1 + 2B\rho}\right) + \dfrac{c_2 - \alpha B}{4(1 + 2B\rho)}$	$\dfrac{3}{4(X - Y)} + \dfrac{2B(\rho + Yc_1) + c_2 - \alpha B}{4(1 + 2BX)}$

将表 5 – 4 中的最优均衡解分别代入公式（5 – 18）~ 公式（5 – 20），可求得在零售商主导下 CLSC 各成员利润及 CLSC 利润。

在情境 I 下，有

$$\pi_M^{R\text{I}*} = \frac{(1 - \rho)(1 - c_1)^2}{16} + \frac{\rho(1 - c_2 + \alpha B)^2}{16(1 + 2B\rho)} \tag{5-33}$$

$$\pi_R^{R\text{I}*} = \frac{(1 - \rho)(1 - c_1)^2}{8} + \frac{\rho(1 - c_2 + \alpha B)^2}{8(1 + 2B\rho)} \tag{5-34}$$

$$\pi_T^{R\,I*} = \frac{B\rho^2(1-c_2+\alpha B)^2}{16(1+2B\rho)^2} \tag{5-35}$$

$$\pi_C^{R\,I*} = \frac{3(1-\rho)(1-c_1)^2}{16} + \frac{\rho(3+7B\rho)(1-c_2+\alpha B)^2}{16(1+2B\rho)^2} \tag{5-36}$$

在情境Ⅱ下，有

$$\pi_M^{R\,II*} = \frac{X}{16Y(X-Y)} + \frac{(\rho+Yc_1)^2(1+2BX-2BY)}{16Y(1+2BX)} + \frac{X(c_2-\alpha B)^2}{16(1+2BX)}$$

$$- \frac{(\rho+Yc_1)(c_2-\alpha B)}{8(1+2BX)} - \frac{\rho+Yc_1}{8Y} \tag{5-37}$$

$$\pi_R^{R\,II*} = \frac{X}{8Y(X-Y)} + \frac{(\rho+Yc_1)^2(1+2BX-2BY)}{8Y(1+2BX)} + \frac{X(c_2-\alpha B)^2}{8(1+2BX)}$$

$$- \frac{(\rho+Yc_1)}{4Y} - \frac{(\rho+Yc_1)(c_2-\alpha B)}{4(1+2BX)} \tag{5-38}$$

$$\pi_T^{R\,II*} = \frac{B[\rho+Yc_1-X(c_2-\alpha B)]^2}{16(1+2BX)^2} \tag{5-39}$$

$$\pi_C^{R\,II*} = \frac{3X}{16Y(X-Y)} + \frac{3(\rho+Yc_1)^2(1+2BX-2BY)}{16Y(1+2BX)} + \frac{3X(c_2-\alpha B)^2}{16(1+2BX)}$$

$$+ \frac{B[\rho+Yc_1-X(c_2-\alpha B)]^2}{16(1+2BX)^2} - \frac{3(\rho+Yc_1)(c_2-\alpha B)}{8(1+2BX)} - \frac{3(\rho+Yc_1)}{8Y}$$

$$\tag{5-40}$$

3. 集中决策下再制造 CLSC 定价决策模型

制造商、零售商和第三方回收商以 CLSC 利润最大化为目标进行合作决策，CLSC 利润函数为

$$\max_{p_1,p_2}\pi_C = D_1(p_1-c_1) + D_2(p_2-c_2+\alpha B) - BD_2^2 \tag{5-41}$$

在情境Ⅰ下，同样依据逆向推导法求得最优解为

$$p_1^{C\,I*} = \frac{1+c_1}{2} \tag{5-42}$$

$$p_2^{C\,I*} = \frac{1+2B\rho}{2(1+B\rho)} + \frac{c_2-\alpha B}{2(1+B\rho)} \tag{5-43}$$

与情境Ⅰ的求解类似，可求得情境Ⅱ下的最优均衡解，见表 5-5。

将表 5-5 中的最优均衡解代入公式（5-41），可求得在集中决策下的 CLSC 利润。

表 5 – 5   集中决策下的最优均衡解

最优均衡解	情境 I	情境 II
p_1^{Ci*}	$\dfrac{1+c_1}{2}$	$\dfrac{1}{2(X-Y)} + \dfrac{1-\rho}{2Y} + \dfrac{c_1}{2}$
p_2^{Ci*}	$\dfrac{1}{2}\left(1+\dfrac{B\rho}{1+B\rho}\right)+\dfrac{c_2-\alpha B}{2(1+B\rho)}$	$\dfrac{1}{2(X-Y)}+\dfrac{B(\rho+Yc_1)+c_2-\alpha B}{2(1+BX)}$

在情境 I 下，有

$$\pi_C^{CI*} = \frac{(1-\rho)(1-c_1)^2}{4} + \frac{\rho(1-c_2+\alpha B)^2}{4(1+B\rho)} \qquad (5-44)$$

在情境 II 下，有

$$\pi_C^{CII*} = \frac{X}{4Y(X-Y)} + \frac{(\rho+Yc_1)^2(1+BX-BY)}{4Y(1+BX)} + \frac{X(c_2-\alpha B)^2}{4(1+BX)}$$

$$-\frac{(c_2-\alpha B)(\rho+Yc_1)}{2(1+BX)} - \frac{\rho+Yc_1}{2Y} \qquad (5-45)$$

5.3.3　定价策略分析

结论 1：在制造商主导下，当 $0 < \varepsilon < \varepsilon^{MI*}$ 时，CLSC 成员可采取情境 I 下的定价策略；当 $\varepsilon^{MII*} < \varepsilon < 1$ 时，CLSC 成员可采取情境 II 下的定价策略。其中，

$$\varepsilon^{MI*} = \frac{3+4B\rho+c_2-\alpha B}{(3+c_1)(1+B\rho)}，\quad \varepsilon^{MII*} \text{ 是 } f^M(\varepsilon) = \frac{3\rho(1-\varepsilon)^2}{X-Y} + \frac{B(\rho+Yc_1)+c_2-\alpha B}{1+BX} - $$

εc_1 在 $(0，1)$ 上的根。

证明：将表 5 – 2 中的 p_1^{Mi*}，p_2^{Mi*} 代入表 5 – 1 对应的情境需满足的条件可证。结论 2 和结论 3 的证明与之类似，不再赘述。

结论 2：在零售商主导下，当 $0 < \varepsilon < \varepsilon^{RI*}$ 时，CLSC 成员可采取情境 I 下的定价策略；当 $\varepsilon^{RII*} < \varepsilon < 1$ 时，CLSC 成员可采取情境 II 下的定价策略。其中，

$$\varepsilon^{RI*} = \frac{3+8B\rho+c_2-\alpha B}{(3+c_1)(1+2B\rho)}，\quad \varepsilon^{RII*} \text{ 是 } f^R(\varepsilon) = \frac{3\rho(1-\varepsilon)^2}{X-Y} + \frac{2B(\rho+Yc_1)+c_2-\alpha B}{1+2BX} - $$

εc_1 在 $(0，1)$ 上的根。

结论3：在集中决策下，当 $0 < \varepsilon < \varepsilon^{CI^*}$ 时，CLSC 成员可采取情境 I 下的定价策略；当 $\varepsilon^{CII^*} < \varepsilon < 1$ 时，CLSC 成员可采取情境 II 下的定价策略。其中，

$$\varepsilon^{CI^*} = \frac{1 + 2B\rho + c_2 - \alpha B}{(1 + c_1)(1 + B\rho)}, \quad \varepsilon^{CII^*} \text{ 是 } f^C(\varepsilon) = \frac{\rho(1-\varepsilon)^2}{X - Y} + \frac{B(\rho + Yc_1) + c_2 - \alpha B}{1 + BX} - \varepsilon c_1$$

在 $(0，1)$ 上的根。

结论4：$\varepsilon^{CI^*} < \varepsilon^{MI^*} < \varepsilon^{RI^*}$，$\varepsilon^{CII^*} < \varepsilon^{MII^*} < \varepsilon^{RII^*}$。

证明：从结论1到结论3可得到：$\varepsilon^{RI^*} - \varepsilon^{MI^*} = \dfrac{1 - c_2 + \alpha B}{(3 + c_1)(1 + 2B\rho)} B\rho \dfrac{1}{1 + B\rho} >$

0，$\varepsilon^{MI^*} - \varepsilon^{CI^*} = 2\dfrac{(1 + B\rho)c_1 - B\rho - (c_2 - \alpha B)}{(3 + c_1)(1 + B\rho)(1 + c_1)}$，由 $\varepsilon^{MI^*} = \dfrac{3 + 4B\rho}{(3 + c_1)(1 + B\rho)} +$

$\dfrac{c_2 - \alpha B}{(3 + c_1)(1 + B\rho)} < 1$，得到 $B\rho + c_2 - \alpha B < c_1(1 + B\rho)$，所以 $\varepsilon^{MI^*} > \varepsilon^{CI^*}$。

$f^R(\varepsilon^{MII^*}) = B\dfrac{(\rho + Yc_1) - X(c_2 - \alpha B)}{(1 + BX)(1 + 2BX)} > 0$，由 $f^R(\varepsilon^{RII^*}) = 0$，$f^R(\varepsilon)$ 单调递

减，得到 $\varepsilon^{MII^*} < \varepsilon^{RII^*}$。$f^M(\varepsilon^{CII^*}) = 2\varepsilon^{CII^*}c_1 - 2\dfrac{B(\rho + Yc_1) + c_2 - \alpha B}{1 + BX}$，由 $0 <$

$\varepsilon^{CII^*} < 1$，$f^C(\varepsilon^{CII^*}) = 0$，即 $\dfrac{\rho(1 - \varepsilon^{CII^*})^2}{X - Y} + \dfrac{B(\rho + Yc_1) + c_2 - \alpha B}{1 + BX} - \varepsilon^{CII^*}c_1$，得到

$\dfrac{B(\rho + Yc_1) + c_2 - \alpha B}{1 + BX} < \varepsilon^{CII^*}c_1$。所以 $f^M(\varepsilon^{CII^*}) > 0$。又因为 $f^M(\varepsilon)$ 单调递减，

所以 $\varepsilon^{CII^*} < \varepsilon^{MII^*}$。

由结论4可知，在不同决策模式下划分 CLSC 成员企业应选择何种定价策略的普通消费者对再制造品偏好程度的临界值不同；若企业可以在集中决策下采取情境 I 下的定价策略，则其在制造商和零售商分别主导下也可以采取情境 I 下的定价策略；若企业可以在零售商主导下采取情境 II 下的定价策略，则其在制造商主导下和集中决策下也可以采取情境 II 下的定价策略。

5.3.4　均衡解分析

1. 参数变化对均衡解的影响分析

结论5：ε 对 b^{nI^*}、$w_1^{nI^*}$、$w_2^{nI^*}$、$p_1^{nI^*}$、$p_2^{nI^*}$、$D_1^{nI^*}$ 和 $D_2^{nI^*}$ 具有以下影响。

(1) $\dfrac{\partial b^{nI^*}}{\partial \varepsilon} = \dfrac{\partial w_1^{nI^*}}{\partial \varepsilon} = \dfrac{\partial p_1^{nI^*}}{\partial \varepsilon} = \dfrac{\partial w_2^{nI^*}}{\partial \varepsilon} = \dfrac{\partial p_2^{nI^*}}{\partial \varepsilon} = \dfrac{\partial D_1^{nI^*}}{\partial \varepsilon} = \dfrac{\partial D_2^{nI^*}}{\partial \varepsilon} = 0$；

（2）$\dfrac{\partial b^{n\text{II}*}}{\partial \varepsilon} > 0$，$\dfrac{\partial w_1^{n\text{II}*}}{\partial \varepsilon} < 0$，$\dfrac{\partial p_1^{n\text{II}*}}{\partial \varepsilon} < 0$，$\dfrac{\partial w_2^{n\text{II}*}}{\partial \varepsilon} > 0$，$\dfrac{\partial p_2^{n\text{II}*}}{\partial \varepsilon} > 0$，$\dfrac{\partial D_1^{n\text{II}*}}{\partial \varepsilon} < 0$，

$\dfrac{\partial D_2^{n\text{II}*}}{\partial \varepsilon} > 0$。

证明过程略。读者在细分市场下，求一阶偏导即可证明结果。

由结论 5 可知，随着普通消费者对再制造品偏好程度的增加，当 CLSC 采取情境 I 下的定价策略时，废旧品的最优回收转移价格，新产品和再制造品的最优销售价格、批发价格和需求量均不变；当 CLSC 采取情境 II 下的定价策略时，废旧品的最优回收转移价格升高，新产品的最优批发价格和销售价格降低、需求量减少，再制造品的最优批发价格和销售价格升高、需求量增加。

结论 6：绿色消费者市场比例 ρ 对不同主导模式下的 b^{ni*}，w_1^{ni*}，w_2^{ni*}，p_1^{ni*}，p_2^{ni*}，D_1^{ni*} 和 D_2^{ni*} 具有以下影响。

（1）$\dfrac{\partial b^{n\text{I}*}}{\partial \rho} > 0$，$\dfrac{\partial w_1^{n\text{I}*}}{\partial \rho} = \dfrac{\partial p_1^{n\text{I}*}}{\partial \rho} = 0$，$\dfrac{\partial w_2^{n\text{I}*}}{\partial \rho} > 0$，$\dfrac{\partial p_2^{\text{I}*}}{\partial \rho} > 0$，$\dfrac{\partial D_1^{\text{I}*}}{\partial \rho} < 0$，

$\dfrac{\partial D_2^{\text{I}*}}{\partial \rho} > 0$；

（2）$\dfrac{\partial b^{n\text{II}*}}{\partial \rho} > 0$，$\dfrac{\partial w_1^{n\text{II}*}}{\partial \rho} > 0$，$\dfrac{\partial p_1^{n\text{II}*}}{\partial \rho} > 0$，$\dfrac{\partial w_2^{n\text{II}*}}{\partial \rho} > 0$，$\dfrac{\partial p_2^{n\text{II}*}}{\partial \rho} > 0$，$\dfrac{\partial D_1^{n\text{II}*}}{\partial \rho} < 0$，

$\dfrac{\partial D_2^{n\text{II}*}}{\partial \rho} > 0$。

证明过程略。读者在细分市场下，求一阶偏导即可证明结果。

由结论 6 可知，随着绿色消费者市场比例的升高，废旧品的最优转移价格、再制造品的最优批发价格和销售价格均升高，新产品的需求量减少，再制造品的需求量增加，而新产品的最优批发价格和销售价格在情境 I 下不变，在情境 II 下升高。

由结论 5 和结论 6 可知，普通消费者对再制造品偏好程度和绿色消费者市场比例对废旧品最优转移价格、产品最优销售价格和需求量的影响规律不因 CSLC 主导力量的改变而改变。

2. 不同决策模式下的均衡解对比分析

结论 7：通过对比同一市场情境在不同主导模式下的最优均衡解和 CLSC 成员利润得到：$b^{Mi*} > b^{Ri*}$，$w_1^{Mi*} > w_1^{Ri*}$，$w_2^{Mi*} > w_2^{Ri*}$，$p_1^{Mi*} = p_1^{Ri*}$，$p_2^{Mi*} < p_2^{Ri*}$，$D_1^{M\text{I}*} = D_1^{R\text{I}*}$，$D_1^{M\text{II}*} < D_1^{R\text{II}*}$，$D_2^{Mi*} > D_2^{Ri*}$，$\pi_M^{Mi*} > \pi_M^{Ri*}$，$\pi_R^{Mi*} < \pi_R^{Ri*}$，$\pi_T^{Mi*} >$

π_T^{Ri*}，$\pi_C^{Mi*} > \pi_C^{Ri*}$。

由结论 7 可知，在每一种市场情境下，当 CLSC 主导权力由制造商转移到零售商时，废旧品的最优转移价格降低，新产品的最优批发价格降低，最优销售价格不变，需求量不变或增加，而再制造品的最优批发价格降低、最优销售价格升高、需求量减少，制造商利润、第三方回收商利润和 CLSC 利润均减少，零售商利润增加。因此，对于制造商和第三方回收商来说，其倾向于制造商主导的模式；而对于零售商来说，其倾向于自身主导的模式。

结论 8：通过比较同一情境下集中决策与分散决策下的产品的最优销售价格和需求量得到：$p_1^{Ci*} < p_1^{ni*}$，$p_2^{Ci*} < p_2^{ni*}$，$D_1^{Ci*} > D_1^{ni*}$，$D_2^{Ci*} > D_2^{ni*}$，$\pi_C^{Ci} > \pi_C^{ni}$。

由结论 8 可知，当 CLSC 采取情境Ⅰ或情境Ⅱ下的定价策略时，与集中决策相比，分散决策下新产品和再制造品的最优销售价格较高，"双重边际效应"导致分散决策下 CLSC 利润较低。因此，需要设计一个协调机制来促进 CLSC 成员之间的合作，协调各节点企业之间的决策和收益，提高 CLSC 整体绩效。

5.3.5　再制造 CLSC 协调决策模型

本节将提出一种改进的两部收费制契约来协调分散决策下多级 CLSC 各成员之间的利润。在改进的两部收费制契约（w_1，w_2，b，F_R^{ni}，F_T^{ni}）中，制造商向零售商提供优惠的批发价格 w_1，w_2，并向零售商收取一定的费用 F_R^{ni} 作为销售补偿，同时制造商要求第三方回收商提供优惠的废旧品转移价格 b，并支付给其一定的费用 F_T^{ni} 作为回收激励。CLSC 各成员的利润函数可以表示为

$$\max_{w_1, w_2} \pi_M^X = D_1(w_1 - c_1) + D_2(w_2 - c_2 - b) + F_R^{ni} - F_T^{ni} \qquad (5-46)$$

$$\max_{p_1, p_2} \pi_R^X = D_1(p_1 - w_1) + D_2(p_2 - w_2) - F_R^{ni} \qquad (5-47)$$

$$\max_b \pi_T^X = (b + \alpha B)D_2 - BD_2^2 + F_T^{ni} \qquad (5-48)$$

令 $w_1 = c_1$，$w_2 = c_2 + b$，$b = BD_2 - \alpha B$，此时零售商的利润函数为

$$\max_{p_1, p_2} \pi_R^X = D_1(p_1 - c_1) + D_2(p_2 - c_2 - BD_2 + \alpha B) - F_R^{ni} \qquad (5-49)$$

在情境Ⅰ下，依据逆向推导法，求得再制造 CLSC 定价决策的最优均衡解为

$$p_1^{XI*} = p_1^{CI*} = \frac{1 + c_1}{2}, \quad p_2^{XI*} = p_2^{CI*} = \frac{1 + 2B\rho}{2(1 + B\rho)} + \frac{c_2 - \alpha B}{2(1 + B\rho)} \qquad (5-50)$$

$$b^{XI*} = B\frac{\rho(1 - c_2 + \alpha B)}{2(1 + B\rho)} - \alpha B \qquad (5-51)$$

依据公式（5-50）和公式（5-51）求得情境Ⅰ下 CLSC 成员利润：

$$\pi_M^{X\text{I}*} = F_R^{n\text{I}*} - F_T^{n\text{I}*} \qquad (5-52)$$

$$\pi_R^{X\text{I}*} = \pi_C^{C\text{I}*} - F_R^{n\text{I}*} \qquad (5-53)$$

$$\pi_T^{X\text{I}*} = F_T^{n\text{I}*} \qquad (5-54)$$

此时，$\pi_C^{X\text{I}*} = \pi_C^{C\text{I}*}$，只需使得 $\pi_M^{X\text{I}*} \geqslant \pi_M^{n\text{I}*}$，$\pi_R^{X\text{I}*} \geqslant \pi_R^{n\text{I}*}$，$\pi_T^{X\text{I}*} \geqslant \pi_T^{n\text{I}*}$，就能实现 CLSC 的协调。将公式（5-52）~公式（5-54）与制造商和零售商分别主导下的利润比较，求得情境Ⅰ下 $F_R^{n\text{I}*}$、$F_T^{n\text{I}*}$ 的取值范围。

在制造商主导下：

$$F_R^{M\text{I}*} - F_T^{M\text{I}*} \geqslant \frac{(1-\rho)(1-c_1)^2}{8} + \frac{\rho(1-c_2+\alpha B)^2}{8(1+B\rho)} \qquad (5-55)$$

$$F_R^{M\text{I}*} \leqslant \frac{3(1-\rho)(1-c_1)^2}{16} + \frac{\rho(3+4B\rho)(1-c_2+\alpha B)^2}{16(1+B\rho)^2} \qquad (5-56)$$

$$F_T^{M\text{I}*} \geqslant \frac{B\rho^2(1-c_2+\alpha B)^2}{16(1+B\rho)^2} \qquad (5-57)$$

在零售商主导下：

$$F_R^{R\text{I}*} - F_T^{R\text{I}*} \geqslant \frac{(1-\rho)(1-c_1)^2}{16} + \frac{\rho(1-c_2+\alpha B)^2}{16(1+2B\rho)} \qquad (5-58)$$

$$F_R^{R\text{I}*} \leqslant \frac{(1-\rho)(1-c_1)^2}{8} + \frac{\rho(1+3B\rho)(1-c_2+\alpha B)^2}{8(1+B\rho)(1+2B\rho)} \qquad (5-59)$$

$$F_T^{R\text{I}*} \geqslant \frac{B\rho^2(1-c_2+\alpha B)^2}{16(1+2B\rho)^2} \qquad (5-60)$$

与情境Ⅰ的求解类似，可求得情境Ⅱ下 p_1，p_2，b 的最优均衡解为

$$p_1^{X\text{II}*} = p_1^{C\text{II}*} = \frac{1}{2(X-Y)} + \frac{1-\rho}{2Y} + \frac{c_1}{2} \qquad (5-61)$$

$$p_2^{X\text{II}*} = p_2^{C\text{II}*} = \frac{1}{2(X-Y)} + \frac{B(\rho+Yc_1)+c_2-\alpha B}{2(1+BX)} \qquad (5-62)$$

$$b^{X\text{II}*} = B\frac{\rho+Yc_1-X(c_2-\alpha B)}{2(1+BX)} - \alpha B \qquad (5-63)$$

依据公式（5-61）~公式（5-63）求得情境Ⅱ下 CLSC 成员利润为

$$\pi_M^{X\text{II}*} = F_R^{n\text{II}*} - F_T^{n\text{II}*} \qquad (5-64)$$

$$\pi_R^{X\text{II}*} = \pi_C^{C\text{II}*} - F_R^{n\text{II}*} \qquad (5-65)$$

$$\pi_T^{X\text{II}*} = F_T^{n\text{II}*} \qquad (5-66)$$

此时，$\pi_C^{X\text{II}*} = \pi_C^{C\text{II}*}$，只需使得 $\pi_M^{X\text{II}*} \geqslant \pi_M^{n\text{II}*}$，$\pi_R^{X\text{II}*} \geqslant \pi_R^{n\text{II}*}$，$\pi_T^{X\text{II}*} \geqslant \pi_T^{n\text{II}*}$，就能实现 CLSC 的协调。将公式（5-64）~公式（5-66）与制造商和零售商分别主导下的利润比较，求得情境 II 下 $F_R^{n\text{II}*}$、$F_T^{n\text{II}*}$ 的取值范围。

在制造商主导下：

$$F_R^{M\text{II}*} - F_T^{M\text{II}*} \geqslant \frac{X}{8Y(X-Y)} + \frac{(\rho + Yc_1)^2(1+BX-BY)}{8Y(1+BX)} + \frac{X(c_2-\alpha B)^2}{8(1+BX)}$$
$$- \frac{(\rho + Yc_1)}{4Y} - \frac{(\rho + Yc_1)(c_2-\alpha B)}{4(1+BX)} \tag{5-67}$$

$$F_R^{M\text{II}*} \leqslant \frac{3X}{16Y(X-Y)} + \frac{3(\rho + Yc_1)^2(1+BX-BY)}{16Y(1+BX)} + \frac{B(\rho + Yc_1)^2}{16(1+BX)^2}$$
$$- \frac{3(\rho + Yc_1)}{8Y} + \frac{X(c_2-\alpha B)^2(3+4BX)}{16(1+BX)^2} - \frac{(3+4BX)(c_2-\alpha B)(\rho + Yc_1)}{8(1+BX)^2} \tag{5-68}$$

$$F_T^{M\text{II}*} \geqslant \frac{B[\rho + Yc_1 - X(c_2-\alpha B)]^2}{16(1+BX)^2} \tag{5-69}$$

在零售商主导下：

$$F_R^{R\text{II}*} - F_T^{R\text{II}*} \geqslant \frac{X}{16Y(X-Y)} + \frac{(\rho + Yc_1)^2(1+2BX-2BY)}{16Y(1+2BX)} + \frac{X(c_2-\alpha B)^2}{16(1+2BX)}$$
$$- \frac{(\rho + Yc_1)(c_2-\alpha B)}{8(1+2BX)} - \frac{\rho + Yc_1}{8Y} \tag{5-70}$$

$$F_R^{R\text{II}*} \leqslant \frac{X}{8Y(X-Y)} + \frac{(\rho + Yc_1)^2}{8Y} - \frac{B(\rho + Yc_1)^2BX}{4(1+BX)(1+2BX)} + \frac{X(1+3BX)(c_2-\alpha B)^2}{8(1+BX)(1+2BX)}$$
$$- \frac{(1+3BX)(\rho + Yc_1)(c_2-\alpha B)}{4(1+BX)(1+2BX)} - \frac{(\rho + Yc_1)}{4Y} \tag{5-71}$$

$$F_T^{R\text{II}*} \geqslant \frac{B[\rho + Yc_1 - X(c_2-\alpha B)]^2}{16(1+2BX)^2} \tag{5-72}$$

结论9：若 F_R^{ni*}、F_T^{ni*} 满足情境 I 对应主导模式下的公式（5-57）~公式（5-62）或情境 II 对应主导模式下的公式（5-67）~公式（5-72）的条件，当制造商的定价机制为（w_1^{Xi*}，w_2^{Xi*}），零售商的定价机制为（p_1^{Xi*}，p_2^{Xi*}），第三方回收商的定价机制为 b^{Xi*} 时，$\pi_C^{Xi*} = \pi_C^{Ci*}$，改进的两部收费制契约模型能够实现 CLSC 的协调。其中，$w_1^{Xi*} = c_1$，$w_2^{Xi*} = c_2 + BD_2^{Xi*} - \alpha B$，$p_1^{Xi*} = p_1^{Ci*}$，$p_2^{Xi*} = p_2^{Ci*}$，$b^{Xi*} = BD_2^{Xi*} - \alpha B$。$F_R^{ni*}$，$F_T^{ni*}$ 的具体大小取决于 CLSC 各成

员之间的渠道影响力。

由结论 9 可知，改进的两部收费制契约能够有效提高消费者偏好行为影响下再制造 CLSC 的利润，达到集中决策下的最优水平，实现再制造 CLSC 的有效协调。

5.3.6 算例分析

本节通过数值算例，比较和分析不同决策模型的均衡解，验证改进的两部收费制契约对消费者偏好行为影响下再制造 CLSC 协调的有效性，并进一步分析 ρ 和 ε 对制造商主导、零售商主导和集中决策下 CLSC 定价决策和利润的影响。结合某家电企业的实际生产情况，选取参数 $c_1 = 0.5$，$c_2 = 0.21$，$\alpha = 0.02$，$B = 1.2$。

1. 定价策略分析

将以上相关数据分别代入表 5-3~表 5-5 中，运用 Mathematica 软件基于表 5-2 中每个情境需满足的条件计算得到以下策略。

（1）在制造商主导下 $0 < \rho < 0.523$，若 $0 < \varepsilon < (1.59 + 2.4\rho)/(1.75 + 2.1\rho)$，可选取情境 I 下的定价策略；若 $\varepsilon^{M\mathrm{II}} < \varepsilon < 1$，可选取在情境 II 下的定价策略。其中，$\varepsilon^{M\mathrm{II}}$ 是 $f^M = (1.5 + 1.8\rho)\rho\varepsilon^3 - (3.25 + 3.9\rho)\rho\varepsilon^2 - (0.25 + 0.26\rho - 4.5\rho^2)\varepsilon + 0.09 + 2.31\rho - 2.4\rho^2 = 0$ 的第 2 个根。

（2）在零售商主导下 $0 < \rho < 0.262$，若 $0 < \varepsilon < (1.59 + 4.8\rho)/(1.75 + 4.2\rho)$，可选取情境 I 下的定价策略；若 $\varepsilon^{R\mathrm{II}} < \varepsilon < 1$，可选取在情境 II 下的定价策略。其中，$\varepsilon^{R\mathrm{II}}$ 是 $f^R = (1.5 + 3.6\rho)\rho\varepsilon^3 - (3.25 + 7.8\rho)\rho\varepsilon^2 - (0.25 + 0.26\rho - 9\rho^2)\varepsilon + 0.09 + 4.71\rho - 4.8\rho^2 = 0$ 的第 2 个根。

（3）在集中决策下 $0 < \rho < 0.523$，若 $0 < \varepsilon < (0.59 + 1.2\rho)/(0.75 + 0.9\rho)$，可选取情境 I 下的定价策略；若 $\varepsilon^{C\mathrm{II}} < \varepsilon < 1$，可选取在情境 II 下的定价策略。其中，$\varepsilon^{C\mathrm{II}}$ 是 $f^C = (0.5 + 0.6\rho)\rho\varepsilon^3 - (1.25 + 1.5\rho)\rho\varepsilon^2 - (0.25 + 0.057\rho - 2.1\rho^2)\varepsilon + 0.09 + 1.11\rho - 1.2\rho^2 = 0$ 的第 2 个根。

由此可以得出：

（1）在每个决策模式下，不同情境下的定价策略有相同的绿色消费者市场比例变化范围和不同的普通消费者对再制造品偏好程度的变化范围。这说明，企业在判断选择何种市场情境下的最优定价策略时应以普通消费者对再制造品的偏好程度为主要判断依据。

（2）若普通消费者对再制造品的偏好程度较低，CLSC 成员应采取情境Ⅰ下的定价策略；若普通消费者对再制造品的偏好程度较高，则应采取情境Ⅱ下的定价策略。

（3）若普通消费者对再制造品的偏好程度一定，可采取情境Ⅰ或Ⅱ下定价策略的绿色消费者市场比例的范围均在集中决策下最大、制造商主导下次之、零售商主导下最小。

（4）若绿色消费者市场比例一定，可采取情境Ⅰ下定价策略的普通消费者对再制造品偏好程度的范围在零售商主导下最大、制造商主导下次之、集中决策下最小；可采取情境Ⅱ下定价策略的普通消费者对再制造品偏好程度的范围在集中决策下最大、制造商主导下次之、零售商主导下最小。这进一步验证了结论 4 的成立。

由此说明了决策模式会影响企业选择不同定价策略时绿色消费者市场比例和普通消费者对再制造品偏好程度的取值范围。

2. 均衡解对比分析

选取 $\rho = 0.2$，$\varepsilon = 0.5$ 形成情境Ⅰ，$\rho = 0.2$，$\varepsilon = 0.97$ 形成情境Ⅱ。通过计算求得制造商主导（M）的 CLSC、零售商主导（R）的 CLSC、集中决策的（X）CLSC 和协调决策（C）的 CLSC 在情境Ⅰ下和情境Ⅱ下的均衡解，见表 5–6 和表 5–7。

表 5–6　　　　　　　　情境Ⅰ定价策略下不同决策模式的均衡解

决策模式	b	p_1	p_2	D_1	D_2	π_M	π_R	π_T	π_C
M	0.055	0.875	0.836	0.1	0.033	0.0384	0.01788	0.0013	0.0575
R	0.042	0.875	0.862	0.1	0.028	0.0181	0.03619	0.0009	0.0552
X	N	0.75	0.672	0.2	0.066	N	N	N	0.0767
CM	0.035	0.75	0.672	0.2	0.066	$F_R^{M\text{I}} - F_T^{M\text{I}}$	$0.0767 - F_R^{M\text{I}}$	$F_T^{M\text{I}}$	0.0767
CR						$F_R^{R\text{I}} - F_T^{R\text{I}}$	$0.0767 - F_R^{R\text{I}}$	$F_T^{R\text{I}}$	

注：$0.03977 < F_R^{M\text{I}} < 0.05882$，$0.0013 < F_T^{M\text{I}} < F_R^{M\text{I}} - 0.0384$；$0.019 < F_R^{R\text{I}} < 0.04051$，$0.0009 < F_T^{R\text{I}} < F_R^{R\text{I}} - 0.0181$。

表 5–7　　　　　　　　情境Ⅱ定价策略下不同决策模式的均衡解

决策模式	b	p_1	p_2	D_1	D_2	π_M	π_R	π_T	π_C
M	0.123	0.879	0.852	0.07	0.06	0.0408	0.0159	0.0045	0.061
R	0.051	0.879	0.853	0.1	0.03	0.0181	0.0363	0.0011	0.056

续表

决策模式	b	p_1	p_2	D_1	D_2	π_M	π_R	π_T	π_C
X	N	0.753	0.728	0.13	0.12	N	N	N	0.0817
CM	0.085	0.753	0.728	0.13	0.12	$F_R^{R\,\mathrm{I}} - F_T^{R\,\mathrm{I}}$	$0.0817 - F_R^{M\,\mathrm{II}}$	$F_T^{M\,\mathrm{II}}$	0.0817
CR		0.753	0.728	0.13	0.12	$F_R^{R\,\mathrm{II}} - F_T^{R\,\mathrm{II}}$	$0.0817 - F_R^{R\,\mathrm{II}}$	$F_T^{R\,\mathrm{II}}$	

注：$0.0453 < F_R^{R\,\mathrm{II}} < 0.0658$，$0.0045 < F_T^{R\,\mathrm{II}} < F_R^{R\,\mathrm{II}} - 0.0408$；$0.0192 < F_R^{R\,\mathrm{II}} < 0.0454$，$0.0009 < F_T^{R\,\mathrm{II}} < F_R^{R\,\mathrm{II}} - 0.0181$。

由表 5 - 6 和表 5 - 7 可以看出，无论是采取情境 I 下的定价策略还是情境 II 下的定价策略，以下结论均成立。

（1）与制造商主导相比，零售商主导下的再制造品的销售价格较高、需求量较小，零售商利润较高，而制造商、第三方回收商和 CLSC 利润均较低。这说明零售商和制造商均倾向于其自身主导的 CLSC 模式，第三方回收商倾向于制造商主导的 CLSC 模式。从 CLSC 利润和废旧品回收再利用角度来说，制造商主导的 CLSC 模式较优。

（2）与集中决策相比，分散决策下新产品和再制造品的销售价格均较高，而废旧品的转移价格、新产品需求量、再制造品需求量均较低，CLSC 利润也较低。

（3）改进的两部收费制契约能够将 CLSC 利润提高到集中决策下的最优水平，CLSC 成员之间可以通过谈判、协商完成利润的分配。

3. 普通消费者对再制造品的偏好程度对 CLSC 的影响分析

选取 $\rho = 0.2$，将以上相关数据分别代入表 5 - 3 ~ 表 5 - 5 中，根据表 5 - 2 中每个情境需满足的条件计算得到以下策略。

（1）在制造商主导下，当 $0 < \varepsilon < 0.955$ 时可选取情境 I 下的定价策略，当 $0.852 < \varepsilon < 1$ 时可选取情境 II 下的定价策略。

（2）在零售商主导下，当 $0 < \varepsilon < 0.986$ 时可选取情境 I 下的定价策略，当 $0.962 < \varepsilon < 1$ 时可选取情境 II 下的定价策略。

（3）在集中决策下，当 $0 < \varepsilon < 0.896$ 时可选取情境 I 下的定价策略，当 $0.776 < \varepsilon < 1$ 时可选取情境 II 下的定价策略。

将以上数据分别代入 CLSC 成员利润公式和 CLSC 整体利润公式，得到 ε 对 π_M、π_R、π_T 和 π_C 的影响，如图 5.8 ~ 图 5.10 所示。

由图 5.8~图 5.10 得出：

（1）当 CLSC 成员采取情境 I 下的定价策略时，在分散决策下 CLSC 成员利润和 CLSC 整体利润及集中决策下 CLSC 整体利润均不受普通消费者对再制造品偏好程度变化的影响。

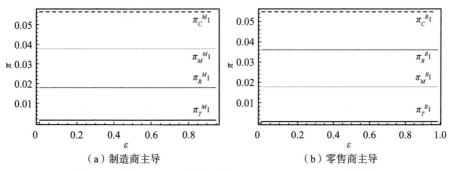

（a）制造商主导 　　　　　　（b）零售商主导

图 5.8　情境 I 下 ε 对分散决策下 π_M、π_R、π_T 和 π_C 的影响

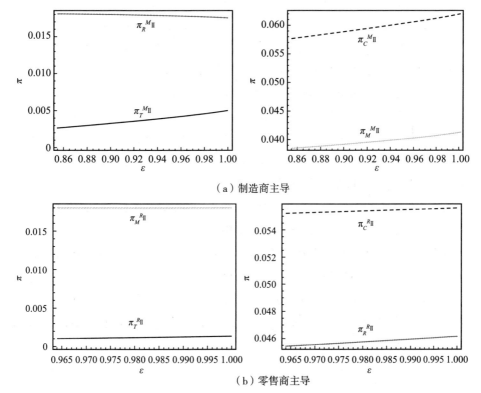

图 5.9　情境 II 下 ε 对分散决策下 π_M、π_R、π_T 和 π_C 的影响

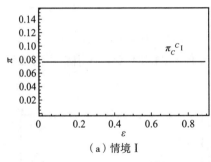
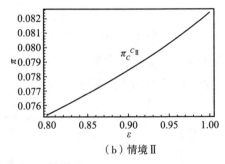

（a）情境Ⅰ　　　　　　　　　　（b）情境Ⅱ

图 5.10　ε 对集中决策下 π_C 的影响

（2）当 CLSC 成员采取情境Ⅱ下的定价策略时，在由制造商主导的分散决策下，随着普通消费者对再制造品偏好程度的增加，制造商、第三方回收商的利润和 CLSC 整体利润均增加，零售商利润减少；在由零售商主导的分散决策下，随着普通消费者对再制造品偏好程度的增加，CLSC 成员利润和 CLSC 整体利润均增加；与其他 CLSC 成员利润相比，在制造商主导下，第三方回收商的利润更易受普通消费者对再制造品偏好程度变化的影响，而在零售商主导下，零售商的利润更易受普通消费者对再制造品偏好程度变化的影响；在集中决策下，随着普通消费者对再制造品偏好程度的增加，CLSC 整体利润也增加。

4. 绿色消费者的市场比例对 CLSC 的影响分析

选取情境Ⅰ下 $\varepsilon = 0.5$，情境Ⅱ下 $\varepsilon = 0.97$。将以上相关数据分别代入表 5-3~表 5-5 中，根据表 5-2 中每个情境需满足的条件计算得到以下策略。

（1）在制造商主导下，当 $0.111 < \rho < 1$ 时可选取情境Ⅰ下的定价策略，当 $0 < \rho < 0.437$ 时可选取情境Ⅱ下的定价策略。

（2）在零售商主导下，当 $0.129 < \rho < 1$ 时可选取情境Ⅰ下的定价策略，当 $0 < \rho < 0.212$ 时可选取情境Ⅱ下的定价策略。

（3）在集中决策下，当 $0.052 < \rho < 1$ 时可选取情境Ⅰ下的定价策略，当 $0 < \rho < 0.468$ 时可选取情境Ⅱ下的定价策略。

将以上数据分别代入不同决策模式下 CLSC 成员利润公式和 CLSC 整体利润公式，得到每个情境下 ρ 对 π_M、π_R、π_T 和 π_C 的影响，如图 5.11 ~ 图 5.13 所示。

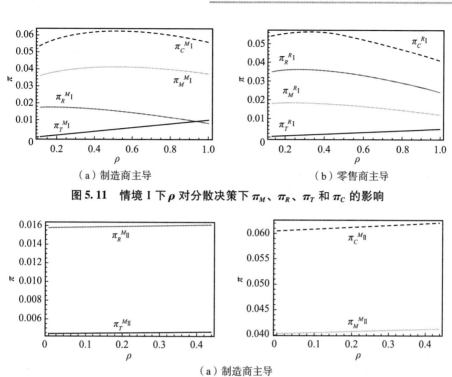

（a）制造商主导 （b）零售商主导

图5.11 情境 I 下 ρ 对分散决策下 π_M、π_R、π_T 和 π_C 的影响

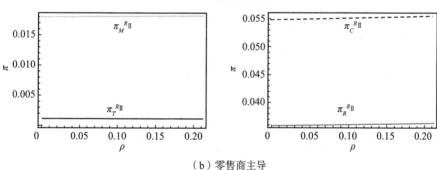

（a）制造商主导

（b）零售商主导

图5.12 情境 II 下 ρ 对分散决策下 π_M、π_R、π_T 和 π_C 的影响

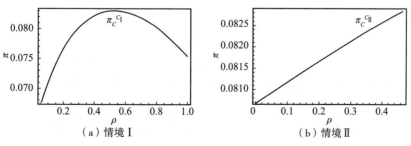

（a）情境 I （b）情境 II

图5.13 ρ 对集中决策下 π_C 的影响

由图 5.11 ~ 图 5.13 得出：

（1）当 CLSC 成员采取情境 I 下的定价策略时，在分散决策下，无论 CLSC 是由制造商主导还是由零售商主导，随着绿色消费者市场比例的增加，制造商、零售商的利润和 CLSC 整体利润均先增加后减少，而第三方回收商的利润一直增加；在集中决策下，随着绿色消费者市场比例的增加，CLSC 整体利润也呈现先增加后减少的变化趋势。

（2）当 CLSC 成员采取情境 II 下的定价策略时，随着绿色消费者市场比例的增加，分散决策下 CLSC 成员利润和 CLSC 整体利润，以及集中决策下 CLSC 整体利润均呈现增加的变化趋势。

5.3.7　研究结论

考虑普通消费者和绿色消费者对产品的偏好行为，运用消费者效用理论将市场分为情境 I（普通消费者群只购买新产品，绿色消费者群只购买再制造品）和情境 II（普通消费者群会购买新产品和再制造品，绿色消费者群只购买再制造品），通过建立 CLSC 定价决策模型，求解了每个情境在制造商主导模式、零售商主导模式和集中决策下的最优定价策略，分析了普通消费者对再制造品偏好程度和绿色消费者的市场比例对 CLSC 的影响，并设计了改进的两部收费制契约对分散决策下的 CLSC 进行协调，得出以下结论。

（1）CLSC 成员企业应根据消费者市场的变化选取不同情境下的产品最优差别定价策略，当普通消费者对再制造品的偏好程度较低时，应采取情境 I 下的定价策略；当普通消费者对再制造品的偏好程度较高时，应采取情境 II 下的定价策略。

（2）CLSC 主导权力的转移会影响选择不同定价策略时普通消费者对再制造品偏好程度的取值范围和绿色消费者市场比例的取值范围。

（3）随着普通消费者对再制造品偏好程度的增加，在情境 I 下，废旧品的最优转移价格、新产品最优销售价格、CLSC 成员利润和整体利润均不变；在情境 II 下，废旧品的最优转移价格升高、新产品的最优销售价格降低、再制造品的最优销售价格升高，在由制造商主导的 CLSC 中制造商、第三方回收商和 CLSC 利润均增加，零售商利润减少，而在由零售商主导的 CLSC 中，零售商和 CLSC 利润均增加，制造商和第三方回收商利润减少。

（4）随着绿色消费者市场比例的增加，在情境Ⅰ下，废旧品的最优转移价格、再制造品的最优销售价格升高，新产品的最优销售价格不变，制造商、零售商的利润和 CLSC 整体利润均先增加后减少，而第三方回收商的利润一直增加；在情境Ⅱ下，废旧品的最优转移价格、新产品和再制造品的最优销售价格升高，CLSC 成员利润和整体利润均增加。

（5）无论 CLSC 采取哪种情境下的定价策略，零售商和制造商均倾向于其自身主导的 CLSC 模式，第三方回收商倾向于制造商主导的 CLSC 模式。从经济效益和环境效益方面来说，制造商主导的 CLSC 模式优于零售商主导的 CLSC 模式。

（6）改进的两部收费制契约能够实现不同渠道权力主导下具有消费者偏好行为影响的再制造 CLSC 的有效协调。

5.4　市场细分下考虑 WTP 的再制造 CLSC 定价决策分析

5.4.1　模型描述与基本假设

以负责废旧品的回收、分类、翻新和销售的第三方回收商，以及负责新产品和再制造品生产和销售的制造商组成的 CLSC 为研究对象。其中，对于回收质量较好的废旧品，即经过简单清洗、消毒、维修和检测等翻新步骤能达到二手品标准的，则由第三方回收商翻新处理投入市场；对于回收质量较差的废旧品，即不能翻新处理的，则送入制造商进行拆解，提取可利用的零部件和原材料用于再制造。

1. 参数说明

c_φ 表示产品的单位生产成本（$\varphi = 1$，2，3 分别表示新产品、再制造品、二手品）。

h_φ 表示用于再制造（$\varphi = 2$）和用于翻新（$\varphi = 3$）的废旧品的平均单位回收价格。

R_φ 表示用于再制造（$\varphi = 2$）和用于翻新（$\varphi = 3$）的废旧品的回收量。

h 表示制造商向第三方回收商购买用于再制造的废旧品的平均单位批发价格。

θ 表示普通消费者对新产品的 WTP。

ε 表示普通消费者对再制造品相对于新产品的偏好系数，则普通消费者对再制造品的 WTP 为 $\varepsilon\theta$。

δ 表示普通消费者对二手品相对于新产品的偏好系数，则普通消费者对二手品的 WTP 为 $\delta\theta$。

ρ 表示绿色消费者的市场比例，则普通消费者的市场比例为 $1-\rho$。

Π_M、Π_C 分别表示制造商的利润和第三方回收商的利润。

2. 基本假设

假设 1：将消费者市场规模标准化为 1，并假设每周期市场情形类似，需求相对稳定。因此本节只研究单周期的情况。

在现实中，对于步入成熟期的产品，其市场规模在一段时间内会保持相对稳定。同时，考虑到本节的研究重点是关注消费者偏好行为（即消费者对再制造品和二手品的偏好程度）和绿色消费者市场比例变化对 CLSC 决策的影响，而市场规模的变化并不影响以上因素对 CLSC 的影响规律。基于以上两点，本节假设将市场规模标准化为 1 具有一定的意义。

假设 2：普通消费者对新产品的 WTP θ 服从 $[0, 1]$ 上的均匀分布。通常，消费者对再制造品和二手品的质量和可靠性存在质疑，因而其对再制造品和二手品的 WTP 要低于新产品。因此，假设消费者对新产品、再制造品和二手品的 WTP 依次降低，即 $0 < \delta < \varepsilon < 1$。绿色消费者对新产品、二手品的 WTP 与普通消费者相同，分别为 θ，$\delta\theta$，对再制造品和新产品具有相同的 WTP，即都为 θ。

假设 3：在现实中，再制造品通常以低于新产品的销售价格进入市场。例如，Apple 公司官方销售的 32GB 且具有无线上网功能的再制造平板电脑（iPad）的售价为 469 美元，比同类型的新平板电脑的售价低 14%。结合实际生产和销售情况，本节假设新产品、再制造品和二手品的生产成本和销售价格依次降低，即 $c_3 < c_2 < c_1$，$p_3 < p_2 < p_1$。

假设 4：考虑到在生产商责任延伸制下，为遵守法律规定、树立良好的企业形象和阻止第三方再制造商进入市场等，企业通常会回收一定数量的废旧品。因此，本节假设废旧品的回收量 R_φ 为常量。考虑到目前我国再制造品和二手品市场正处于培育阶段，消费者对回收再利用产品的认知不足、需求不高。并且，在竞争激烈的买方市场环境下，企业会尽量避免因供不应求带来的经营风险。因此，本节假设再制造品和二手品的数量供大于求，即在每周期末会产生一定剩余的回收再利用品。对于在该周期未能售出的再制造品和二手品，制造商和第三方回收商会分别获得一定的残值 v_2、v_3，且 $v_3 < v_2$。

假设 5：每一个普通消费者或绿色消费者最多购买一单位的产品。

基于假设 1 中的市场规模为 1，可知三类产品的需求量和废旧品的回收量均介于 0 和 1 之间。同时，基于假设 2 中的消费者 WTP 服从 [0，1] 的均匀分布，并且考虑到消费者 WTP 是消费者购买产品所愿意支付的最高价格，可知三类产品的销售价格、生产成本、废旧品的回收价格和再制造品、二手品的残值也均介于 0 和 1 之间。

3. 产品需求函数

根据消费者效用理论，普通消费者购买新产品、再制造品和二手品的效用分别为 $u_1^p = \theta - p_1$，$u_2^p = \varepsilon\theta - p_2$，$u_3^p = \delta\theta - p_3$。绿色消费者购买这三类产品的效用分别为 $u_1^g = \theta - p_1$，$u_2^g = \theta - p_2$，$u_3^g = \delta\theta - p_3$。对于消费者来说，只有当其对某类产品的效用大于 0 且超过其余两类产品的效用时，其才会选择购买该产品。因此，普通消费者有四种产品购买决策：不购买产品（$u_1^p \leq 0$，$u_2^p \leq 0$，$u_3^p \leq 0$）、购买新产品（$u_1^p > 0$，$u_1^p > \max(u_2^p, u_3^p)$）、购买再制造品（$u_2^p > 0$，$u_2^p > \max(u_1^p, u_3^p)$）、购买二手品（$u_3^p > 0$，$u_3^p > \max(u_1^p, u_2^p)$）。因为 $p_2 < p_1$，$u_1^g < u_2^g$，所以绿色消费者有三种产品购买决策：不购买产品（$u_1^g \leq 0$，$u_2^g \leq 0$，$u_3^g \leq 0$）、购买再制造品（$u_2^g > 0$，$u_2^g > u_3^g$）、购买二手品（$u_3^g > 0$，$u_3^g > u_2^g$）。

（1）通过比较 u_1^p，u_2^p，u_3^p 的大小，可得普通消费者群对产品的四种需求情形。

①当 $\varepsilon < \dfrac{p_2}{p_1}$，$\delta < \dfrac{p_3}{p_1}$ 时，普通消费者群只对新产品有需求，且 $0 < \theta < p_1$ 的普通消费者只购买新产品。则新产品的需求函数为 $D_1^p = (1 - \rho)(1 - p_1)$。

②当 $\dfrac{p_2}{p_1} < \varepsilon$，$\dfrac{\delta}{\varepsilon} < \dfrac{p_3}{p_2}$，$\dfrac{p_1 - p_2}{1 - \varepsilon} < 1$ 时，普通消费者群对新产品和再制造品有需求，且 $\dfrac{p_1 - p_2}{1 - \varepsilon} < \theta < 1$ 的普通消费者购买新产品，$\dfrac{p_2}{\varepsilon} < \theta < \dfrac{p_1 - p_2}{1 - \varepsilon}$ 的普通消费者购买再制造品。则新产品和再制造品的需求函数为 $D_1^p = (1 - \rho)\left(1 - \dfrac{p_1 - p_2}{1 - \varepsilon}\right)$，

$$D_2^p = (1 - \rho)\left(\frac{p_1 - p_2}{1 - \varepsilon} - \frac{p_2}{\varepsilon}\right)。$$

③当 $\frac{p_3}{p_1} < \delta$，$\frac{p_1 - p_2}{1 - \varepsilon} < \frac{p_1 - p_3}{1 - \delta} < 1$ 时，普通消费者群对新产品和二手品有需求，且 $\frac{p_1 - p_3}{1 - \delta} < \theta < 1$ 的普通消费者购买新产品，$\frac{p_3}{\delta} < \theta < \frac{p_1 - p_3}{1 - \delta}$ 的普通消费者购买二手品。则新产品和二手品的需求函数为 $D_1^p = (1 - \rho)\left(1 - \frac{p_1 - p_3}{1 - \delta}\right)$，$D_3^p = (1 - \rho)\left(\frac{p_1 - p_3}{1 - \delta} - \frac{p_3}{\delta}\right)$。

④当 $\frac{p_3}{p_1} < \delta$，$\frac{p_2 - p_3}{\varepsilon - \delta} < \frac{p_1 - p_2}{1 - \varepsilon} < 1$ 时，普通消费者群对新产品、再制造品和二手品有需求，且 $\frac{p_1 - p_2}{1 - \varepsilon} < \theta < 1$ 普通消费者购买新产品，$\frac{p_2 - p_3}{\varepsilon - \delta} < \theta < \frac{p_1 - p_2}{1 - \varepsilon}$ 的普通消费者购买再制造品，$\frac{p_3}{\delta} < \theta < \frac{p_2 - p_3}{\varepsilon - \delta}$ 的普通消费者购买二手品。则新产品、再制造品和二手品的需求函数为 $D_1^p = (1 - \rho)\left(1 - \frac{p_1 - p_2}{1 - \varepsilon}\right)$，$D_2^p = (1 - \rho)\left(\frac{p_1 - p_2}{1 - \varepsilon} - \frac{p_2 - p_3}{\varepsilon - \delta}\right)$，$D_3^p = (1 - \rho)\left(\frac{p_2 - p_3}{\varepsilon - \delta} - \frac{p_3}{\delta}\right)$。

(2) 通过比较 u_1^g，u_2^g，u_3^g 的大小，可得绿色消费者群对产品的两种需求情形。

①当 $\delta < \frac{p_3}{p_2}$ 时，绿色消费者群只对再制造品有需求，且 $p_2 < \theta < 1$ 的绿色消费者购买再制造品。则再制造品的需求函数为 $D_2^g = \rho(1 - p_2)$。

②当 $p_2 > \frac{p_3}{\delta}$ 时，绿色消费者群对再制造品和二手品有需求，且 $\frac{p_2 - p_3}{1 - \delta} < \theta < 1$ 的绿色消费者购买再制造品，$\frac{p_3}{\delta} < \theta < \frac{p_2 - p_3}{1 - \delta}$ 的绿色消费者购买二手品。则再制造品和二手品的需求函数为 $D_2^g = \rho\left(1 - \frac{p_2 - p_3}{1 - \delta}\right)$，$D_3^g = \rho\left(\frac{p_2 - p_3}{1 - \delta} - \frac{p_3}{\delta}\right)$。

综合上述两个消费者群对产品的需求情形，得到当市场对新产品、再制造品和二手品都有需求时存在如图 5.14 所示的六种情形。

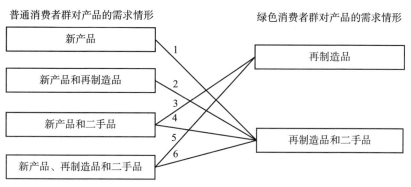

图 5.14　普通消费者群和绿色消费者群对产品的需求情形组合

其中，在情形 1、情形 2 下，普通消费者群和绿色消费者群这两个消费者群对产品的需求情形存在的条件相矛盾，分别是 $\delta < \dfrac{p_3}{p_1}$ 与 $p_2 > \dfrac{p_3}{\delta}$ 矛盾（情形 1）、$\dfrac{\delta}{\varepsilon} < \dfrac{p_3}{p_2}$ 与 $p_2 > \dfrac{p_3}{\delta}$ 矛盾（情形 2）。因此，市场对新产品、再制造品和二手品都有需求时只有情形 3、情形 4、情形 5 和情形 6 这四种情形，分别定义为市场 Ⅰ、Ⅱ、Ⅲ 和 Ⅳ。四个细分市场形成的前提条件和产品需求函数，见表 5 – 8。

表 5 – 8　　　　　　　　　细分市场形成的前提条件和产品需求函数

细分市场	形成的前提条件	产品的需求函数
Ⅰ	$p_2\delta < p_3 < p_1\delta,\ \dfrac{p_1 - p_2}{1 - \varepsilon} < \dfrac{p_1 - p_3}{1 - \delta} < 1$	$D_1 = (1-\rho)\left(1 - \dfrac{p_1 - p_3}{1 - \delta}\right),\ D_2 = \rho(1 - p_2),$ $D_3 = (1-\rho)\left(\dfrac{p_1 - p_3}{1 - \delta} - \dfrac{p_3}{\delta}\right)$
Ⅱ	$p_3 < p_2\delta,\ \dfrac{p_1 - p_2}{1 - \varepsilon} < \dfrac{p_1 - p_3}{1 - \delta} < 1$	$D_1 = (1-\rho)\left(1 - \dfrac{p_1 - p_3}{1 - \delta}\right),\ D_2 = \rho\left(1 - \dfrac{p_2 - p_3}{1 - \delta}\right),$ $D_3 = \dfrac{(1-\rho)p_1 + \rho p_2}{1 - \delta} - \dfrac{p_3}{\delta(1 - \delta)}$
Ⅲ	$p_2\delta < p_3 < p_1\delta,\ \dfrac{p_2 - p_3}{\varepsilon - \delta} < \dfrac{p_1 - p_2}{1 - \varepsilon} < 1$	$D_1 = (1-\rho)\left(1 - \dfrac{p_1 - p_2}{1 - \varepsilon}\right),$ $D_2 = (1-\rho)\left(\dfrac{p_1 - p_2}{1 - \varepsilon} - \dfrac{p_2 - p_3}{\varepsilon - \delta}\right) + \rho(1 - p_2),$ $D_3 = (1-\rho)\left(\dfrac{p_2 - p_3}{\varepsilon - \delta} - \dfrac{p_3}{\delta}\right)$

细分市场	形成的前提条件	产品的需求函数
Ⅳ	$p_3 < p_2\delta$, $\dfrac{p_2 - p_3}{\varepsilon - \delta} < \dfrac{p_1 - p_2}{1 - \varepsilon} < 1$	$D_1 = (1-\rho)\left(1 - \dfrac{p_1 - p_2}{1 - \varepsilon}\right),$ $D_2 = (1-\rho)\left(\dfrac{p_1 - p_2}{1 - \varepsilon} - \dfrac{p_2 - p_3}{\varepsilon - \delta}\right) + \rho\left(1 - \dfrac{p_2 - p_3}{1 - \delta}\right),$ $D_3 = \left(\dfrac{1-\rho}{\varepsilon - \delta} + \dfrac{\rho}{1 - \delta}\right)(p_2 - p_3) - \dfrac{p_3}{\delta}$

通过对比和分析每种细分市场形成的前提条件，可以得到：ε 和 δ 都较低时形成市场 Ⅰ；ε 较低，δ 较高时形成市场 Ⅱ；ε 较高，δ 较低时形成市场 Ⅲ；ε 和 δ 都较高时形成市场 Ⅳ。在本节的算例分析中会通过实际数据对此进行更加直观的验证。

5.4.2 CLSC 定价决策模型

制造商是 Stackelberg 领导者，制造商和第三方回收商的博弈顺序为，制造商首先确定新产品和再制造品的销售价格 p_1、p_2，第三方回收商根据制造商的决策确定二手品的销售价格 p_3。制造商和第三方回收商的利润最大化模型为

$$\max_{p_1,p_2}\Pi_M = D_1(p_1 - c_1) + D_2 p_2 + (R_2 - D_2)v_2 - R_2(c_2 + h) \qquad (5-73)$$

$$\max_{p_3}\Pi_C = D_3 p_3 + (R_3 - D_3)v_3 + R_2(h - h_2) - R_3(c_3 + h_3) \qquad (5-74)$$

根据逆向归纳法，可依次求得每种细分市场下制造商和第三方回收商决策的最优解。

$$p_1^* = \frac{2(1-\delta) + v_3}{2(2-\delta)} + \frac{c_1}{2} \qquad (5-75)$$

$$p_2^* = \frac{1 + v_2}{2} \qquad (5-76)$$

$$p_3^* = \frac{\delta}{4}\left[\frac{2(1-\delta) + v_3}{2-\delta} + c_1\right] + \frac{v_3}{2} \qquad (5-77)$$

其余细分市场下最优定价的求解与细分市场 Ⅰ 的求解类似，这里不再赘述。每种细分市场下的最优定价见表 5-9。

表 5 – 9　　　　　　　　　　　每种细分市场下的最优定价

参数	细分市场 I	细分市场 II	细分市场 III	细分市场 IV
p_1^*	$\dfrac{2(1-\delta)+v_3}{2(2-\delta)}+\dfrac{c_1}{2}$	$\dfrac{2(1-\delta)+v_3}{2(2-\delta)}+\dfrac{c_1}{2}$	$\dfrac{\varepsilon}{2}B+\dfrac{1-\varepsilon+c_1}{2}$	$\left(\dfrac{\delta C+1}{2C}\right)\dfrac{2+v_3 C}{\delta C+2}+\dfrac{1-\varepsilon+c_1}{2}$
p_2^*	$\dfrac{1+v_2}{2}$	$\dfrac{2(1-\delta)+v_3}{2(2-\delta)}+\dfrac{v_2}{2}$	$\dfrac{\varepsilon}{2}B+\dfrac{v_2}{2}$	$\left(\dfrac{\delta C+1}{2C}\right)\dfrac{2+v_3 C}{\delta C+2}+\dfrac{v_2}{2}$
p_3^*	$\dfrac{\delta}{2}\left[\dfrac{2(1-\delta)+v_3}{2(2-\delta)}+\dfrac{c_1}{2}\right]+\dfrac{v_3}{2}$	$\dfrac{2\delta(1-\delta)+\delta v_3}{4(2-\delta)}+\dfrac{(1-\rho)\delta c_1+\rho\delta v_2}{4}+\dfrac{v_3}{2}$	$\dfrac{\delta}{4}B+\dfrac{\delta v_2}{4\varepsilon}+\dfrac{v_3}{2}$	$\dfrac{\delta}{4}\left(\dfrac{2+v_3 C}{\delta C+2}+\dfrac{Cv_2}{\delta C+1}\right)+\dfrac{v_3}{2}$

注：$B=\dfrac{2(\varepsilon-\delta)+(1-\rho)v_3}{(1-\rho)(2\varepsilon-\delta)+2\varepsilon(\varepsilon-\delta)\rho}$，$C=\dfrac{1-\rho}{\varepsilon-\delta}+\dfrac{\rho}{1-\delta}$。

推论 1：绿色消费者市场比例 ρ 对新产品、再制造品和二手品的最优价格 p_1^*、p_2^* 和 p_3^* 有以下影响。

（1）在细分市场 I 下，p_1^*、p_2^*、p_3^* 与 ρ 无关。

（2）在细分市场 II 下，p_1^*、p_2^* 与 ρ 无关，p_3^* 与 ρ 负相关。

（3）在细分市场 III 下，p_1^*、p_2^*、p_3^* 与 ρ 正相关，并且 ρ 对 p_1^* 和 p_2^* 的影响程度相同。

（4）在细分市场 IV 下，p_1^*、p_2^* 与 ρ 正相关，p_3^* 与 ρ 负相关，并且 ρ 对 p_1^* 和 p_2^* 的影响程度相同。

证明过程略。读者在细分市场下，求一阶偏导即可证明结果。

推论 1 说明：在不同的市场情形下绿色消费者市场比例的变化对产品定价策略的影响不同。随着绿色消费者市场比例的升高，当普通消费者对再制造品和二手品的偏好程度都较低时，应维持新产品、再制造品和二手品价格不变；当普通消费者对再制造品偏好程度较低、对二手品偏好程度较高时，应维持新产品和再制造品价格不变，降低二手品价格；当普通消费者对再制造品偏好程度较高、对二手品偏好程度较低时，应提高新产品、再制造品和二手品价格；当普通消费者对再制造品和二手品偏好程度都较高时，应提高新产品和再制造品价格，降低二手品价格。

推论 2：在每一个细分市场下，新产品的需求量 D_1 与绿色消费者市场比例 ρ 负相关，再制造品的需求量 D_2 与 ρ 正相关；在细分市场 I、II 和 IV 下，

二手品的需求量 D_3 与 ρ 负相关，而在细分市场Ⅲ下，随着 ρ 的增加，D_3 先增加后减少。

证明过程略。读者在细分市场下，求一阶偏导即可证明结果。

推论2说明：在每一个细分市场下，只有普通消费者会购买新产品，随着 ρ 的升高，普通消费者数量减少，p_1^* 不变或升高。因此，D_1 与 ρ 负相关。在每一个细分市场下，D_2 与 ρ 正相关。这是由于在细分市场Ⅰ、Ⅱ下，只有绿色消费者购买再制造品，随着 ρ 的升高，绿色消费者数量增加，同时 p_2^* 不变；在细分市场Ⅲ、Ⅳ下，普通消费者和绿色消费者均购买再制造品，绿色消费者对再制造品的购买力（即需求量）要强于普通消费者，随着 ρ 的升高，虽然 p_2^* 会升高，但是绿色消费者数量的增加对 D_2 的影响更大。

在细分市场Ⅰ、Ⅱ、Ⅳ下，D_3 与 ρ 负相关。这是由于在细分市场Ⅰ下，只有普通消费者购买二手品，随着 ρ 的升高，普通消费者数量减少，p_1^*、p_2^* 和 p_3^* 均不变；在细分市场Ⅱ、Ⅳ下，普通消费者和绿色消费者均购买二手品，普通消费者对二手品的购买力要强于绿色消费者，随着 ρ 的升高，虽然 p_3^* 会降低，但是普通消费者数量的减少对 D_3 的影响更大。在细分市场Ⅲ下，只有普通消费者购买二手品，随着 ρ 的升高，与 p_1^* 和 p_2^* 相比，p_3^* 升高得较慢，是相对降低的。当 ρ 小于某一数值时，p_3^* 相对降低因素对 D_3 的影响占主导；当 ρ 大于某一数值时，普通消费者数量减少因素占主导。因此，在细分市场Ⅲ下，随着 ρ 的升高，D_3 先增加后减少。

推论3：普通消费者对再制造品的偏好程度 ε 和消费者对二手品的偏好程度 δ 对 p_1^*、p_2^* 和 p_3^* 有以下影响。

（1）在细分市场Ⅰ下，p_1^*、p_2^* 和 p_3^* 与 ε 无关；p_1^* 与 δ 负相关，p_2^* 与 δ 无关，p_3^* 与 δ 正相关。

（2）在细分市场Ⅱ下，p_1^*、p_2^* 和 p_3^* 与 ε 无关；p_1^*、p_2^* 与 δ 负相关，p_3^* 与 δ 正相关，并且 δ 对 p_1^* 和 p_2^* 的影响程度相同。

（3）在细分市场Ⅲ、Ⅳ下，p_1^*、p_3^* 与 ε 负相关，p_2^* 与 ε 正相关；p_1^*、p_2^* 与 δ 负相关，p_3^* 与 δ 正相关，并且 δ 对 p_1^* 和 p_2^* 的影响程度相同。

证明过程略。读者在细分市场下，求一阶偏导即可证明结果。

推论3说明：当普通消费者对再制造品偏好程度较低时，随着普通消费者对再制造品偏好程度的增加，应维持新产品、再制造品和二手品价格不变，一旦普通消费者对再制造品偏好程度达到较高水平时，随着普通消费者对再制造品偏好程度的增加，应降低新产品和二手品价格，提高再制造品价格。随着普通消费者对二手品偏好程度的增加，当普通消费者对再制造品和二手品偏好程度均较低时，应降低新产品价格，维持再制造品价格不变，提高二手品价格；在其他市场情形下，应降低新产品和再制造品价格，提高二手品价格。

推论4：ε 和 δ 对 D_1、D_2 和 D_3 有以下影响。

（1）在细分市场 Ⅰ 下，D_1、D_2 和 D_3 与 ε 无关；D_1 与 δ 负相关，D_2 与 δ 无关，D_3 与 δ 正相关。

（2）在细分市场 Ⅱ 下，D_1、D_2 和 D_3 与 ε 无关；D_1、D_2 与 δ 负相关，D_3 与 δ 正相关。

（3）在细分市场 Ⅲ、Ⅳ下，D_1 和 D_3 与 ε 负相关，D_2 与 ε 正相关；D_1 与 δ 无关，D_2 与 δ 负相关，D_3 与 δ 正相关。

证明过程略。读者在细分市场下，求一阶偏导即可证明结果。

由推论4可以看出，当普通消费者对再制造品偏好程度较低时，普通消费者对再制造品偏好程度的增加不影响产品需求量；当普通消费者对再制造品偏好程度较高时，普通消费者对再制造品偏好程度的增加会增加再制造品需求量，减少新产品和二手品需求量。普通消费者对二手品偏好程度的增加会减少新产品和再制造品需求量，增加二手品需求量。

5.4.3　算例分析

为了验证以上推论，观察 ρ、ε 和 δ 对各成员利润的影响，本节将结合某空调企业的实际生产情况采用数值算例进行分析，选取 $c_1 = 0.5$，$c_2 = 0.3$，$c_3 = 0.16$，$v_2 = 0.34$，$v_3 = 0.2$，$h = 0.02$，$h_2 = 0.01$，$h_3 = 0.02$，$R_2 = 0.6$，$R_3 = 0.3$。

将上述参数代入表5-9中产品价格公式，根据表5-8中每个细分市场形成的前提条件，通过 Mathematica 软件计算得到 ε 和 δ 的取值范围：在细分市场 Ⅰ 下，$\delta < \varepsilon < \dfrac{229 - 223\delta + 9.05\delta^2}{282 - 392\delta + 126\delta^2}$，$0.275 < \delta < 0.32$；在细分市场 Ⅱ 下，当 $0.314 < \varepsilon \leqslant 0.8$ 时，$0.314 < \delta < \varepsilon$，当 $0.8 < \varepsilon \leqslant 0.894$ 时，$0.314 < \delta < 0.8$，当 $0.894 < \varepsilon \leqslant 0.92$ 时，$\dfrac{1.4\varepsilon - 1.24}{1.25\varepsilon - 1.09} < \delta < 0.8$；在细分市场 Ⅲ 下，当 $0.646 < \varepsilon \leqslant 0.778$ 时，$\dfrac{\varepsilon - 1}{2.5\varepsilon - 2.9} < \delta < \dfrac{4\varepsilon^2 - 2.4\varepsilon}{3.3\varepsilon - 1.7}$，当 $0.778 < \varepsilon \leqslant 0.827$ 时，

$\dfrac{0.2\varepsilon}{\varepsilon^2 - 2.5\varepsilon + 0.67} < \delta < \dfrac{4\varepsilon^2 - 2.4\varepsilon}{3.3\varepsilon - 1.7}$，当 $0.827 < \varepsilon \leqslant 0.84$ 时，$\dfrac{0.2\varepsilon}{\varepsilon^2 - 2.5\varepsilon + 0.67} <$

$\delta < \varepsilon\,\dfrac{5\varepsilon^2 - 0.3\varepsilon - 0.6 - \sqrt{2 + 7\varepsilon - 26\varepsilon^2 - 3\varepsilon^3 + 25\varepsilon^4}}{\varepsilon^2 - 0.3\varepsilon - 0.85}$；在细分市场Ⅳ下，$0.833 <$

$\varepsilon < 0.84$，$0.5 < \delta < 0.539$。通过对比四个细分市场下 ε 和 δ 的范围，验证了对每个细分市场形成条件的分析。

1. 绿色消费者市场比例 ρ 对定价决策和利润的影响分析

选取 $\varepsilon = 0.5$，$\delta = 0.3$ 形成细分市场Ⅰ；$\varepsilon = 0.5$，$\delta = 0.35$ 形成细分市场Ⅱ；$\varepsilon = 0.835$，$\delta = 0.305$ 形成细分市场Ⅲ；$\varepsilon = 0.835$，$\delta = 0.505$ 形成细分市场Ⅳ。其中，在细分市场Ⅰ、Ⅱ、Ⅲ下，ρ 的取值范围为（0，1），在细分市场Ⅳ下，ρ 的取值范围为（0.95，1）。将上述相关数据代入表 5－9 中产品的价格公式和表 5－8 中产品的需求量公式，得到 ρ 对产品价格 p_φ 和需求量 D_φ 的影响，如图 5.15 所示。

图 5.15 验证了推论 1 和推论 2 的正确性。由图 5.15 可以发现，在市场Ⅰ、Ⅱ下，产品需求量比产品价格更易受到绿色消费者市场比例波动的影响。而在市场Ⅲ、Ⅳ下，产品价格比产品需求量更易受到绿色消费者市场比例波动的影响。因此，当市场中绿色消费者的比例变化时，若普通消费者对再制造品偏好程度较低，制造商和第三方回收商应关注产品的生产安排；若普通消费者对再制造品偏好程度较高，制造商和第三方回收商应关注产品的价格调整。

将上述相关数据分别代入公式（5－73）和公式（5－74），得到 ρ 对制造商利润 Π^M 和第三方回收商利润 Π^C 的影响，如图 5.16 所示。

由图 5.16 可以得到：在每一个细分市场下，随着绿色消费者市场比例的升高，制造商利润增加，第三方回收商利润在市场Ⅰ、Ⅱ、Ⅳ下减少、在市场Ⅲ下先增加后减少，并且制造商增加的利润要大于第三方回收商减少或增加的利润，CLSC 整体利润会增加。绿色消费者市场比例的升高虽然会减少新产品需求量，但会通过增加再制造品的需求量、提高新产品和再制造品的销售价格等方式增加制造商的利润。因此，制造商会倾向于采取广告宣传、环保教育等手段来提高绿色消费者的市场比例，进而提升自身利润。但随着绿色消费者市场比例的升高，第三方回收商利润减少，回收积极性会受到一定的影响，这时制造商可以适当提升废旧品的收购价格来保证第三方回收商的回收积极性。

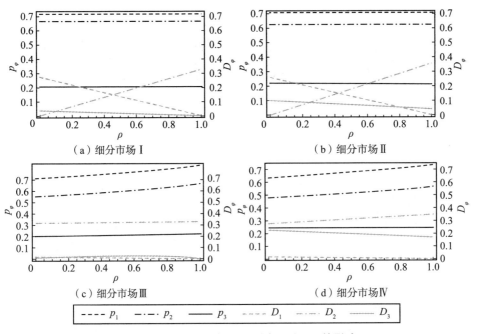

（a）细分市场 I　　　　　　　　　　（b）细分市场 II

（c）细分市场 III　　　　　　　　　　（d）细分市场 IV

$- - - p_1$　$-\cdot-\cdot p_2$　$—— p_3$　$\cdots\cdots D_1$　$-\cdot-\cdot D_2$　$\cdots\cdots D_3$

图 5.15　不同细分市场下 ρ 对 p_φ 和 D_φ 的影响

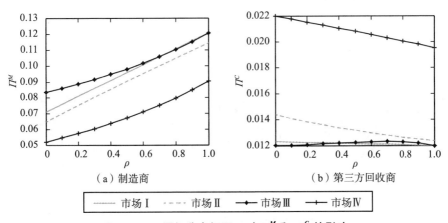

（a）制造商　　　　　　　　　　（b）第三方回收商

—— 市场 I　　- - - 市场 II　　$—\blacklozenge—$ 市场 III　　$—+—$ 市场 IV

图 5.16　不同细分市场下 ρ 对 $\varPi^M$ 和 $\varPi^C$ 的影响

2. 消费者对再制造品、二手品的偏好程度 ε 与 δ 定价决策和利润的影响分析

在市场 I、II、III 下，选取 $\rho = 0.5$。因为市场 IV 要求 $\rho > 0.95$，所以在市场 IV 下选取 $\rho = 0.98$。将相关参数代入表 5-9 中产品的价格公式得到 ε、δ 对产品价格 p_φ 的影响，如图 5.17 所示。

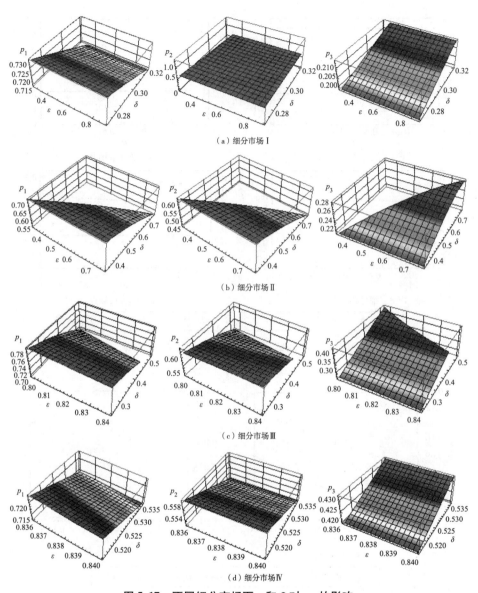

（a）细分市场 I

（b）细分市场 II

（c）细分市场 III

（d）细分市场 IV

图 5.17　不同细分市场下 ε 和 δ 对 p_φ 的影响

图 5.17 直观地验证了推论 3 的正确性。

将相关数据代入表 5 - 8 中产品的需求量公式，得到 ε 和 δ 对产品需求量 D_φ 的影响，如图 5.18 所示。

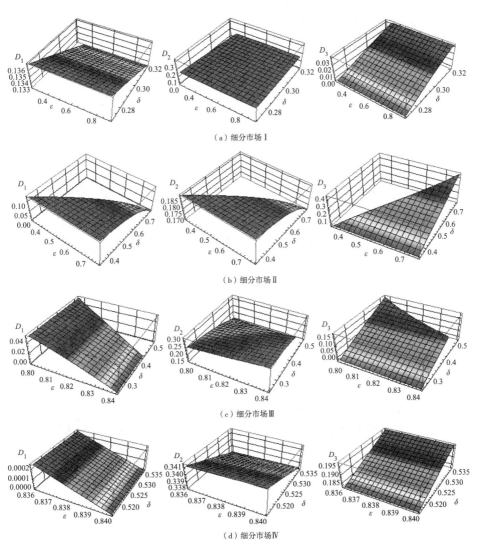

图 5.18 不同细分市场下 ε 和 δ 对 D_{φ} 的影响

图 5.18 验证了推论 4 的正确性。由图 5.17 和图 5.18 可以发现普通消费者对再制造品的偏好程度只有在其较高时才会影响产品的价格和需求量，且主要影响新产品和再制造品，对二手品的影响很小。普通消费者对二手品的偏好程度对新产品、再制造品和二手品的价格和需求量的影响都较明显。这说明当普通消费者对再制造品的偏好程度较低时，制造商应重点关注普通消费者对二手品偏好程度的变化；当普通消费者对再制造品的偏好程度较高时，制造商应

同时关注普通消费者对再制造品和二手品偏好程度的变化，以便及时调整新产品和再制造品的价格和响应市场需求。第三方回收商只需关注普通消费者对二手品偏好程度的变化，以便及时调整二手品的价格和响应市场需求。

将相关数据分别代入公式（5–73）和公式（5–74），得到 ε 和 δ 对制造商利润 Π^M 和第三方回收商利润 Π^C 的影响，如图 5.19 所示。

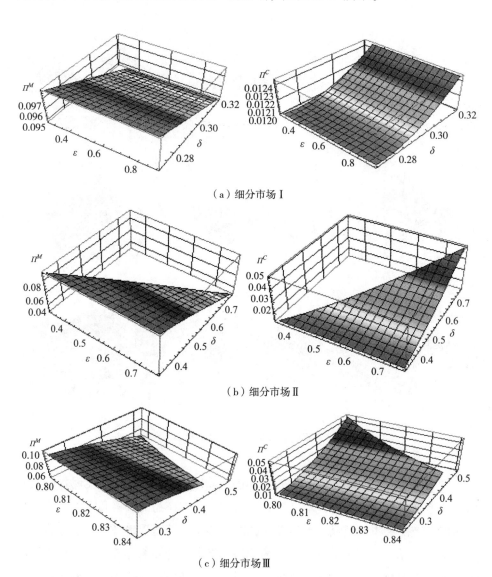

（a）细分市场 I

（b）细分市场 II

（c）细分市场 III

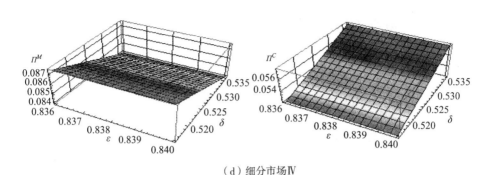

（d）细分市场Ⅳ

图 5.19　不同细分市场下 ε 和 δ 对 Π^M 和 Π^C 的影响

由图 5.19 可以得到：当普通消费者对再制造品偏好程度较低时，随着普通消费者对再制造品偏好程度的增加，制造商和第三方回收商利润不变，一旦普通消费者对再制造品偏好程度达到较高水平，随着普通消费者对再制造品偏好程度的增加，制造商利润增加，第三方回收商利润减少，且制造商利润的增加幅度要大于第三方回收商利润的减少幅度，CLSC 整体利润增加；在每一个细分市场下，随着普通消费者对二手品偏好程度的增加，制造商利润减少，第三方回收商利润增加，第三方回收商利润的增加幅度要小于制造商利润的减少幅度，CLSC 整体利润减少。

5.4.4　研究结论

本节基于普通消费者对再制造品和二手品的偏好程度进行了市场细分，通过研究不同细分市场下消费者市场结构的变化和消费者对再制造品和二手品偏好程度的变化对 CLSC 定价决策的影响，得出以下结论。

（1）随着绿色消费者比例的升高，新产品和再制造品的价格不变或提高，二手品的价格不变或降低。当市场中绿色消费者市场比例发生波动时，若普通消费者对再制造品偏好程度较低，制造商和第三方回收商应关注产品的生产安排；若普通消费者对再制造品偏好程度较高，制造商和第三方回收商应关注产品的价格调整。

（2）随着普通消费者对再制造品偏好程度的增加，新产品和二手品的价格不变或降低，再制造品的价格不变或提高。随着普通消费者对二手品偏好程度的增加，新产品的价格降低，再制造品的价格不变或降低，二手品的价格提高。为了能及时调整产品的价格和响应市场需求，当普通消费者对再制造品的偏好程度较低时，制造商应重点关注普通消费者对二手品偏好程度的变化；当普通消费者对再制造品的偏好程度较高时，制造商应同时关注普通消费者对再制造品和二手品偏好程度的变化，第三方回收商只需重点关注普通消费者对二手品偏好程度的变化。

（3）通过教育、宣传等手段来增强消费者的环保意识和对再制造品的认识，提高绿色消费者市场比例和消费者对再制造品的偏好程度，虽然会减少新产品需求量，但能促进质量较差的废旧品的回收再利用，增加制造商利润和CLSC利润，减少第三方回收商利润。消费者对二手品偏好程度的增加，不改变新产品的需求量，但能促进质量较好的废旧品的回收再利用，减少制造商利润和 CLSC 利润，增加第三方回收商利润。

本节重点研究了消费者市场相关因素的变化对 CLSC 定价决策和利润的影响，未考虑企业的销售努力、企业之间的竞争等因素的影响。因此，在今后的研究中将对此进行深入研究。

第 6 章
不确定需求环境下的再制造 CLSC 定价决策研究

本章在不确定需求环境下，考虑产品供应方在再制造准入与竞争、销售努力/广告效应、低碳责任等方面运作方式，对产品定价策略与 CLSC 协调机制进行研究。首先，考虑再制造竞争，运用 Stackelberg 博弈，分析新产品和再制造品市场需求随机波动情形对再制造 CLSC 定价决策的影响；其次，引入再制造准入机制，考虑新产品专利保护因子和政府再制造补贴，研究再制造竞争 CLSC 决策与协调；再次，在不同主导模式下，通过具有广告效应的销售努力研究再制造 CLSC 的决策与协调；最后，研究企业低碳责任和再制造竞争对 CLSC 节点企业期望利润和系统总期望利润的影响。

6.1 引言

再制造品的出现对消费市场产生一定的冲击，表现为同类的新产品与再制造品竞争。与此同时，消费者对再制造品的购买意愿也表现不同，导致消费市场对各类产品的需求更加不确定。熊瑜等（Yu Xiong et al.，2014）研究了再制造商负责回收的再制造系统，运用连续时间的马尔可夫决策方法分析了市场需求不确定性和回收质量不确定性对再制造系统总成本的影响。此外，随着国家转变经济发展方式和专利保护制度的完善，要求企业更加重视产品供应链的低碳化运营，以及增强产品专利保护意识，这使得生产制造企业在回收再制造运营中，一方面考虑到再制造品的蚕食，通过专利许可方式授权来保证供应链的利润。张成堂等（Cheng – Tang Zhang et al.，2016）考虑账户定价和协调，分析了专利产品再制造供应链，建立了领导追随者博弈模型和联合决策模型，以优化二手品的回收价格、物品销售价格和专利许可费用的决策。高攀等（2017）针对二手品的专利保护问题，研究了原制造商与二手商的竞争策略。唐飞等（2019）在电子商务环境下考虑消费者对零售渠道和直销渠道具有不同的渠道偏好，研究了专利许可零售商实施再制造的双渠道 CLSC 定价决策和协调问题。另一方面，再制造 CLSC 各个企业在加大销售努力和回收努力的宣传下，权衡经济利益与低碳效应协调再制造 CLSC 的决策。萨拉特·库马尔·耶拿等（Sarat Kumar Jena et al.，2017）通过对比研究分散决策下制造商打广告、零售商打广告、制造商和零售商均打广告，以及集中决策下制造商和零售商均打广告时废旧品的回收广告策略，分析了回收广告投入对 CLSC 利润和废旧品回收量的影响，得到从经济和环境效益角度来看集中决策模式最优的结论。李新然等（2017）考虑政府对再制造补贴、零售商对再制造品进行销售努力，研究了制造商主导下的产品差别定价决策。许民利等（2019）考虑由制造商和零售商构成的 CLSC，运用 Stackelberg 博弈理论，研究制造商广告和零售商广告两种模型下的供应链决策。

在考虑广告影响或销售努力的 CLSC 决策研究中，只有少数文献考虑了新产品与再制造品之间的差异，且仅有文献考虑了消费者偏好行为的影响，但其忽略了市场中另一类消费群体的存在即对再制造品和新产品具有相同偏好的绿色消费者；并且大多数文献只研究了制造商主导下的决策问题。

同时，考虑可持续发展中的循环再利用与低碳责任，如李新然等（2017）考虑政府对再制造补贴、零售商对再制造品进行销售努力，研究了制造商主导下的产品差别定价决策。李辉等（2018）考虑了碳排放约束且由制造商负责回收的低碳 CLSC 系统，分析了 CLSC 回收价格和碳排放约束等因素对减排水平和回收水平的影响。徐静等（2019）考虑了基于产品低碳度的消费者低碳偏好，运用变分不等式和均衡理论构建了政府补贴下的 CLSC 均衡决策模型。因此，产品低碳责任对 CLSC 定价决策也有直接影响，特别是同时考虑了政府碳限额政策和市场需求不确定环境下，从新产品和再制造品之间相互竞争关系中探讨产品低碳责任对 CLSC 定价决策的影响尤为重要。

综上所述，本章考虑需求不确定环境下的再制造 CLSC 定价决策，以及在此背景下分析专利保护机制、广告努力及低碳责任对 CLSC 成员决策的影响。

6.2 需求不确定环境下考虑竞争的 CLSC 定价研究

6.2.1 模型描述与基本假设

1. 模型描述

CLSC 系统由制造商、再制造商、零售商和消费者组成。制造商出于核心业务发展战略考虑，如新产品研发战略等，自身不独立进行废旧品回收再制造，即制造商生产新产品，再制造商进行废旧品再制造，零售商销售新产品和再制造品；再制造商直接从消费者手中回购废旧品并实施再制造，政府对再制造商给予回收补贴，制造商、再制造商和零售商形成 Stackelberg 博弈。再制造竞争 CLSC 结构如图 6.1 所示。

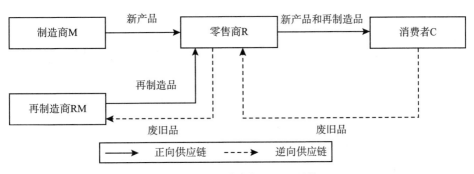

图 6.1　再制造竞争 CLSC 结构

2. 参数说明

设新产品生产成本为 c_N，再制造品生产成本为 c_R，回收单位废旧品的政府补贴费用为 s，由于政府补贴费用不可能无限大，假定 $0 < s < c_N - c_R$，相关参数说明如下。

w_i 表示第 i 种产品的批发价格，$i=1$ 表示新产品，$i=2$ 表示再制造品。

p_i 表示零售商制定第 i 种产品的销售价格。

p_R 表示再制造商回收的废旧品价格。

b 表示再制造商（RM）回收废旧品的价格，且 $p_R < b < c_N - c_R$，即废旧品的回收价格不超过再制造品的制造成本节约，且大于零售商（R）的回收价格以保证零售商（R）具有回收动力。

D_i 表示第 i 种产品的市场需求量，$D_i = y_i(p_i, p_j) + \varepsilon_i$，其中 $i \neq j$；且 i，$j = 1$ 或 2。$y_i(p_i, p_j) = a - p_i + k(p_j - p_i)$ 是期望需求函数，a 为新产品和再制造品的潜在市场需求；k 为新产品和再制造品之间的替代系数，即再制造竞争系数，取值范围为 $[0, 1]$；ε_i 是随机需求因子，定义在 $[A_i, B_i]$，概率密度函数为 $f_i(\varepsilon_i)$。

z_i 表示零售商的第 i 种产品库存因子，属于随机变量，且定义在 $[A_i, B_i]$，其概率密度函数为 $f_i(\varepsilon_i)$。由于需求不确定的传递性，即市场需求随机变化导致零售商无法准确预测，使产品库存因子处于随机变化状态，故产品库存因子 z_i 的变化可反映需求不确定性，通过库存因子变化研究需求不确定性对 CLSC 定价决策的影响。当 $z_i > 0$ 时，表示零售商订购第 i 种产品的数量大于其市场需求量（处于存货状态）；当 $z_i = 0$ 时，表示零售商订购第 i 种产品的数量恰好等于其市场需求量（处于零库存状态）；当 $z_i < 0$ 时，表示零售商订购第 i 种产品的数量小于其市场需求量（处于缺货状态）。

Q_i 表示零售商第 i 种产品的订购量，属于随机变量，$Q_i = y_i(p_i, p_j) + z_i$，由于 z_i 是随机变量，故零售商第 i 种产品的订购量 Q_i 是随机变量。

L 表示废旧品的回收量，假设废旧品回收量能满足再制造商的再制造需求（通过数值仿真可验证该假设条件成立），且废旧品的回收量 L 是回收价格 p_R 的线性函数，即 $L = \alpha + \beta p_R$，其中 $\alpha > 0$，$\beta > 0$。

3. 基本假设

假设 1：新产品和再制造品的功能和质量相同，价格存在差异，且相互竞争。

假设 2：新产品和再制造品的市场需求是随机变化的。

假设 3：制造商作为 Stackelberg 领导者，与再制造商为相互竞争关系。

假设 4：制造商、再制造商和零售商均为风险中性且彼此信息对称。

假设 5：新产品和再制造品均满足零售商的订购需求。

假设 6：设所有产品的存货成本和缺货成本均为零。

6.2.2　市场需求不确定和再制造竞争下 CLSC 定价模型

1. 分散决策的定价模型

在分散决策模型中，制造商、再制造商和零售商形成 Stackelberg 博弈，且假定制造商为 Stackelberg 领导者，他们在信息对称情况下独立地进行产品定价决策，以实现各自的期望利润最大化目标。再制造竞争 CLSC 分散定价决策问题可表示为

$$\max_{w_1} E(\pi_M^{\mathrm{I}}) = (w_1 - c_N) Q_1 \tag{6-1}$$

$$\max_{w_2, p_R} E(\pi_{RM}^{\mathrm{I}}) = w_2 Q_2 - (p_R + c_R)(\alpha + \beta p_R) + s(\alpha + \beta p_R) \tag{6-2}$$

$$\begin{aligned}
\max_{p_1, p_2, p_R} E(\pi_R^{\mathrm{I}}) &= p_1 \times \min(Q_1, D_1) + p_2 \times \min(Q_2, D_2) - w_1 \times Q_1 \\
&\quad - w_2 \times Q_2 + (b - p_R) \times (\alpha + \beta p_R) \\
&= (p_1 - w_1) \times Q_1 - p_1 \times h_1 + (p_2 - w_2) \times Q_2 - p_2 \times h_2 \\
&\quad + (b - p_R) \times (\alpha + \beta p_R)
\end{aligned} \tag{6-3}$$

式中，$Q_i = a - p_i + k(p_j - p_i) + z_i$，$h_i = \int_{A_i}^{z_i} (z_i - x_i) f_i(x_i) \mathrm{d}x_i$。

求解得

$$w_1^* = \frac{2a + 2c_N + 3ak + 2X_1 + 2kX_1 + kX_2 + 4kc_N + 2k^2 c_N}{3k^2 + 8k + 4} \tag{6-4}$$

$$w_2^* = \frac{2a + 3ak + 2X_2 + kX_1 + 2kX_2 + kc_N + k^2 c_N}{3k^2 + 8k + 4} \tag{6-5}$$

$$p_1^* = \frac{2a + 2c_N + 3ak + 2X_1 + 2kX_1 + kX_2 + 4kc_N + 2k^2 c_N}{2(3k^2 + 8k + 4)} + \frac{a - Y_1 + 2ak - kY_1 - kY_2}{2(2k + 1)} \tag{6-6}$$

$$p_2^* = \frac{2a + 3ak + 2X_2 + kX_1 + 2kX_2 + kc_N + k^2 c_N}{2(3k^2 + 8k + 4)} + \frac{a - Y_2 + 2ak - kY_1 - kY_2}{2(2k + 1)} \tag{6-7}$$

$$p_R^* = \frac{s - c_R}{4} - \frac{3\alpha}{4\beta} \tag{6-8}$$

$$b^* = \frac{s - c_R}{2} - \frac{\alpha}{2\beta} \tag{6-9}$$

式中，$X_1 = h_1 + z_1$，$X_2 = h_2 + z_2$，$Y_1 = h_1 - z_1$，$Y_2 = h_2 - z_2$。

将公式（6-4）～公式（6-9）代入制造商、再制造商和零售商的期望利润函数公式，即公式（6-1）～公式（6-3），得到

$$E(\pi_M^{I*}) = \frac{(k+1)^2 U_0^2}{2U_1^2} \qquad (6-10)$$

$$E(\pi_{RM}^{I*}) = \frac{(k+1)^2 U_2^2}{2U_1^2} + \frac{(\alpha - \beta c_R + \beta s)^2}{8\beta} \qquad (6-11)$$

$$E(\pi_R^{I*}) = \left(U_3 - \frac{U_2}{2U_1}\right)\left[a + z_2 - U_3 + k\left(U_4 - U_3 + \frac{U_5 - U_2}{2U_1}\right) - \frac{U_2}{2U_1}\right]$$

$$- \left(U_4 - \frac{U_5}{2U_1}\right)\left[U_4 - a - z_1 + \frac{U_5}{2U_1}\right] - k\left(U_4 - \frac{U_5}{2U_1}\right)\left(U_3 + \frac{U_5 - U_2}{2U_1}\right)$$

$$- h_1\left(U_4 + \frac{U_5}{2U_1}\right) - h_2\left(U_3 + \frac{U_2}{2U_1}\right) + \frac{(\alpha - \beta c_R + \beta s)^2}{16\beta} \qquad (6-12)$$

式中，$U_0 = 2a + 3ak + 2X_1 + 2kX_1 + kX_2 - 2c_N - 4kc_N - k^2 c_N$，$U_1 = 3k^2 + 8k + 4$，$U_2 = 2a + 3ak + 2X_2 + 2kX_2 + kX_1 + kc_N + k^2 c_N$，$U_3 = \dfrac{a + 2ak - Y_2 - kY_1 - kY_2}{2(2k+1)}$，$U_4 = \dfrac{a + 2ak - Y_1 - kY_1 - kY_2}{2(2k+1)}$，$U_5 = 2a + 3ak + 2X_1 + 2kX_1 + kX_2 + 2c_N + 4kc_N + 2k^2 c_N$。

因此，分散决策下 CLSC 系统总期望利润 $E(\pi^{I*}) = E(\pi_R^{I*}) + E(\pi_M^{I*}) + E(\pi_{RM}^{I*})$。

2. 集中决策的定价模型

制造商与零售商及再制造商与零售商分别构成一个"超组织"[①]，由每个"超组织"的中央决策者分别制定新产品和再制造品的销售价格，并在同一消费市场进行销售，形成市场竞争，使 CLSC 系统期望利润最大化。

$$\max_{p_1} E(\pi_M^{II}) = p_1 \min(Q_1, D_1) - c_N Q_1 = (p_1 - c_N)Q_1 - p_1 h_1 \qquad (6-13)$$

$$\max_{p_2, p_R} E(\pi_{RM}^{II}) = p_2 \min(Q_2, D_2) - (p_R + c_R)(\alpha + \beta p_R) + s(\alpha + \beta p_R)$$

$$= p_2(Q_2 - h_2) - (p_R + c_R)(\alpha + \beta p_R) + s(\alpha + \beta p_R) \qquad (6-14)$$

分别对公式（6-12）和公式（6-13）求一阶导数，并令其等于0，联立求得

---

① "超组织"指制造商（R）和再制造商（RM）打破传统的组织界限，将企业边界向下延伸到零售商（R），以整合 CLSC 节点企业资源来实现 CLSC 系统整体收益最大化的一种组织形式。

$$p_1^{**} = \frac{2a + 2c_N + 3ak + 4kc_N + 2k^2c_N}{3k^2 + 8k + 4} - \frac{2Y_1 + 2kY_1 + kY_2}{3k^2 + 8k + 4} \qquad (6-15)$$

$$p_2^{**} = \frac{2a - 2Y_1 + 3ak + kc_N - kY_1 - 2kY_2 + k^2c_N}{3k^2 + 8k + 4} \qquad (6-16)$$

$$p_R^{**} = \frac{s - c_R}{2} - \frac{\alpha}{2\beta} \qquad (6-17)$$

将公式（6-15）~公式（6-17）分别代入公式（6-13）和公式（6-14）得

$$E(\pi_M^{\mathrm{II}*}) = \frac{[V_1 - (k^2 + 4k + 2)c_N][(3k^2 + 5k + 2)a - (k^3 + 5k^2 + 6k + 2)c_N]}{V_3^2}$$

$$+ \frac{[V_1 - (k^2 + 4k + 2)c_N][(k^2 + 4k + 2)X_1 - k(k+1)Y_2 + k^2z_1] - h_1V_3[V_1 + 2(k+1)^2c_N]}{V_3^2} \qquad (6-18)$$

$$E(\pi_{RM}^{\mathrm{II}*}) = \frac{(k+1)[V_2 + k(k+1)c_N]^2}{V_3^2} + \frac{(\alpha - \beta c_R + \beta s)^2}{4\beta} \qquad (6-19)$$

其中 $V_1 = 2a - 2Y_1 + 3ak - 2kY_1 - kY_2$，$V_2 = 2a - 2Y_2 + 3ak - 2kY_2 - kY_1$，$V_3 = 3k^2 + 8k + 4$。由 $E(\pi^{\mathrm{II}*}) = E(\pi_M^{\mathrm{II}*}) + E(\pi_{RM}^{\mathrm{II}*})$ 得集中决策下 CLSC 系统的总期望利润。

3. 两种模型结果分析

通过分析分散决策模式和集中决策模式的最优定价，可得以下六个命题。

命题 1　在分散决策中，制造商和再制造商制定的最优批发价格 w_1^* 和 w_2^*，与零售商制定的最优销售价格 p_1^* 和 p_2^* 之间有以下关系。

（1）当 $X_2 = X_1 + (k+1)c_N$ 且 $Y_1 = Y_2$ 时，$w_1^* = w_2^*$，$p_1^* = p_2^*$；

（2）当 $X_2 < X_1 + (k+1)c_N$ 且 $Y_2 \geqslant Y_1$ 时，$w_1^* > w_2^*$，$p_1^* > p_2^*$；

（3）当 $X_2 > X_1 + (k+1)c_N$ 且 $Y_2 \leqslant Y_1$ 时，$w_1^* < w_2^*$，$p_1^* < p_2^*$。

命题 1 表明：在分散决策中，零售商制定新产品和再制造品的销售价格主要依赖于其批发价格，说明零售商对产品的批发价格较为敏感，体现了制造商和再制造商作为 Stackelberg 领导者的地位。

命题 2　在分散决策中，当参数满足某种条件时，制造商、再制造商和零售商制定的新产品和再制造品价格与再制造竞争系数 k 负相关。

（1）当 $0 < c_N < 2a + X_1 + X_2$ 且 $X_1 \geqslant X_2$，$Y_2 \geqslant Y_1$ 时，$\dfrac{\partial w_1^*}{\partial k} < 0, \dfrac{\partial p_1^*}{\partial k} < 0$；

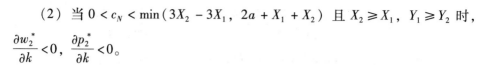

（2）当 $0 < c_N < \min(3X_2 - 3X_1, \ 2a + X_1 + X_2)$ 且 $X_2 \geqslant X_1$，$Y_1 \geqslant Y_2$ 时，$\dfrac{\partial w_2^{\ *}}{\partial k} < 0$，$\dfrac{\partial p_2^{\ *}}{\partial k} < 0$。

命题 2 表明：在分散决策中，再制造竞争程度对制造商、再制造商和零售商制定新产品和再制造品的批发价格和销售价格产生了重要影响，即在一定范围内，再制造竞争程度加剧，制造商和再制造商将采取低价批发策略，零售商采取低价销售策略；反之，采取高定价策略。这体现竞争者之间常用的"价格战"策略。

命题 3 在集中决策中，新产品和再制造品的最优销售价格 $p_1^{\ **}$ 和 $p_2^{\ **}$ 有以下关系。

（1）当 $c_N = \dfrac{Y_1 - Y_2}{k+1}$，且 $Y_1 > Y_2$ 时，$p_1^{\ **} = p_2^{\ **}$；

（2）当 $c_N > \dfrac{Y_1 - Y_2}{k+1}$，且 $Y_1 > Y_2$ 时，$p_1^{\ **} > p_2^{\ **}$；

（3）当 $0 < c_N < \dfrac{Y_1 - Y_2}{k+1}$，且 $Y_1 > Y_2$ 时，$p_1^{\ **} < p_2^{\ **}$。

命题 3 表明：在集中决策中，新产品的生产成本直接决定新产品和再制造品的销售价格，即①若制造商以提高产品质量获取竞争优势，在一定程度上会造成新产品的生产成本上升，故采取高价销售策略；②若制造商通过压缩产品生产成本获取竞争优势，将采用低价销售策略，即营销学上"价格战"。因此，制造商可根据产品特征采取不同竞争策略，获得更多市场份额。

命题 4 在集中决策中，新产品和再制造品的销售价格与再制造竞争系数 k 有以下关系。

（1）当 $c_N = 3(Y_1 - Y_2)$，$a > 2Y_1 - Y_2$ 且 $Y_1 > Y_2$ 时，$\dfrac{\partial p_1^{\ **}}{\partial k} = \dfrac{\partial p_2^{\ **}}{\partial k} < 0$；

（2）当 $0 < c_N < 3(Y_1 - Y_2)$，$a > 2Y_1 - Y_2$ 且 $Y_1 > Y_2$ 时，$\dfrac{\partial p_1^{\ **}}{\partial k} < 0$；

（3）当 $3(Y_1 - Y_2) < c_N < 2a - Y_1 - Y_2$，$a > 2Y_1 - Y_2$ 且 $Y_1 > Y_2$ 时，$\dfrac{\partial p_2^{\ **}}{\partial k} < 0$。

命题 4 表明：在集中决策中，当新产品生产成本在一定范围内变化时，再制造竞争程度与销售价格呈负相关关系。①当新产品生产成本为某一临界值时，新产品与再制造品的销售价格随再制造竞争程度加剧而降低，即制造商领导的"超组织"和再制造商领导的"超组织"均采取低价销售策略。②当新产品生产成本低于该临界值时，新产品销售价格随再制造竞争程度加剧而降低，制造商领导的"超组织"将采取低价销售策略。在一定程度上说明制造商领导的"超组织"采取生产成本控制手段，通过低价销售取得竞争优势。③当新产品生产成本高于该临界值时，再制造品销售价格随再制造竞争程度加剧而降低，即再制造商领导的"超组织"将采取低价销售策略。即再制造商领导的"超组织"采取生产成本控制手段以低价销售获取竞争优势。

命题 5　当 $s > c_R - \dfrac{\alpha}{\beta}$ 时，$p_R^{**} > p_R^*$。

命题 5 表明：当政府对再制造商回收废旧品的补贴费用高于特定值时，集中决策下废旧品的回收价格将高于分散决策下的回收价格。集中决策下再制造商将政府补贴一部分转移给消费者，从而使消费者也能享受到废旧品回收再利用的政府补贴政策即"政府补贴惠民政策"。

命题 6　① $\dfrac{\partial p_R^*}{\partial s} > 0$，$\dfrac{\partial p_R^{**}}{\partial s} > 0$ 且 $\dfrac{\partial L^*}{\partial s} > 0$，$\dfrac{\partial L^{**}}{\partial s} > 0$，其中 L^* 表示分散决策下废旧品最优回收量，L^{**} 表示集中决策下废旧品最优回收量；

②当 $s > c_R - \dfrac{\alpha}{\beta}$ 时，$\dfrac{\partial \pi_{RM}^{I*}}{\partial s} > 0$，$\dfrac{\partial \pi_{RM}^{II*}}{\partial s} > 0$。

命题 6 表明：在政府补贴情形下，①随政府补贴力度加大，两种决策下再制造商均提高废旧品回收价格，即以更大比例将政府补贴转移给消费者，从而提高消费者废旧品回收再利用意识和积极性，同时提高废旧品的回收数量，形成良好的废旧品回收循环机制；②当政府补贴金额超过一定值时，随政府补贴力度加大，两种决策下再制造商和其领导的"超组织"期望利润均随之增加；进一步说明政府补贴在一定程度上对废旧品回收再利用产生积极影响。

6.2.3　算例分析

本节运用 MATLAB 数据分析软件对电子产品（如小型打印机）进行实例分析。具体数据如下：设 $a = 200$（万台），$\alpha = 60$（万台），$c_N = 100$（美元），$c_R = 20$（美元），$s = 75$（美元），本节取 $z_1 = -6$（万台）（表示紧缺 6 单位新产品），$z_2 = -4$（万台）（表示紧缺 4 单位再制造品），$\beta = 10$，$k = 0.6$；并设新产品和再制造品的市场需求因子 ε_1，ε_2 及库存因子 z_1，z_2 均服从 $[-10, 10]$

上的均匀分布。

1. 两种决策模式下最优解分析

将上述数据代入公式（6-4）~公式（6-12）及公式（6-15）~公式（6-19）可得分散决策和集中决策模式下最优解，见表6-1。

表6-1 两种决策模式下的最优解

决策变量与利润	分散决策/美元	集中决策/美元	决策变量与利润	分散决策/万美元	集中决策/万美元
w_1	126.74	—	$E(\pi_R)$	6587.40	—
w_2	85.30	—	$E(\pi_{RM})$	10472.00	—
p_1	160.38	126.37	$E(\pi_M)$	572.1468	—
p_2	139.99	84.66	$E(\pi)$	17632.00	21844.00
p_R	9.25	24.50			

由表6-1得，集中决策下新产品和再制造品的销售价格均低于分散决策，而集中决策下CLSC系统总利润高于分散决策，表明集中决策下制造商和再制造商分别与零售商采取联合集中定价方式，降低产品销售价格以提高其销售量，从而提高CLSC系统的总利润。容易验证，分散决策下再制造商期望利润最大，制造商期望利润最小，表明需求不确定和再制造竞争对再制造商更有利。为维持CLSC系统高效运作，再制造商应积极与制造商和零售商合作。

注意：无论零售商订购第i种产品的数量是否大于或小于其市场需求量（即$z_i \neq 0$）均产生相同的结果。

2. 再制造竞争对CLSC定价决策的影响

在市场需求不确定环境下，零售商订购第i种产品的数量不论大于还是小于其市场需求量，在集中决策和分散决策这两种决策模式下，产品价格及节点企业期望利润随再制造竞争系数k的变化趋势大致相同。

因此，本节以$z_1 = -6$（万台）、$z_2 = -4$（万台）为例，将算例分析中有关数据分别代入公式（6-4）~公式（6-7）、公式（6-10）~公式（6-12）、公式（6-15）与公式（6-16）和公式（6-18）与公式（6-19）可得两种决策模式下产品价格及节点企业期望利润随再制造竞争系数k的变化趋势，如图6.2~图6.5所示。

由图6.2可知，新产品批发价格高于再制造品，且制造商降价幅度高于再制造商，表明制造商为与再制造商竞争，可能采取严格成本控制策略，压缩新产品成本，降低其批发价格。

图6.3说明两种决策模式下新产品和再制造品的销售价格均与再制造竞争系数 k 呈反方向变化，且新产品销售价格降低幅度高于再制造品；零售商为获取更多的新产品市场份额，采取激烈的降价销售策略，即所谓的"价格战"。

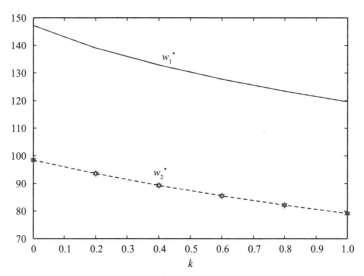

图 6.2　批发价格随 k 变化趋势

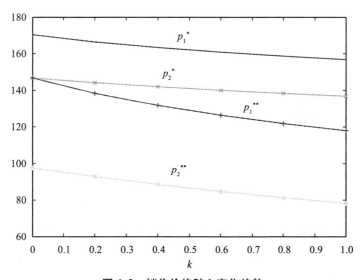

图 6.3　销售价格随 k 变化趋势

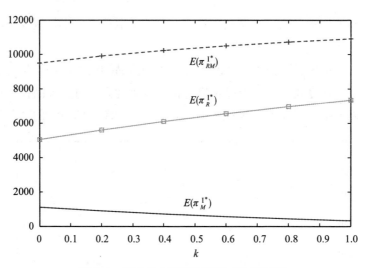

图 6.4　节点企业期望利润随 k 变化趋势

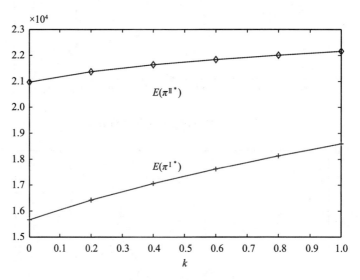

图 6.5　CLSC 总期望利润随 k 变化趋势

由图 6.4 可知，分散决策下再制造商和零售商的期望利润均与再制造竞争系数 k 呈正方向变化，制造商期望利润与再制造竞争系数 k 呈反方向变化。由于制造商和再制造商采用"价格战"策略，且制造商生产成本高于再制造商再制造成本，制造商降价批发引起其期望利润降低，即新产品价格缺乏弹性。因此，制造商应避免再制造竞争引起"价格战"，可提高服务质量水平，实现差异化竞争。

图 6.5 说明 CLSC 系统总期望利润与再制造竞争系数 k 呈正方向变化，再

制造竞争有利于 CLSC 系统总期望利润增加，故 CLSC 系统成员应相互协作共同参与再制造竞争。综合考虑，CLSC 系统成员可采取收益共享机制提高制造商参与再制造竞争的积极性，实现"合作共赢"的局面。

3. 市场需求不确定对 CLSC 定价决策影响

当 $k = 0.6$ 时，将有关数据分别代入公式（6-4）~公式（6-7）、公式（6-10）~公式（6-12）、公式（6-15）与公式（6-16）和公式（6-18）与公式（6-19）中可得两种决策模式下产品价格及节点企业期望利润随新产品库存因子和再制造品库存因子的变化趋势，如图 6.6 ~ 图 6.10 所示。

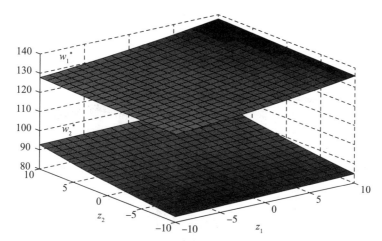

图 6.6　批发价格随 z_1 和 z_2 变化趋势

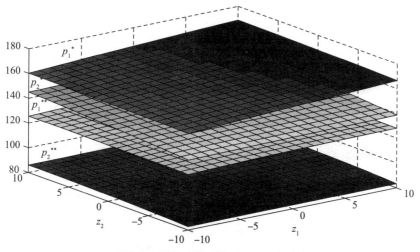

图 6.7　销售价格随 z_1 和 z_2 变化趋势

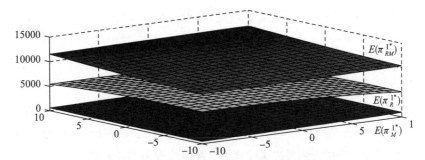

图 6.8　节点企业期望利润随 z_1 和 z_2 变化趋势

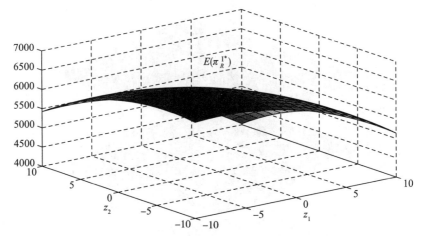

图 6.9　零售商期望利润随 z_1 和 z_2 变化趋势

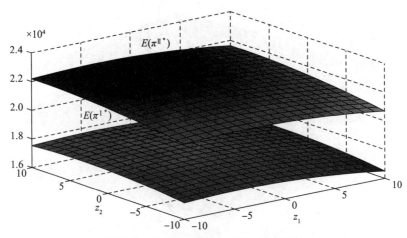

图 6.10　总期望利润随 z_1 和 z_2 变化趋势

由图6.8可知，新产品和再制造品的批发价格均与其库存因子呈正方向变化，由于新产品和再制造品库存增加，制造商和再制造商错误判断市场需求增加，而短时期制造商和再制造商产能有限，仅通过提高批发价格缓解市场需求，即采取"提价"批发策略；新产品批发价格受新产品和再制造品库存因子的影响大于再制造品，由于制造商只生产新产品，面临更大的市场风险，受市场波动影响较大。图6.9说明两种决策模式下，当新产品和再制造品库存因子均最小时，零售商采取"薄利销售"策略；当新产品和再制造品的库存因子均最大时，零售商采取"厚利销售"策略。

图6.8～图6.10分析两种决策模式下节点企业和总期望利润随库存因子的变化情况。由图6.8可知，分散决策下制造商和再制造商的期望利润均与新产品和再制造品的库存因子呈正方向变化，当新产品和再制造品的库存因子均最大时，制造商和再制造商期望利润最大；由于制造商和再制造商将库存转移给零售商，造成零售商库存增加，而制造商和再制造商的期望利润增加。因此，需要协调制造商、再制造商与零售商之间的库存因子，维持合理的库存水平，提高CLSC系统的整体绩效。

由图6.9可知，分散决策下零售商期望利润变化出现一个峰值，当新产品和再制造品的库存因子均为0时，零售商期望利润最大；当新产品和再制造品的库存因子均小于0（紧缺状态）时，零售商期望利润与库存因子呈正方向变化；当新产品和再制造品的库存因子均大于0（库存状态）时，零售商期望利润与库存因子呈反方向变化。这说明零售商出现库存现象，使其期望利润降低。因此，零售商应加强库存管理能力，将库存水平控制在合理范围内。

由图6.10可知，集中决策下CLSC总期望利润大于分散决策，与库存因子变化无关。由于集中决策具有高度集成性，可提高CLSC系统整体运作效率。这给我们启示可设计有效的合作机制促使CLSC系统采用集中决策，有待进一步研究。

6.2.4　研究结论

本节给出一个由制造商、再制造商、零售商和消费者组成的再制造竞争CLSC系统，分析了需求不确定和再制造竞争对分散决策和集中决策下CLSC

定价决策的影响，得出以下结论。

（1）随着再制造竞争程度的增加，制造商、再制造商和零售商均会对新产品和再制造品采取"降价"策略。

（2）需求不确定和再制造竞争对再制造商更有利，再制造商应积极与制造商和零售商合作，以提高 CLSC 系统整体运作绩效。

（3）为了降低市场需求不确定性对 CLSC 成员定价决策的影响，CLSC 系统可以采用集中决策模式。

6.3　考虑专利保护的再制造竞争 CLSC 决策与协调研究

6.3.1　模型描述与参数说明

1. 模型描述

本节考虑以电子产品（如复印机、打印机等）为例由制造商、再制造商、零售商和消费者组成的 CLSC 系统。假设由制造商进行新产品生产，出于竞争优势或回收成本的考虑，制造商并不进行废旧品的再制造，而是通过专利许可方式授权给再制造商进行回收再制造，并提供一定的技术支持。再制造商获取制造商专利许可并向其交纳一定专利许可费后，直接从消费者手中回收废旧品并进行再制造。零售商同时负责新产品和再制造品的销售，并且政府对再制造商回收废旧品进行补贴。则本研究的 CLSC 结构如图 6.11 所示。

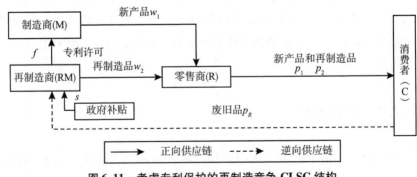

图 6.11　考虑专利保护的再制造竞争 CLSC 结构

2. 参数说明

本节相关参数说明见表6–2，基本假设参阅6.2.1节。

表6–2　　　　　　　　　　　　　　模型参数说明

符号	说明
f	表示制造商授权再制造商的单位专利许可费，本节专利许可费采用提成制，即制造商对再制造商生产的再制造品收取单位许可费
π_R	表示零售商的利润函数
π_M	表示制造商的利润函数
π_{RM}	表示再制造商的利润函数
π^{I}	表示分散决策模式下 CLSC 系统总利润函数
π^{II}	表示集中决策模式下 CLSC 系统总利润函数
π^{SC}	表示协调机制模式下 CLSC 系统总利润函数

6.3.2　专利保护下再制造竞争 CLSC 定价模型

1. 分散决策的定价模型

在分散决策模式中，制造商作为 Stackelberg 的领导者，向零售商提供新产品的批发价格 w_1 和授权再制造商单位专利许可费 f，再制造商根据新产品的批发价格 w_1 制定出再制造品的批发价格 w_2，而零售商再依据制造商和再制造商提供的产品批发价格来确定自己的销售价格 p_1 和 p_2，从而分别使自身的期望利润最大。

该种情形下的决策问题可表示为

$$\max_{w_1,f} E(\pi_M^{\mathrm{I}}) = (w_1 - c_N)Q_1 + f(\alpha + \beta p_R) \tag{6-20}$$

$$\max_{w_2,p_R} E(\pi_{RM}^{\mathrm{I}}) = w_2 Q_2 - (p_R + c_R + f)(\alpha + \beta p_R) + s(\alpha + \beta p_R) \tag{6-21}$$

$$\max_{p_1,p_2} E(\pi_R^{\mathrm{I}}) = p_1 \min(Q_1, D_1) + p_2 \min(Q_2, D_2) - w_1 Q_1 - w_2 Q_2$$

$$= (p_1 - w_1)Q_1 - p_1 h_1 + (p_2 - w_2)Q_2 - p_2 h_2 \tag{6-22}$$

式中，$Q_i = a - p_i + k(p_j - p_i) + z_i$，$h_i = \int_{A_i}^{z_i} (z_i - x_i) f_i(x_i) \mathrm{d}x_i$。

根据博弈的顺序采用逆向归纳法进行模型求解，可得

$$w_2^* = \frac{a + X_2 + kw_1}{2(k+1)} \tag{6-23}$$

$$p_R^* = \frac{s - f - c_R}{2} - \frac{\alpha}{2\beta} \tag{6-24}$$

$$p_1^* = \frac{w_1}{2} + \frac{a + 2ak - Y_1 - kY_1 - kY_2}{2(2k+1)} \tag{6-25}$$

$$p_2^* = \frac{w_2}{2} + \frac{a + 2ak - Y_2 - kY_1 - kY_2}{2(2k+1)} \tag{6-26}$$

$$w_1^* = \frac{2a + 2c_N + 2X_1 + 3ak + 4kc_N + 2kX_1 + kX_2 + 2k^2c_N}{3k^2 + 8k + 4} \tag{6-27}$$

$$f^* = \frac{s - c_R}{2} + \frac{\alpha}{2\beta} \tag{6-28}$$

$$w_2^* = \frac{2a + 2X_2 + 3ak + kc_N + kX_1 + 2kX_2 + k^2c_N}{3k^2 + 8k + 4} \tag{6-29}$$

$$p_R^* = \frac{s - c_R}{4} - \frac{3\alpha}{4\beta} \tag{6-30}$$

$$p_1^* = \frac{2a + 2c_N + 2X_1 + 3ak + 4kc_N + 2kX_1 + kX_2 + 2k^2c_N}{2(3k^2 + 8k + 4)} + \frac{a + 2ak - Y_1 - kY_1 - kY_2}{2(2k+1)} \tag{6-31}$$

$$p_2^* = \frac{2a + 2X_2 + 3ak + kc_N + kX_1 + 2kX_2 + k^2c_N}{2(3k^2 + 8k + 4)} + \frac{a + 2ak - Y_2 - kY_1 - kY_2}{2(2k+1)} \tag{6-32}$$

式中，$X_1 = h_1 + z_1$，$X_2 = h_2 + z_2$，$Y_1 = h_1 - z_1$，$Y_2 = h_2 - z_2$。

将公式（6-27）~公式（6-32）代入制造商、再制造商和零售商的期望利润函数［公式（6-20）~公式（6-22）］中得

$$E(\pi_M^{I*}) = \frac{(k+1)(2a - 2c_N + 2X_1 + 3ak - 4kc_N + 2kX_1 + kX_2 - k^2c_N)^2}{2(3k^2 + 8k + 4)^2}$$

$$+ \frac{(\alpha - \beta c_R + \beta s)^2}{8\beta} \tag{6-33}$$

$$E(\pi_{RM}^{I*}) = \frac{(k+1)(2a + 2X_2 + 3ak + kc_N + kX_1 + 2kX_2 + k^2c_N)^2}{2(3k^2 + 8k + 4)^2} + \frac{(\alpha - \beta c_R + \beta s)^2}{16\beta} \tag{6-34}$$

$$E(\pi_R^{I*}) = \frac{2(k+1)(Y_1 - Y_2)^2 + 4a(2k+1)(a - c_N - Y_1 - Y_2)}{8(2k+1)}$$

$$- \frac{[12(3k+2)(X_1 - X_2) + 1](c_N + 3X_1 - 3X_2)^2}{216(3k+2)^2}$$

$$+ \frac{c_N(17c_N + 3kc_N + 24X_2 - 30X_1)}{108} - \frac{(2k+3)(2a - c_N + X_1 + X_2)^2}{8(k+2)^2}$$

$$(6-35)$$

因此，分散决策模式下 CLSC 的总期望利润为

$$E(\pi^{I*}) = E(\pi_R^{I*}) + E(\pi_M^{I*}) + E(\pi_{RM}^{I*})$$

2. 集中决策的定价模型

在集中决策模式中，制造商和零售商，以及再制造商和零售商分别构成一个"超组织"，并由每个"超组织"的中央决策者分别制定新产品和再制造品的销售价格，然后在同一个消费市场进行新产品和再制造品销售，从而形成市场竞争，使整个 CLSC 系统的期望利润最大。

此时，CLSC 决策问题为

$$\max_{p_1, f} E(\pi_M^{II}) = p_1 \min(Q_1, D_1) - c_N Q_1 + f(\alpha + \beta p_R)$$

$$= (p_1 - c_N)Q_1 - p_1 h_1 + f(\alpha + \beta p_R) \qquad (6-36)$$

$$\max_{p_2, p_R} E(\pi_{RM}^{II}) = p_2 \min(Q_2, D_2) - (p_R + c_R + f)(\alpha + \beta p_R) + s(\alpha + \beta p_R)$$

$$= p_2(Q_2 - h_2) - (p_R + c_R + f)(\alpha + \beta p_R) + s(\alpha + \beta p_R) \qquad (6-37)$$

首先，对公式（6-36）~公式（6-37）求一阶导数，并分别令其等于 0，联立求得

$$p_1^{**} = \frac{c_N}{2} + \frac{2a - 2Y_1 + 3ak - 2kY_1 - kY_2}{2(k^2 + 4k + 2)} \qquad (6-38)$$

$$p_2^{**} = \frac{2a - 2Y_1 + kc_N}{4(k+1)} + \frac{k(2a - 2Y_1 + 3ak - 2kY_1 - kY_2)}{4(k+1)(k^2 + 4k + 2)} \qquad (6-39)$$

$$f^{**} = \frac{s - c_R}{2} + \frac{\alpha}{2\beta} \qquad (6-40)$$

$$p_R^{**} = \frac{s - c_R}{4} - \frac{3\alpha}{4\beta} \qquad (6-41)$$

将公式（6-38）~公式（6-41）分别代入公式（6-36）~公式（6-37）中得

$$E(\pi_M^{II*}) = \frac{(\alpha - \beta c_R + \beta s)^2}{8\beta} - \frac{h_1(2a + 3ak + 2c_N - 2Y_1 + 4kc_N - 2kY_1 - kY_2 + k^2 c_N)}{2(k^2 + 4k + 2)}$$

$$+ (M + 2X_1 + 2kX_1)\frac{(M - 2Y_1 - 2kY_1)}{8(k+1)(k^2 + 4k + 2)} \qquad (6-42)$$

$$E(\pi_{RM}^{II*}) = \frac{(\alpha - \beta c_R + \beta s)^2}{16\beta} + \frac{(4a + 10ak + 2kc_N - 4Y_2 - 2kY_1 - 8kY_2 + k^2 N)^2}{16(k+1)(k^2 + 4k + 2)^2}$$

$$(6-43)$$

式中，$M = 2a + 3ak - 2c_N - 4kc_N - kY_2 - k^2 c_N$，$N = 5a + 4c_N + kc_N - 2Y_1 - 3kY_2$。

因此，由 $E(\pi^{II*}) = E(\pi_M^{II*}) + E(\pi_{RM}^{II*})$ 可得集中决策模式下 CLSC 系统的总期望利润 $E(\pi^{II*})$。

3. 分散决策与集中决策均衡解比较分析

本节主要考虑在专利保护和再制造竞争情形下分散决策模式与集中决策模式的均衡结果分析。

命题 1 在分散决策模式下，制造商和再制造商制定的最优批发价格 w_1^* 和 w_2^*，以及零售商制定的最优销售价格 p_1^* 和 p_2^* 之间有以下关系。

（1）当 $w_1^* = \dfrac{a + X_2}{k+2}$ 且 $Y_1 = Y_2$ 时，$w_1^* = w_2^*$，$p_1^* = p_2^*$；

（2）当 $w_1^* > \dfrac{a + X_2}{k+2}$ 且 $Y_1 \leq Y_2$ 时，$w_1^* > w_2^*$，$p_1^* > p_2^*$；

（3）当 $0 < w_1^* < \dfrac{a + X_2}{k+2}$ 且 $Y_1 \geq Y_2$ 时，$w_1^* < w_2^*$，$p_1^* < p_2^*$。

命题 1 表明：在分散决策模式下，制造商制定新产品的批发价格与再制造商制定再制造品的批发价格之间的大小关系，以及零售商分别制定新产品和再制造品的销售价格之间的大小关系都取决于制造商制定的新产品的批发价格。这充分证明了本节假设制造商作为 Stackelberg 领导者，主导再制造商和零售商的定价决策。

命题 2 在分散决策模式下，当参数满足某种条件时，制造商、再制造商和零售商制定的新产品和再制造品的价格与再制造竞争系数 k 负相关，即

（1）当 $12ak + 9ak^2 + 4a + 8X_1 + 12kX_1 + 6k^2 X_1 + 3k^2 X_2 > 4$ $(X_2 + kc_N + k^2 c_N)$ 且 $Y_1 \leq Y_2$ 时，$\dfrac{\partial w_1^*}{\partial k} < 0$，$\dfrac{\partial p_1^*}{\partial k} < 0$；

（2）当 $12ak + 9ak^2 + 4a + 8X_2 + 12kX_2 + 6k^2 X_2 + 3k^2 X_1 > 4X_1 + 4c_N + 8kc_N +$

$5k^2 c_N$ 且 $Y_1 \geqslant Y_2$ 时，$\dfrac{\partial w_2^*}{\partial k} < 0$，$\dfrac{\partial p_2^*}{\partial k} < 0$；

（3）当 $X_1 \geqslant X_2$ 且 $Y_1 \leqslant Y_2$ 时，$\left| \dfrac{\partial w_1^*}{\partial k} \right| > \left| \dfrac{\partial w_2^*}{\partial k} \right|$，$\left| \dfrac{\partial p_1^*}{\partial k} \right| > \left| \dfrac{\partial p_2^*}{\partial k} \right|$。

命题 2 表明：在分散决策模式下，①随再制造竞争程度的加剧，在进行新产品和再制造品定价时，制造商和再制造商都会采取"降价批发"策略，同时零售商将会采取"降价销售"策略，即再制造竞争的加剧将最终导致新产品和再制造品的销售价格降低，制造商和再制造商将增加消费者的顾客让渡价值。②随再制造竞争程度的加剧，制造商对新产品的降价幅度要大于再制造商对再制造品的降价幅度，同时零售商对新产品的降价幅度要大于其对再制造品的降价幅度；这充分体现了传统营销学中的"价格战"策略。

命题 3　在集中决策模式下，新产品和再制造品的最优销售价格 p_1^{**} 和 p_2^{**} 的关系为

（1）当 $ak^2 \geqslant 4Y_1 + 6kY_1 + 2kY_2 + 2k^2 Y_1 + k^2 Y_2$ 时，$p_1^{**} > p_2^{**}$；

（2）当 $4Y_1 + 6kY_1 + 2kY_2 + 2k^2 Y_1 + k^2 Y_2 > ak^2$ 时：

若 $c_N = \dfrac{4Y_1 + 6kY_1 + 2kY_2 + 2k^2 Y_1 + k^2 Y_2 - ak^2}{k^3 + 6k^2 + 10k + 4}$，则 $p_1^{**} = p_2^{**}$；

若 $c_N > \dfrac{4Y_1 + 6kY_1 + 2kY_2 + 2k^2 Y_1 + k^2 Y_2 - ak^2}{k^3 + 6k^2 + 10k + 4}$，则 $p_1^{**} > p_2^{**}$；

若 $c_N < \dfrac{4Y_1 + 6kY_1 + 2kY_2 + 2k^2 Y_1 + k^2 Y_2 - ak^2}{k^3 + 6k^2 + 10k + 4}$，则 $p_1^{**} < p_2^{**}$。

命题 3 表明：在集中决策模式下，新产品和再制造品的销售价格的大小关系主要依赖于新产品的生产成本，这进一步证明了制造商作为 Stackelberg 领导者的地位，直接影响到两个"超组织"的中央决策者对新产品和再制造品的定价决策。

命题 4　两种决策模式下，废旧品最优回收价格 p_R^* 和 p_R^{**} 的大小关系，以及最优单位专利许可费 f^* 和 f^{**} 的大小关系为 $p_R^* = p_R^{**}$，$f^* = f^{**}$。

命题 4 表明：①当再制造商采取自己回收废旧品模式时，废旧品的最优回收价格不受 CLSC 系统决策模式的影响，即再制造商进行废旧品回收价格定价时不受 CLSC 系统决策模式的影响；②在分散决策模式和集中决策模式下，制造商制定的最优单位专利许可费相同，这也说明了制造商制定最优单位专利许可费不受 CLSC 系统决策模式的影响。

命题 5 两种决策模式下，废旧品最优回收价格 p_R^* 和 p_R^{**} 分别与单位专利许可费 f 呈负相关关系，与政府补贴 s 呈正相关关系；最优单位专利许可费 f^* 和 f^{**} 分别与政府补贴 s 呈正相关关系，具体关系为

$$\frac{\partial p_R^*}{\partial f} = \frac{\partial p_R^{**}}{\partial f} < 0, \quad \frac{\partial p_R^*}{\partial s} = \frac{\partial p_R^{**}}{\partial s} > 0, \quad \frac{\partial f^*}{\partial s} = \frac{\partial f^{**}}{\partial s} > 0$$

命题 5 表明：①随着单位专利许可费的增加，废旧品的回收价格将会降低，这反映了再制造商将高额的单位许可费转嫁给最终的消费者；②随着政府补贴的增加，废旧品的回收价格将会提高，即再制造商会在一定程度上将政府补贴转移给最终的消费者，这反映了政府补贴的"惠民"政策；③随着政府补贴的增加，单位专利许可费也将会增加，这说明制造商会通过提高单位专利许可费来间接获取政府补贴，从而实现政府补贴"人人共享"。

6.3.3 专利保护下再制造竞争 CLSC 协调决策

本节在以往研究的基础上，通过引入经济学中"通道费"① 概念，设置一个改进的"通道费"契约，使得 CLSC 系统各方都能够最终分享再制造与政府补贴所带来的收益。

具体的实施方法如下：假设制造商和再制造商将新产品和再制造品委托给零售商进行销售，并提供契约 $(w_1(p_1), w_2(p_2), F_1, F_2)$ 给零售商，其中 $w_1(p_1)$ 和 $w_2(p_2)$ 是关于销售价格 p_1 和 p_2 的函数，F_1 和 F_2 分别代表制造商和再制造商支付给零售商的额外费用，即利润分成。

此时，制造商、再制造商和零售商的利润函数分别为

$$\max_{w_1, f, F_1} E(\pi_M^{SC}) = w_1 \min(Q_1, D_1) - c_N Q_1 + f(\alpha + \beta p_R) - F_1$$
$$= w_1(Q_1 - h_1) - c_N Q_1 + f(\alpha + \beta p_R) - F_1 \tag{6-44}$$

$$\max_{w_2, p_R, F_2} E(\pi_{RM}^{SC}) = w_2 \min(Q_2, D_2) - (c_R + p_R + f)(\alpha + \beta p_R) + s(\alpha + \beta p_R) - F_2$$
$$= w_2(Q_2 - h_2) + (s - c_R - f - p_R)(\alpha + \beta p_R) - F_2 \tag{6-45}$$

---

① "通道费"指零售商在制定新产品和再制造品的销售价格之外，向制造商和再制造商直接收取或从应付账款中扣除，或以其他方式要求制造商和再制造商额外负担的各种费用。

$$\max_{p_1,p_2} E(\pi_R^{SC}) = (p_1(w_1) - w_1)\min(Q_1, D_1) + (p_2(w_2)$$
$$- w_2)\min(Q_2, D_2) + F_1 + F_2$$
$$= (p_1(w_1) - w_1)(Q_1 - h_1) + (p_2(w_2) - w_2)(Q_2 - h_2) + F_1 + F_2$$

$$(6-46)$$

若使零售商接受该"通道费"契约，则 $E(\pi_R^{SC}) \geqslant E(\pi_R^{I*})$，且满足 $p_1(w_1) = w_1$ 和 $p_2(w_2) = w_2$。这表明零售商为了协调 CLSC 系统的期望利润而做出的让步，可以增加新产品和再制造品的市场需求、提高再制造商的废旧品回收量、降低制造商的生产成本，从而增加整个 CLSC 系统的总期望利润。

通过求解公式（6-44）~公式（6-46）求一阶导数，并分别令其等于 0，联立求得

$$w_1^{SC*} = P_1^{**} = \frac{c_N}{2} + \frac{2a - 2Y_1 + 3ak - 2kY_1 - kY_2}{2(k^2 + 4k + 2)} \qquad (6-47)$$

$$w_2^{SC*} = p_2^{**} = \frac{2a - 2Y_1 + kc_N}{4(k+1)} + \frac{k(2a - 2Y_1 + 3ak - 2kY_1 - kY_2)}{4(k+1)(k^2 + 4k + 2)} \qquad (6-48)$$

$$p_R^{SC*} = p_R^{**} = \frac{s - c_R}{4} - \frac{3\alpha}{4\beta} \qquad (6-49)$$

$$f^{SC*} = f^{**} = \frac{s - c_R}{2} + \frac{\alpha}{2\beta} \qquad (6-50)$$

$$E(\pi_R^{SC*}) = E(\pi_R^{I*}) = F_1^{SC*} + F_2^{SC*} \qquad (6-51)$$

$$E(\pi_M^{SC*}) = \frac{(\alpha - \beta c_R + \beta s)^2}{8\beta} - \frac{h_1(2a + 3ak + 2c_N - 2Y_1 + 4kc_N - 2kY_1 - kY_2 + k^2 c_N)}{2(k^2 + 4k + 2)}$$
$$+ (M + 2X_1 + 2kX_1)\frac{(M - 2Y_1 - 2kY_1)}{8(k+1)(k^2 + 4k + 2)} - F_1^{SC*} \qquad (6-52)$$

$$E(\pi_{RM}^{SC*}) = \frac{(4a + 10ak + 2kc_N - 4Y_2 - 2kY_1 - 8kY_2 + k^2 N)^2}{16(k+1)(k^2 + 4k + 2)^2} + \frac{(\alpha - \beta c_R + \beta s)^2}{16\beta} - F_2^{SC*}$$

$$(6-53)$$

式中，$M = 2a + 3ak - 2c_N - 4kc_N - kY_2 - k^2 c_N$，$N = 5a + 4c_N + kc_N - 2Y_1 - 3kY_2$。

因此，在改进的"通道费"契约下 CLSC 系统的总期望利润为 $E(\pi^{SC*}) = E(\pi_R^{SC*}) + E(\pi_M^{SC*}) + E(\pi_{RM}^{SC*})$。

通过求解结果可知，在改进的"通道费"契约下制造商和再制造商对零售商的补贴 F_1^{SC*} 和 F_2^{SC*} 恰好达到了分散决策模式下零售商所获得的期望利润水平，并且 F_1^{SC*} 和 F_2^{SC*} 具体取值的确定取决于制造商和再制造商的议价能力。

6.3.4 算例分析

本节运用 MATLAB 数据分析软件对电子产品（如复印机）进行实例分析并验证。具体数据如下：设 $F_2^{SC*} = 9F_1^{SC*}$，在市场需求不确定环境下，不论零售商订购第 i 种产品的数量大于或小于其市场需求量（即 $z_i \neq 0$）均符合市场需求不确定条件。因此，本节取 $z_1 = -6$（万台）（表示紧缺 6 单位新产品），$z_2 = -4$（万台）（表示紧缺 4 单位再制造品），并假设新产品和再制造品的市场需求因子 ε_1、ε_2 以及库存因子 z_1、z_2 均服从 $[-10, 10]$ 上的均匀分布，其他相关参数见表 6-3。

表 6-3 相关参数赋值情况

参数	a	α	c_N	c_R	s	z_1	z_2	β	k
参数值	200	60	100	20	75	-6^a	-4^a	10	0.6
单位	万台	万台	美元	美元	美元	万台	万台	常数	常数

注：a 表示零售商（R）出现缺货状态，即市场需求未被完全满足。另外，不论零售商订购第 i 种产品的数量大于或小于其市场需求量（即 $z_i \neq 0$）均产生相同的结果。

1. 三种决策模式下均衡解的对比分析

将表 6-3 中数据代入公式（6-20）~公式（6-53）中，可得不同决策模式下均衡解，见表 6-4。

表 6-4 三种决策模式下的均衡解

决策变量与利润	分散决策/美元	集中决策/美元	协调机制/美元	决策变量与利润	分散决策/万美元	集中决策/万美元	协调机制/万美元
w_1	126.74	—	127.37	$E(\pi_R)$	4261.80	—	4261.80
w_2	85.30	—	84.85	$E(\pi_{RM})$	8146.90	—	10009.38
p_1	160.38	127.37	127.37	$E(\pi_M)$	5223.40	—	5299.52
p_2	139.99	84.85	84.85	$E(\pi)$	17631.00	19571.00	19571.00
p_R	9.25	9.25	9.25				
f	30.50	30.50	30.50				

由表 6-4 可知：

（1）分散决策模式下新产品和再制造品的最优销售价格都高于集中决策模式和协调机制模式下其最优销售价格。

（2）三种决策模式下废旧品的最优回收价格和最优单位专利许可费都一样，即该 CLSC 系统决策模式不影响废旧品的最优回收价格和最优单位专利许可费。

（3）集中决策模式和协调机制模式下 CLSC 系统总最优期望利润都要高于分散决策模式下其总最优期望利润。

（4）协调机制模式下制造商和再制造商的最优期望利润都要高于分散决策模式下其最优期望利润，但是，在协调机制模式和分散决策模式下零售商的最优期望利润大小相同；这反映了该协调机制仅提高了制造商和再制造商的最优期望利润及 CLSC 系统总的最优期望利润，未提高零售商的最优期望利润。

2. 再制造竞争对均衡解的影响分析

（1）再制造竞争对新产品和再制造品定价决策的影响。

①再制造竞争对制造商和再制造商定价决策的影响。将表 6-3 中数据代入公式（6-27）和公式（6-29），可得新产品和再制造品批发价格随再制造竞争系数变化的趋势图，如图 6.12 所示。

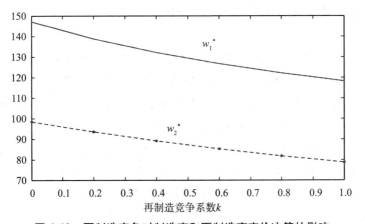

图6.12　再制造竞争对制造商和再制造商定价决策的影响

由图 6.12 可知，在分散决策模式下，随再制造竞争系数 k 增加，制造商和再制造商都会降低新产品和再制造品的批发价格，即它们都将采取"降价批发"策略；制造商降低新产品批发价格的幅度要大于再制造商降低再制造品批发价格的幅度，即为了和再制造商竞争，制造商采取更激烈的"降价批发"策略，这说明制造商和再制造商为提高各自产品的市场份额，采取传统营销学中"价格战"策略。

②再制造竞争对零售商定价决策的影响。将表 6–3 中数据代入公式（6–31）、公式（6–32）、公式（6–38）和公式（6–39），可得新产品和再制造品的销售价格随再制造竞争系数变化的趋势图，如图 6.13 所示。

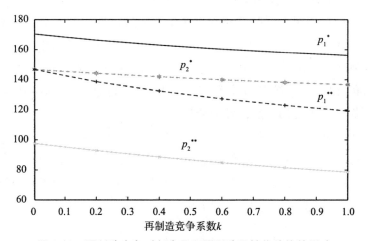

图 6.13　再制造竞争对新产品和再制造品销售价格的影响

由图 6.13 可知，随着再制造竞争系数 k 增加，在分散决策模式和集中决策模式下零售商都会降低新产品和再制造品的销售价格，即零售商会采取"降价销售"策略；分散决策模式下再制造品的销售价格要高于集中决策模式下新产品的销售价格；在分散决策模式和集中决策模式下零售商降低新产品销售价格的幅度要大于其降低再制造品销售价格的幅度；当再制造竞争系数 $k=0$ 时，集中决策模式下新产品的销售价格等于分散决策模式下再制造品的销售价格。

（2）再制造竞争对 CLSC 系统期望利润的影响。

①再制造竞争对 CLSC 系统总期望利润的影响。将表 6–3 中数据代入公式（6–33）～公式（6–35）、公式（6–42）～公式（6–43）、公式（6–52）和公式（6–53），可得 CLSC 系统总期望利润随再制造竞争系数变化的趋势图，如图 6.14 所示。

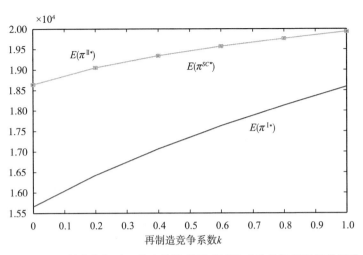

图6.14 再制造竞争对三种决策模式下CLSC系统总期望利润的影响

由图6.14可知，随着再制造竞争系数 k 增加，三种决策模式下CLSC系统的总期望利润都会增加，且分散决策模式下CLSC系统总期望利润的增加幅度要大于集中决策模式和协调机制模式下其总期望利润的增加幅度，这说明了再制造竞争程度加剧更有利于提高分散决策模式下CLSC系统的总期望利润；集中决策模式下CLSC系统的总期望利润等于协调机制模式下CLSC系统的总期望利润，这说明该CLSC系统协调机制——改进的"通道费"契约实现了集中决策模式下CLSC系统的总期望利润水平。

②再制造竞争对分散决策模式和协调机制模式下各节点企业期望利润的影响。将表6-3中数据分别代入公式（6-33）～公式（6-35）、公式（6-42）～公式（6-43）、公式（6-52）～公式（6-53），可得CLSC系统总期望利润随再制造竞争系数变化的趋势图，如图6.15所示。

由图6.15可知，随再制造竞争系数 k 增加，在分散决策模式和协调机制模式下，制造商的期望利润都将会降低，而再制造商和零售商的期望利润都将会增加，这说明再制造竞争程度加剧有利于提高再制造商和零售商的期望利润，而不利于制造商增加其期望利润。

两种决策模式下制造商期望利润与再制造竞争系数 k 之间的关系见表6-5。

协调机制模式下再制造商期望利润要高于其在分散决策模式下的期望利润，这说明该协调机制改善了再制造商的期望利润水平。

在分散决策模式和协调机制模式下，零售商的期望利润相等，这说明该协调机制未能改善零售商的期望利润水平。

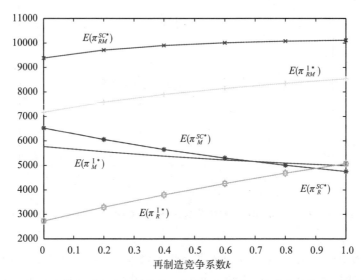

图 6.15 再制造竞争对分散决策模式和协调机制模式下各节点企期望利润的影响

表 6-5   制造商期望利润与 k 之间的关系

k 取值范围	$0 \sim 0.68$	0.68	$0.68 \sim 1$
π_M	$\pi_M^{SC} > \pi_M^{I}$	$\pi_M^{SC} = \pi_M^{I}$	$\pi_M^{I} > \pi_M^{SC}$

3. 市场需求不确定性对均衡解的影响分析

（1）市场需求不确定性对新产品和再制造品定价决策的影响。

①市场需求不确定性对制造商和再制造商定价决策的影响。将表 6-3 中数据代入公式（6-27）和公式（6-29），可得新产品和再制造品的批发价格随市场需求不确定性变化的趋势，如图 6.16 所示。

由图 6.16 可知，随着新产品和再制造品库存因子的增加，制造商会提高新产品的批发价格，即制造商对新产品采取"提价批发"策略，且制造商制定新产品的批发价格受新产品库存因子影响较大；再制造商将提高再制造品的批发价格，即再制造商对再制造品采取"提价批发"策略，且再制造商制定再制造品的批发价格受再制造品库存因子影响较大。

②市场需求不确定性对零售商定价决策的影响。将表 6-3 中数据代入公

式（6 – 31）、公式（6 – 32）、公式（6 – 38）和公式（6 – 39），可得新产品和再制造品销售价格随市场需求不确定性变化的趋势图，如图6.17所示。

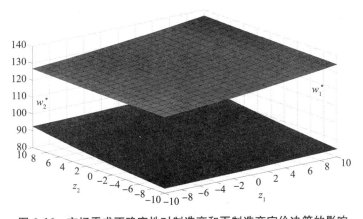

图6.16　市场需求不确定性对制造商和再制造商定价决策的影响

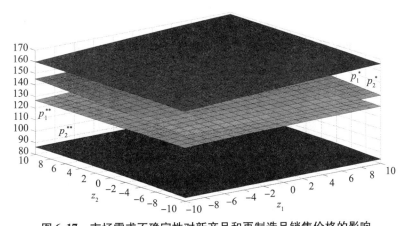

图6.17　市场需求不确定性对新产品和再制造品销售价格的影响

由图6.17可知，在分散决策模式和集中决策模式下，随着新产品和再制造品的库存因子的增加，零售商都会提高新产品和再制造品的销售价格，即零售商对新产品和再制造品都采取"提价销售"策略，且零售商制定新产品和再制造品的销售价格分别受新产品库存因子和再制造品库存因子影响较大；分散决策模式下零售商制定再制造品的销售价格要高于集中决策模式下零售商制定新产品的销售价格。

（2）市场需求不确定性对 CLSC 系统期望利润的影响。

①市场需求不确定性对 CLSC 系统总期望利润的影响。将表 6 - 3 中数据代入公式（6 - 33）~公式（6 - 35）、公式（6 - 42）~公式（6 - 43）、公式（6 - 52）~公式（6 - 53），得 CLSC 系统总期望利润随市场需求不确定性变化的趋势，如图 6.18 所示。

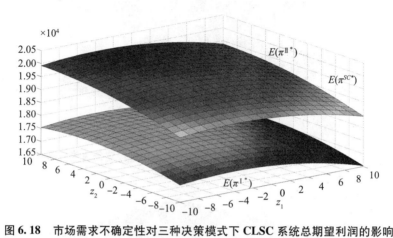

图 6.18　市场需求不确定性对三种决策模式下 CLSC 系统总期望利润的影响

由图 6.18 可知，随新产品和再制造品库存因子的增加，三种决策模式下 CLSC 系统总期望利润将会先增加后减少，当新产品库存因子等于 0，再制造品库存因子约等于 0 时，该 CLSC 系统总期望利润达到最大值，且受再制造品库存因子影响更大；协调机制模式下该 CLSC 系统的总期望利润等于集中决策模式下其总期望利润，这说明该 CLSC 系统协调机制——改进的"通道费"契约改善了 CLSC 系统的总期望利润水平，实现了集中决策模式下其总期望利润水平。

②市场需求不确定性对制造商期望利润的影响。将表 6 - 3 中数据代入公式（6 - 33）和公式（6 - 52）可得 CLSC 系统总期望利润随市场需求不确定性变化的趋势图，如图 6.19 所示。

由图 6.19 可知，在分散决策模式和协调机制模式下，制造商的期望利润都将随着再制造品库存因子的增加而增加，且其变化幅度小于其随新产品库存因子的变化幅度，这进一步说明制造商的期望利润受新产品库存因子影响更大。

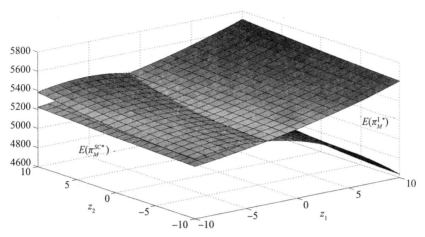

图 6.19　市场需求不确定性对制造商期望利润的影响

分散决策模式下制造商的期望利润将会随着新产品库存因子的增加出现先减少后增加的现象，且当新产品库存因子等于 0，再制造品库存因子等于 - 10（即零售商缺少 10 个单位再制造品）时，制造商的期望利润出现最小值。

当新产品和再制造品库存因子都等于 10（即零售商库存 10 个单位新产品和再制造品）时，制造商的期望利润达到最大值。这说明制造商可以通过将超出市场需求的新产品和再制造品转移给零售商来实现自身期望利润的最大化。

协调机制模式下制造商的期望利润将会随着新产品库存因子的增加出现先增加后减少的现象，且当新产品库存因子等于 10（即零售商库存 10 个单位新产品），再制造品库存因子等于 - 10（即零售商缺少 10 个单位再制造品）时，制造商的期望利润出现最小值。

当新产品库存因子等于 0，再制造品库存因子都等于 10（即零售商库存 10 个单位新产品和再制造品）时，制造商的期望利润达到最大值。这说明协调机制模式下制造商可以通过将超出市场需求的再制造品转移给零售商来实现自身期望利润的最大化。

③市场需求不确定性对再制造商期望利润的影响。将表 6 - 3 中数据代入公式（6 - 34）和公式（6 - 43），可得 CLSC 系统总期望利润随市场需求不确定性变化的趋势，如图 6.20 所示。

由图 6.20 可知，随着新产品和再制造品库存因子的增加，分散决策模式和协调机制模式下再制造商期望利润都会增加，且再制造商期望利润随新产品库存因子的变化幅度小于其随再制造品库存因子的变化幅度，这进一步说明再制造商的期望利润受再制造品库存因子影响更大。

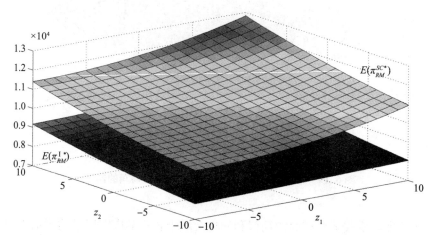

图 6.20 市场需求不确定性对再制造商期望利润的影响

协调机制模式下再制造商的期望利润要高于分散决策模式下其期望利润，且当新产品和再制造品的库存因子都等于 10（即零售商同时库存 10 个单位新产品和再制造品）时，再制造商的期望利润达到最大值；这说明该协调机制——改进的"通道费"契约改善了再制造商的期望利润水平，并且再制造商可以通过将超出市场需求的新产品和再制造品都转移给零售商来实现自身期望利润的最大化。

④市场需求不确定性对零售商期望利润的影响。将表 6 – 3 中数据代入公式（6 – 35）和公式（6 – 51），可得 CLSC 系统总期望利润随市场需求不确定性变化的趋势，如图 6.21 所示。

由图 6.21 可知，随新产品和再制造品的库存因子的增加，分散决策模式和协调机制模式下零售商的期望利润都将会出现先增加后减少的现象，且当新产品和再制造品库存因子都等于 0（即零售商出现"零库存"状态）时，零售商的期望利润达到最大值，这说明零售商可以通过采取新产品和再制造品库存控制策略来实现自身期望利润最大化；分散决策模式下零售商期望利润的变化曲面与协调机制模式下其变化曲面完全重合，这说明该 CLSC 系统协调机制——改进的"通道费"契约未能改善零售商的期望利润水平。

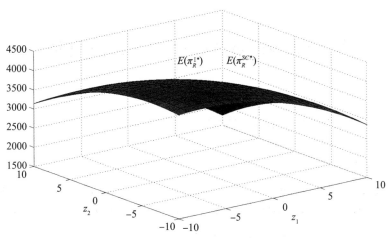

图 6.21　市场需求不确定性对零售商期望利润的影响

6.3.5　研究结论

本节建立了由制造商、再制造商、零售商和消费者组成的考虑专利保护和再制造竞争的 CLSC 系统。利用 Stackelberg 博弈论方法分别建立了分散决策模型、集中决策模型及协调机制——改进的"通道费"契约模型，进行 CLSC 决策与协调研究，并得出以下结论。

（1）制造商进行单位专利许可费决策与 CLSC 系统决策模式无关，这充分体现了制造商作为 Stackelberg 博弈领导者的地位。

（2）再制造商制定废旧品的回收价格与单位专利许可费呈负相关关系，再制造商会通过降低废旧品的回收价格来将部分单位专利许可费转嫁于最终消费者，降低了消费者参与废旧品回收的积极性，导致 CLSC 系统整体绩效降低。

（3）随着市场需求不确定性增加，三种决策模式下 CLSC 系统总期望利润都会降低，同时零售商的期望利润也会降低。这表明新产品和再制造品的市场需求越稳定，CLSC 系统总期望利润和零售商的期望利润都将会增加。

（4）本节采用的 CLSC 系统协调机制——改进的"通道费"契约使制造商和再制造商的期望利润分别高于其分散决策下的期望利润，同时 CLSC 系统的总期望利润也高于其分散决策下的期望利润。

6.4 具广告影响的再制造 CLSC 决策与协调研究

6.4.1 模型描述与基本假设

1. 模型描述

以负责新产品生产和废旧品再制造、决定产品批发价格的制造商，负责产品销售、决定产品销售价格的零售商，以及负责废旧品回收、决定废旧品转移价格的第三方回收商组成的多级 CLSC 为研究对象。

2. 参数说明

在 5.3.1 节的基础上补充以下参数说明。

（1）角标。

n：$n = MA$ 代表广告影响下制造商主导模式，$n = RA$ 代表广告影响下零售商主导模式。CA 代表集中决策模式，XA 代表协调决策模型。

（2）非决策变量。

β_1 表示新产品广告投入对消费者对新产品 WTP 的影响系数，反映了新产品广告的效率。

（3）决策变量。

a 表示新产品的最优广告投入水平。

t 表示制造商对新产品广告投入成本的分担率。

3. 基本假设

在 5.3.1 节的基础上补充以下假设。

假设 1：假设新产品广告对再制造品需求量的影响很小，本节只考虑新产品广告投入对新产品需求量的影响。

假设 2：广告投入成本为 $\frac{k}{2}a^2$，为了简化研究，令 $k = 1$。

4. 产品需求函数

考虑新产品广告投入的市场细分与 5.3.1 节中的市场细分相同，即情境 Ⅰ（普通消费者群只对新产品有需求，绿色消费者群只对再制造品有需求）、情境 Ⅱ（普通消费者群对新产品和再制造品都有需求，绿色消费者群只对再制造品有需求）。在每种情境下进一步考虑新产品广告投入对新产品需求量的影响，得到每个情境下产品的需求函数，见表6-6。

表6-6　　　　　　　　　　　　不同情境下产品的需求函数

市场	条件	新产品的需求函数 D_1	再制造品的需求函数 D_2
I	$\varepsilon < \dfrac{p_2}{p_1}$	$(1-\rho)(1-p_1)+\beta_1 a$	$\rho(1-p_2)$
II	$\dfrac{p_2}{p_1} < \varepsilon < 1-p_1+p_2$	$1-\rho - Yp_1 + Yp_2 + \beta_1 a$	$\rho + Yp_1 - Xp_2$

注：$X = \rho + \dfrac{1-\rho}{\varepsilon(1-\varepsilon)}$，$Y = \dfrac{1-\rho}{1-\varepsilon}$。

6.4.2　具广告影响的再制造 CLSC 定价模型

制造商、零售商和第三方回收商以各自利润最大化为目标进行决策，三者的利润函数分别为

$$\max_{w_1,w_2}\pi^M = D_1(w_1 - c_1) + D_2(w_2 - c_2 - b) - \frac{1}{2}ta^2 \qquad (6-54)$$

$$\max_{p_1,p_2}\pi^R = D_1(p_1 - w_1) + D_2(p_2 - w_2) - \frac{1}{2}(1-t)a^2 \qquad (6-55)$$

$$\max_b\pi^T = (b + \alpha B)D_2 - BD_2^2 \qquad (6-56)$$

首先，由零售商确定新产品广告投入水平 a，制造商确定广告成本分担比例 t，若 CLSC 由制造商主导，则应首先确定 t 后再确定 a；若 CLSC 由零售商主导，则应首先确定 a 后再确定 t。其次，由制造商和零售商分别确定产品的价格 w_1、w_2、p_1、p_2，若 CLSC 由制造商主导，则应首先确定 w_1、w_2 后再确定 p_1、p_2；若 CLSC 由零售商主导，则应首先确定 p_1、p_2 后再确定 w_1、w_2。最后，第三方回收商根据制造商对废旧品的需求量确定废旧品的转移价格 b。

1. 制造商主导下具广告影响的再制造 CLSC 定价决策分析

在情境 I 下，依据逆向推导法，求得再制造 CLSC 定价决策的最优解为

$$w_1^{MA\,I\,*}(a) = \frac{1+c_1}{2} + \frac{\beta_1 a}{2(1-\rho)} \qquad (6-57)$$

$$w_2^{MA\,I\,*} = \frac{1}{2} + \frac{B\rho + c_2 - \alpha B}{2(1+B\rho)} \qquad (6-58)$$

$$p_1^{MA\,I*}(a) = \frac{3+c_1}{4} + \frac{3\beta_1 a}{4(1-\rho)} \tag{6-59}$$

$$p_2^{MA\,I*} = \frac{3}{4} + \frac{B\rho + c_2 - \alpha B}{4(1+B\rho)} \tag{6-60}$$

$$b^{MA\,I*} = \frac{B\rho(1-c_2+\alpha B)}{2(1+B\rho)} - \alpha B \tag{6-61}$$

$$\pi_M^{MA\,I*} = \frac{(1-\rho)(1-c_1)^2}{8} + \frac{\rho(1-c_2+\alpha B)^2}{8(1+B\rho)} + \frac{\beta_1 a(1-c_1)}{4} + \frac{\beta_1^2 a^2}{8(1-\rho)} - \frac{t}{2}a^2 \tag{6-62}$$

$$\pi_R^{MA\,I*} = \frac{(1-\rho)(1-c_1)^2}{16} + \frac{\rho(1-c_2+\alpha B)^2}{16(1+B\rho)} + \frac{\beta_1 a(1-c_1)}{8} + \frac{\beta_1^2 a^2}{16(1-\rho)} - \frac{1-t}{2}a^2 \tag{6-63}$$

在给定的 t 下，$\dfrac{\partial^2 \pi_R^{MA\,I*}}{\partial^2 a} = \dfrac{\beta_1^2}{8(1-\rho)} - (1-t) < 0$，故可根据一阶条件求得

$$a^{MA\,I*}(t) = \frac{\beta_1(1-\rho)(1-c_1)}{8(1-\rho)(1-t) - \beta_1^2} \tag{6-64}$$

将公式（6-64）代入公式（6-62），得到$\dfrac{\partial^2 \pi_R^{MA\,I*}}{\partial^2 a} = \dfrac{\beta_1^2}{8(1-\rho)} - (1-t) <$ 0，则可根据一阶条件求得

$$t^{MA\,I*} = \frac{24(1-\rho) + \beta_1^2}{40(1-\rho)} \tag{6-65}$$

将公式（6-65）代入公式（6-64），求得

$$a^{MA\,I*} = \frac{5}{2} \frac{\beta_1(1-\rho)(1-c_1)}{8(1-\rho) - 3\beta_1^2} \tag{6-66}$$

将公式（6-66）代入公式（6-59）和公式（6-60）求得

$$w_1^{MA\,I*} = \frac{1+c_1}{2} + \frac{5}{4} \frac{\beta_1^2(1-c_1)}{8(1-\rho) - 3\beta_1^2}, \quad p_1^{MA\,I*} = \frac{3+c_1}{4} + \frac{15}{8} \frac{\beta_1^2(1-c_1)}{8(1-\rho) - 3\beta_1^2} \tag{6-67}$$

与情境 I 的求解类似，可求得情境 II 下的最优均衡解，见表 6-7。

将表 6-7 中的最优均衡解代入式（6-54）~式（6-56）求得

在情境 I 下：

$$\pi_M^{MA\,I*} = \frac{(1-\rho)(1-c_1)^2}{8} + \frac{\rho(1-c_2+\alpha B)^2}{8(1+B\rho)} + \frac{25\beta_1^2 Z^M(1-c_1)}{64} \tag{6-68}$$

表 6 - 7 制造商主导下的最优均衡解

最优均衡解	情境 I	情境 II
a^{MAi*}	$\dfrac{5\beta_1}{2}Z^M$	$\dfrac{5\beta_1}{2}Q^M$
t^{MAi*}	$\dfrac{24(1-\rho)+\beta_1^2}{40(1-\rho)}$	$\dfrac{24(X-Y)Y+X\beta_1^2}{40(X-Y)Y}$
b^{MAi*}	$B\dfrac{\rho(1-c_2+\alpha B)}{2(1+B\rho)}-\alpha B$	$B\dfrac{\rho+Yc_1-X(c_2-\alpha B)}{2(1+BX)}-\alpha B$
w_1^{MAi*}	$\dfrac{1+c_1}{2}+\dfrac{5\beta_1^2 Z^M}{4(1-\rho)}$	$\dfrac{1}{2(X-Y)}+\dfrac{1-\rho}{2Y}+\dfrac{5\beta_1^2 Q^M}{4(X-Y)}\dfrac{X}{Y}+\dfrac{c_1}{2}$
w_2^{MAi*}	$\dfrac{1}{2}\left(1+\dfrac{B\rho}{1+B\rho}\right)+\dfrac{c_2-\alpha B}{2(1+B\rho)}$	$\dfrac{2+5\beta_1^2 Q^M}{4(X-Y)}+\dfrac{B(\rho+Yc_1)+c_2-\alpha B}{2(1+BX)}$
p_1^{MAi*}	$\dfrac{3+c_1}{4}+\dfrac{15\beta_1^2 Z^M}{8(1-\rho)}$	$\dfrac{3}{4(X-Y)}+\dfrac{3(1-\rho)}{4Y}+\dfrac{15\beta_1^2 Q^M}{8(X-Y)}\dfrac{X}{Y}+\dfrac{c_1}{4}$
p_2^{MAi*}	$\dfrac{1}{4}\left(3+\dfrac{B\rho}{1+B\rho}\right)+\dfrac{c_2-\alpha B}{4(1+B\rho)}$	$\dfrac{3}{8}\dfrac{2+5\beta_1^2 Q^M}{X-Y}+\dfrac{B(\rho+Yc_1)+c_2-\alpha B}{4(1+BX)}$

注: $Z^M=\dfrac{(1-\rho)(1-c_1)}{8(1-\rho)-3\beta_1^2}$，$Q^M=\dfrac{X-(X-Y)(\rho+Yc_1)}{8(X-Y)Y-3X\beta_1^2}$。

$$\pi_R^{MA\,I*}=\frac{(1-\rho)(1-c_1)^2}{16}+\frac{\rho(1-c_2+\alpha B)^2}{16(1+B\rho)^2}+\frac{5\beta_1^2 Z^M(1-c_1)}{32} \qquad (6-69)$$

$$\pi_T^{MA\,I*}=\frac{B\rho^2(1-c_2+\alpha B)^2}{16(1+B\rho)^2} \qquad (6-70)$$

$$\pi_C^{MA\,I*}=\frac{3(1-\rho)(1-c_1)^2}{16}+\frac{3\rho(1-c_2+\alpha B)^2}{16(1+B\rho)}+\frac{35\beta_1^2 Z^M(1-c_1)}{64} \qquad (6-71)$$

在情境 II 下：

$$\pi_M^{MA\,II*}=\frac{X}{8Y(X-Y)}+\frac{(\rho+Yc_1)^2(1+BX-BY)}{8Y(1+BX)}+\frac{X(c_2-\alpha B)^2}{8(1+BX)}-\frac{(\rho+Yc_1)}{4Y}$$

$$-\frac{(\rho+Yc_1)(c_2-\alpha B)}{4(1+BX)}+\frac{25\beta_1^2[X-(X-Y)(\rho+Yc_1)]}{64Y(X-Y)}Q^M \qquad (6-72)$$

$$\pi_R^{MA\,II*}=\frac{X}{16Y(X-Y)}+\frac{(\rho+Yc_1)^2(1+BX-BY)}{16Y(1+BX)}-\frac{B(\rho+Yc_1)^2}{16(1+BX)^2}+\frac{X(c_2-\alpha B)^2}{16(1+BX)^2}$$

$$-\frac{(\rho+Yc_1)(c_2-\alpha B)}{8(1+BX)^2}-\frac{\rho+Yc_1}{8Y}+\frac{5\beta_1^2[X-(X-Y)(\rho+Yc_1)]}{32Y(X-Y)}Q^M$$

$$(6-73)$$

$$\pi_T^{MA\,II*} = \frac{B\big[\,\rho + Yc_1 - X(c_2 - \alpha B)\,\big]^2}{16(1 + BX)^2} \qquad (6-74)$$

$$\pi_C^{MA\,II*} = \frac{3X}{16Y(X-Y)} + \frac{3(\rho + Yc_1)^2(1 + BX - BY)}{16Y(1 + BX)} + \frac{3X(c_2 - \alpha B)^2}{16(1 + BX)}$$

$$-\frac{3(\rho + Yc_1)(c_2 - \alpha B)}{8(1 + BX)} - \frac{3(\rho + Yc_1)}{8Y} + \frac{35\beta_1^2\big[\,X - (X-Y)(\rho + Yc_1)\,\big]}{64Y(X-Y)}Q^M$$

$$(6-75)$$

2. 零售商主导下具广告影响的再制造 CLSC 定价决策分析

与制造商主导下的求解类似，可求得零售商主导下的最优均衡解，见表 6-8。

表 6-8 零售商主导下的最优均衡解

最优均衡解	情境 I	情境 II
a^{RAi*}	$2\beta_1 Z^R$	$2\beta_1 Q^R$
t^{RAi*}	0	0
b^{RAi*}	$B\dfrac{\rho(1 - c_2 + \alpha B)}{2(1 + 2B\rho)} - \alpha B$	$B\dfrac{\rho + Yc_1 - X(c_2 - \alpha B)}{2(1 + 2BX)} - \alpha B$
w_1^{RAi*}	$\dfrac{1 + 3c_1}{4} + \dfrac{\beta_1^2 Z^R}{2(1 - \rho)}$	$\dfrac{1}{4(X-Y)} + \dfrac{1 - \rho}{4Y} + \dfrac{X\beta_1^2 Q^R}{2Y(X-Y)} + \dfrac{3c_1}{4}$
w_2^{RAi*}	$\dfrac{1}{4}\Big(1 + \dfrac{2B\rho}{1 + 2B\rho}\Big) + \dfrac{c_2 - \alpha B}{4}\dfrac{3 + 4B\rho}{1 + 2B\rho}$	$\dfrac{1 + 2\beta_1^2 Q^R}{4(X-Y)} + \dfrac{2B(\rho + Yc_1) + c_2 - \alpha B}{4(1 + 2BX)} + \dfrac{c_2 - \alpha B}{2}$
p_1^{RAi*}	$\dfrac{3 + c_1}{4} + \dfrac{3\beta_1^2 Z^R}{2(1 - \rho)}$	$\dfrac{3}{4(X-Y)} + \dfrac{3(1 - \rho)}{4Y} + \dfrac{3X\beta_1^2 Q^R}{2Y(X-Y)} + \dfrac{c_1}{4}$
p_2^{RAi*}	$\dfrac{1}{4}\Big(3 + \dfrac{2B\rho}{1 + 2B\rho}\Big) + \dfrac{c_2 - \alpha B}{4(1 + 2B\rho)}$	$\dfrac{3}{4}\dfrac{1 + 2\beta_1^2 Q^R}{X - Y} + \dfrac{2B(\rho + Yc_1) + c_2 - \alpha B}{4(1 + 2BX)}$

注：$Z^R = \dfrac{(1 - \rho)(1 - c_1)}{8(1 - \rho) - 2\beta_1^2}$，$Q^R = \dfrac{X - (X - Y)(\rho + Yc_1)}{8(X - Y)Y - 2X\beta_1^2}$。

将表 6-8 中的最优均衡解分别代入公式（6-54）、公式（6-55）和公式（6-56）求得

在情境 I 下：

$$\pi_M^{RA\,I*} = \frac{(1 - \rho)(1 - c_1)^2}{16} + \frac{\rho(1 - c_2 + \alpha B)^2}{16(1 + 2B\rho)} + \frac{\beta_1^2 Z^R(1 - c_1)}{4} \qquad (6-76)$$

$$\pi_R^{RA\,I*} = \frac{(1-\rho)(1-c_1)^2}{8} + \frac{\rho(1-c_2+\alpha B)^2}{8(1+2B\rho)} + \frac{\beta_1^2 Z^R(1-c_1)}{4} \quad (6-77)$$

$$\pi_T^{RA\,I*} = \frac{B\rho^2(1-c_2+\alpha B)^2}{16(1+2B\rho)^2} \quad (6-78)$$

$$\pi_C^{RA\,I*} = \frac{3(1-\rho)(1-c_1)^2}{16} + \frac{\rho(3+7B\rho)(1-c_2+\alpha B)^2}{16(1+2B\rho)^2} + \frac{\beta_1^2 Z^R(1-c_1)}{2}$$

$$(6-79)$$

在情境 II 下：

$$\pi_M^{RA\,II*} = \frac{X}{16Y(X-Y)} + \frac{(\rho+Yc_1)^2(1+2BX-2BY)}{16Y(1+2BX)} + \frac{X(c_2-\alpha B)^2}{16(1+2BX)}$$
$$- \frac{(\rho+Yc_1)(c_2-\alpha B)}{8(1+2BX)} - \frac{\rho+Yc_1}{8Y} + \frac{\beta_1^2 Q^R}{4}\frac{X-(X-Y)(\rho+Yc_1)}{Y(X-Y)}$$

$$(6-80)$$

$$\pi_R^{RA\,II*} = \frac{X}{8Y(X-Y)} + \frac{(\rho+Yc_1)^2(1+2BX-2BY)}{8Y(1+2BX)} + \frac{X(c_2-\alpha B)^2}{8(1+2BX)}$$
$$- \frac{(\rho+Yc_1)(c_2-\alpha B)}{4(1+2BX)} - \frac{(\rho+Yc_1)}{4Y} + \frac{\beta_1^2 Q^R}{4}\frac{X-(X-Y)(\rho+Yc_1)}{Y(X-Y)}$$

$$(6-81)$$

$$\pi_T^{RA\,II*} = \frac{B[\rho+Yc_1-X(c_2-\alpha B)]^2}{16(1+2BX)^2} \quad (6-82)$$

$$\pi_C^{RA\,II*} = \frac{3X}{16Y(X-Y)} + \frac{3(\rho+Yc_1)^2(1+2BX-2BY)}{16Y(1+2BX)} + \frac{3X(c_2-\alpha B)^2}{16(1+2BX)}$$
$$+ \frac{B[\rho+Yc_1-X(c_2-\alpha B)]^2}{16(1+2BX)^2} - \frac{3(\rho+Yc_1)(c_2-\alpha B)}{8(1+2BX)} - \frac{3(\rho+Yc_1)}{8Y}$$
$$+ \frac{\beta_1^2 Q^R}{2}\frac{X-(X-Y)(\rho+Yc_1)}{Y(X-Y)}$$

$$(6-83)$$

3. 集中决策下具广告影响的再制造 CLSC 定价决策分析

制造商、零售商和第三方回收商以 CLSC 利润最大化为目标进行合作决策，CLSC 利润函数为

$$\max_{p_1,p_2}\pi_C^{CA} = D_1(p_1-c_1) + D_2(p_2-c_2+\alpha B) - \frac{1}{2}a^2 - BD_2^2 \quad (6-84)$$

在情境 I 下，根据逆向归纳法，求得最优解 $p_1^{CA\,I*}$、$p_2^{CA\,I*}$ 的反应函数为

$$p_1^{CA\,I*}(a) = \frac{\beta_1 a}{2(1-\rho)} + \frac{1+c_1}{2}, \quad p_2^{CA\,I*} = \frac{1+2B\rho}{2(1+B\rho)} + \frac{c_2-\alpha B}{2(1+B\rho)} \quad (6-85)$$

将 $p_1^{CA\,I*}$、$p_2^{CA\,I*}$ 代入 CLSC 利润函数 π_C^{CA} 可求得 CLSC 利润为

$$\pi_C^{CA\,I*} = \frac{(1-\rho)(1-c_1)^2}{4} + \frac{\rho(1-c_2+\alpha B)^2}{4(1+B\rho)} + \frac{\beta_1 a(1-c_1)}{2} + \frac{\beta_1^2 a^2}{4(1-\rho)} - \frac{a^2}{2}$$

$$(6-86)$$

因为 $\dfrac{\partial^2 \pi_C^{CA\,I*}}{\partial^2 a} = \dfrac{\beta_1^2}{2(1-\rho)} - 1 < 0$，故可根据一阶条件求得 a 的最优解为

$$a^{CA\,I*} = \frac{\beta_1(1-\rho)(1-c_1)}{2(1-\rho) - \beta_1^2}$$

$$(6-87)$$

与情境 I 的求解类似，可求得情境 II 下的最优均衡解，见表 6-9。

表 6-9　　　　　　　　　集中决策下的最优均衡解

最优均衡解	情境 I	情境 II
a^{CAi*}	$\beta_1 Z^C$	$\beta_1 Q^C$
p_1^{CAi*}	$\dfrac{\beta_1^2 Z^C}{2(1-\rho)} + \dfrac{1+c_1}{2}$	$\dfrac{1+\beta_1^2 Q^C}{2(X-Y)} + \dfrac{(1-\rho)+\beta_1^2 Q^C}{2Y} + \dfrac{c_1}{2}$
p_2^{CAi*}	$\dfrac{1}{2}\left(1 + \dfrac{B\rho}{1+B\rho}\right) + \dfrac{c_2-\alpha B}{2(1+B\rho)}$	$\dfrac{1+\beta_1^2 Q^C}{2(X-Y)} + \dfrac{B(\rho+Yc_1)+c_2-\alpha B}{2(1+BX)}$

注：$Z^C = \dfrac{(1-\rho)(1-c_1)}{2(1-\rho)-\beta_1^2}$，$Q^C = \dfrac{X-(X-Y)(\rho+Yc_1)}{2(X-Y)Y - X\beta_1^2}$。

将表 6-9 中的最优均衡解代入公式（6-83）求得
在情境 I 下：

$$\pi_C^{CA\,I*} = \frac{(1-\rho)(1-c_1)^2}{4} + \frac{\rho(1-c_2+\alpha B)^2}{4(1+B\rho)} + \frac{\beta_1^2(1-c_1)}{4}Z^C \quad (6-88)$$

在情境 II 下：

$$\pi_C^{CA\,II*} = \frac{X}{4Y(X-Y)} + \frac{(\rho+Yc_1)^2(1+BX-BY)}{4Y(1+BX)} + \frac{X(c_2-\alpha B)^2}{4(1+BX)}$$

$$- \frac{(c_2-\alpha B)(\rho+Yc_1)}{2(1+BX)} - \frac{\rho+Yc_1}{2Y} + \frac{\beta_1^2}{4} \cdot \frac{X-(X-Y)(\rho+Yc_1)}{(X-Y)Y}Q^C$$

$$(6-89)$$

6.4.3　广告策略分析

按照 CLSC 成员决策顺序（先确定广告投入，再确定产品价格），本节将

首先分析广告投入策略，即分析在何种条件下投入广告是有效的，之后分析定价策略，即分析采取不同情境下定价策略的依据。

结论1：在制造商主导下，在情境Ⅰ下只有当$8(1-\rho)>3\beta_1^2$时，才会有广告投入；在情境Ⅱ下只有当$8\dfrac{Y(X-Y)}{X}>3\beta_1^2$时，才会有广告投入。

结论2：在零售商主导下，在情境Ⅰ下只有当$4(1-\rho)>\beta_1^2$时，才会有广告投入；在情境Ⅱ下只有当$4\dfrac{Y(X-Y)}{X}>\beta_1^2$时，才会有广告投入。

结论3：在集中决策下，在情境Ⅰ下只有当$2(1-\rho)>\beta_1^2$时，才会有广告投入；在情境Ⅱ下只有当$2\dfrac{Y(X-Y)}{X}>\beta_1^2$时，才会有广告投入。

由结论1至结论3可知，在情境Ⅰ下是否投入广告受绿色消费者的市场比例和广告效应的共同影响；在情境Ⅱ下是否投入广告受绿色消费者的市场比例、普通消费者对再制造品的偏好程度和广告效应的共同影响。

结论4：c_1对分散决策下的a^{nAi*}和集中决策下的a^{CAi*}具有以下影响：

$$\frac{\partial a^{nAi*}}{\partial c_1}<0,\ \frac{\partial a^{CAi*}}{\partial c_1}<0。$$

由结论4可知，随着新产品生产成本的增加，不同决策模式下的新产品最优广告投入水平均降低。这说明当生产成本增加时，企业应适当地降低广告成本，控制总成本支出。

6.4.4 定价策略分析

结论5：在制造商主导下，当$0<\varepsilon<\varepsilon^{MAⅠ*}$时，可采取情境Ⅰ下最优的定价策略；当$\varepsilon^{MAⅡ*}<\varepsilon<1$时，可采取情境Ⅱ下的最优定价策略。

其中，$\varepsilon^{MAⅠ*}=\dfrac{2(3+4B\rho+c_2-\alpha B)}{3(2-2\rho+5\beta_1^2 Z^M)+2c_1(1-\rho)}\dfrac{1-\rho}{1+B\rho}$，$\varepsilon^{MAⅡ*}$是$f^{MA}(\varepsilon)=3\rho\dfrac{(1-\varepsilon)^2}{X-Y}+\dfrac{B(\rho+Yc_1)+c_2-\alpha B}{1+BX}-\varepsilon c_1-\dfrac{15\beta_1^2\rho\varepsilon}{2Y(X-Y)}Q^M$在（0，1）上的根。

结论6：在零售商主导下，当$0<\varepsilon<\varepsilon^{RAⅠ*}$时，可采取情境Ⅰ下的最优定价策略；当$\varepsilon^{RAⅡ*}<\varepsilon<1$时，可采取情境Ⅱ下的最优定价策略。

其中，$\varepsilon^{RAⅠ*}=\dfrac{3+8B\rho+c_2-\alpha B}{3(1-\rho+2\beta_1^2 Z^R)+c_1(1-\rho)}\dfrac{1-\rho}{1+2B\rho}$，$\varepsilon^{RAⅡ*}$是$f^{RA}(\varepsilon)=3\rho$

$$\frac{(1-\varepsilon)^2}{X-Y} + \frac{2B(\rho + Yc_1) + c_2 - \alpha B}{1 + 2BX} - \varepsilon c_1 - \frac{6\beta_1^2 \rho \varepsilon}{Y(X-Y)} Q^R \ \text{在} \ (0, \ 1) \ \text{上的根}.$$

结论7： 在集中决策下，当 $0 < \varepsilon < \varepsilon^{CA\,\mathrm{I}*}$ 时，可采取情境 I 下的最优定价策略；当 $\varepsilon^{CA\,\mathrm{II}*} < \varepsilon < 1$ 时，可采取情境 II 下的最优定价策略。

其中，$\varepsilon^{CA\,\mathrm{I}*} = \dfrac{1 + 2B\rho + c_2 - \alpha B}{1 - \rho + \beta_1^2 Z^C + c_1(1 - \rho)} \dfrac{1-\rho}{1 + B\rho}$，$\varepsilon^{CA\,\mathrm{II}*}$ 是 $f^{CA}(\varepsilon) = \rho \dfrac{(1-\varepsilon)^2}{X-Y} - $

$\varepsilon c_1 + \dfrac{B(\rho + Yc_1) + c_2 - \alpha B}{1 + BX} - \dfrac{\beta_1^2 \rho \varepsilon}{Y(X-Y)} Q^C$ 在 $(0, \ 1)$ 上的根。

结论8： 通过对比具有新产品广告投入的 CLSC 在不同决策模式下定价策略的选取范围可以得到：$\varepsilon^{CA\,\mathrm{I}*} < \varepsilon^{MA\,\mathrm{I}*} < \varepsilon^{RA\,\mathrm{I}*}$，$\varepsilon^{CA\,\mathrm{II}*} < \varepsilon^{MA\,\mathrm{II}*} < \varepsilon^{RA\,\mathrm{II}*}$。

由结论8可知，在具有新产品广告投入的 CLSC 中，划分 CLSC 成员企业应选择何种定价策略的普通消费者对再制造品偏好程度的临界值因决策模式的不同而不同；若企业可以在集中决策下采取情境 I 下的定价策略，则其在制造商和零售商分别主导下也可以采取情境 I 下的定价策略；若企业可以在零售商主导下采取情境 II 下的定价策略，则其在制造商主导下和集中决策下也可以采取情境 II 下的定价策略。

结论9： $\varepsilon^{nA\,\mathrm{I}*} < \varepsilon^{n\,\mathrm{I}*}$，$\varepsilon^{nA\,\mathrm{II}*} < \varepsilon^{n\,\mathrm{II}*}$。

结论9说明新产品广告投入会对定价策略的选择产生影响，缩小可采取情境 I 下定价策略的范围，扩大可采取情境 II 下定价策略的范围。

6.4.5　均衡解分析

1. 参数变化对均衡解的影响分析

结论10： β_1 对 a^{nAi*}、b^{nAi*}、w_1^{nAi*}、w_2^{nAi*}、p_1^{nAi*}、p_2^{nAi*}、D_1^{nAi*} 和 D_2^{nAi*} 具有以下影响。

（1）$\dfrac{\partial a^{nA\,\mathrm{I}*}}{\partial \beta_1} > 0$，$\dfrac{\partial b^{nA\,\mathrm{I}*}}{\partial \beta_1} = \dfrac{\partial w_2^{nA\,\mathrm{I}*}}{\partial \beta_1} = \dfrac{\partial p_2^{nA\,\mathrm{I}*}}{\partial \beta_1} = \dfrac{\partial D_2^{nA\,\mathrm{I}*}}{\partial \beta_1} = 0$，$\dfrac{\partial t^{MA\,\mathrm{I}*}}{\partial \beta_1} > 0$，

$\dfrac{\partial t^{RA\,\mathrm{I}*}}{\partial \beta_1} = 0$，$\dfrac{\partial w_1^{n\,\mathrm{I}*}}{\partial \beta_1} > 0$，$\dfrac{\partial p_1^{n\,\mathrm{I}*}}{\partial \beta_1} > 0$，$\dfrac{\partial D_1^{n\,\mathrm{I}*}}{\partial \beta_1} > 0$；

（2）$\dfrac{\partial a^{nA\,\mathrm{II}*}}{\partial \beta_1} > 0$，$\dfrac{\partial b^{nA\,\mathrm{II}*}}{\partial \beta_1} = 0$，$\dfrac{\partial w_1^{nA\,\mathrm{II}*}}{\partial \beta_1} > \dfrac{\partial w_2^{nA\,\mathrm{II}*}}{\partial \beta_1} > 0$，$\dfrac{\partial t^{MA\,\mathrm{II}*}}{\partial \beta_1} > 0$，$\dfrac{\partial t^{RA\,\mathrm{II}*}}{\partial \beta_1} = 0$，

$$\frac{\partial p_1^{n\,\mathrm{II}^*}}{\partial \beta_1} > \frac{\partial p_2^{n\,\mathrm{II}^*}}{\partial \beta_1} > 0, \quad \frac{\partial D_2^{nA\,\mathrm{II}^*}}{\partial \beta_1} = 0, \quad \frac{\partial D_1^{n\,\mathrm{II}^*}}{\partial \beta_1} > 0。$$

由结论 10 可知，在分散决策下，随着新产品广告效应的增强，新产品最优广告投入水平增加，废旧品的最优转移价格不变，新产品的最优批发价格和销售价格均升高、需求量增加，再制造品的需求量不变。若 CLSC 采取情境 I 下的定价策略，则再制造品的最优批发价格和销售价格均不变；若 CLSC 采取情境 II 下的定价策略，则再制造品的最优批发价格和销售价格均升高，且升高的速度慢于新产品，制造商主导下的最优广告成本分担率增加，而零售商主导下的最优广告成本分担率仍为 0。

结论 11：β_1 对 $a^{CAi\,*}$、$p_1^{CAi\,*}$、$p_2^{CAi\,*}$、$D_1^{CAi\,*}$ 和 $D_2^{CAi\,*}$ 具有以下影响。

（1）$\dfrac{\partial a^{CA\,\mathrm{I}^*}}{\partial \beta_1} > 0$，$\dfrac{\partial p_2^{CA\,\mathrm{I}^*}}{\partial \beta_1} = \dfrac{\partial D_2^{CA\,\mathrm{I}^*}}{\partial \beta_1} = 0$，$\dfrac{\partial p_1^{CA\,\mathrm{I}^*}}{\partial \beta_1} > 0$，$\dfrac{\partial D_1^{CA\,\mathrm{I}^*}}{\partial \beta_1} > 0$。

（2）$\dfrac{\partial a^{CA\,\mathrm{I}^*}}{\partial \beta_1} > 0$，$\dfrac{\partial p_1^{CA\,\mathrm{II}^*}}{\partial \beta_1} > \dfrac{\partial p_2^{CA\,\mathrm{II}^*}}{\partial \beta_1} > 0$，$\dfrac{\partial D_2^{CA\,\mathrm{II}^*}}{\partial \beta_1} = 0$，$\dfrac{\partial D_1^{CA\,\mathrm{II}^*}}{\partial \beta_1} > 0$。

由结论 11 可知，在集中决策下，随着新产品广告效应的增强，新产品最优广告投入水平增加，新产品的最优销售价格升高、需求量增加，再制造品的需求量不变。若 CLSC 成员采取情境 I 下的定价策略，则再制造品的最优销售价格不变；若 CLSC 成员采取情境 II 下的定价策略，则再制造品的最优销售价格升高，且升高的速度慢于新产品。

2. 不同决策模式下的均衡解对比分析

结论 12：通过对比同一情境在制造商和零售商分别主导下的最优均衡解和利润得到：$a^{MAi\,*} > a^{RAi\,*}$，$t^{MAi\,*} > t^{RAi\,*}$，$b^{MAi\,*} > b^{RAi\,*}$，$w_1^{MA\,\mathrm{I}^*} > w_1^{RA\,\mathrm{I}^*}$，$w_2^{MAi\,*} > w_2^{RAi\,*}$，$p_1^{MAi\,*} > p_1^{RAi\,*}$，$D_2^{MAi\,*} > D_2^{RAi\,*}$，$\pi_M^{MAi\,*} > \pi_M^{RAi\,*}$、$\pi_R^{MAi\,*} < \pi_R^{RAi\,*}$、$\pi_T^{MAi\,*} > \pi_T^{RAi\,*}$、$\pi_C^{MAi\,*} > \pi_C^{RAi\,*}$。

由结论 12 可知，在不同市场情境下，当 CLSC 主导权由制造商转移到零售商时，新产品最优广告投入水平和最优广告成本分担率均降低，废旧品的最优转移价格降低，产品的最优批发价格降低，新产品的最优销售价格降低，再制造品的最优需求量减少，制造商利润、第三方回收商利润和 CLSC 利润均减少，零售商利润增加。因此，制造商和第三方回收商均倾向于制造商主导的模式；而对零售商来说，其倾向于自身主导的模式。

结论 13：通过比较同一情境下集中决策与分散决策之间的最优均衡解和

CLSC 利润得到：$a^{CAI*} > a^{nAI*}$，$p_1^{CAi*} < p_1^{nAi*}$，$p_2^{CAi*} < p_2^{nAi*}$，$D_1^{CAi*} > D_1^{nAi*}$，$D_2^{CAi*} > D_2^{nAi*}$，$\pi_C^{CAi} > \pi_C^{nAi}$。

由结论 13 可知，与集中决策相比，分散决策下新产品的最优广告投入水平较低，产品的最优销售价格较高、需求量较少，CLSC 利润较低。这说明合作广告机制并不能实现 CLSC 的有效协调。因此，还需要设计一个协调机制来促进 CLSC 成员之间的合作，协调各节点企业之间的收益，提高分散决策下的CLSC 绩效。

6.4.6　CLSC 协调决策模型

本节将进一步探讨改进的两部收费制契约对考虑新产品广告投入的 CLSC 协调效果。在改进的两部收费制契约（w_1，w_2，b，t，F_R^{nAi}，F_T^{nAi}）中，制造商向零售商提供优惠的产品批发价格 w_1、w_2，制造商不承担零售商的广告成本（即 $t=0$），并且向零售商收取一定的费用 F_R^{nAi} 作为销售补偿，同时制造商要求第三方回收商提供优惠的废旧品转移价格 b，并支付给其一定的费用 F_T^{nAi} 作为回收激励。CLSC 各成员的利润函数表示为

$$\max_{w_1,w_2}\pi_M^{XA} = D_1(w_1 - c_1) + D_2(w_2 - c_2 - b) - \frac{t}{2}a^2 + F_R^{nAi} - F_T^{nAi} \qquad (6-90)$$

$$\max_{p_1,p_2}\pi_R^{XA} = D_1(p_1 - w_1) + D_2(p_2 - w_2) - \frac{1-t}{2}a^2 - F_R^{nAi} \qquad (6-91)$$

$$\max_b\pi_T^{XA} = (b + \alpha B)D_2 - BD_2^2 + F_T^{nAi} \qquad (6-92)$$

令 $t=0$，$w_1 = c_1$，$w_2 = c_2 + b$，$b = BD_2 - \alpha B$，此时零售商的利润函数为

$$\max_{p_1,p_2}\pi_R^{XA} = D_1(p_1 - c_1) + D_2(p_2 - c_2 - BD_2 + \alpha B) - \frac{1}{2}a^2 - F_R^{nAi} \qquad (6-93)$$

在情境Ⅰ下，通过计算得到公式（6-91）关于 p_1、p_2 的海赛矩阵为 $\boldsymbol{H}^{CAI} = \begin{bmatrix} -2(1-\rho) & 0 \\ 0 & -2\rho(1+B\rho) \end{bmatrix}$。易得该海赛矩阵是负定的，则可根据一阶条件求得 p_1、p_2 关于 a 的最优反应函数为

$$p_1^{XAI*}(a) = p_1^{CAI*}(a) = \frac{\beta_1 a}{2(1-\rho)} + \frac{1+c_1}{2}, \quad p_2^{XAI*} = p_2^{CAI*} = \frac{1+2B\rho}{2(1+B\rho)} + \frac{c_2 - \alpha B}{2(1+B\rho)}$$
$$(6-94)$$

此时 b 的最优解为

$$b^{XA\,I*} = B\frac{\rho(1 - c_2 + \alpha B)}{2(1 + B\rho)} - \alpha B \tag{6-95}$$

将公式（6-93）和公式（6-94）代入公式（6-91）可求得

$$\pi_R^{XA\,I*} = \frac{\left[(1-\rho)(1-c_1) + \beta_1 a\right]^2}{4} + \frac{\rho(1 - c_2 + \alpha B)^2}{4(1 + B\rho)} - \frac{1}{2}a^2 - F_R^{nA\,I} \tag{6-96}$$

$\dfrac{\partial^2 \pi_R^{XA\,I*}}{\partial^2 a} = \dfrac{\beta_1^2}{2} - 1 < 0$，故可根据一阶条件求得最优解为

$$a^{XA\,I*} = \frac{\beta_1(1-c_1)(1-\rho)}{2(1-\rho) - \beta_1^2} \tag{6-97}$$

将公式（6-97）代入公式（6-94）得到

$$p_1^{XA\,I*} = p_1^{CA\,I*} = \frac{(1-\rho)(1+c_1) - c_1\beta_1^2}{2(1-\rho) - \beta_1^2} \tag{6-98}$$

将式（6-94）、公式（6-95）、公式（6-97）和（6-98）分别代入公式（6-90）~公式（6-92）求得协调决策下情境Ⅰ下CLSC各成员利润分别为

$$\pi_M^{XA\,I*} = F_R^{nA\,I*} - F_T^{nA\,I*} \tag{6-99}$$

$$\pi_R^{XA\,I*} = \pi_C^{CA\,I*} - F_R^{nA\,I*} \tag{6-100}$$

$$\pi_T^{XA\,I*} = F_T^{nA\,I*} \tag{6-101}$$

此时，$\pi_C^{XA\,I*} = \pi_C^{CA\,I*}$，只需 $\pi_M^{XA\,I*} \geqslant \pi_M^{nA\,I*}$，$\pi_R^{XA\,I*} \geqslant \pi_R^{nA\,I*}$，$\pi_T^{XA\,I*} \geqslant \pi_T^{nA\,I*}$，就能实现CLSC的协调。将制造商主导和零售商主导下的CLSC成员利润进行比较，即可求得情境Ⅰ下 $F_R^{nA\,I*}$、$F_T^{nA\,I*}$ 的取值。

在制造商主导下：

$$F_R^{MA\,I*} - F_T^{MA\,I*} \geqslant \frac{(1-\rho)(1-c_1)^2}{8} + \frac{\rho(1 - c_2 + \alpha B)^2}{8(1 + B\rho)} + \frac{25\beta_1^2 Z^M(1-c_1)}{64} \tag{6-102}$$

$$F_R^{MA\,I*} \leqslant \frac{3(1-\rho)(1-c_1)^2}{16} + \frac{\rho(3 + 4B\rho)(1 - c_2 + \alpha B)^2}{16(1 + B\rho)^2}$$
$$+ \frac{\beta_1^2(1-c_1)^2}{2(1-\rho) - \beta_1^2}\frac{1-\rho}{4} - \frac{5\beta_1^2 Z(1-c_1)}{32} \tag{6-103}$$

$$F_T^{MA\,I*} \geqslant \frac{B\rho^2(1 - c_2 + \alpha B)^2}{16(1 + B\rho)^2} \tag{6-104}$$

在零售商主导下:

$$F_R^{RA\,I*} - F_T^{RA\,I*} \geqslant \frac{(1-\rho)(1-c_1)^2}{16} + \frac{\rho(1-c_2+\alpha B)^2}{16(1+2B\rho)} + \frac{\beta_1^2 Z^R(1-c_1)}{4}$$

$$(6-105)$$

$$F_R^{RA\,I*} \leqslant \frac{(1-\rho)(1-c_1)^2}{8} + \frac{\rho(1+3B\rho)(1-c_2+\alpha B)^2}{8(1+B\rho)(1+2B\rho)}$$

$$+ \frac{\beta_1^2(1-c_1)^2}{2(1-\rho)-\beta_1^2} \frac{1-\rho}{4} - \frac{\beta_1^2 Z(1-c_1)}{4} \qquad (6-106)$$

$$F_T^{RA\,I*} \geqslant \frac{B\rho^2(1-c_2+\alpha B)^2}{16(1+2B\rho)^2} \qquad (6-107)$$

与情境 I 的求解类似,可求得情境 II 下 p_1、p_2、b 的最优均衡解为

$$a^{XA\,II*} = a^{CA\,II*} = \beta_1 \frac{X-(X-Y)(\rho+Yc_1)}{2Y(X-Y)-X\beta_1^2} \qquad (6-108)$$

$$p_1^{XA\,II*} = p_1^{CA\,II*} = \frac{X}{2Y} \frac{2Y-\beta_1^2(\rho+Yc_1)}{2Y(X-Y)-X\beta_1^2} - \frac{\rho}{2Y} + \frac{c_1}{2} \qquad (6-109)$$

$$p_2^{XA\,II*} = p_2^{CA\,II*} = \frac{2Y-\beta_1^2(\rho+Yc_1)}{2[2Y(X-Y)-X\beta_1^2]} + \frac{B(\rho+Yc_1)+c_2-\alpha B}{2(1+BX)} \qquad (6-110)$$

$$b^{XA\,II*} = B\frac{\rho+Yc_1-X(c_2-\alpha B)}{2(1+BX)} - \alpha B \qquad (6-111)$$

依据公式 (6-108) ~ 公式 (6-111),求得协调决策下情境 II 下 CLSC 各成员利润为

$$\pi_M^{XA\,II*} = F_R^{nA\,II*} - F_T^{nA\,II*} \qquad (6-112)$$

$$\pi_R^{XA\,II*} = \pi_C^{CA\,II*} - F_R^{nA\,II*} \qquad (6-113)$$

$$\pi_T^{XA\,II*} = F_T^{nA\,II*} \qquad (6-114)$$

此时,$\pi_C^{XA\,II*} = \pi_C^{CA\,II*}$,只需 $\pi_M^{XA\,II*} \geqslant \pi_M^{nA\,II*}$,$\pi_R^{XA\,II*} \geqslant \pi_R^{nA\,II*}$,$\pi_T^{XA\,II*} \geqslant \pi_T^{nA\,II*}$,就能实现 CLSC 的协调。将公式 (6-112) ~ 公式 (6-114) 分别与制造商主导和零售商主导下的 CLSC 成员利润比较,求得情境 II 下 $F_R^{nA\,II*}$,$F_T^{nA\,II*}$ 的取值。

在制造商主导下:

$$F_R^{MA\,II*} - F_T^{MA\,II*} \geqslant \frac{X}{8Y(X-Y)} + \frac{(\rho+Yc_1)^2(1+BX-BY)}{8Y(1+BX)}$$

$$+ \frac{X(c_2-\alpha B)^2}{8(1+BX)} - \frac{(\rho+Yc_1)}{4Y} - \frac{(\rho+Yc_1)(c_2-\alpha B)}{4(1+BX)}$$

$$+ \frac{25\beta_1^2 [X - (X - Y)(\rho + Yc_1)]}{64Y(X - Y)} Q^M \qquad (6-115)$$

$$F_R^{MA\mathrm{II}*} \leqslant \frac{3X}{16Y(X - Y)} + \frac{3(\rho + Yc_1)^2(1 + BX - BY)}{16Y(1 + BX)} + \frac{B(\rho + Yc_1)^2}{16(1 + BX)^2} - \frac{3(\rho + Yc_1)}{8Y}$$

$$+ \frac{X(c_2 - \alpha B)^2(3 + 4BX)}{16(1 + BX)^2} - \frac{(3 + 4BX)(c_2 - \alpha B)(\rho + Yc_1)}{8(1 + BX)^2}$$

$$+ \frac{\beta_1^2 [X - (X - Y)(\rho + Yc_1)]^2}{4(X - Y)Y[2Y(X - Y) - X\beta_1^2]} - \frac{5\beta_1^2 [X - (X - Y)(\rho + Yc_1)]}{32Y(X - Y)} Q^M$$

$$(6-116)$$

$$F_T^{MA\mathrm{II}*} \geqslant \frac{B[\rho + Yc_1 - X(c_2 - \alpha B)]^2}{16(1 + BX)^2} \qquad (6-117)$$

在零售商主导下：

$$F_R^{RA\mathrm{II}*} - F_T^{RA\mathrm{II}*} \geqslant \frac{X}{16Y(X - Y)} + \frac{(\rho + Yc_1)^2(1 + 2BX - 2BY)}{16Y(1 + 2BX)} + \frac{X(c_2 - \alpha B)^2}{16(1 + 2BX)}$$

$$- \frac{\rho + Yc_1}{8Y} - \frac{(\rho + Yc_1)(c_2 - \alpha B)}{8(1 + 2BX)} + \frac{\beta_1^2 Q^R}{4} \frac{X - (X - Y)(\rho + Yc_1)}{Y(X - Y)}$$

$$(6-118)$$

$$F_R^{RA\mathrm{II}*} \leqslant \frac{X}{8Y(X - Y)} + \frac{(\rho + Yc_1)^2}{8Y} - \frac{B(\rho + Yc_1)^2 BX}{4(1 + BX)(1 + 2BX)}$$

$$+ \frac{X(1 + 3BX)(c_2 - \alpha B)^2}{8(1 + BX)(1 + 2BX)} - \frac{(1 + 3BX)(\rho + Yc_1)(c_2 - \alpha B)}{4(1 + BX)(1 + 2BX)}$$

$$- \frac{(\rho + Yc_1)}{4Y} + \frac{\beta_1^2 [X - (X - Y)(\rho + Yc_1)]^2}{4(X - Y)Y[2Y(X - Y) - X\beta_1^2]}$$

$$- \frac{\beta_1^2 Q^R}{4} \frac{X - (X - Y)(\rho + Yc_1)}{Y(X - Y)} \qquad (6-119)$$

$$F_T^{RA\mathrm{II}*} \geqslant \frac{B[\rho + Yc_1 - X(c_2 - \alpha B)]^2}{16(1 + 2BX)^2} \qquad (6-120)$$

结论 14： 若 F_R^{nAi}、F_T^{nAi} 满足情境 I 对应主导模式下的公式（6-102）~ 公式（6-107），情境 II 对应主导模式下的公式（6-115）~ 公式（6-120）的条件，当制造商的定价机制为 (w_1^{XAi*}, w_2^{XAi*})，零售商的定价机制为 (p_1^{XAi*}, p_2^{XAi*})，第三方回收商的定价机制为 b^{XAi*}，制造商对零售商广告成本分担率为 t^{XAi*} 时，$\pi_C^{XAi*} = \pi_C^{CAi*}$ 时，改进的两部收费制契约能够实现 CLSC 的协调。其中，$w_1^{XAi*} = c_1$，$w_2^{XAi*} = c_2 + BD_2^{Xi} - \alpha B$，$p_1^{XAi*} = p_1^{CAi*}$，$p_2^{XAi*} = p_2^{CAi*}$，

$b^{XAi*} = BD_2^{XAi*} - \alpha B$，$t^{XAi*} = 0$，$F_R^{nAi}$ 和 F_T^{nAi} 的具体大小取决于 CLSC 各成员在渠道中的影响力。

由结论 14 可知，改进的两部收费制契约使得不同情境下具新产品广告投入的 CLSC 成员的决策结果优于制造商和零售商分别主导下的决策结果，实现了 CLSC 的有效协调。

6.4.7　算例分析

本节通过数值算例，比较和分析了不同决策模型的最优均衡解，验证了改进的两部收费制契约对 CLSC 的协调效果，并进一步分析了新产品广告效应对 CLSC 定价决策和利润的影响。结合某家电企业的实际生产情况，选取参数 $c_1 = 0.5$，$c_2 = 0.21$，$\alpha = 0.02$，$B = 1.2$，$\beta_1 = 0.1$。

1. 广告策略分析

将以上相关数据代入结论 1 至结论 3，通过 Mathematica 软件计算得到：

（1）在制造商主导下，在情境 I 下只有当 $0 < \rho < 0.99625$ 时，才会有广告投入；在情境 II 下只有当 $0 < \rho \leqslant 0.99625$，$0 < \varepsilon < 1$ 或 $0.99625 < \rho < 1$，$16.67\left(8\rho - 7.97 + \sqrt{\dfrac{-0.9564 + 65.4373\rho - 128\rho^2 + 64\rho^3}{\rho}}\right) < \varepsilon < 1$，才会有广告投入。

（2）在零售商主导下，在情境 I 下只有当 $\rho < 0.9975$ 时，才会有广告投入；在情境 II 下只有当 $0 < \rho \leqslant 0.9975$，$0 < \varepsilon < 1$ 或 $0.9975 < \rho < 1$，$50\left(4\rho - 3.99 + \sqrt{\dfrac{-0.1596 + 16.2397\rho - 32.08\rho^2 + 16\rho^3}{\rho}}\right) < \varepsilon < 1$，才会有广告投入。

（3）在集中决策下，在情境 I 下只有当 $\rho < 0.995$ 时，才会有广告投入；在情境 II 下只有当 $0 < \rho \leqslant 0.995$，$0 < \varepsilon < 1$ 或 $0.995 < \rho < 1$，$50\left(2\rho - 1.99 + \sqrt{\dfrac{-0.0796 + 4.1197\rho - 8.04\rho^2 + 4\rho^3}{\rho}}\right) < \varepsilon < 1$，才会有广告投入。

由以上内容可以得出：

（1）在不同决策模式下，当绿色消费者的市场比例低于某阈值时，CLSC 可以投入新产品广告；当绿色消费者的市场比例高于该阈值时，在情境 I 下不应投入新产品广告，若普通消费者对再制造品的偏好程度要大于某个临界值，则在情境Ⅱ下应投入新产品广告。

（2）CLSC 主导权会改变绿色消费者市场比例的阈值和普通消费者对再制造品偏好程度的阈值。

2. 定价策略分析

选取 $\rho = 0.2$，将以上相关数据代入结论 5 至结论 7，通过 Mathematica 软件计算得到：

（1）在制造商主导下，当 $0 < \varepsilon < 0.954$ 时可选取情境Ⅰ下的定价策略，当 $0.851 < \varepsilon < 1$ 时可选取情境Ⅱ下的定价策略。

（2）在零售商主导下，当 $0 < \varepsilon < 0.984$ 时可选取情境Ⅰ下的定价策略，当 $0.961 < \varepsilon < 1$ 时可选取情境Ⅱ下的定价策略。

（3）在集中决策下，当 $0 < \varepsilon < 0.894$ 时可选取情境Ⅰ下的定价策略，当 $0.775 < \varepsilon < 1$ 时可选取情境Ⅱ下的定价策略。

由以上内容可以得出：

（1）有新产品广告投入的 CLSC 定价策略选择规律与 5.3 节没有新产品广告投入的 CLSC 定价策略选择规律相同，即在其他市场条件一定的情况下，若普通消费者对再制造品的偏好程度较低，CLSC 企业应采取情境Ⅰ下的定价策略；若普通消费者对再制造品的偏好程度较高，CLSC 成员应采取情境Ⅱ下的定价策略。

（2）与 6.3 节没有新产品广告投入的 CLSC 相比，情境Ⅰ和情境Ⅱ下 ε 的临界值均变小。这说明新产品广告投入会缩小可选取情境Ⅰ下定价策略的范围，扩大可选取情境Ⅱ下定价策略的范围。

3. 均衡解对比分析

选取 $\rho = 0.2$，$\varepsilon = 0.5$ 形成情境Ⅰ，$\rho = 0.2$，$\varepsilon = 0.97$ 形成情境Ⅱ。通过计算求得在制造商主导（M）、零售商主导（R）、集中决策（C）和协调决策（X）下 CLSC 的均衡解，见表 6-10 和表 6-11。

表 6-10　　　　情境Ⅰ定价策略下不同决策模式的均衡解

均衡解	a	t	b	p_1	p_2	D_1	D_2	π_M	π_R	π_T	π_C
M	0.0157	0.6	0.055	0.876	0.836	0.1004	0.033	0.0385	0.01794	0.0013	0.0577
R	0.0125	0	0.042	0.875	0.862	0.1003	0.028	0.0182	0.0363	0.0009	0.0554
C	0.03	N	N	0.7515	0.672	0.201	0.066	N	N	N	0.0773

续表

均衡解	a	t	b	p_1	p_2	D_1	D_2	π_M	π_R	π_T	π_C
XM	0.03	0	0.055	0.7515	0.672	0.201	0.066	$F_R^{MAI} - F_T^{MAI}$	$0.0773 - F_R^{MAI}$	F_T^{MAI}	0.0773
XR								$F_R^{RAI} - F_T^{RA}$	$0.0773 - F_R^{RAI}$	F_T^{RAI}	

注：$0.03977 < F_R^{MAI} < 0.05941$，$0.0013 < F_T^{MAI} < F_R^{MAI} - 0.0385$；$0.01908 < F_R^{RAI} < 0.04108$，$0.00091 < F_T^{RAI} < F_R^{RAI} - 0.01817$。

表 6-11 　　　　　　　情境 II 定价策略下不同决策模式的均衡解

均衡解	a	t	b	p_1	p_2	D_1	D_2	π_M	π_R	π_T	π_C
M	0.0158	0.6	0.123	0.879	0.853	0.066	0.06	0.041	0.016	0.0045	0.0614
R	0.0126	0	0.051	0.88	0.878	0.095	0.03	0.0182	0.0363	0.0011	0.0557
C	0.025	N	N	0.754	0.729	0.133	0.12	N	N	N	0.082
XM	0.025	0	0.085	0.754	0.729	0.133	0.12	$F_R^{MAII} - F_T^{MAII}$	$0.082 - F_R^{MAII}$	F_T^{MAII}	0.082
XR								$F_R^{RAII} - F_T^{RAII}$	$0.082 - F_R^{RAII}$	F_T^{RAII}	

注：$0.04546 < F_R^{MAII} < 0.06583$，$0.0045 < F_T^{MAII} < F_R^{MAII} - 0.04096$；$0.01931 < F_R^{RAII} < 0.04565$，$0.0011 < F_T^{RAII} < F_R^{RAII} - 0.01821$。

由表 6-10 和表 6-11 可以看出，无论企业是采取情境 I 下的定价策略还是情境 II 下的定价策略，以下结论均成立。

（1）与制造商主导下的 CLSC 决策和利润相比，零售商主导下的新产品广告投入水平较低，废旧品最优转移价格较低，再制造品销售价格较高、需求量较小，零售商利润较高，而制造商利润、第三方回收商利润和 CLSC 利润均较低。这说明零售商和制造商均倾向于其自身主导的 CLSC 模式，第三方回收商倾向于制造商主导的 CLSC 模式。从 CLSC 利润和废旧品回收再利用角度来说，制造商主导的 CLSC 模式较优。

（2）在制造商主导下，制造商的广告成本分担率大于 0；而在零售商主导下，制造商的广告成本分担率为 0。这说明了只有在制造商主导下，制造商才会承担零售商的部分广告费用。

（3）与集中决策相比，分散决策下新产品和再制造品的销售价格均较高，而废旧品的转移价格、新产品和再制造品的需求量均较低，CLSC 利润也较低。

（4）合作广告机制不能实现具广告影响的 CLSC 的协调，而改进的两部收费制契约能够实现该 CLSC 的有效协调。CLSC 成员可以通过协商、谈判完成利润的分配。

4. 广告效应对 CLSC 的影响分析

选取情境 I 下 $\varepsilon = 0.5$，情境 II 下 $\varepsilon = 0.97$，代入结论1至结论3计算得到：

（1）在制造商主导的 CLSC 中，情境 I 下 $0 < \beta_1 < 0.78$，情境 II 下 $0 < \beta_1 < 0.1$。

（2）在零售商主导的 CLSC 中，情境 I 下 $0 < \beta_1 < 0.89$，情境 II 下 $0 < \beta_1 < 0.12$。

（3）在集中决策的 CLSC 中，情境 I 下 $0 < \beta_1 < 0.89$，情境 II 下 $0 < \beta_1 < 0.83$。

将以上数据分别代入 CLSC 成员利润公式和整体利润公式，得到每个情境下新产品广告效应 β_1 对 π_M、π_R、π_T 和 π_C 的影响，如图 6.22 ~ 图 6.24 所示。

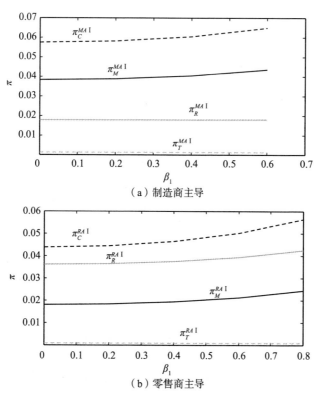

（a）制造商主导

（b）零售商主导

图 6.22　情境 I 下 β_1 对分散决策下 π_M、π_R、π_T 和 π_C 的影响

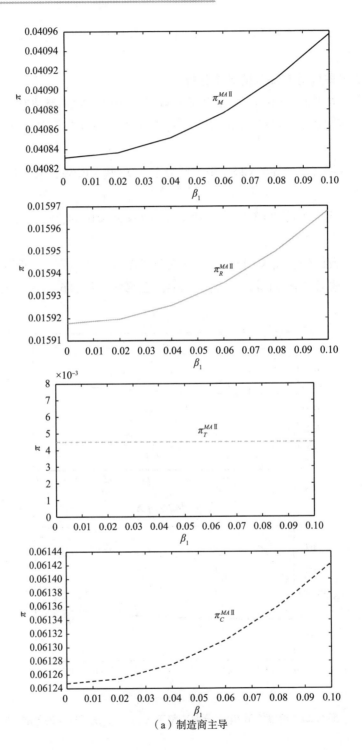

（a）制造商主导

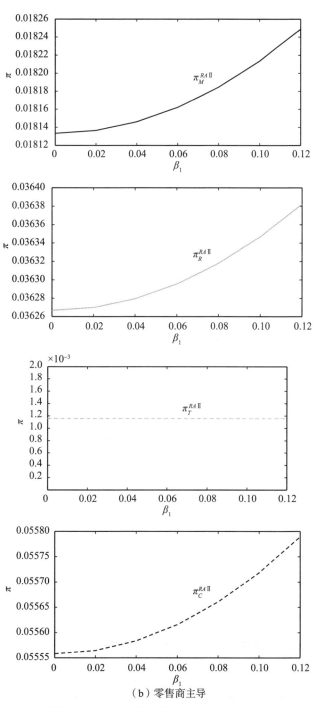

（b）零售商主导

图6.23　情境Ⅱ下 β_1 对分散决策下 π_M、π_R、π_T 和 π_C 的影响

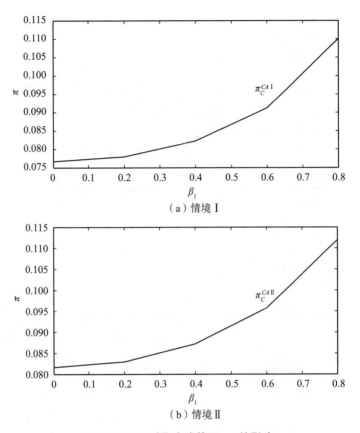

（a）情境Ⅰ

（b）情境Ⅱ

图 6.24 β_1 对集中决策下 π_C 的影响

由图 6.22～图 6.24 得出，无论 CLSC 采取情境Ⅰ还是情境Ⅱ下的定价策略：

（1）在分散决策下，随着新产品广告效应的增强，制造商、零售商的利润和 CLSC 整体的利润均增加，且增加的速度越来越快，第三方回收商的利润保持不变。这说明制造商和零售商应注重市场调研，结合实际市场情况，选择优质的广告设计策略和广告投放渠道，提高广告的影响力。

（2）在制造商主导下，广告效应对制造商利润的影响明显大于对零售商利润的影响，而在零售商主导下，广告效应对制造商利润和零售商利润的影响基本相同。

（3）在集中决策下，随着新产品广告效应的增强，CLSC 整体利润也呈现一直增加的趋势，且增加的速度越来越快。

6.4.8　研究结论

本节在考虑普通消费者和绿色消费者对新产品和再制造品 WTP 差异的基础上，将市场细分为情境Ⅰ（普通消费者群只购买新产品，绿色消费者群只购买再制造品）和情境Ⅱ（普通消费者群会购买新产品和再制造品，绿色消费者群只购买再制造品），进一步考虑了新产品广告投入的影响，分别研究了制造商主导、零售商主导和集中决策下的最优定价、广告策略，探究了广告策略和定价策略的选择规律，分析了广告效应对 CLSC 的影响，并提出了用改进的两部收费制契约协调具广告影响的 CLSC，得出以下结论。

（1）当绿色消费者的市场比例低于某一阈值时，CLSC 可以投入新产品广告；当绿色消费者的市场比例高于该阈值时，在情境Ⅰ下不应投入新产品广告，若普通消费者对再制造品的偏好程度大于某个临界值，则在情境Ⅱ下应投入新产品广告。CLSC 主导权的转移会改变绿色消费者市场比例的阈值和普通消费者对再制造品偏好程度的阈值。

（2）新产品广告不改变 CLSC 定价策略的选择规律，即在其他市场条件一定的情况下，若普通消费者对再制造品的偏好程度较低，CLSC 应采取情境Ⅰ下的定价策略；若普通消费者对再制造品的偏好程度较高，CLSC 应采取情境Ⅱ下的定价策略。但是，新产品广告会缩小采取情境Ⅰ下定价策略的范围，扩大采取情境Ⅱ下定价策略的范围。

（3）随着新产品广告效应的增强，新产品最优广告投入水平增加，废旧品的转移价格不变，新产品的价格升高，在情境Ⅰ下，再制造品的价格不变；而在情境Ⅱ下，再制造品的价格升高，且升高的速度慢于新产品，制造商主导下的最优广告成本分担率增加。无论 CLSC 采取情境Ⅰ还是情境Ⅱ下的定价策略，制造商利润、零售商利润和 CLSC 整体利润均随着新产品广告效应的增强而增加，并且广告效应越强，利润增加得越显著。这说明制造商和零售商应注重市场调研，结合市场实际情况，选择优质的广告设计策略和广告投放渠道，提高广告影响力。

（4）在具广告影响的 CLSC 中，从经济效益和环境效益角度来看，仍是制造商主导优于零售商主导。

（5）合作广告机制只有在制造商主导下才能够实施，且不能实现具广告影响的 CLSC 的协调，而改进的两部收费制契约能够实现该 CLSC 的有效协调。

6.5 考虑低碳责任的再制造 CLSC 决策研究

6.5.1 模型描述与基本假设

1. 模型描述

考虑复印机行业由制造商、再制造商、零售商和消费者组成的 CLSC 系统。假设由制造商和再制造商分别生产新产品和再制造品，零售商同时销售新产品和再制造品；当新产品达到寿命终期后，由再制造商以一定的回收价格 p_R 从消费者手中回收并实施再制造，同时，政府对再制造商回收废旧品进行补贴 s，如图 6.25 所示。

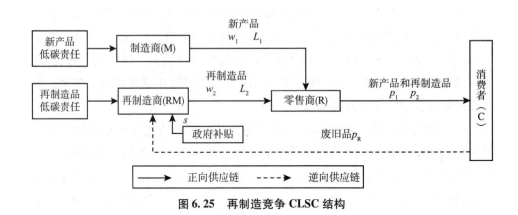

图 6.25 再制造竞争 CLSC 结构

2. 参数说明

在参照 6.2.1 节参数说明基础上，$i, j = 1$ 表示新产品；$i, j = 2$ 表示再制造品；

L_i 表示产品低碳责任水平；

t 表示新产品和再制造品之间的低碳责任水平竞争系数，取值范围为 $[0, 1]$；

$C(L_i)$：$C(L_i) = \dfrac{g_i L_i^2}{2}$ 表示制造商生产每单位产品履行低碳责任总成本；

g_i 表示制造商生产第 i 种产品履行产品低碳责任水平的单位成本；

D_i 表示第 i 种产品的需求函数，计算公式为

$$D_i = a + t[L_i - k(L_j - L_i)] - p_i + k(p_j - p_i) + \varepsilon_i$$

式中，$i \neq j$；且 $i, j = 1$ 或 2。

Q_i 表示零售商订购量，计算公式为

$$Q_i = a + t[L_i - k(L_j - L_i)] - p_i + k(p_j - p_i) + z_i$$

3. 模型基本假设

基本假设参阅 6.2.1 节。

假设：新产品和再制造品属于相同产品系列，功能和质量相同，只是在价格和碳排放量上存在一定的差异，具有相互竞争关系。

6.5.2　产品低碳责任下再制造竞争 CLSC 定价模型

1. 分散决策的定价模型

制造商作为 Stackelberg 的领导者，向零售商提供新产品的批发价格和低碳责任水平，再制造商根据新产品批发价格和低碳责任水平制定出再制造品的批发价格和低碳责任水平，而零售商再依据制造商和再制造商提供的批发价格来决策销售价格，从而分别使期望利润最大。

该种情形下，制造商、再制造商和零售商的期望利润 $E(\pi_M^{\mathrm{I}})$、$E(\pi_{RM}^{\mathrm{I}})$ 和 $E(\pi_R^{\mathrm{I}})$ 为

$$\max_{w_1, L_1} E(\pi_M^{\mathrm{I}}) = (w_1 - c_N)Q_1 - \frac{1}{2}g_1 L_1^2 \tag{6-121}$$

$$\max_{w_2, L_2, p_R} E(\pi_{RM}^{\mathrm{I}}) = w_2 Q_2 + (s - p_R - c_R)(\alpha + \beta p_R) - \frac{1}{2}g_2 L_2^2 \tag{6-122}$$

$$\begin{aligned}
\max_{p_1, p_2} E(\pi_R^{\mathrm{I}}) &= p_1 \min(Q_1, D_1) + p_2 \min(Q_2, D_2) - w_1 Q_1 - w_2 Q_2 \\
&= (p_1 - w_1)Q_1 - p_1 h_1 + (p_2 - w_2)Q_2 - p_2 h_2
\end{aligned} \tag{6-123}$$

式中，$h_i = \displaystyle\int_{A_i}^{z_i}(z_i - x_i)f_i(x_i)\,\mathrm{d}x_i$。

由于该模型决策变量较多，求解结果较烦琐，本节采用逆向归纳法进行求解得

$$p_1^* = \frac{w_1}{2} + \frac{a - h_1 + z_1 + (2a - h_1 - h_2 + z_1 + z_2)k + (2k+1)tL_1}{2(2k+1)} \quad (6-124)$$

$$p_2^* = \frac{w_2}{2} + \frac{a - h_2 + z_2 + (2a - h_1 - h_2 + z_1 + z_2)k + (2k+1)tL_2}{2(2k+1)} \quad (6-125)$$

2. 集中决策下最优定价决策

在集中决策模式下，制造商和零售商及再制造商和零售商分别构成一个"超组织"，并由每个"超组织"的中央决策者分别制定产品销售价格和低碳责任水平，在同一个消费市场销售，从而形成市场竞争，使 CLSC 系统期望利润最大。

CLSC 系统总期望利润 $E(\pi^{\mathrm{II}}) = E(\pi_M^{\mathrm{II}}) + E(\pi_{RM}^{\mathrm{II}})$，其中：

$$\max_{p_1, L_1} E(\pi_M^{\mathrm{II}}) = p_1 \min(Q_1,\ D_1) - c_N Q_1 - \frac{1}{2}g_1 L_1^2$$

$$= (p_1 - c_N)Q_1 - p_1 h_1 - \frac{1}{2}g_1 L_1^2 \quad (6-126)$$

$$\max_{p_2, L_2, p_R} E(\pi_{RM}^{\mathrm{II}}) = p_2 \min(Q_2,\ D_2) + (s - p_R - c_R)(\alpha + \beta p_R) - \frac{1}{2}g_2 L_2^2$$

$$= p_2(Q_2 - h_2) + (s - p_R - c_R)(\alpha + \beta p_R) - \frac{1}{2}g_2 L_2^2 \quad (6-127)$$

采用逆向归纳法进行求解。

6.5.3　算例分析

本节运用 MATLAB 数据分析软件对电子产品（如复印机）进行实例分析并验证。具体数据如下：假设新产品和再制造品的市场需求因子 ε_1、ε_2 和库存因子 z_1、z_2 均服从 $[-10，10]$ 上的均匀分布，见表 6–12。

表 6–12　　　　　　　　　　　　相关参数赋值情况

参数	a	α	c_N	c_R	s	g_1	g_2	z_1	z_2	β	k	t
参数值	200	60	100	20	75	20	15	-6[a]	-4[a]	10	0.6	0.65
单位	万台	万台	美元	美元	美元	常数	常数	万台	万台	常数	常数	常数

注：a 表示零售商出现缺货状态，即市场需求未被完全满足。此外，不论零售商订购第 i 种产品的数量是否大于或小于其市场需求量（即 $z_i \neq 0$）均产生相同的结果。

　　根据制造商和再制造商之间的竞争情形，包括只存在产品价格竞争、只存在产品低碳责任竞争和同时存在产品价格和低碳责任竞争三种状态，再制造竞争系数 k 和产品低碳责任竞争系数 t 可从 $[0，1]$ 取值，代表不同的竞争状态；将表 6 - 12 中相关数据代入公式（6 - 121）~公式（6 - 127）可得不同竞争状态下的均衡解，见表 6 - 13。

表 6 - 13　　　　　　　　　　不同竞争状态下的均衡解

决策变量	$k = 0.6，t = 0.65$		$k = 0.6，t = 0$		$k = 0，t = 0.65$	
	分散模式	集中模式	分散模式	集中模式	分散模式	集中模式
w_1	126.77	—	126.74	—	147.45	—
w_2	86.19	—	85.30	—	99.15	—
p_1	160.62	126.43	160.38	126.37	170.78	147.30
p_2	141.41	86.45	139.99	84.66	147.82	98.94
L_1	0.70	1.37	0	0	0.77	1.54
L_2	2.99	5.99	0	0	2.15	4.29
p_R	24.50	24.50	24.50	24.50	24.50	24.50
$E(\pi_M)$	568.56	—	572.15	—	1119.80	—
$E(\pi_{RM})$	15178.00	—	15123.00	—	14183.00	—
$E(\pi_R)$	4341.00	—	4261.80	—	2765.00	—
$E(\pi)$	20088.00	22051.00	19957.00	21844.00	18068.00	21128.00

　　由表 6 - 13 可知：

　　（1）与分散决策模式比较，集中决策模式下新产品和再制造品的低碳责任水平都较高，说明集中决策模式既可降低产品销售价格，又可提高产品低碳责任水平。

　　（2）两种决策模式下，当只有产品低碳责任竞争时，新产品和再制造品的销售价格最高；当仅存在再制造竞争时，新产品和再制造品的销售价格最低；当产品低碳责任和再制造竞争同时存在时，新产品和再制造品的销售价格居中。

　　（3）两种决策模式下，当产品低碳责任和再制造竞争同时存在时，CLSC 系统总期望利润最大；当只有产品低碳责任竞争时，CLSC 系统总期望利润最小；当仅存在再制造竞争时，CLSC 系统总期望利润居中。

　　（4）在分散决策模式中，再制造商期望利润最大，零售商期望利润次之，制造商期望利润最小。这说明 CLSC 系统总期望利润有所改进，但各节点企业期望利润未得到很好改善，需要建立收益协调机制，促使 CLSC 系统高效地运作。

1. 再制造竞争对最优定价的影响分析

（1）产品低碳责任和再制造竞争对批发价格的影响。将产品低碳责任竞争系数 t 和再制造竞争系数 k 作为变量，把相关数据代入公式（6–121）和公式（6–122）求得新产品和再制造品的批发价格变化趋势，如图 6.26 所示。

由图 6.26 可知，产品低碳责任程度与其批发价格呈正相关关系。随着产品低碳责任竞争程度增强，新产品和再制造品的批发价格都会提高；在一定范围内，由于提高产品低碳责任水平会增加产品的总成本，导致其批发价格提高。

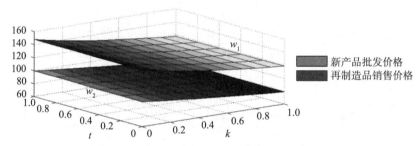

图 6.26　产品低碳责任和再制造竞争对新产品和再制造品批发价格的影响

再制造竞争程度与产品批发价格呈负相关关系。随再制造竞争程度的加剧，新产品和再制造品的批发价格都会降低；可能再制造竞争加剧导致制造商和再制造商采用严格的成本控制或改善产品设计等措施来降低生产成本。

再制造竞争比产品低碳责任对产品批发价格的影响更大。新产品和再制造品的批发价格受再制造竞争影响的变化幅度要大于其受产品低碳责任影响的变化幅度。这反映出新产品和再制造品的批发价格对再制造竞争因子更加敏感。

（2）产品低碳责任和再制造竞争对销售价格的影响。将产品低碳责任竞争系数 t 和再制造竞争系数 k 作为变量，把表 6–11 中相关数据代入公式（6–124）和公式（6–125），可得新产品和再制造品的销售价格变化趋势，如图 6.27 所示。

由图 6.27 可知，两种决策模式下，新产品和再制造品的销售价格与产品低碳责任都呈正相关关系。随产品低碳责任竞争程度增加，新产品和再制造品的销售价格都将提高，即产品低碳责任竞争促使零售商采取"提价销售"策略。

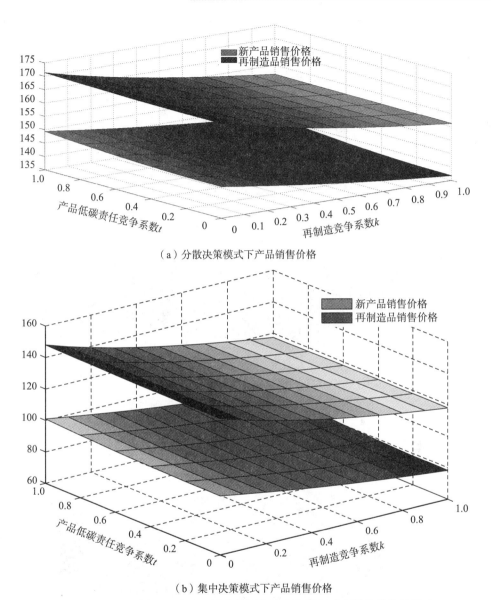

（a）分散决策模式下产品销售价格

（b）集中决策模式下产品销售价格

图6.27　产品低碳责任和再制造竞争对新产品和再制造品销售价格的影响

两种决策模式下，新产品和再制造品的销售价格与再制造竞争都呈负相关关系。随再制造竞争程度加大，新产品和再制造品的销售价格都会降低。这表明随再制造竞争程度加大，零售商采取"降价销售"策略。

由图6.27可知，集中决策模式下新产品和再制造品的销售价格受产品低碳责任和再制造竞争影响的变化幅度都要大于其在分散决策模式下的变化幅度。说明集中决策模式加剧了产品低碳责任和再制造竞争对销售价格影响程度。

（3）产品低碳责任和再制造竞争对低碳责任水平的影响。将产品低碳责任竞争系数 t 和再制造竞争系数 k 作为变量，把表 6 – 11 中相关数据代入公式（6 – 121）和公式（6 – 122），求得新产品和再制造品的低碳责任水平变化趋势，如图 6.28 所示。

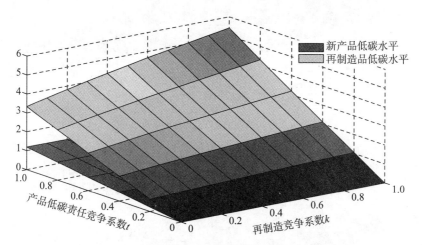

（a）分散决策模式下产品低碳责任水平

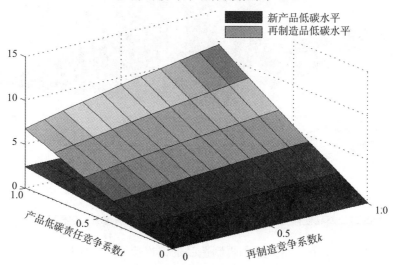

（b）集中决策模式下产品低碳责任水平

图 6.28　产品低碳责任和再制造竞争对新产品和再制造品低碳责任水平的影响

由图 6.28 可知，两种决策模式下，新产品和再制造品的低碳责任水平与产品低碳责任和再制造竞争都呈正相关；新产品和再制造品的低碳责任水平都随产品低碳责任和再制造竞争程度增加而增加。这表明产品低碳责任竞争和再制造竞争促进了新产品和再制造品低碳责任水平的提高，有利于发展低碳经济。

再制造品低碳责任水平受产品低碳责任和再制造竞争影响的程度要大于新产品受其影响的程度；再制造品低碳责任水平变化幅度都要大于新产品的变化幅度。这表明与新产品相比，再制造品的低碳责任水平对产品低碳责任和再制造竞争更敏感。

新产品和再制造品的低碳责任水平对产品低碳责任竞争更敏感；新产品和再制造品的低碳责任水平在产品低碳责任竞争轴上变化的幅度都要大于其在再制造竞争轴上变化的幅度，表明产品低碳责任竞争对新产品和再制造品的低碳责任水平影响更大。

与分散决策模式相比，集中决策模式下新产品和再制造品低碳责任水平变化幅度较大。由图6.28（a）可知，新产品和再制造品的低碳责任水平变化幅度分别为0～1.2和0～6.5；而由图6.28（b）可知，新产品和再制造品的低碳责任水平变化幅度分别为0～2.2和0～11.2；据此可知，集中决策模式下新产品和再制造品低碳责任水平变化幅度更大。这表明集中决策模式可有效降低产品碳排放量，因此，CLSC系统可采用集中决策来降低系统碳排放。

（4）产品低碳责任和再制造竞争对节点期望利润的影响。将产品低碳责任竞争系数 t 和再制造竞争系数 k 作为变量，把表6-11中相关数据代入CLSC系统各节点期望利润公式［公式（6-121）～公式（6-123）］可得节点企业期望利润变化趋势，如图6.29所示。

由图6.29（a）（b）可知，分散决策模式下节点期望利润都与产品低碳责任竞争呈正相关。这表明分散决策模式下产品低碳责任竞争有利于提高节点期望利润。

由图6.29（a）可知，制造商期望利润随产品低碳责任竞争程度加大而增加，但随再制造竞争程度加大而减少。因此，制造商应该提高新产品低碳责任水平，并采取适当措施降低再制造竞争程度，实现期望利润最大化。

由图6.29（b）和图6.29（c）可知，再制造商和零售商的期望利润与产品低碳责任竞争和再制造竞争都呈正相关，且再制造商和零售商的期望利润对再制造竞争更敏感，其期望利润受再制造竞争影响的变化幅度更大。这在一定程度上表明再制造商和零售商更有参与再制造竞争的积极性，有利于发挥再制造竞争优势，提高期望利润水平。

由图 6.29（d）可知，制造商期望利润最小，零售商期望利润居中，再制造商期望利润最大。这表明产品低碳责任竞争和再制造竞争对再制造商更有利，为了维持 CLSC 系统高效运作，应该建立一定的收益共享机制以提高制造商和零售商参与竞争的积极性。

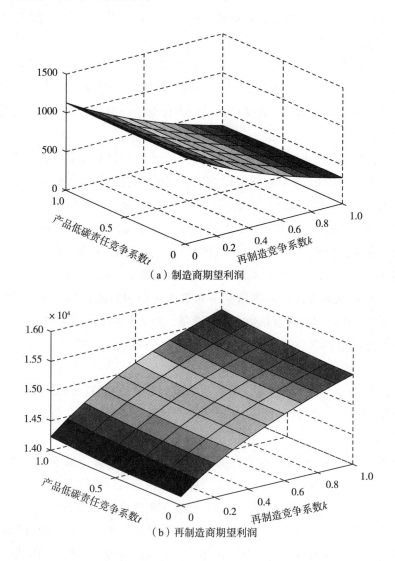

（a）制造商期望利润

（b）再制造商期望利润

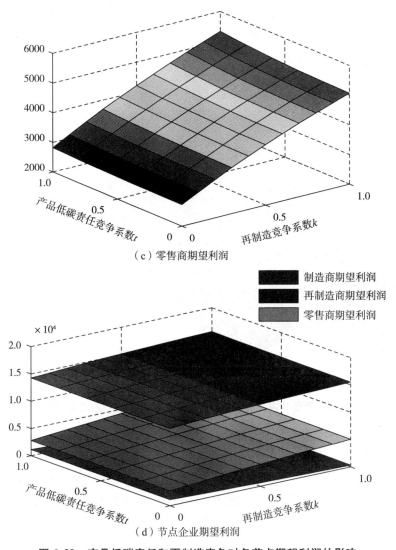

图6.29　产品低碳责任和再制造竞争对各节点期望利润的影响

（5）产品低碳责任和再制造竞争对闭环供应系统总期望利润的影响。将产品低碳责任竞争系数 t 和再制造竞争系数 k 作为变量，把表 6-11 中相关数据代入公式（6-121）~公式（6-123）、公式（6-126）和公式（6-127）可得 CLSC 系统总期望利润变化趋势，如图 6.30 所示。

由图 6.30 可知，随产品低碳责任竞争和再制造竞争程度加大，两种模式下 CLSC 系统总期望利润都会增加，且分散决策模式下系统总期望利润的变化幅度更大，说明分散决策模式加剧了产品低碳责任竞争和再制造竞争对系统总期望利润的影响程度。这也符合现实情况，采用"纵向一体化"策略可以削弱供应链成员之间的竞争程度，并可产生集成效应，即集中决策模式下系统的总期望利润要高于分散决策模式。

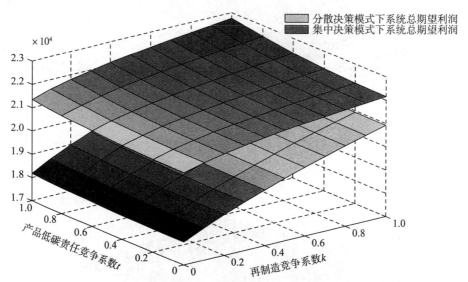

图6.30　产品低碳责任和再制造竞争对两种决策模式 CLSC 系统总期望利润的影响

2. 市场需求不确定性对最优定价影响分析

（1）市场需求不确定性对批发价格的影响。将新产品库存因子 z_1 和再制造品库存因子 z_2 作为变量，把表 6 – 11 中相关数据代入公式（6 – 121）和公式（6 – 122），求得新产品和再制造品的批发价格变化趋势，如图 6.31 所示。

由图 6.31 可知，新产品和再制造品的批发价格都随新产品和再制造品的库存因子增加而增加，且新产品批发价格受新产品库存因子影响加大，再制造品批发价格对再制造品库存因子变化更敏感。

当新产品和再制造品库存因子同时达到 10 个单位时，新产品和再制造品批发价格达到最高，说明零售商存货较多，造成市场需求增加的假象，制造商和再制造商都将采取"提价批发"策略。

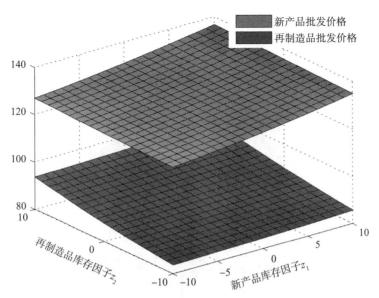

图 6.31　市场需求不确定性对新产品和再制造品批发价格的影响

（2）市场需求不确定性对销售价格的影响。将新产品库存因子 z_1 和再制造品库存因子 z_2 作为变量，把表 6 – 11 中相关数据代入公式（6 – 124）和公式（6 – 125），可得产品销售价格变化趋势，如图 6.32 所示。

由图 6.32 可知，两种模式下新产品和再制造品的销售价格都与新产品和再制造品的库存因子呈正相关关系，即新产品和再制造品的销售价格都会随着其库存因子增加而增加，且新产品销售价格对新产品库存因子变化更敏感，同样再制造品库存因子对再制造品销售价格影响更大。这反映出市场需求不确定性对新产品和再制造品的销售价格影响较大。

当新产品和再制造品的库存因子都等于 10 时（表示新产品和再制造品的库存水平达到最大值），新产品和再制造品的销售价格达到最高，这是由制造商和再制造商都提高产品批发价格所致，迫使零售商采取"提价销售"策略。

（3）市场需求不确定性对低碳责任水平的影响。将新产品库存因子 z_1 和再制造品库存因子 z_2 作为变量，把表 6 – 11 中相关数据代入公式（6 – 121）和公式（6 – 122），求得新产品和再制造品的低碳水平变化趋势，如图 6.33 所示。

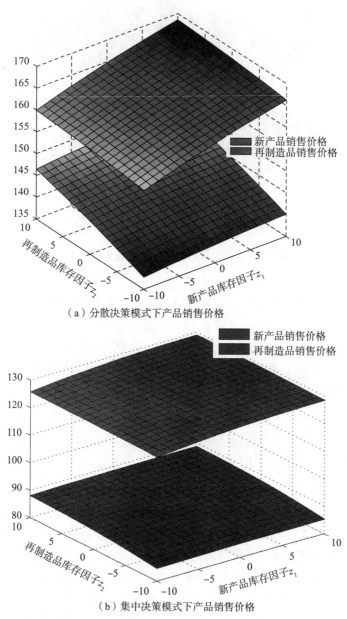

（a）分散决策模式下产品销售价格

（b）集中决策模式下产品销售价格

图 6.32　市场需求不确定性对新产品和再制造品销售价格的影响

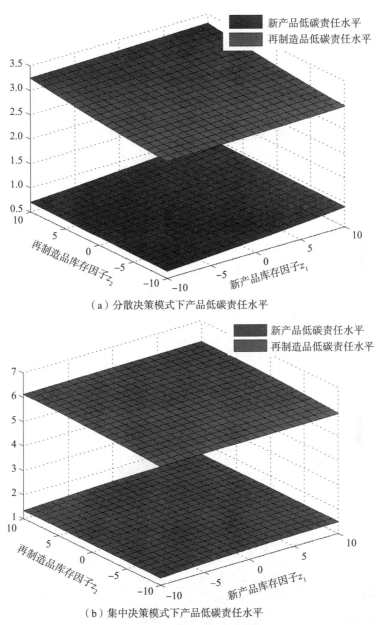

（a）分散决策模式下产品低碳责任水平

（b）集中决策模式下产品低碳责任水平

图6.33　市场需求不确定性对新产品和再制造品低碳责任水平的影响

由图6.33（a）（b）可知，再制造品低碳责任水平要高于新产品低碳责任水平，表明再制造商很好地履行了再制造过程低碳化责任。

在分散决策和集中决策模式中，新产品和再制造品低碳责任水平都随新产品和再制造品库存因子增加而提高，且新产品低碳责任水平受新产品库存因子影响较大，而再制造品低碳责任水平对再制造品库存因子更敏感。

当新产品和再制造品库存因子都等于 10 时（表示新产品和再制造品的库存水平达到最大值），新产品和再制造品低碳水平达到最高，说明零售商存货增多，造成市场需求增加的假象。制造商和再制造商为了争夺市场份额，将提高各自竞争能力，采取提高低碳责任水平策略来获取竞争优势。

（4）市场需求不确定性对各节点期望利润的影响。将新产品库存因子 z_1 和再制造品库存因子 z_2 作为变量，把表 6 –11 中相关数据代入公式（6 –121）~ 公式（6 –125），可得各节点企业期望利润变化趋势，如图 6.34 所示。

由图 6.34（a）（b）可知，制造商和再制造商的期望利润都随新产品和再制造品的库存因子增加而增加，且制造商期望利润受新产品库存因子影响较大，再制造商期望利润对再制造品库存因子变化更敏感，这很符合现实情况，是制造商和再制造商分别只生产新产品和再制造品所造成的。

当新产品和再制造品的库存因子都为 10 时（表示新产品和再制造品的库存水平达到最大值），制造商和再制造商的期望利润将达到最大，这是由零售商订购过多的新产品和再制造品导致。因此，CLSC 系统应该建立信息共享机制，帮助零售商降低库存水平，提高 CLSC 系统运作绩效。

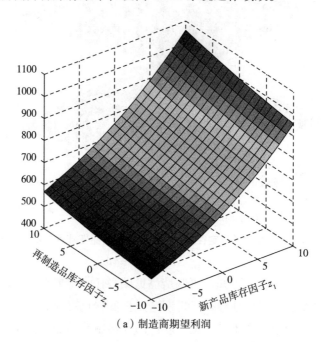

（a）制造商期望利润

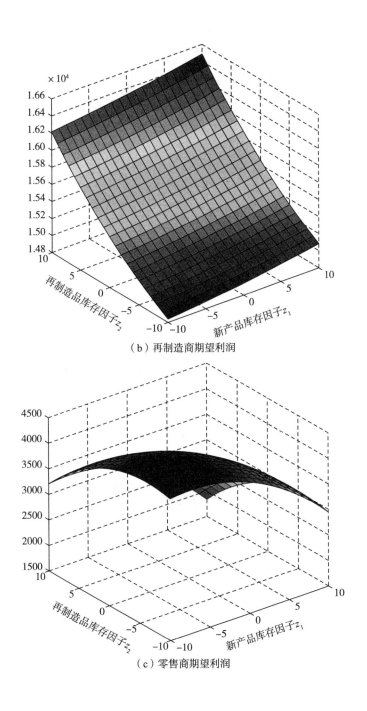

（b）再制造商期望利润

（c）零售商期望利润

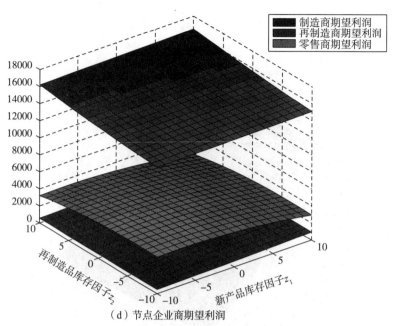

（d）节点企业商期望利润

图 6.34　市场需求不确定性对各节点期望利润的影响

由图 6.34（c）可知，零售商期望利润随新产品和再制造品库存因子的增加而先增加后减少，且当新产品和再制造品的库存因子都等于 0 时（表示新产品和再制造品没有库存），零售商期望利润将达到最大；当新产品和再制造品的库存因子都等于 10 时（表示新产品和再制造品的库存水平达到最大值），零售商期望利润将降到最低。这说明零售商应该采用严格的库存管理策略，降低产品库存量以提高期望利润水平。

由图 6.34（d）可知，再制造商期望利润最大，零售商期望利润次之，制造商期望利润最小。因此，为了保证 CLSC 持续地高效运作，应该建立一些收益共享机制以提高制造商积极性。

（5）市场需求不确定性对闭环供应系统总期望利润的影响。将新产品库存因子 z_1 和再制造品库存因子 z_2 作为变量，把表 6 - 11 中相关数据代入公式（6 - 121）、公式（6 - 122）、公式（6 - 126）和公式（6 - 127），可得 CLSC 系统总期望利润变化趋势，如图 6.35 所示。

由图 6.35 可知，集中决策模式下 CLSC 系统总期望利润曲面变化较缓慢，而分散决策模式下系统总期望利润曲面变化较陡峭，即集中决策模式下系统总期望利润受新产品和再制造品库存因子影响较小，而分散决策模式下系统总期望利润受新产品和再制造品库存因子影响较大。这说明集中决策模式更有利于削弱市场需求不确定性对系统总期望利润的影响，而且能够提高系统总期望利润水平。

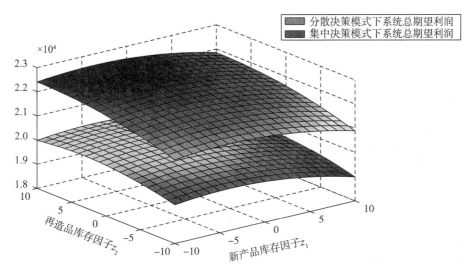

图 6.35　市场需求不确定性对 CLSC 系统总期望利润的影响

6.5.4　研究结论

本节考虑产品低碳责任水平和需求不确定情形下，产品低碳责任竞争和再制造竞争对 CLSC 定价决策的影响。

（1）分散决策和集中决策模式下，产品销售价格与产品低碳责任竞争和库存因子呈正相关关系，而与再制造竞争呈负相关关系；因此，CLSC 系统应该避免由再制造竞争直接引起的"价格战"，可通过提高产品低碳责任竞争程度和降低产品库存水平的策略来降低产品销售价格。

（2）产品低碳责任竞争既可提高产品低碳责任水平，又可提高节点企业和系统的总期望利润。因此，CLSC 系统应该建立低碳责任水平奖惩机制，提高节点企业参与产品低碳责任的竞争积极性，实现期望利润最大化。

（3）CLSC 系统可采取集中决策模式来削弱市场需求不确定性的影响，能够提高系统总期望利润水平。

第 7 章
考虑公平因素的不同主导模式下 CLSC 决策与协调研究

本章旨在不同主导模式中，节点企业是否具备公平偏好行为（即公平中性、无公平偏好、公平偏好）的不同情形对 CLSC 的决策和协调问题的研究。在市场需求受零售价格、销售努力和回收努力影响的情况下，考虑到新产品和再制造品市场需求量的不确定性，构建回收再利用 CLSC 中制造商主导（模式 MS）、制造商和零售商权力对等（模式 VN）、零售商主导（模式 RS）三种模型，进而利用博弈论分别研究了在公平中性和公平偏好时不同主导模式下 CLSC 的决策和协调。一方面，在公平中性下，研究不同主导模式下的 CLSC 的定价、销售努力、回收努力水平决策和利润，分析努力行为的需求扩张效应和主导力量的演变对 CLSC 绩效的影响，探讨低价促销契约的协调作用；另一方面，通过对制造商与零售商的公平偏好程度的敏感性分析，探究公平偏好对节点企业决策、利润和效用、CLSC 绩效的影响，并进一步协调 CLSC。

7.1 引言

制造商和零售商在 CLSC 中都具有一定的渠道权，这主要体现在对决策过程的控制力，作为主导的一方会具有优先决策权。对 CLSC 而言，不同渠道主导模式对回收效率乃至整体绩效都具有重要影响。

当制造商负责回收时，零售商主要进行产品销售。除零售价格和回收努力外，销售努力也是影响消费者购买决策的重要因素。为扩大市场份额、赢得激烈的市场竞争，零售商投入的销售努力主要包括商品展位布置、卖场环境优化、广告宣传、增加营销人员，以及加强员工培训等。然而，与回收努力行为类似，销售活动也需要大量的资金投入。因此，零售商面临的问题是如何权衡采购成本、销售努力成本和销售收入以作出最优的零售利润和销售努力水平决策。

可以看出，制造商和零售商的决策目标通常并不一致。从 CLSC 的角度出发，如何协调制造商和零售商，作出最优的定价、回收努力和销售努力水平决策以实现整体绩效最大化，则是 CLSC 管理需解决的重要问题。

传统的研究一般假设决策者是完全理性的，以自身经济利润最大化为目标。而行为研究表明，实际生活中决策者的行为具有考虑公平性的倾向，即公平偏好。现有文献中，主要是从互惠偏好和收入分配公平偏好两个方面研究公平偏好理论。互惠偏好是在交易过程中考虑公平，看重对方的意图，会报答友善行为、报复恶意行为；收入分配公平偏好是考虑交易的最终分配结果是否公平，不仅在乎自身的收益而且关注对方所得。克里斯托弗·洛赫（Christoph H Loch，2008）等经过实证研究了社会偏好和供应链绩效的关系，在供应链中考虑了互惠偏好和地位偏好（追求利润分配的优势地位），指出互惠偏好可促进成员合作、提高个体绩效和系统效率，而在利润分配时追求优势地位则会加剧竞争、降低个体绩效及供应链效率。很多社会学、营销学、心理学及其他学科的研究也表明分配公平性对企业的交易行为有重要影响。基于此，本章着眼于节点企业对利润分配结果的公平性的偏好研究公平偏好程度对 CLSC 的决策和绩效的影响。

综上所述，本研究同时考虑了回收努力和销售努力对需求的扩张效应，旨在探讨成员为公平中性和具有公平偏好时，不同主导模式下 CLSC 的回收努力、销售努力水平和定价决策，分析努力行为的需求扩张效应、主导模式和公平偏好程度对决策和利润的影响，实现 CLSC 的协调。

7.2　考虑公平中性的不同主导模式下 CLSC 决策与协调研究

7.2.1　模型描述与基本假设

1. 模型描述

构建由单一制造商和单一零售商组成的 CLSC，制造商和零售商致力于追求自身利润最大化，不关注利润分配的公平性。其中制造商既可利用全新原材料生产新产品又可利用废旧品再制造产品，零售商负责销售制造商生产的产品，制造商负责回收废旧品进行再制造。CLSC 的结构如图 7.1 所示。制造商确定单位批发价格 w，零售商确定单位零售利润 t 后以零售价格 $p(p = w + t)$ 销售产品。为了促进产品销售，零售商确定销售努力水平 y，其付出的销售努力包括卖场布置、产品广告宣传、销售人员培训等。为了提升回收效率，制造商确定回收努力水平 g，其付出的回收努力包括面向循环的产品设计、回收广告、逆向物流服务等。

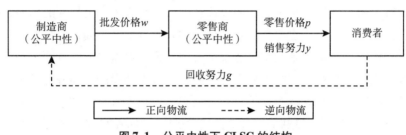

图 7.1　公平中性下 CLSC 的结构

2. 基本假设

假设 1：制造商再制造的平均单位成本 c_r 小于制造商使用全新原材料进行生产的单位成本 c_m，即 $c_r < c_m$；制造商从消费者处回收产品的单位回收成本 m 小于再制造带来的成本节约，即 $0 < m \leqslant c_m - c_r$。

假设 2：制造商对废旧品的回收率 α 是制造商回收努力水平 g 的函数，满足关系式 $\alpha = \lambda g$，λ 为回收效率因子，$0 < \alpha < 1$；制造商付出回收努力的成本为回收努力水平 g 的增函数，具有凸函数的性质，表示投入的边际收益递减，设为 $\frac{1}{2}c_1 g^2$，c_1 是制造商的回收努力成本系数。

假设 3：制造商具有充分的供货能力，制造商首先利用废旧品进行生产，所有回收的废旧品均可参与到再制造中。通常情况下，再制造品不能满足市场需求，仍要生产一定数量的新产品。虽然实际中并非所有回收品都可参与到再制造中，但是从建模角度出发，将再制造率设为 1 或其他外生变量对结论分析无本质影响。

假设 4：再制造品经过严格的检测，与新产品在质量和功能上相同，在相同的市场上以同样的价格出售，如富士施乐的再制造的复印机和同型号的新复印机有相同的质量、性能及售价。

假设 5：零售商的销售努力成本为销售努力水平 y 的增函数，也具有凸函数的性质，设为 $\frac{1}{2}c_2y^2$，c_2 是零售商的销售努力成本系数。

假设 6：市场需求 D 依赖于零售价格 p、销售努力水平 y 和回收努力水平 g，其表达式为

$$D = a - bp + kg + ly \tag{7-1}$$

其中，a 为无回收努力和销售努力的需求扩张效应时市场的最大需求量，b 为消费者对于零售价格的敏感系数，k 为制造商回收努力的需求扩张效应系数，l 为零售商销售努力的需求扩张效应系数。

假设 7：制造商和零售商之间信息对称且完全。

3. 参数说明

a 表示无回收努力和销售努力的需求扩张效应时市场的最大需求量。

b 表示消费者对于零售价格的敏感系数。

c_m 表示制造商使用全新原材料生产的单位成本。

c_r 表示再制造的单位成本，考虑到回收产品的质量和再制造工艺不同，c_r 为平均值，$c_r < c_m$。

c_1 表示制造商的回收努力成本系数。

c_2 表示零售商的销售努力成本系数。

$i = c$，ms，vn，rs，lms，lvn，lrs，其中 c 表示集中决策，ms，vn，rs 分别表示制造商主导，权利对等和零售商主导；lms，lvn，lrs 分别表示低价促销契约下的制造商主导、权利对等、零售商主导和低价促销契约。

D^i 表示市场需求函数。

F^i 表示低价促销决策机制下制造商需支付给零售商的渠道费用。

g^i 表示制造商回收努力水平。

k 表示制造商回收努力的需求扩张效应系数。

l 表示零售商销售努力的需求扩张效应系数。

m 表示制造商从消费者处回收产品的单位回收成本，$0 < m \leqslant c_m - c_r$。

p^i 表示单位零售价格。

t^i 表示零售商的单位零售利润。

w^i 表示制造商的单位批发价格。

y^i 表示零售商销售努力水平。

α 表示废旧品的回收率，$0 < \alpha < 1$。

λ 表示回收效率因子。

π_j^i 表示在各决策模型中制造商、零售商和 CLSC 的利润函数（$j = m$，r，sc，其中 m，r，sc 分别表示制造商、零售商和 CLSC）。

则制造商和零售商的利润及总利润的表达式为

$$\pi_m = \left[a - b(w + t) + kg + ly \right]\left[w - c_m(1 - \lambda g) - c_r \lambda g - m\lambda g \right] - \frac{1}{2}c_1 g^2 \tag{7-2}$$

$$\pi_r = \left[a - b(w + t) + kg + ly \right]t - \frac{1}{2}c_2 y^2 \tag{7-3}$$

$$\pi_{sc} = (a - bp + kg + ly)\left[p - c_m(1 - \lambda g) - c_r \lambda g - m\lambda g \right] - \frac{1}{2}c_1 g^2 - \frac{1}{2}c_2 y^2 \tag{7-4}$$

7.2.2 决策模型

1. CLSC 集中决策模型（C）

在集中决策下，制造商和零售商作为一个整体，以 CLSC 的利润最大化为目标决定最优的零售价格、销售努力和回收努力水平。此时整个系统的目标函数为

$$\max_{p,g,y}\pi_{sc}^c = (a - bp + kg + ly)\left[p - c_m(1 - \lambda g) - c_r \lambda g - m\lambda g \right] - \frac{1}{2}c_1 g^2 - \frac{1}{2}c_2 y^2 \tag{7-5}$$

根据逆向归纳法，求解可得

$$p^{c*} = \frac{(a - bc_m)c_2\{c_1 - \lambda(c_m - c_r - m)\left[k + b\lambda(c_m - c_r - m) \right]\}}{2bc_1 c_2 - c_1 l^2 - c_2\left[k + b\lambda(c_m - c_r - m) \right]^2} + c_m \tag{7-6}$$

$$g^{c*} = \frac{c_2(a - bc_m)\left[k + b\lambda(c_m - c_r - m) \right]}{2bc_1 c_2 - c_1 l^2 - c_2\left[k + b\lambda(c_m - c_r - m) \right]^2} \tag{7-7}$$

$$y^{c*} = \frac{c_1 l(a - bc_m)}{2bc_1 c_2 - c_1 l^2 - c_2\left[k + b\lambda(c_m - c_r - m) \right]^2} \tag{7-8}$$

为保证均衡结果均为正值，回收率 $0 < \alpha^{c*} = \lambda g^{c*} < 1$ 及 $a > bp^{c*}$，参数还需要满足

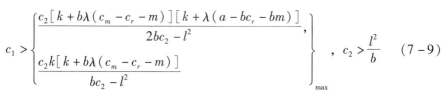

$$c_1 > \left\{ \begin{array}{c} \dfrac{c_2 [\, k + b\lambda\, (\, c_m - c_r - m\,)\,]\,[\, k + \lambda\, (\, a - bc_r - bm\,)\,]}{2bc_2 - l^2}, \\[4mm] \dfrac{c_2 k [\, k + b\lambda\, (\, c_m - c_r - m\,)\,]}{bc_2 - l^2} \end{array} \right\}_{\max}, \quad c_2 > \dfrac{l^2}{b} \qquad (7-9)$$

公式（7-9）也保证了海赛矩阵为负定，并由 c_1 的取值范围可推知回收努力的成本系数较高，制造商的回收活动需要大量资金投入。在本章的后续分析中，参数始终满足公式（7-9），这保证了均衡解的唯一性和有效性。由公式（7-9）也可以看出回收努力和销售努力的需求扩张效应都是有限的。$k \in (0,\ \bar{k})$ 和 $l \in (0,\ \bar{l})$，有

$$\bar{k} = \left\{ \begin{array}{c} \sqrt{bc_1 + \dfrac{b^2 \lambda^2 (c_m - c_r - m)^2}{4}} - \dfrac{b\lambda (c_m - c_r - m)}{2}, \\[4mm] \dfrac{\sqrt{8bc_1 + \lambda^2 (a - bc_m)^2} - \lambda (a + bc_m - 2bc_r - 2bm)}{2} \end{array} \right\}_{\min}$$

$$\bar{l} = \left\{ \begin{array}{c} \sqrt{bc_2 - \dfrac{c_2 k (k + b\lambda (c_m - c_r - m))}{c_1}}, \\[4mm] \sqrt{2bc_2 - \dfrac{c_2 (k + b\lambda (c_m - c_r - m))(k + \lambda (a - bc_r - bm))}{c_1}} \end{array} \right\}_{\min}$$

将公式（7-6）～公式（7-8）代入公式（7-1）和公式（7-4）可以得到市场需求和 CLSC 的利润为

$$D^{c*} = \dfrac{bc_1 c_2 (a - bc_m)}{2bc_1 c_2 - c_1 l^2 - c_2 [k + b\lambda (c_m - c_r - m)]^2} \qquad (7-10)$$

$$\pi_{sc}^{c*} = \dfrac{c_1 c_2 (a - bc_m)^2}{2\{2bc_1 c_2 - c_1 l^2 - c_2 [k + b\lambda (c_m - c_r - m)]^2\}} \qquad (7-11)$$

2. CLSC 分散决策下制造商主导模式（MS）

在分散决策下，制造商和零售商分别以自身利润最大化为目标作出决策。制造商决定单位批发价格和回收努力水平，零售商决定单位零售利润和销售努力水平。在此模型中，制造商拥有较大的渠道权，是 Stackelberg 博弈的主导者。制造商首先决定单位批发价格和回收努力水平，零售商在观察到制造商的决策后确定单位零售利润和销售努力水平。分散决策模型为

$$\max_{w,g} \pi_m^{ms} = [a - b(w + t) + kg + ly][w - c_m(1 - \lambda g) - c_r \lambda g - m\lambda g] - \frac{1}{2} c_1 g^2$$

$$(7-12)$$

$$\text{s. t. } \max_{t,y} \pi_r^{ms} = \left[a - b(w + t) + kg + ly \right] t - \frac{1}{2} c_2 y^2 \qquad (7-13)$$

式中，w，g，t，$y > 0$ 和 $0 < \alpha = \lambda g < 1$。

根据逆向归纳法，可得零售商的最优反应函数 t_r^{ms} 和 y_r^{ms} 为

$$t_r^{ms} = \frac{c_2(a + kg - bw)}{2bc_2 - l^2} \qquad (7-14)$$

$$y_r^{ms} = \frac{l(a + kg - bw)}{2bc_2 - l^2} \qquad (7-15)$$

由公式（7-14）和公式（7-15）可以得出随着批发价格的增加，零售商将降低销售努力水平，并且降低零售利润以避免零售价格过高影响市场需求；随着制造商回收努力水平的增加，零售商也增加销售努力水平，同时提高零售价格以弥补成本投入。将公式（7-14）和公式（7-15）代入公式（7-12），则制造商的目标函数为

$$\max_{w,g} \pi_m^{ms} = \frac{bc_2(a - bw + kg)}{2bc_2 - l^2} \left[w - c_m(1 - \lambda g) - c_r \lambda g - m\lambda g \right] - \frac{1}{2} c_1 g^2$$

$$(7-16)$$

根据逆向归纳法，求解可得

$$w^{ms*} = \frac{(a - bc_m)\{2bc_1c_2 - c_1l^2 - bc_2\lambda(c_m - c_r - m)[k + b\lambda(c_m - c_r - m)]\}}{b\{4bc_1c_2 - 2c_1l^2 - c_2[k + b\lambda(c_m - c_r - m)]^2\}} + c_m$$

$$(7-17)$$

$$g^{ms*} = \frac{c_2(a - bc_m)[k + b\lambda(c_m - c_r - m)]}{4bc_1c_2 - 2c_1l^2 - c_2[k + b\lambda(c_m - c_r - m)]^2} \qquad (7-18)$$

将公式（7-17）和公式（7-18）代入公式（7-14）和公式（7-15）可得零售商的最优决策为

$$t^{ms*} = \frac{c_1c_2(a - bc_m)}{4bc_1c_2 - 2c_1l^2 - c_2[k + b\lambda(c_m - c_r - m)]^2} \qquad (7-19)$$

$$y^{ms*} = \frac{c_1l(a - bc_m)}{4bc_1c_2 - 2c_1l^2 - c_2[k + b\lambda(c_m - c_r - m)]^2} \qquad (7-20)$$

进一步地，零售价格和市场需求分别为

$$p^{ms*} = \frac{(a - bc_m)\{3bc_1c_2 - c_1l^2 - bc_2\lambda(c_m - c_r - m)[k + b\lambda(c_m - c_r - m)]\}}{b\{4bc_1c_2 - 2c_1l^2 - c_2[k + b\lambda(c_m - c_r - m)]^2\}} + c_m$$

$$(7-21)$$

$$D^{ms*} = \frac{bc_1c_2(a - bc_m)}{4bc_1c_2 - 2c_1l^2 - c_2[k + b\lambda(c_m - c_r - m)]^2} \tag{7-22}$$

节点企业和 CLSC 的利润分别为

$$\pi_m^{ms*} = \frac{c_1c_2(a - bc_m)^2}{2\{4bc_1c_2 - 2c_1l^2 - c_2[k + b\lambda(c_m - c_r - m)]^2\}} \tag{7-23}$$

$$\pi_r^{ms*} = \frac{c_1^2c_2(a - bc_m)^2(2bc_2 - l^2)}{2\{4bc_1c_2 - 2c_1l^2 - c_2[k + b\lambda(c_m - c_r - m)]^2\}^2} \tag{7-24}$$

$$\pi_{sc}^{ms*} = \frac{c_1c_2(a - bc_m)^2\{6bc_1c_2 - 3c_1l^2 - c_2[k + b\lambda(c_m - c_r - m)]^2\}}{2\{4bc_1c_2 - 2c_1l^2 - c_2[k + b\lambda(c_m - c_r - m)]^2\}^2}$$

$$\tag{7-25}$$

3. CLSC 分散决策下权力对等模式 (VN)

在此模型中，制造商和零售商都不是 CLSC 的主导者，二者同时作出决策。制造商决定单位批发价格和回收努力水平，零售商决定单位零售利润和销售努力水平。其目标函数分别为

$$\max_{w,g}\pi_m^{vn} = [a - b(w + t) + kg + ly][w - c_m(1 - \lambda g) - c_r\lambda g - m\lambda g] - \frac{1}{2}c_1g^2$$

$$\tag{7-26}$$

$$\max_{t,y}\pi_r^{vn} = [a - b(w + t) + kg + ly]t - \frac{1}{2}c_2y^2 \tag{7-27}$$

根据逆向归纳法，求解可得

$$w^{vn*} = \frac{(a - bc_m)c_2\{c_1 - \lambda(c_m - c_r - m)[k + b\lambda(c_m - c_r - m)]\}}{3bc_1c_2 - c_1l^2 - c_2[k + b\lambda(c_m - c_r - m)]^2} + c_m \tag{7-28}$$

$$g^{vn*} = \frac{c_2(a - bc_m)[k + b\lambda(c_m - c_r - m)]}{3bc_1c_2 - c_1l^2 - c_2[k + b\lambda(c_m - c_r - m)]^2} \tag{7-29}$$

$$t^{vn*} = \frac{c_1c_2(a - bc_m)}{3bc_1c_2 - c_1l^2 - c_2[k + b\lambda(c_m - c_r - m)]^2} \tag{7-30}$$

$$y^{vn*} = \frac{c_1l(a - bc_m)}{3bc_1c_2 - c_1l^2 - c_2[k + b\lambda(c_m - c_r - m)]^2} \tag{7-31}$$

基于公式 (7-28) ~ 公式 (7-31)，零售价格和市场需求为

$$p^{vn*} = \frac{(a - bc_m)c_2\{2c_1 - \lambda(c_m - c_r - m)[k + b\lambda(c_m - c_r - m)]\}}{3bc_1c_2 - c_1l^2 - c_2[k + b\lambda(c_m - c_r - m)]^2} + c_m \tag{7-32}$$

$$D^{vn*} = \frac{bc_1c_2(a - bc_m)}{3bc_1c_2 - c_1l^2 - c_2[k + b\lambda(c_m - c_r - m)]^2} \tag{7-33}$$

进一步可以得出节点企业和 CLSC 的利润分别为

$$\pi_m^{vn*} = \frac{c_1 c_2^2 (a - bc_m)^2 \{2bc_1 - [k + b\lambda(c_m - c_r - m)]^2\}}{2\{3bc_1 c_2 - c_1 l^2 - c_2 [k + b\lambda(c_m - c_r - m)]^2\}^2} \qquad (7-34)$$

$$\pi_r^{vn*} = \frac{c_1^2 c_2 (a - bc_m)^2 (2bc_2 - l^2)}{2\{3bc_1 c_2 - c_1 l^2 - c_2 [k + b\lambda(c_m - c_r - m)]^2\}^2} \qquad (7-35)$$

$$\pi_{sc}^{vn*} = \frac{c_1 c_2 (a - bc_m)^2 \{4bc_1 c_2 - c_1 l^2 - c_2 [k + \lambda(c_m - c_r - m)]^2\}}{2\{3bc_1 c_2 - c_1 l^2 - c_2 [k + b\lambda(c_m - c_r - m)]^2\}^2} \qquad (7-36)$$

4. CLSC 分散决策下零售商主导模式（RS）

零售商作为 Stackelberg 博弈的主导者，首先选择单位零售利润和销售努力水平，制造商随后决定单位批发价格和回收努力水平。决策模式 RS 为

$$\max_{t,y} \pi_r^{rs} = [a - b(w + t) + kg + ly]t - \frac{1}{2}c_2 y^2 \qquad (7-37)$$

$$\text{s. t. } \max_{w,g} \pi_m^{rs} = [a - b(w + t) + kg + ly][w - c_m(1 - \lambda g) - c_r \lambda g - m\lambda g] - \frac{1}{2}c_1 g^2$$

$$(7-38)$$

类似于模式 MS，采用逆向求解法求解。首先最大化制造商的利润函数以得到针对零售商决策的最优反应函数 w_m^{rs}，g_m^{rs}。注意到 π_m^{rs} 的海赛矩阵与 π_m^{vn} 相同，由模式 VN 的求解过程可知 $H^{\pi_m^{rs}}$ 也为负定。所以 π_m^{rs} 是 w_m 和 g_m 的凹函数，有唯一最优解。

联立 $\dfrac{\partial \pi_m^{rs}}{\partial w_m} = 0$ 和 $\dfrac{\partial \pi_m^{rs}}{\partial g_m} = 0$ 可得

$$w_m^{rs} = \frac{(a - bc_m - bt + ly)[c_1 - \lambda(c_m - c_r - m)][k + \lambda(c_m - c_r - m)]}{2bc_1 - [k + b\lambda(c_m - c_r - m)]^2} + c_m$$

$$(7-39)$$

$$g_m^{rs} = \frac{(a - bc_m - bt + ly)[k + b\lambda(c_m - c_r - m)]}{2bc_1 - [k + b\lambda(c_m - c_r - m)]^2} \qquad (7-40)$$

可以看出 w_m^{rs} 和 g_m^{rs} 都是单位零售利润 t 的减函数，是销售努力水平 y 的增函数。若零售利润增加，制造商会被迫压低批发价格，以免零售价格过高。由于回收努力成本系数较高，制造商也会减少回收努力水平以节约成本。若销售努力水平增加，市场需求将增加，制造商也会加大回收努力水平，回收更多的产品进行再制造以满足市场需求，批发价格也会相应增加。

将公式（7-39）和公式（7-40）代入公式（7-37），可得零售商的目

标函数：

$$\max_{t,y} \pi_r^{rs} = \frac{bc_1 t(a - bc_m - bt + ly)}{2bc_1 - [k + b\lambda(c_m - c_r - m)]^2} - \frac{1}{2}c_2 y^2 \quad (7-41)$$

根据逆向归纳法，求解可得

$$t^{rs*} = \frac{(a - bc_m)c_2\{2bc_1 - [k + b\lambda(c_m - c_r - m)]^2\}}{b\{4bc_1c_2 - c_1 l^2 - 2c_2[k + b\lambda(c_m - c_r - m)]^2\}} \quad (7-42)$$

$$y^{rs*} = \frac{c_1 l(a - bc_m)}{4bc_1c_2 - c_1 l^2 - 2c_2[k + \lambda(c_m - c_r - m)]^2} \quad (7-43)$$

将公式（7-42）和公式（7-43）代入公式（7-39）和（7-40）可得

$$w^{rs*} = \frac{c_2(a - bc_m)\{c_1 - \lambda(c_m - c_r - m)[k + b\lambda(c_m - c_r - m)]\}}{4bc_1c_2 - c_1 l^2 - 2c_2[k + b\lambda(c_m - c_r - m)]^2} + c_m \quad (7-44)$$

$$g^{rs*} = \frac{c_2(a - bc_m)[k + b\lambda(c_m - c_r - m)]}{4bc_1c_2 - c_1 l^2 - 2c_2[k + b\lambda(c_m - c_r - m)]^2} \quad (7-45)$$

因此，

$$p^{rs*} = \frac{(a - bc_m)c_2\{3bc_1 - k^2 - b\lambda(c_m - c_r - m)[3k + 2b\lambda(c_m - c_r - m)]\}}{b\{4bc_1c_2 - c_1 l^2 - 2c_2[k + b\lambda(c_m - c_r - m)]^2\}} + c_m$$

$$(7-46)$$

$$D^{rs*} = \frac{bc_1c_2(a - bc_m)}{4bc_1c_2 - c_1 l^2 - 2c_2[k + b\lambda(c_m - c_r - m)]^2} \quad (7-47)$$

$$\pi_m^{rs*} = \frac{c_1 c_2^2 (a - bc_m)^2\{2bc_1 - [k + b\lambda(c_m - c_r - m)]^2\}}{2\{4bc_1c_2 - c_1 l^2 - 2c_2[k + b\lambda(c_m - c_r - m)]^2\}^2} \quad (7-48)$$

$$\pi_r^{rs*} = \frac{c_1 c_2 (a - bc_m)^2}{2\{4bc_1c_2 - c_1 l^2 - 2c_2[k + b\lambda(c_m - c_r - m)]^2\}} \quad (7-49)$$

$$\pi_{sc}^{rs*} = \frac{c_1 c_2 (a - bc_m)^2\{6bc_1c_2 - c_1 l^2 - 3c_2[k + b\lambda(c_m - c_r - m)]^2\}}{2\{4bc_1c_2 - c_1 l^2 - 2c_2[k + b\lambda(c_m - c_r - m)]^2\}^2} \quad (7-50)$$

7.2.3 均衡解分析

在得到不同决策模型的均衡解后，本节将对比集中决策和分散决策下具不同主导模式的 CLSC 的决策和利润，研究销售努力和回收努力的需求扩张效应对决策的影响，并进一步分析主导力量的演变对 CLSC 绩效的作用，从供应链、消费者和环境角度出发探讨最优的 CLSC 主导模式。

1. 集中决策和分散决策均衡解对比

结论 1： 与分散决策下 CLSC 相比，集中决策下零售价格更低，回收努力和销售努力水平更高，CLSC 的利润也更高。

证明：

以模型 C 和模式 MS 均衡解的对比为例，在满足条件公式（7 - 9）的前提下，

$$p^{c*} - p^{ms*} = \frac{-c_1(a - bc_m)(2bc_2 - l^2)\{bc_1c_2 - c_1l^2 - c_2k[k + b\lambda(c_m - c_r - m)]\}}{b\{4bc_1c_2 - 2c_1l^2 - c_2[k + b\lambda(c_m - c_r - m)]^2\}} < 0$$
$$\{2bc_1c_2 - c_1l^2 - c_2[k + b\lambda(c_m - c_r - m)]^2\}$$

$$g^{c*} - g^{ms*} = \frac{c_1c_2(a - bc_m)(2bc_2 - l^2)[k + b\lambda(c_m - c_r - m)]}{\{4bc_1c_2 - 2c_1l^2 - c_2[k + b\lambda(c_m - c_r - m)]^2\}} > 0$$
$$\{2bc_1c_2 - c_1l^2 - c_2[k + b\lambda(c_m - c_r - m)]^2\}$$

$$y^{c*} - y^{ms*} = \frac{c_1^2l(a - bc_m)(2bc_2 - l^2)}{\{4bc_1c_2 - 2c_1l^2 - c_2[k + b\lambda(c_m - c_r - m)]^2\}} > 0$$
$$\{2bc_1c_2 - c_1l^2 - c_2[k + b\lambda(c_m - c_r - m)]^2\}$$

$$\pi_{sc}^{c*} - \pi_{sc}^{ms*} = \frac{c_1^3c_2(a - bc_m)(2bc_2 - l^2)^2}{2\{4bc_1c_2 - 2c_1l^2 - c_2[k + b\lambda(c_m - c_r - m)]^2\}^2} > 0$$
$$\{2bc_1c_2 - c_1l^2 - c_2[k + b\lambda(c_m - c_r - m)]^2\}$$

同理可得 $p^{c*} < p^{vn*}$，$g^{c*} > g^{vn*}$，$y^{c*} > y^{vn*}$，$\pi_{sc}^{c*} > \pi_{sc}^{vn*}$，$p^{c*} < p^{rs*}$，$g^{c*} > g^{rs*}$，$y^{c*} > y^{rs*}$，$\pi_{sc}^{c*} > \pi_{sc}^{rs*}$。

由结论 1 可知，分散决策下的"双重边际效应"导致了 CLSC 的低绩效，表现为较低的努力水平、过高的产品定价。因此，需要提出协调机制激励节点企业积极合作以实现供应链绩效的提升。

2. 分散决策下各模型均衡解分析

结论 2： 努力水平决策与回收/销售努力的需求扩张效应系数都是正相关的，模式 MS、模式 VN 和模式 RS 中的努力水平决策满足以下关系：

当回收努力的需求扩张效应系数和销售努力的需求扩张效应系数满足 $0 < k < \sqrt{bc_1} - b\lambda(c_m - c_r - m)$ 和 $0 < l < [k + b\lambda(c_m - c_r - m)]\sqrt{c_2/c_1}$ 时，$g^{ms*} < g^{rs*} < g^{vn*}$ 和 $y^{ms*} < y^{rs*} < y^{vn*}$。

当 $0 < k < \sqrt{bc_1} - b\lambda(c_m - c_r - m)$ 和 $l \geq [k + b\lambda(c_m - c_r - m)]\sqrt{c_2/c_1}$ 时，$g^{rs*} \leq g^{ms*} < g^{vn*}$ 和 $y^{rs*} \leq y^{ms*} < y^{vn*}$；

当 $k \geqslant \sqrt{bc_1} - b\lambda(c_m - c_r - m)$ 时，$g^{ms*} < g^{vn*} \leqslant g^{rs*}$ 和 $y^{ms*} < y^{vn*} \leqslant y^{rs*}$。

由结论 2 可知，消费者对制造商的回收努力和零售商的销售努力的反应越积极，企业投入的努力水平越高。市场需求是制造商或零售商投入努力的关键驱动力。

当回收努力或销售努力的需求扩张效应较小时，成员权力对等情形下CLSC 的努力水平最高。这是因为当回收努力或销售努力的作用不明显时，主导者倾向于利用自己的优先决策权，选择较低的努力水平以节省成本，而且在制造商主导或者零售商主导的情形中，由零售商或制造商的反应函数可知回收努力和销售努力是正相关的，若主导者确定的努力水平较低，跟随者的努力水平也不会很高。

当回收努力的需求扩张效应较小而销售努力的需求扩张效应超过临界值时，制造商主导型 CLSC 的努力水平要高于零售商主导型。其原因在于作为主导者的制造商倾向于确定更多的回收努力进行再制造以满足市场需求并激励零售商付出更多的销售努力。

当回收努力的需求扩张效应超过临界值时，零售商主导下回收努力和销售努力水平最高的原因在于主导零售商将付出更多的销售努力以激励制造商回收。

结论3：单位批发价格和单位零售利润满足以下关系：

（1）当 $0 < k < \sqrt{bc_1} - b\lambda(c_m - c_r - m)$ 时，$w^{rs*} < w^{vn*} < w^{ms*}$，$t^{ms*} < t^{vn*} < t^{rs*}$。

（2）当 $k \geqslant \sqrt{bc_1} - b\lambda(c_m - c_r - m)$ 时，$w^{vn*} \leqslant w^{rs*}$，$w^{vn*} < w^{ms*}$，$t^{ms*} < t^{vn*}$，$t^{rs*} \leqslant t^{vn*}$。

由结论 3 可知，当回收努力的需求扩张效应较小时，单位批发价格随着主导权向零售商转移而减小，单位零售利润随之增加。这是因为主导零售商掌握优先定价权，将决定较高的零售利润，制造商的批发价格受到压制。制造商避免确定较高的批发价格以防零售价格过高影响销售量。由此可知，获得定价优先权是成员争取主导地位的重要动机。

然而，当回收努力的需求扩张效应超过临界值时，在权力对等型 CLSC 中单位批发价格最低、单位零售利润最高。原因是制造商主导时会优先选择较高的批发价格，压低零售利润；零售商主导时也不会确定较高的零售利润以免阻碍制造商投入回收努力。

结论4：零售价格和市场需求满足以下关系：

（1）当 $0 < k < \sqrt{bc_1} - b\lambda(c_m - c_r - m)$ 和 $0 < l < [k + b\lambda(c_m - c_r - m)]$ $\sqrt{c_2/c_1}$ 时，$p^{vn*} < p^{rs*} < p^{ms*}$，$D^{ms*} < D^{rs*} < D^{vn*}$。

（2）当 $0 < k < \sqrt{bc_1} - b\lambda(c_m - c_r - m)$ 和 $l \geq [k + b\lambda(c_m - c_r - m)]\sqrt{c_2/c_1}$ 时，$p^{vn*} < p^{ms*} \leq p^{rs*}$，$D^{rs*} \leq D^{ms*} < D^{vn*}$。

（3）当 $k \geq \sqrt{bc_1} - b\lambda(c_m - c_r - m)$ 时，$p^{rs*} \leq p^{vn*} < p^{ms*}$，$D^{ms*} < D^{vn*} \leq D^{rs*}$。

由结论4可知，当回收努力的需求扩张效应较小时，权力对等型CLSC的零售价格最低、市场需求最高。在此情况下，当销售努力的需求扩张效应也较小时，制造商主导情形下零售价格最高，此时批发价格是推升零售价格的主要原因。随着销售努力的需求扩张效应超过临界值，零售商主导情形下零售价格最高，这是因为零售商付出的销售努力水平随着销售努力的需求扩张效应而增加，当零售商作为主导者时将提高零售利润以弥补成本，导致零售价格增加。

当回收努力的需求扩张效应较大时，零售价格随着主导权向零售商转移而减少。结合结论2可知，此时努力水平随之增加，所以市场需求增加。这有助于回收活动的顺利开展。

结论5：制造商和零售商的利润具有以下关系。

（1）在同一模式中制造商和零售商利润的对比关系为：在模式MS中，$\pi_r^{ms*} < \pi_m^{ms*}$；在模型VN中，当 $0 < l < [k + b\lambda(c_m - c_r - m)]\sqrt{c_2/c_1}$ 时，$\pi_m^{vn*} < \pi_r^{vn*}$，当 $l \geq [k + b\lambda(c_m - c_r - m)]\sqrt{c_2/c_1}$ 时，$\pi_r^{vn*} \leq \pi_m^{vn*}$；在模型RS中，$\pi_m^{rs*} < \pi_r^{rs*}$。

（2）在具不同主导模式的CLSC中制造商利润关系为：当 $0 < k < \sqrt{bc_1} - b\lambda(c_m - c_r - m)$ 时，$\pi_m^{rs*} < \pi_m^{vn*} < \pi_m^{ms*}$；当 $k \geq \sqrt{bc_1} - b\lambda(c_m - c_r - m)$ 时，$\pi_m^{vn*} \leq \pi_m^{rs*}$，$\pi_m^{vn*} \leq \pi_m^{ms*}$。

（3）在具不同主导模式的CLSC中零售商利润关系为 $\pi_r^{ms*} < \pi_r^{vn*} \leq \pi_r^{rs*}$。

由结论5可知，在主导型CLSC中，主导者相比跟随者总能获得更多的利润。对制造商而言，当回收努力的需求扩张效应较小时，制造商的利润将随着渠道主导权向零售商转移而减小；然而，当回收努力的需求扩张效应较大时，制造商将从中受益（如结论3所述，主导零售商不会确定较高的零售利润），权力对等型CLSC中制造商利润最低。对零售商而言，零售商利润始终随着渠道主导权向下游转移而增加。

结论6：CLSC的利润与回收/销售努力的需求扩张效应正相关，模式MS、模式VN和模式RS中CLSC的利润满足以下关系：

（1）当 $0 < k < \sqrt{bc_1} - b\lambda(c_m - c_r - m)$ 和 $0 < l < \left[k + b\lambda(c_m - c_r - m) \right]$ $\sqrt{c_2/c_1}$ 时，$\pi_{sc}^{ms*} < \pi_{sc}^{rs*} < \pi_{sc}^{vn*}$。

（2）当 $0 < k < \sqrt{bc_1} - b\lambda(c_m - c_r - m)$ 和 $l \geq \left[k + b\lambda(c_m - c_r - m) \right] \sqrt{c_2/c_1}$ 时，$\pi_{sc}^{rs*} \leq \pi_{sc}^{ms*} < \pi_{sc}^{vn*}$。

（3）当 $k \geq \sqrt{bc_1} - b\lambda(c_m - c_r - m)$ 时，$\pi_{sc}^{ms*} < \pi_{sc}^{vn*} \leq \pi_{sc}^{rs*}$。

由结论6可知，无论在哪种主导模式下，努力水平的需求扩张效应越大，对CLSC的利润增加越有利。当回收努力的需求扩张效应较小时，权力对等型CLSC可获得最高的利润，其原因在于无主导者的CLSC将选择最高的努力水平和最低的零售价格，从而拥有最大的市场需求量。同时也可以注意到，在此情况下，随着销售努力的需求扩张效应的增加，制造商主导型CLSC的利润将高于零售商主导型CLSC。

当回收努力的需求扩张效应较大时，零售商主导型CLSC可以获得最高的利润。这也归功于零售商首先选择较高的努力水平和较低的零售利润激励制造商投入回收努力，推高市场需求。

综合结论2至结论6可知，在市场需求与零售价格、回收努力和销售努力相关时，对制造商而言，当回收努力的需求扩张效应低于某临界值时，制造商主导模式最优，零售商主导模式最差；当回收努力的需求扩张效应高于某临界值时，无主导者的模式最差。对零售商而言，零售商主导模式最优，制造商主导模式最差。

对CLSC而言，没有绝对最优的主导模式，当回收努力的需求扩张效应较小时，权力对等型CLSC最优，而且此时废旧品的回收率最高，产品的价格最小，对消费者和环境最有利；当回收努力的需求扩张效应足够大超过临界值时，零售商主导型CLSC绩效最高，也对消费者和环境最有利。无论何种情况，制造商主导型CLSC绩效较低。这表明削弱上游制造商的绝对优势地位对CLSC、消费者和环境是有利的。

7.2.4 公平中性下 CLSC 协调模型

7.2.3 节的分析已表明具不同主导模式的 CLSC 在分散决策时的 CLSC 的绩效都低于集中决策时 CLSC 的绩效。这凸显出寻求协调机制、提升各主导模式下 CLSC 绩效的重要性。本节基于制造商向零售商提供较低的批发价格、收取固定的费用作为利润分成的两部定价契约，提出低价促销契约。

在低价促销契约模型 L（公平中性）中，零售商以批发价格直销，承诺提升销售努力水平达到集中决策水平，但要向制造商收取费用 F 作为渠道费用。费用 F 是由制造商和零售商协商决定的，受各自讨价还价能力的影响。为实现 CLSC 的协调并保证契约顺利实施，努力水平和定价决策都需与集中决策相同，成员利润均不能低于未实施协调时的利润。制造商和零售商的利润分别表示为

$$\pi_m^l = [a - b(w + t) + kg + ly][w - c_m(1 - \lambda g) - c_r \lambda g - m\lambda g] - \frac{1}{2}c_1 g^2 - F$$

$$(7-51)$$

$$\pi_r^l = [a - b(w + t) + kg + ly]t - \frac{1}{2}c_2 y^2 + F \qquad (7-52)$$

根据低价促销机制，$p^l = w^l$，$y^l = y^{c^*}$，制造商的目标函数可以表示为

$$\max_{w,g} \pi_m^l = (a - bw + kg + ly^{c^*})[w - c_m(1 - \lambda g) - c_r \lambda g - m\lambda g] - \frac{1}{2}c_1 g^2 - F$$

$$(7-53)$$

其中 w，g，$F > 0$ 和 $0 < \alpha = \lambda g < 1$。

根据逆向归纳法，求解可得

$$w^{l^*} = \frac{(a - bc_m)c_2 \{c_1 - \lambda(c_m - c_r - m)[k + b\lambda(c_m - c_r - m)]\}}{2bc_1 c_2 - c_1 l^2 - c_2 [k + b\lambda(c_m - c_r - m)]^2} + c_m \qquad (7-54)$$

$$g^{l^*} = \frac{c_2(a - bc_m)[k + b\lambda(c_m - c_r - m)]}{2bc_1 c_2 - c_1 l^2 - c_2 [k + b\lambda(c_m - c_r - m)]^2} \qquad (7-55)$$

将公式（7-54）和公式（7-55）代入制造商和零售商的利润公式（7-51）和公式（7-52）可以得到

$$\pi_m^{l^*} = \frac{c_1 c_2^2 (a - bc_m)^2 \{2bc_1 - [k + b\lambda(c_m - c_r - m)]^2\}}{2\{2bc_1 c_2 - c_1 l^2 - c_2 [k + b\lambda(c_m - c_r - m)]^2\}^2} - F^{l^*} \qquad (7-56)$$

$$\pi_r^{l^*} = F^{l^*} - \frac{c_1^2 c_2 l^2 (a - bc_m)^2}{2\{2bc_1 c_2 - c_1 l^2 - c_2 [k + b\lambda(c_m - c_r - m)]^2\}^2} \qquad (7-57)$$

CLSC 的利润为

$$\pi_{sc}^{l*} = \frac{c_1 c_2 (a - bc_m)^2}{2\{2bc_1 c_2 - c_1 l^2 - c_2 [k + b\lambda (c_m - c_r - m)]^2\}} \qquad (7-58)$$

将公式（7-56）和公式（7-57）分别与模式 MS 中制造商和零售商的利润公式（7-23）和公式（7-24），模式 VN 中制造商和零售商的利润公式（7-35）和公式（7-36），模式 RS 中制造商和零售商的利润公式（7-48）和公式（7-49）进行对比，可得不同主导模式的 CLSC 中渠道费用 F 的取值范围。

在制造商主导的模式下，$F^{lms*} \in [\underline{F}^{lms*}, \overline{F}^{lms*}]$ 可以保证 $\pi_m^{lms} \geqslant \pi_m^{ms*}$，$\pi_r^{lms} \geqslant \pi_r^{ms*}$，其中：

$$\underline{F}^{lms*} = \frac{c_1^2 c_2 (a - bc_m)^2 (2bc_2 - l^2)}{2\{4bc_1 c_2 - 2c_1 l^2 - c_2 [k + b\lambda (c_m - c_r - m)]^2\}^2}$$

$$+ \frac{c_1^2 c_2 l^2 (a - bc_m)^2}{2\{2bc_1 c_2 - c_1 l^2 - c_2 [k + b\lambda (c_m - c_r - m)]^2\}^2} \qquad (7-59)$$

$$\overline{F}^{lms*} = \frac{c_1 c_2^2 (a - bc_m)^2 \{2bc_1 - [k + b\lambda (c_m - c_r - m)]^2\}}{2\{2bc_1 c_2 - c_1 l^2 - c_2 [k + b\lambda (c_m - c_r - m)]^2\}^2}$$

$$- \frac{c_1 c_2 (a - bc_m)^2}{2\{4bc_1 c_2 - 2c_1 l^2 - c_2 [k + b\lambda (c_m - c_r - m)]^2\}} \qquad (7-60)$$

在权力对等的模式下，$F^{lvn*} \in [\underline{F}^{lvn*}, \overline{F}^{lvn*}]$ 可以保证 $\pi_m^{lvn} \geqslant \pi_m^{vn*}$，$\pi_r^{lvn} \geqslant \pi_r^{vn*}$，其中：

$$\underline{F}^{lvn*} = \frac{c_1^2 c_2 (a - bc_m)^2 (2bc_2 - l^2)}{2\{3bc_1 c_2 - c_1 l^2 - c_2 [k + b\lambda (c_m - c_r - m)]^2\}^2}$$

$$+ \frac{c_1^2 c_2 l^2 (a - bc_m)^2}{2\{2bc_1 c_2 - c_1 l^2 - c_2 [k + b\lambda (c_m - c_r - m)]^2\}^2} \qquad (7-61)$$

$$\overline{F}^{lvn*} = \frac{c_1 c_2^2 (a - bc_m)^2 \{2bc_1 - [k + b\lambda (c_m - c_r - m)]^2\}}{2\{2bc_1 c_2 - c_1 l^2 - c_2 [k + b\lambda (c_m - c_r - m)]^2\}^2}$$

$$- \frac{c_1 c_2^2 (a - bc_m)^2 \{2bc_1 - [k + b\lambda (c_m - c_r - m)]^2\}}{2\{3bc_1 c_2 - c_1 l^2 - c_2 [k + b\lambda (c_m - c_r - m)]^2\}^2} \qquad (7-62)$$

在零售商主导的模式下，$F^{lrs*} \in [\underline{F}^{lrs*}, \overline{F}^{lrs*}]$ 可以保证 $\pi_m^{lrs} \geqslant \pi_m^{rs*}$，$\pi_r^{lrs} \geqslant \pi_r^{rs*}$，其中：

$$\overline{F}^{lrs*} = \frac{c_1 c_2 (a - b c_m)^2}{2 \{ 4 b c_1 c_2 - c_1 l^2 - 2 c_2 [k + b\lambda (c_m - c_r - m)]^2 \}}$$

$$+ \frac{c_1^2 c_2 l^2 (a - b c_m)^2}{2 \{ 2 b c_1 c_2 - c_1 l^2 - c_2 [k + b\lambda (c_m - c_r - m)]^2 \}^2} \quad (7-63)$$

$$\overline{F}^{lrs*} = \frac{c_1 c_2^2 (a - b c_m)^2 \{ 2 b c_1 - [k + b\lambda (c_m - c_r - m)]^2 \}}{2 \{ 2 b c_1 c_2 - c_1 l^2 - c_2 [k + b\lambda (c_m - c_r - m)]^2 \}^2}$$

$$- \frac{c_1 c_2^2 (a - b c_m)^2 \{ 2 b c_1 - [k + b\lambda (c_m - c_r - m)]^2 \}}{2 \{ 4 b c_1 c_2 - c_1 l^2 - 2 c_2 [k + b\lambda (c_m - c_r - m)]^2 \}^2} \quad (7-64)$$

结论 7：低价促销契约可以有效协调具不同主导模式的 CLSC，将其绩效提升到集中决策水平。

证明：将模型 L 中公式（7-54）和公式（7-55）分别与模型 C 中的公式（7-6）和公式（7-7）对比，可以得到 $p^{l*} = w^{l*} = p^{c*}$，$g^{l*} = g^{c*}$，而 $y^l = y^{c*}$ 为低价促销契约的实施前提，因此模型 L 与模型 C 中均衡决策分别相同。对比公式（7-58）和公式（7-11）可以得到 CLSC 的利润也相同，即 $\pi_{sc}^{l*} = \pi_{sc}^{c*}$。在不同主导模式的 CLSC 中，在上述给出的范围内合理设定费用 F，即可保证制造商和零售商都接受低价促销契约。

由结论 7 可知，虽然低价促销契约下零售商牺牲单位零售利润，以批发价格直销产品，并加大销售努力投入，但是制造商给予的渠道费用 F 可以保证零售商收回成本，并且零售商有可能将获得更多利润。零售商的低价促销和制造商的利润分享使双方共赢。此外，较低的零售价格可以使消费者受益，较高的回收率有利于减轻环境负担，低价促销契约有助于 CLSC 的可持续运营。

7.2.5 算例分析

本节通过数值算例来比较不同决策模型的均衡解，进一步探讨回收努力和销售努力的需求扩张效应对 CLSC 的定价决策、利润和最优主导模式的影响，并验证低价促销契约的协调效果。考虑到努力投入成本和回收效率对成员定价和努力水平的影响，本节依据努力投入成本系数和回收效率系数建立了四种情境。

某公司的一款家电产品在无回收和销售努力投入时市场最大需求量 $a = 100$，消费者对价格的敏感系数 $b = 1$，回收努力的需求扩张效应系数 $k = 8$，销售努力的需求扩张效应系数 $l=6$，单位新产品制造成本 $c_m=30$，平均单位再制造成本 $c_r=15$，制造商单位回收成本 $m=5$。在情境1中，努力成本系数和回收效率系数都较低，制造商的回收努力成本系数 $c_1=650$，零售商的销售努力成本系数 $c_2=200$，回收效率系数 $\lambda=0.3$；在情境2中，努力成本系数较低而回收效率系数较高，$c_1=650$，$c_2=200$，$\lambda=0.8$；在情境3中，努力成本系数较高、回收效率系数较低，$c_1=1000$，$c_2=300$，$\lambda=0.3$；在情境4中，努力成本系数和回收效率系数都较高，$c_1=1000$，$c_2=300$，$\lambda=0.8$。

1. 均衡解对比

不同情境下集中决策和各分散决策模型的均衡解见表7-1。

表7-1　　　　　　　　　　不同情境下各模型均衡解对比

情境	模型	w^*	t^*	p^*	g^*	y^*	α^*	π_m^*	π_r^*	π_{sc}^*
1	C	N/A	N/A	70.7	0.7	1.3	21.8%	N/A	N/A	1499.5
	MS	65.9	20.3	86.1	0.3	0.6	10.3%	709.4	373.8	1083.1
	VN	55.2	26.6	81.8	0.4	0.8	13.5%	640.6	642.8	1283.4
	RS	49.3	36.8	86.1	0.3	0.6	10.3%	373.9	710.6	1084.5
2	C	N/A	N/A	69.4	1.2	1.5	96.7%	N/A	N/A	1717.9
	MS	65.0	21.6	86.6	0.5	0.6	42.5%	754.7	423.2	1177.9
	VN	53.2	28.9	82.0	0.7	0.9	56.8%	668.5	757.5	1426.1
	RS	48.5	37.1	85.6	0.6	0.7	45.5%	428.0	808.0	1235.9
3	C	N/A	N/A	68.5	0.2	0.4	13.1%	N/A	N/A	1392.8
	MS	65.5	19.2	84.8	0.2	0.4	6.3%	673.3	347.8	1021.1
	VN	54.5	25.4	79.9	0.4	0.5	8.4%	604.8	605.1	1209.9
	RS	48.6	36.2	84.8	0.3	0.4	6.3%	347.8	673.4	1021.3
4	C	N/A	N/A	67.6	0.7	0.9	55.2%	N/A	N/A	1508.6
	MS	65.0	20.0	85.0	0.3	0.5	25.6%	699.2	375.1	1074.3
	VN	53.3	26.7	80.0	0.4	0.5	34.1%	620.6	669.0	1289.5
	RS	48.1	36.3	84.4	0.3	0.4	26.6%	379.7	727.4	1104.1

注：N/A 表示不适用（No Applicable）。

分析表7-1中的模型求解结果可以看出，CLSC 在集中决策（模型C）下的绩效远高于分散决策（模式 MS、模式 VN 和模式 RS）下的绩效。在四个情境的分散决策模型中，$w^{rs*} < w^{vn*} < w^{ms*}$，$t^{ms*} < t^{vn*} < t^{rs*}$，$p^{vn*} < p^{rs*} \leqslant p^{ms*}$，$g^{ms*} \leqslant g^{rs*} < g^{vn*}$，$y^{ms*} \leqslant y^{rs*} < y^{vn*}$，$\alpha^{ms*} \leqslant \alpha^{rs*} < \alpha^{vn*}$，$\pi_m^{rs*} < \pi_m^{vn*} < \pi_m^{ms*}$，$\pi_r^{ms*} < \pi_r^{vn*} < \pi_r^{rs*}$ 和 $\pi_{sc}^{ms*} < \pi_{sc}^{rs*} < \pi_{sc}^{vn*}$ 都成立。

当回收努力的需求扩张效应较小时，分散决策时权力对等型 CLSC 绩效最优，零售价格最低，销售努力和回收努力水平都最高。努力水平的需求扩张效应的变化对供应链最优主导模式的影响将在 7.2.5 节的第三部分中进行分析。表 7-1 证实了不论努力投入成本和回收效率如何，CLSC 的主导方都能获得较多的利润分配，这是成员积极争取主导权的重要动力。此外，对比四个情境可知，低的努力投入成本和高的回收效率对 CLSC 有利。在主导模式相同时，情境 2 中 CLSC 的利润最高，情境 3 中 CLSC 的利润最低。

2. 零售价格对努力水平的需求扩张效应系数敏感性分析

随着回收努力的需求扩张效应系数 k 和销售努力的需求扩张效应 l 的变化，在 k 和 l 的可行域内，四种情境下分散决策模型的零售价格变化趋势如图 7.2～图 7.5 所示。

对比图 7.2 和图 7.3 可以发现，图 7.3 中 k 的可行域要小于图 7.2 中 k 的可行域。因为 k 的可行域受到回收效率的制约，在情境 2 中回收效率更高，回收同等数量的废旧品所需要的回收努力更少，回收努力的需求扩张效应系数不必很高便能促使制造商付出可以回收全部产品的回收努力。比较努力成本较高的情境 3（图 7.4）和情境 4（图 7.5），回收效率更高的情境 4 中 k 的可行域同样小于回收效率较低的情境 3 中 k 的可行域。

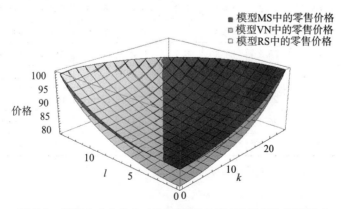

图 7.2　情境 1 中 k 和 l 对分散决策下 CLSC 零售价格的影响

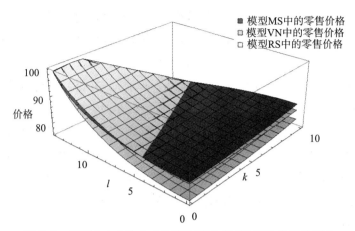

图 7.3 情境 2 中 k 和 l 对分散决策下 CLSC 零售价格的影响

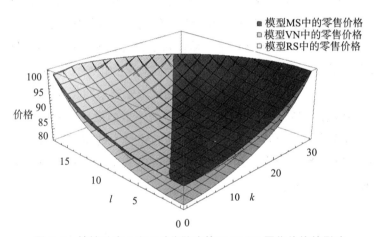

图 7.4 情境 3 中 k 和 l 对分散决策下 CLSC 零售价格的影响

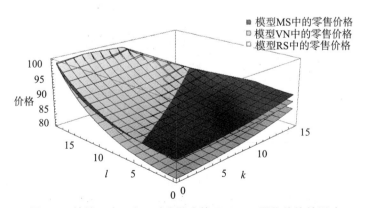

图 7.5 情境 4 中 k 和 l 对分散决策下 CLSC 零售价格的影响

综合图 7.2~图 7.5 可知，零售价格与回收努力和销售努力的需求扩张效应正相关。其原因在于当努力水平的需求扩张效应较小时，CLSC 依赖于较低的零售价格来刺激市场需求；随着努力水平的需求扩张效应的增加，CLSC 将会提高回收努力和销售努力水平（如结论 2 所示），并提高零售价格以弥补成本。可以注意到，当销售努力的需求扩张效应偏小时，随着回收努力的需求扩张效应的增加，各模型中零售价格都增加，但模式 MS 中零售价格最高。这是因为此时销售努力对销量的提升作用较小，作为主导者的制造商会确定较高的批发价格以保证自身利润，从而推高了零售价格。类似地，当回收努力的需求扩张效应偏小时，随着销售努力的需求扩张效应的增加，模式 RS 中零售价格逐渐升为最高。

图 7.2~图 7.5 清晰地表明，大多数情况下权力对等模式下 CLSC 零售价格最低，对消费者最有利；只有在回收努力的需求扩张效应很大（在图 7.2 中 $k \geqslant 22.5$，在图 7.3 中 $k \geqslant 28.7$）时，零售商主导的 CLSC 零售价格最低。因为此时零售商主要依赖于低的零售价格和高的回收努力以增加产品销量，作为主导者的零售商将首先决定低的单位零售利润以激励制造商投入高的回收努力。

3. 供应链利润对努力水平的需求扩张效应系数的敏感性分析

随着回收努力的需求扩张效应系数 k 和销售努力的需求扩张效应系数 l 的变化，在 k 和 l 的可行域内，四种情境下分散决策模型的 CLSC 的利润变化趋势如图 7.6~图 7.9 所示。

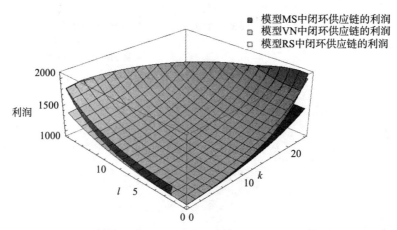

图 7.6　情境 1 中 k 和 l 对分散决策下 CLSC 的利润的影响

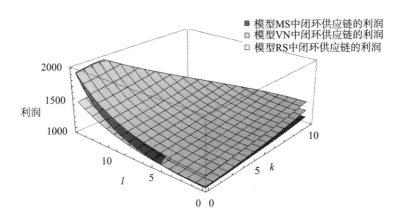

图 7.7 情境 2 中 k 和 l 对分散决策下 CLSC 的利润的影响

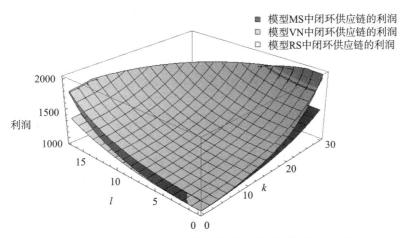

图 7.8 情境 3 中 k 和 l 对分散决策下 CLSC 的利润的影响

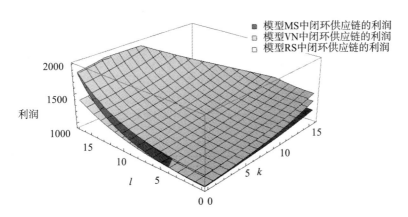

图 7.9 情境 4 中 k 和 l 对分散决策下 CLSC 的利润的影响

图 7.6 ~ 图 7.9 表明随着回收努力和销售努力的需求扩张效应系数的增加，CLSC 的利润增加。在销售努力的需求扩张效应偏小时，随着回收努力的需求扩张效应的增加，模式 MS 下 CLSC 的利润逐步成为三种主导模式下利润最低的；当回收努力的需求扩张效应偏小时，随着销售努力的需求扩张效应的增加，在模式 RS 下 CLSC 的利润逐步降为最低。这是因为主导者会优先决定较低的努力水平和较高的价格，妨碍了 CLSC 的利润的增加。与定价决策相对应，大多数情况下成员权力对等的 CLSC 可以获得最高的利润，只有当回收努力的需求扩张效应很大时零售商主导的 CLSC 的利润才最高。

4. 低价促销契约的协调效果

为了将分散决策时 CLSC 的利润提升到集中决策水平，本节设计了低价促销契约。在不同情境下，针对具不同主导模式的 CLSC，低价促销契约的协调效果见表 7 - 2。

表 7 - 2　　　　　　　　不同情境下各模型中低价促销契约的协调效果

情境	模型	p^*	g^*	y^*	α^*	F^*	π_m^*	π_r^*	π_{sc}^*
1	C	70.7	0.7	1.3	21.8%	N/A	N/A	N/A	1499.5
	LMS	70.7	0.7	1.3	21.8%	[539.0, 955.4]	[709.4, 1125.7]	[373.8, 790.2]	1499.5
	LVN	70.7	0.7	1.3	21.8%	[808.0, 1024.1]	[640.0, 856.8]	[642.8, 858.9]	1499.5
	LRS	70.7	0.7	1.3	21.8%	[875.8, 1290.9]	[373.9, 788.9]	[710.6, 1125.7]	1499.5
2	C	69.4	1.2	1.5	96.7%	N/A	N/A	N/A	1717.9
	LMS	69.4	1.2	1.5	96.7%	[640.0, 1180.0]	[754.7, 1194.8]	[423.2, 963.2]	1717.9
	LVN	69.4	1.2	1.5	96.7%	[974.4, 1266.2]	[668.5, 960.4]	[757.5, 1049.4]	1717.9
	LRS	69.4	1.2	1.5	96.7%	[1024.4, 1506.8]	[428.0, 909.9]	[808.0, 1289.9]	1717.9
3	C	68.5	0.4	0.8	13.1%	N/A	N/A	N/A	1392.8
	LMS	68.5	0.4	0.8	13.1%	[442.8, 814.6]	[673.3, 1045.0]	[347.8, 719.6]	1392.8
	LVN	68.5	0.4	0.8	13.1%	[700.1, 883.1]	[604.8, 787.7]	[605.1, 788.1]	1392.8
	LRS	68.5	0.4	0.8	13.1%	[768.5, 1140.0]	[347.8, 719.4]	[673.4, 1045.0]	1392.8
4	C	67.6	0.7	0.9	55.2%	N/A	N/A	N/A	1508.6
	LMS	67.6	0.7	0.9	55.2%	[486.62, 920.89]	[699.2, 1133.5]	[375.1, 809.4]	1508.6

续表

情境	模型	p^*	g^*	y^*	α^*	F^*	π_m^*	π_r^*	π_{sc}^*
4	LVN	67.6	0.7	0.9	55.2%	[780.43, 999.53]	[620.6, 839.7]	[669.0, 888.1]	1508.6
	LRS	67.6	0.7	0.9	55.2%	[838.91, 1243.42]	[376.7, 781.2]	[727.4, 1131.9]	1508.6

注：N/A 表示不适用（No Applicable）。

通过表 7-2 可以直观地看出，在四个情境中，低价促销契约都将具不同主导模式的 CLSC 的绩效提升到集中决策的水平。对比表 7-1 和表 7-2 可以看出，制造商和零售商的利润都不低于各自在分散决策时的利润。随着主导权由制造商向零售商转移，制造商付给零售商的渠道费用的取值范围的端点值都增加，制造商利润取值范围的端点值减少，零售商利润取值范围的端点值增加。这也说明，渠道主导者应该积极促成契约的实施，在提升 CLSC 整体绩效的同时为自己争取更多的利润。

7.2.6　研究结论

当市场需求与价格和努力水平相关时，通过对比分析公平中性下具不同主导模式的 CLSC 的定价、销售努力、回收努力水平决策和利润获取情况，研究主导力量演变和低价促销契约对 CLSC 绩效的影响，得出以下结论。

（1）集中决策下 CLSC 绩效要高于分散决策下 CLSC，回收努力和销售努力的需求扩张效应对 CLSC 的努力水平决策和利润获取有积极作用。

（2）随着供应链主导权向下游零售商转移，零售商的利润总是增加，制造商的利润并不总是减少，仅在回收努力的需求扩张效应较小时减少。对制造商而言，当回收努力的需求扩张效应小于某临界值时，制造商主导模式最优、零售商主导模式最差；当回收努力的需求扩张效应大于某临界值时，成员权力对等模式最差。对零售商而言，零售商主导模式最优，制造商主导模式最差。

（3）对于 CLSC 整体而言，当回收努力的需求扩张效应小于某临界值时，成员权力对等模式下零售价格最低、回收和销售努力水平最高、利润最高，对消费者和环境最有利；当回收努力的需求扩张效应大于临界值时，零售商主导模式下绩效表现最好。

（4）低价促销契约可以将分散决策下具不同主导模式的 CLSC 绩效提升到

集中决策水平。尽管利润分配依赖于成员渠道权力和讨价还价能力，此契约可保证成员获得的利润都不低于分散决策时的利润。低价促销契约对 CLSC、消费者和环境都是有利的。

7.3　考虑公平偏好的不同主导模式下 CLSC 决策与协调研究

7.3.1　模型描述与基本假设

1. 模型描述

构建由制造商和零售商组成的 CLSC，制造商和零售商具有公平偏好，在追求自身利润最大化的同时关注利润分配的公平性。其中制造商既可利用全新原材料生产新产品又可利用废旧品经处理后生产再制造品，零售商负责销售，制造商负责回收废旧品进行再制造。CLSC 的结构如图 7.10 所示。制造商确定单位批发价格 w，零售商确定单位零售利润 t 后以零售价格 $p(p = w + t)$ 销售产品。为了促进产品销售，零售商会付出销售努力如广告宣传、销售人员培训等，决定销售努力水平 y。为提升回收效率，制造商会付出回收努力，包括利于循环再制造的产品设计、回收广告、逆向物流服务等，确定回收努力水平 g。

为了刻画制造商和零售商的公平偏好程度，参照公平偏好理论中应用广泛的恩斯特·菲尔（Ernst Fehr，1999）的不公平厌恶模型，制造商或零售商会将自身利润与对方利润进行比较，当自身利润低于对方利润时，会导致嫉妒心理，因厌恶对己不利的不公平而产生嫉妒负效用；当自身利润高于对方利润时，会导致同情心理，因对己有利的不公平厌恶而产生同情负效用。

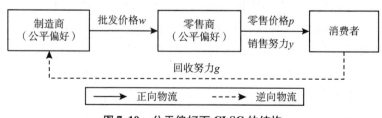

图 7.10　公平偏好下 CLSC 的结构

2. 基本假设

除 7.2.1 节的基本假设以外，模型的基本假设如下：

假设：制造商或零售商因对己不利的单位利润差异造成的效用损失不低于对己有利的单位利润差异带来的效用损失。

3. 参数说明

本节涉及以下参数。

β_m 表示制造商的嫉妒心理系数，即制造商因每单位对己不利的利润差异而产生的 β_m 单位的负效用。

β_r 表示零售商的嫉妒心理系数，即零售商因每单位对己不利的利润差异而产生的 β_r 单位的负效用。

γ_m 表示制造商的同情心理系数，即制造商因每单位对己有利的利润差异而产生的 γ_m 单位的负效用，$0 < \gamma_m < 1$，$\gamma_m \leqslant \beta_m$。

γ_r 表示零售商的同情心理系数，即零售商因每单位对己有利的利润差异而产生的 γ_r 单位的负效用，$0 < \gamma_r < 1$，$\gamma_r \leqslant \beta_r$。

U_j^i 表示在各决策模型中制造商、零售商和 CLSC 的效用函数（$i = fcms$，$fcvn$，$fcrs$，fcl，$j = m$，r，sc）。

根据以上定义，CLSC 中利润函数和效用函数分别为

$$\pi_m = [a - b(w + t) + kg + ly][w - c_m(1 - \lambda g) - c_r \lambda g - m\lambda g] - \frac{1}{2}c_1 g^2 \qquad (7-65)$$

$$\pi_r = [a - b(w + t) + kg + ly]t - \frac{1}{2}c_2 y^2 \qquad (7-66)$$

$$\pi_{sc} = (a - bp + kg + ly)[p - c_m(1 - \lambda g) - c_r \lambda g - m\lambda g] - \frac{1}{2}c_1 g^2 - \frac{1}{2}c_2 y^2$$
$$(7-67)$$

$$U_m = \pi_m - \beta_m \max\{\pi_r - \pi_m, 0\} - \gamma_m \max\{\pi_m - \pi_r, 0\} \qquad (7-68)$$

$$U_r = \pi_r - \beta_r \max\{\pi_m - \pi_r, 0\} - \gamma_r \max\{\pi_r - \pi_m, 0\} \qquad (7-69)$$

7.3.2　决策模型

1. CLSC 制造商主导模式（FCMS）

本小节的研究对象是制造商主导的供应链，由于强势企业通常会在利润分配中占优势，因此考虑制造商因对己有利的不公平而产生同情负效用，零售商

因对己不利的不公平产生嫉妒负效用的情形，节点企业的效用函数分别为

$$U_m^{fcms} = \pi_m - \gamma_m(\pi_m - \pi_r) \tag{7-70}$$

$$U_r^{fcms} = \pi_r - \beta_r(\pi_m - \pi_r) \tag{7-71}$$

在决策过程中，制造商作为 Stackelberg 博弈的主导者，首先决策单位批发价格和回收努力水平，零售商在观察到制造商的决策后确定单位零售利润和销售努力水平。分散决策模型为

$$\max_{w,g} U_m^{fcms} = (1 - \gamma_m)\left\{\left[a - b(w+t) + kg + ly\right]\left[w - c_m(1 - \lambda g) - c_r\lambda g\right.\right.$$
$$\left.\left. - m\lambda g\right] - \frac{1}{2}c_1 g^2\right\} + \gamma_m\left\{\left[a - b(w+t) + kg + ly\right]t - \frac{1}{2}c_2 y^2\right\}$$
$$\tag{7-72}$$

$$\text{s. t. } \max_{t,y} U_r^{fcms} = (1 + \beta_r)\left\{\left[a - b(w+t) + kg + ly\right]t - \frac{1}{2}c_2 y^2\right\} - \beta_r\left\{\left[a - b(w+t)\right.\right.$$
$$\left.\left. + kg + ly\right]\left[w - c_m(1 - \lambda g) - c_r\lambda g - m\lambda g\right] - \frac{1}{2}c_1 g^2\right\} \tag{7-73}$$

决策变量需满足 $w > 0$，$g > 0$，$t > 0$，$y > 0$ 和 $0 < \alpha = \lambda g < 1$，$a > bp$。

根据逆向归纳法，求解可得

$$t_r^{fcms} = \frac{c_2(a + kg - bw)}{2bc_2 - l^2} + \frac{\beta_r(bc_2 - l^2)\left[w - c_m + (c_m - c_r - m)\lambda g\right]}{(1 + \beta_r)(2bc_2 - l^2)} \tag{7-74}$$

$$y_r^{fcms} = \frac{l(a + kg - bw)}{2bc_2 - l^2} - \frac{lb\beta_r\left[w - c_m + (c_m - c_r - m)\lambda g\right]}{(1 + \beta_r)(2bc_2 - l^2)} \tag{7-75}$$

对比公式（7-14）和公式（7-74）、公式（7-15）和公式（7-75）可以发现，在公平中性时的模式 MS 中零售商反应函数 t_r^{ms} 仅为 t_r^{fcms} 中的第一项，零售商的反应函数 y_r^{ms} 为 y_r^{fcms} 中的第一项。又因为公式（7-74）中第二项为正，这说明当零售商具有公平偏好时，将提高单位零售利润的反应函数，为自己争取更多的利润，并且此反应函数随着零售商嫉妒负效用系数 β_r 的增加而增加。公式（7-75）中的第二项为负，这说明当零售商具有公平偏好时，将降低销售努力的反应函数，减少销售努力的成本投入，并且零售商的销售努力会随着 β_r 的增加而降低。将公式（7-74）和公式（7-75）代入公式（7-72），制造商的目标函数可进一步表达为

$$\max_{w,g} U_m^{fcms}$$

$$= (1 - \gamma_m)\left\{\frac{\begin{aligned}bc_2(w - c_m + (c_m - c_r - m)\lambda g)\left[(1 + \beta_r)(a + kg - bw)\right.\\\left. - b\beta_r(w - c_m + (c_m - c_r - m)\lambda g)\right]\end{aligned}}{(1 + \beta_r)(2bc_2 - l^2)} - \frac{c_1 g^2}{2}\right\}$$

$$+ \frac{\gamma_m \{ c_2 [(1 + \beta_r)^2 (a + gk - bw)^2 - b^2 \beta_r^2 (w - c_m + (c_m - c_r - m) \lambda g)^2] \}}{2(1 + \beta_r)^2 (2bc_2 - l^2)}$$

$$(7 - 76)$$

根据逆向归纳法，求解可得

$$w^{fcms*} = \frac{\begin{array}{c}(a - bc_m) \{ (1 - 3\gamma_m + 2\gamma_m^2)(1 + \beta_r)^2 c_1 (2bc_2 - l^2) \\ - (1 - \gamma_m + \beta_r)^2 bc_2 \lambda (c_m - c_r - m) [k + b\lambda (c_m - c_r - m)] \}\end{array}}{\begin{array}{c}b \{ c_1 (2bc_2 - l^2)(-1 + \gamma_m)(1 + 2\beta_r)[-2(1 + \beta_r) \\ + \gamma_m (3 + 2\beta_r)] - c_2 [k + b\lambda (c_m - c_r - m)]^2 (1 - \gamma_m + \beta_r)^2 \}\end{array}} + c_m$$

$$(7 - 77)$$

$$g^{fcms*} = \frac{c_2 (a - bc_m)(1 - \gamma_m + \beta_r)^2 [k + b\lambda (c_m - c_r - m)]}{\begin{array}{c}c_1 (2bc_2 - l^2)(-1 + \gamma_m)(1 + 2\beta_r)[-2(1 + \beta_r) + \gamma_m (3 + 2\beta_r)] \\ - c_2 [k + b\lambda (c_m - c_r - m)]^2 (1 - \gamma_m + \beta_r)^2\end{array}}$$

$$(7 - 78)$$

将公式（7 - 77）和公式（7 - 78）代入公式（7 - 74）和公式（7 - 75）可得零售商的最优决策为

$$t^{fcms*} = \frac{\begin{array}{c}c_1 (a - bc_m)(1 - \gamma_m) \{ bc_2 (1 - \gamma_m + 5\beta_r - 6\gamma_m \beta_r \\ + 4\beta_r^2 - 4\gamma_m \beta_r^2) - l^2 \beta_r (1 - 2\gamma_m)(1 + \beta_r) \}\end{array}}{\begin{array}{c}b \{ c_1 (2bc_2 - l^2)(-1 + \gamma_m)(1 + 2\beta_r)[-2(1 + \beta_r) + \gamma_m (3 + 2\beta_r)] \\ - c_2 [k + b\lambda (c_m - c_r - m)]^2 (1 - \gamma_m + \beta_r)^2 \}\end{array}}$$

$$(7 - 79)$$

$$y^{fcms*} = \frac{lc_1 (a - bc_m)(1 - \gamma_m + \beta_r)(1 - \gamma_m)(1 + 2\beta_r)}{\begin{array}{c}c_1 (2bc_2 - l^2)(-1 + \gamma_m)(1 + 2\beta_r)[-2(1 + \beta_r) + \gamma_m (3 + 2\beta_r)] \\ - c_2 [k + b\lambda (c_m - c_r - m)]^2 (1 - \gamma_m + \beta_r)^2\end{array}}$$

$$(7 - 80)$$

进一步地，零售价格和市场需求分别为

$$p^{fcms*} = \frac{\begin{array}{c}(a - bc_m) \{ c_1 (1 - \gamma_m)(1 + 2\beta_r)[bc_2 (3(1 + \beta_r) - \gamma_m (5 + 4\beta_r)) - l^2 (1 \\ - 2\gamma_m)(1 + \beta_r)] - (1 - \gamma_m + \beta_r)^2 bc_2 \lambda (c_m - c_r - m) [k + b\lambda (c_m - c_r - m)] \}\end{array}}{\begin{array}{c}b \{ c_1 (2bc_2 - l^2)(-1 + \gamma_m)(1 + 2\beta_r)[-2(1 + \beta_r) + \gamma_m (3 + 2\beta_r)] \\ - c_2 [k + b\lambda (c_m - c_r - m)]^2 (1 - \gamma_m + \beta_r)^2 \}\end{array}}$$
$$+ c_m$$

$$(7 - 81)$$

$$D^{fcms\,*} = \cfrac{bc_1c_2(a - bc_m)(1 - \gamma_m + \beta_r)(1 - \gamma_m)(1 + 2\beta_r)}{\begin{aligned}&c_1(2bc_2 - l^2)(-1 + \gamma_m)(1 + 2\beta_r)\left[-2(1 + \beta_r) + \gamma_m(3 + 2\beta_r)\right]\\&- c_2\left[k + b\lambda(c_m - c_r - m)\right]^2(1 - \gamma_m + \beta_r)^2\end{aligned}}$$

$$(7 - 82)$$

由公式（7－77）~公式（7－82）可得制造商、零售商的利润和效用函数分别为

$$\pi_m^{fcms\,*} = \cfrac{\begin{aligned}&(a - bc_m)^2c_1c_2(1 - \gamma_m + \beta_r)\{2c_1(2bc_2 - l^2)(1 - \gamma_m)^2(1 - 2\gamma_m)\\&(1 + \beta_r)^2(1 + 2\beta_r) - c_2(1 - \gamma_m + \beta_r)^3[k + b\lambda(c_m - c_r - m)]^2\}\end{aligned}}{\begin{aligned}&2\{c_1(2bc_2 - l^2)(-1 + \gamma_m)(1 + 2\beta_r)\left[-2(1 + \beta_r) + \gamma_m(3 + 2\beta_r)\right]\\&- c_2[k + b\lambda(c_m - c_r - m)]^2(1 - \gamma_m + \beta_r)^2\}^2\end{aligned}}$$

$$(7 - 83)$$

$$\pi_r^{fcms\,*} = \cfrac{\begin{aligned}&(a - bc_m)^2c_1^2c_2(1 - \gamma_m)^2(2bc_2 - l^2)(1 - \gamma_m + \beta_r)\\&(1 + 2\beta_r)(1 - \gamma_m + 5\beta_r - 6\gamma_m\beta_r + 4\beta_r^2 - 4\gamma_m\beta_r^2)\end{aligned}}{\begin{aligned}&2\{c_1(2bc_2 - l^2)(-1 + \gamma_m)(1 + 2\beta_r)\left[-2(1 + \beta_r) + \gamma_m(3 + 2\beta_r)\right]\\&- c_2[k + b\lambda(c_m - c_r - m)]^2(1 - \gamma_m + \beta_r)^2\}^2\end{aligned}}$$

$$(7 - 84)$$

$$\pi_{sc}^{fcms\,*} = \cfrac{\begin{aligned}&(a - bc_m)^2c_1c_2(1 - \gamma_m + \beta_r)\{c_1(2bc_2 - l^2)(1 - \gamma_m)^2(1 + 2\beta_r)^2[3(1 + \beta_r)\\&- \gamma_m(5 + 4\beta_r)] - c_2(1 - \gamma_m + \beta_r)^3[k + b\lambda(c_m - c_r - m)]^2\}\end{aligned}}{\begin{aligned}&2\{c_1(2bc_2 - l^2)(-1 + \gamma_m)(1 + 2\beta_r)\left[-2(1 + \beta_r) + \gamma_m(3 + 2\beta_r)\right]\\&- c_2[k + b\lambda(c_m - c_r - m)]^2(1 - \gamma_m + \beta_r)^2\}^2\end{aligned}}$$

$$(7 - 85)$$

$$U_m^{fcms\,*} = \cfrac{(a - bc_m)^2c_1c_2(1 - \gamma_m + \beta_r)^2(1 - \gamma_m)}{\begin{aligned}&2\{c_1(2bc_2 - l^2)(-1 + \gamma_m)(1 + 2\beta_r)\left[-2(1 + \beta_r)\right.\\&\left.+ \gamma_m(3 + 2\beta_r)\right] - c_2[k + b\lambda(c_m - c_r - m)]^2(1 - \gamma_m + \beta_r)^2\}\end{aligned}} \quad (7 - 86)$$

$$U_r^{fcms\,*} = \cfrac{\begin{aligned}&(a - bc_m)^2c_1c_2(1 - \gamma_m + \beta_r)^2\{c_1(2bc_2 - l^2)(1 - \gamma_m)^2(1 + \beta_r)\\&(1 + 2\beta_r)^2 + \beta_r c_2(1 - \gamma_m + \beta_r)^2[k + b\lambda(c_m - c_r - m)]^2\}\end{aligned}}{\begin{aligned}&2\{c_1(2bc_2 - l^2)(-1 + \gamma_m)(1 + 2\beta_r)\left[-2(1 + \beta_r) + \gamma_m(3 + 2\beta_r)\right]\\&- c_2[k + b\lambda(c_m - c_r - m)]^2(1 - \gamma_m + \beta_r)^2\}^2\end{aligned}}$$

$$(7 - 87)$$

为了保证均衡结果均为正值，回收率 $0 < \alpha = \lambda g < 1$ 及 $a > bp$，参数还需要满足以下条件：

$$c_1 > \left\{ \begin{array}{l} \dfrac{c_2 \left[k + b\lambda \left(c_m - c_r - m \right) \right] \left[k + \lambda \left(a - bc^r - bm \right) \right] \left(1 - \gamma_m + \beta_r \right)^2}{\left(1 - \gamma_m \right) \left(1 + 2\beta_r \right) \left(2bc_2 - l^2 \right) \left[2 \left(1 + \beta_r \right) - \gamma_m \left(3 + \beta_r \right) \right]}, \\ \dfrac{\left(1 - \gamma_m + \beta_r \right) c_2 k \left[k + b\lambda \left(c_m - c_r - m \right) \right]}{\left(1 - \gamma_m \right) \left(1 + 2\beta_r \right) \left(bc^2 - l^2 \right)} \end{array} \right\}_{\max}$$

$$c_2 > \frac{l^2}{b}, \ 0 < \gamma_m < \frac{1}{2}$$

$$(7-88)$$

公式（7-88）也满足 U_m^{fcms} 的海赛矩阵为负定的条件。

2. CLSC 权力对等型模式（FCVN）

当制造商和零售商都不是 CLSC 的主导者时，二者同时依据自身效用最大化作出决策。制造商确定单位批发价格和回收努力水平，零售商确定单位零售利润和销售努力水平。由于制造商和零售商实力相当，在此模型中依据利润分配结果分情况对 CLSC 的最优决策进行讨论。

（1） $\pi_m > \pi_r$。当 $\pi_m > \pi_r$ 时，制造商面对有利的不公平分配，零售商面对不利的不公平分配。此时决策目标函数为

$$\max_{w,g} U_m^{fcvn} = \left(1 - \gamma_m \right) \left\{ \left[a - b\left(w + t \right) + kg + ly \right] \left[w - c_m \left(1 - \lambda g \right) - c_r \lambda g - m\lambda g \right] \right.$$
$$\left. - \frac{1}{2} c_1 g^2 \right\} + \gamma_m \left\{ \left[a - b\left(w + t \right) + kg + ly \right] t - \frac{1}{2} c_2 y^2 \right\}$$

$$(7-89)$$

$$\max_{t,y} U_r^{fcvn} = \left(1 + \beta_r \right) \left\{ \left[a - b\left(w + t \right) + kg + ly \right] t - \frac{1}{2} c_2 y^2 \right\} - \beta_r \left\{ \left[a - b\left(w + t \right) \right. \right.$$
$$\left. \left. + kg + ly \right] \left[w - c_m \left(1 - \lambda g \right) - c_r \lambda g - m\lambda g \right] - \frac{1}{2} c_1 g^2 \right\}$$

$$(7-90)$$

决策变量都为正，并且满足 $\pi_m > \pi_r$，$0 < \alpha = \lambda g < 1$，$a > bp$。

根据逆向归纳法，求解可得

$$w^{fcvn *} = \dfrac{\left(a - bc_m \right) c_2 \left\{ \left(1 - \gamma_m + \beta_r \right) \left[c_1 - \lambda \left(c_m - c_r - m \right) \left(k + b\lambda \left(c_m \right. \right. \right. \right.}{\left. \left. \left. \left. - c_r - m \right) \right) \right] - \gamma_m \left(1 + 2\beta_r \right) c_1 \right\}}{bc_1 c_2 \left[3 + 4\beta_r - 4\gamma_m \left(1 + \beta_r \right) \right] - \left(1 - \gamma_m + \beta_r \right) \left\{ c_1 l^2 \right.} + c_m$$
$$\left. + c_2 \left[k + b\lambda \left(c_m - c_r - m \right) \right]^2 \right\}$$

$$(7-91)$$

$$g^{fcvn *} = \dfrac{\left(1 - \gamma_m + \beta_r \right) c_2 \left(a - bc_m \right) \left[k + b\lambda \left(c_m - c_r - m \right) \right]}{bc_1 c_2 \left[3 + 4\beta_r - 4\gamma_m \left(1 + \beta_r \right) \right] - \left(1 - \gamma_m \right.} \quad (7-92)$$
$$\left. + \beta_r \right) \left\{ c_1 l^2 + c_2 \left[k + b\lambda \left(c_m - c_r - m \right) \right]^2 \right\}$$

$$t^{fcvn*} = \frac{(1-\gamma_m)(1+2\beta_r)c_1c_2(a-bc_m)}{bc_1c_2[3+4\beta_r-4\gamma_m(1+\beta_r)]-(1-\gamma_m+\beta_r)\{c_1l^2+c_2[k+b\lambda(c_m-c_r-m)]^2\}} \qquad (7-93)$$

$$y^{fcvn*} = \frac{(1-\gamma_m+\beta_r)c_1l(a-bc_m)}{bc_1c_2[3+4\beta_r-4\gamma_m(1+\beta_r)]-(1-\gamma_m+\beta_r)\{c_1l^2+c_2[k+b\lambda(c_m-c_r-m)]^2\}} \qquad (7-94)$$

基于公式（7-92）~公式（7-94），零售价格和市场需求为

$$p^{fcvn*} = \frac{(a-bc_m)c_2\{(1-\gamma_m+\beta_r)[c_1-\lambda(c_m-c_r-m)(k+b\lambda(c_m-c_r-m))]+(1-2\gamma_m)(1+2\beta_r)c_1\}}{bc_1c_2[3+4\beta_r-4\gamma_m(1+\beta_r)]-(1-\gamma_m+\beta_r)\{c_1l^2+c_2[k+b\lambda(c_m-c_r-m)]^2\}}+c_m \qquad (7-95)$$

$$D^{fcvn*} = \frac{(1-\gamma_m+\beta_r)bc_1c_2(a-bc_m)}{bc_1c_2[3+4\beta_r-4\gamma_m(1+\beta_r)]-(1-\gamma_m+\beta_r)\{c_1l^2+c_2[k+b\lambda(c_m-c_r-m)]^2\}} \qquad (7-96)$$

进一步得出利润及效用表达式：

$$\pi_m^{fcvn*} = \frac{(a-bc_m)^2c_1c_2^2(1-\gamma_m+\beta_r)\{2bc_1(1-2\gamma_m)(1+\beta_r)-(1-\gamma_m+\beta_r)[k+b\lambda(c_m-c_r-m)]^2\}}{2\{bc_1c_2[3+4\beta_r-4\gamma_m(1+\beta_r)]-(1-\gamma_m+\beta_r)\{c_1l^2+c_2[k+b\lambda(c_m-c_r-m)]^2\}\}^2} \qquad (7-97)$$

$$\pi_r^{fcvn*} = \frac{(a-bc_m)^2c_1^2c_2(1-\gamma_m+\beta_r)\{2bc_2(1-\gamma_m)(1+2\beta_r)-(1-\gamma_m+\beta_r)l^2\}}{2\{bc_1c_2[3+4\beta_r-4\gamma_m(1+\beta_r)]-(1-\gamma_m+\beta_r)\{c_1l^2+c_2[k+b\lambda(c_m-c_r-m)]^2\}\}^2} \qquad (7-98)$$

$$\pi_{sc}^{fcvn*} = \frac{(a-bc_m)^2c_1c_2(1-\gamma_m+\beta_r)\{2bc_1c_2(2+3\beta_r-\gamma_m(3+4\beta_r))-(1-\gamma_m+\beta_r)\{c_1l^2+c_2[k+b\lambda(c_m-c_r-m)]^2\}\}}{2\{bc_1c_2[3+4\beta_r-4\gamma_m(1+\beta_r)]-(1-\gamma_m+\beta_r)\{c_1l^2+c_2[k+b\lambda(c_m-c_r-m)]^2\}\}^2} \qquad (7-99)$$

$$U_m^{fcvn*} = \frac{(a-bc_m)^2c_1c_2(1-\gamma_m+\beta_r)^2\{2bc_1c_2(1-\gamma_m)-\gamma_mc_1l^2-(1-\gamma_m)c_2[k+b\lambda(c_m-c_r-m)]^2\}}{2\{bc_1c_2[3+4\beta_r-4\gamma_m(1+\beta_r)]-(1-\gamma_m+\beta_r)\{c_1l^2+c_2[k+b\lambda(c_m-c_r-m)]^2\}\}^2} \qquad (7-100)$$

$$U_r^{fcvn*} = \frac{(a-bc_m)^2 c_1 c_2 (1-\gamma_m+\beta_r)^2 \{2bc_1c_2(1+\beta_r) - (1+\beta_r)c_1 l^2 + \beta_r c_2 [k+b\lambda(c_m-c_r-m)]^2\}}{2\{bc_1c_2[3+4\beta_r-4\gamma_m(1+\beta_r)] - (1-\gamma_m+\beta_r)\{c_1 l^2 + c_2[k+b\lambda(c_m-c_r-m)]^2\}\}^2} \tag{7-101}$$

为保证均衡结果均为正值，回收率 $0<\alpha=\lambda g<1$ 及 $a>bp$，参数还需要满足以下条件：

$$c_1 > \left\{ \begin{array}{l} \dfrac{c_2[k+b\lambda(c_m-c_r-m)][k+\lambda(a-bc_r-bm)](1-\gamma_m+\beta_r)}{bc_2[3+4\beta_r-4\gamma_m(1+\beta_r)]-(1-\gamma_m+\beta_r)l^2}, \\[4mm] \dfrac{c_2 k[k+b\lambda(c_m-c_r-m)]}{bc_2-l^2} \end{array} \right\}_{\max},$$

$$c_2 > \frac{(1-\gamma_m+\beta_r)l^2}{b[3+4\beta_r-4\gamma_m(1+\beta_r)]}, \quad 0<\gamma_m<\frac{1}{2} \tag{7-102}$$

（2）$\pi_m<\pi_r$。当 $\pi_m<\pi_r$ 时，制造商面对不利的不公平分配，零售商面对有利的不公平分配。此时决策目标函数为

$$\max_{w,g} U_m^{fcvn} = (1+\beta_m)\left\{[a-b(w+t)+kg+ly][w-c_m(1-\lambda g)-c_r\lambda g-m\lambda g] - \frac{1}{2}c_1 g^2\right\} - \beta_m\left\{[a-b(w+t)+kg+ly]t - \frac{1}{2}c_2 y^2\right\} \tag{7-103}$$

$$\max_{t,y} U_r^{fcvn} = (1-\gamma_r)\left\{[a-b(w+t)+kg+ly]t - \frac{1}{2}c_2 y^2\right\} + \gamma_r\left\{[a-b(w+t) + kg+ly][w-c_m(1-\lambda g)-c_r\lambda g-m\lambda g] - \frac{1}{2}c_1 g^2\right\} \tag{7-104}$$

决策变量都为正，并且满足 $\pi_m<\pi_r$，$0<\alpha=\lambda g<1$，$a>bp$。

根据逆向归纳法，求解可得

$$w^{fcvn*} = \frac{(1+\beta_m-\gamma_r)(a-bc_m)c_2\{c_1-\lambda(c_m-c_r-m)[k+b\lambda(c_m-c_r-m)]\}+\beta_m(1-2\gamma_r)c_1c_2(a-bc)}{bc_1c_2[3-4\gamma_r+4\beta_m(1-\gamma_r)]-(1+\beta_m-\gamma_r)\{c_1 l^2 + c_2[k+b\lambda(c_m-c_r-m)]^2\}} + c_m \tag{7-105}$$

$$g^{fcvn*} = \frac{(1+\beta_m-\gamma_r)c_2(a-bc_m)[k+b\lambda(c_m-c_r-m)]}{bc_1c_2[3-4\gamma_r+4\beta_m(1-\gamma_r)]-(1+\beta_m-\gamma_r)\{c_1 l^2 + c_2[k+b\lambda(c_m-c_r-m)]^2\}} \tag{7-106}$$

$$t^{fcvn*} = \frac{(1+\beta_m)(1-2\gamma_r)c_1c_2(a-bc_m)}{bc_1c_2[3-4\gamma_r+4\beta_m(1-\gamma_r)]-(1+\beta_m-\gamma_r)\{c_1l^2+c_2[k+b\lambda(c_m-c_r-m)]^2\}}$$

$$(7-107)$$

$$y^{fcvn*} = \frac{(1+\beta_m-\gamma_r)c_1l(a-bc_m)}{bc_1c_2[3-4\gamma_r+4\beta_m(1-\gamma_r)]-(1+\beta_m-\gamma_r)\{c_1l^2+c_2[k+b\lambda(c_m-c_r-m)]^2\}}$$

$$(7-108)$$

基于公式（7-106）~公式（7-108），零售价格和市场需求为

$$p^{fcvn*} = \frac{(a-bc_m)c_2\{(1+\beta_m-\gamma_r)[c_1-\lambda(c_m-c_r-m)(k+b\lambda(c_m-c_r-m))]+(1+2\beta_m)(1-2\gamma_r)c_1\}}{bc_1c_2[3-4\gamma_r+4\beta_m(1-\gamma_r)]-(1+\beta_m-\gamma_r)\{c_1l^2+c_2[k+b\lambda(c_m-c_r-m)]^2\}}+c_m$$

$$(7-109)$$

$$D^{fcvn*} = \frac{(1+\beta_m-\gamma_r)bc_1c_2(a-bc_m)}{bc_1c_2[3-4\gamma_r+4\beta_m(1-\gamma_r)]-(1+\beta_m-\gamma_r)\{c_1l^2+c_2[k+b\lambda(c_m-c_r-m)]^2\}}$$

$$(7-110)$$

进一步得出利润及效用表达式为

$$\pi_m^{fcvn*} = \frac{(a-bc_m)^2c_1c_2^2(1+\beta_m-\gamma_r)\{2bc_1(1+2\beta_m)(1-\gamma_r)-(1+\beta_m-\gamma_r)[k+b\lambda(c_m-c_r-m)]^2\}}{2\{bc_1c_2[3-4\gamma_r+4\beta_m(1-\gamma_r)]-(1+\beta_m-\gamma_r)\{c_1l^2+c_2[k+b\lambda(c_m-c_r-m)]^2\}\}^2}$$

$$(7-111)$$

$$\pi_r^{fcvn*} = \frac{(a-bc_m)^2c_1^2c_2(1+\beta_m-\gamma_r)\{2bc_2(1+\beta_m)(1-2\gamma_r)-(1+\beta_m-\gamma_r)l^2\}}{2\{bc_1c_2[3-4\gamma_r+4\beta_m(1-\gamma_r)]-(1+\beta_m-\gamma_r)\{c_1l^2+c_2[k+b\lambda(c_m-c_r-m)]^2\}\}^2}$$

$$(7-112)$$

$$\pi_{sc}^{fcvn*} = \frac{(a-bc_m)^2c_1c_2(1+\beta_m-\gamma_r)\{2bc_1c_2[2-3\gamma_r+\beta_m(3-4\gamma_r)]-(1+\beta_m-\gamma_r)\{c_1l^2+c_2[k+b\lambda(c_m-c_r-m)]^2\}\}}{2\{bc_1c_2[3-4\gamma_r+4\beta_m(1-\gamma_r)]-(1+\beta_m-\gamma_r)\{c_1l^2+c_2[k+b\lambda(c_m-c_r-m)]^2\}\}^2}$$

$$(7-113)$$

$$U_m^{fcvn*} = \frac{(a-bc_m)^2c_1c_2(1+\beta_m-\gamma_r)^2\{2bc_1c_2(1+\beta_m)+\beta_mc_1l^2-(1+\beta_m)c_2[k+b\lambda(c_m-c_r-m)]^2\}}{2\{bc_1c_2[3-4\gamma_r+4\beta_m(1-\gamma_r)]-(1+\beta_m-\gamma_r)\{c_1l^2+c_2[k+b\lambda(c_m-c_r-m)]^2\}\}^2}$$

$$(7-114)$$

$$U_r^{fcvn*} = \frac{(a - bc_m)^2 c_1 c_2 (1 + \beta_m - \gamma_r)^2 \{2bc_1 c_2(1 - \gamma_r) - (1 - \gamma_r)c_1 l^2 - \gamma_r c_2 [k + b\lambda(c_m - c_r - m)]^2\}}{2\{bc_1 c_2 [3 - 4\gamma_r + 4\beta_m(1 - \gamma_r)] - (1 + \beta_m - \gamma_r)\{c_1 l^2 + c_2 [k + b\lambda(c_m - c_r - m)]^2\}\}^2}$$

（7-115）

为了保证均衡结果均为正值，回收率 $0 < \alpha = \lambda g < 1$ 及 $a > bp$，参数还需要满足以下条件：

$$c_1 > \left\{ \begin{matrix} \dfrac{c_2[k + b\lambda(c_m - c_r - m)][k + \lambda(a - bc_r - bm)](1 + \beta_m - \gamma_r)}{bc_2[3 - 4\gamma_r + 4\beta_m(1 - \gamma_r)] - (1 + \beta_m - \gamma_r)l^2}, \\ \dfrac{c_2 k[k + b\lambda(c_m - c_r - m)]}{bc^2 - l^2} \end{matrix} \right\}_{max},$$

$$c_2 > \frac{(1 + \beta_m - \gamma_r)l^2}{b[3 - 4\gamma_r + 4\beta_m(1 - \gamma_r)]}, \quad 0 < \gamma_r < \frac{1}{2}$$

（7-116）

3. CLSC 零售商主导模式（FCRS）

本小节的研究对象是零售商主导的供应链，在零售商强势的情形下，考虑制造商因对己不利的不公平而产生嫉妒负效用和零售商因对己有利的不公平产生同情负效用的情况，节点企业的效用函数分别为

$$U_m^{fcrs} = \pi_m - \beta_m(\pi_r - \pi_m)$$

（7-117）

$$U_r^{fcrs} = \pi_r - \gamma_r(\pi_r - \pi_m)$$

（7-118）

在决策过程中，零售商作为 Stackelberg 博弈的主导者，首先确定单位零售利润和销售努力水平，制造商再依据零售商的决策确定单位批发价格和回收努力水平。分散决策模型为

$$\max_{t,y} U_r^{fcrs} = (1 - \gamma_r)\left\{[a - b(w + t) + kg + ly]t - \frac{1}{2}c_2 y^2\right\} + \gamma_r\left\{[a - b(w + t)\right.$$

$$\left. + kg + ly][w - c_m(1 - \lambda g) - c_r\lambda g - m\lambda g] - \frac{1}{2}c_1 g^2\right\}$$

（7-119）

$$\text{s. t.} \max_{w,g} U_m^{fcrs} = (1 + \beta_m)\left\{[a - b(w + t) + kg + ly][w - c_m(1 - \lambda g) - c_r\lambda g\right.$$

$$\left. - m\lambda g] - \frac{1}{2}c_1 g^2\right\} - \beta_m\left\{[a - b(w + t) + kg + ly]t - \frac{1}{2}c_2 y^2\right\}$$

（7-120）

其中决策变量需满足 $w > 0$，$g > 0$，$t > 0$，$y > 0$ 和 $0 < \alpha = \lambda g < 1$，$a > bp$。

根据逆向归纳法，求解可得

$$w_m^{fcrs} = \frac{(a - bc_m - bt + ly)\{c_1 - \lambda(c_m - c_r - m)[k + b\lambda(c_m - c_r - m)]\}}{\{2bc_1 - [k + b\lambda(c_m - c_r - m)]^2\}}$$

$$+ \frac{\beta_m t\{bc_1 - k[k + b\lambda(c_m - c_r - m)]\}}{(1 + \beta_m)\{2bc_1 - [k + b\lambda(c_m - c_r - m)]^2\}} + c_m \qquad (7-121)$$

$$g_m^{fcrs} = \frac{(a - bc_m - bt + ly)[k + b\lambda(c_m - c_r - m)]}{2bc_1 - [k + b\lambda(c_m - c_r - m)]^2}$$

$$- \frac{b\beta_m t[k + \lambda(c_m - c_r - m)]}{(1 + \beta_m)\{2bc_1 - [k + b\lambda(c_m - c_r - m)]^2\}} \qquad (7-122)$$

对比公式（7-121）和公式（7-39）可知，制造商在模式 FCRS 中的反应函数 w_m^{fcrs} 要高于零售商主导的 CLSC 模式 RS 中的反应函数 w_m^{rs}。这说明具有公平偏好的制造商在处于弱势地位时，将提高对零售商给定的单位利润的批发价格反应函数，以争取更多的利润。易知 w_m^{fcrs} 为 β_m 的增函数，批发价格反应函数将随着制造商嫉妒心理的增加而增加。对比公式（7-122）和公式（7-40）可知，g_m^{fcrs} 要低于模式 RS 下回收努力水平的反应函数 g_m^{rs}，这说明当制造商具有公平偏好时，将降低回收努力水平的反应函数，减少回收努力的成本投入。g_m^{fcrs} 为 β_m 的减函数，回收努力水平的反应函数将随着制造商嫉妒心理的增加而减少。将公式（7-121）和公式（7-122）代入公式（7-119），零售商的目标函数可进一步表达为

$$\max_{t,y} U_r^{fcrs} = (1 - \gamma_r)\left\{\frac{bc_1 t[(1 + \beta_m)(a - b(c + t) + ly) - b\beta_m t]}{(1 + \beta_m)\{2bc_2 - [k + b\lambda(c_m - c_r - m)]^2\}} - \frac{c_2 y^2}{2}\right\}$$

$$+ \frac{\gamma_r\{c_1[(1 + \beta_m)^2(a - b(c + t) + ly)^2 - b^2\beta_m^2 t^2]\}}{2(1 + \beta_m)^2\{2bc_2 - [k + b\lambda(c_m - c_r - m)]^2\}} \qquad (7-123)$$

根据逆向归纳法，求解可得

$$t^{fcrs*} = \frac{(1 + \beta_m)^2(1 - \gamma_r)(1 - 2\gamma_r)c_2(a - bc_m)\{2bc_1 - [k + b\lambda(c_m - c_r - m)]^2\}}{b\{c_2(1 + 2\beta_m)(1 - \gamma_r)[2 + 2\beta_m(1 - \gamma_r) - 3\gamma_r]\{2bc_1 - [k + b\lambda(c_m - c_r - m)]^2\} - c_1 l^2(1 + \beta_m - \gamma_r)^2\}}$$

$$(7-124)$$

$$y^{fcrs*} = \frac{(1 + \beta_m - \gamma_r)^2 c_1 l(a - bc_m)}{c_2(1 + 2\beta_m)(1 - \gamma_r)[2 + 2\beta_m(1 - \gamma_r) - 3\gamma_r]\{2bc_1 - [k + b\lambda(c_m - c_r - m)]^2\} - c_1 l^2(1 + \beta_m - \gamma_r)^2} \qquad (7-125)$$

将公式（7-124）和公式（7-125）代入公式（7-121）和公式（7-122）可得

$$
w^{rs*} = \frac{\begin{aligned}&(1-\gamma_r)c_2(a-bc_m)\{\beta_m(1+\beta_m)(1-2\gamma_r)[2bc_1-(k+\lambda(c_m-c_r-m))^2]\\&+(1+2\beta_m)(1+\beta_m-\gamma_r)b[c_1-\lambda(c_m-c_r-m)(k+b\lambda(c_m-c_r-m))]\}\end{aligned}}{\begin{aligned}&b\{c_2(1+2\beta_m)(1-\gamma_r)[2+2\beta_m(1-\gamma_r)-3\gamma_r]\{2bc_1\\&-[k+b\lambda(c_m-c_r-m)]^2\}-c_1l^2(1+\beta_m-\gamma_r)^2\}\end{aligned}} + c_m
$$

$$(7-126)$$

$$
g^{fcrs*} = \frac{(1+2\beta_m)(1-\gamma_r)(1+\beta_m-\gamma_r)c_2(a-bc_m)[k+b\lambda(c_m-c_r-m)]}{\begin{aligned}&c_2(1+2\beta_m)(1-\gamma_r)[2+2\beta_m(1-\gamma_r)-3\gamma_r]\{2bc_1\\&-[k+b\lambda(c_m-c_r-m)]^2\}-c_1l^2(1+\beta_m-\gamma_r)^2\end{aligned}}
$$

$$(7-127)$$

因此，

$$
p^{fcrs*} = \frac{\begin{aligned}&(1+2\beta_m)(1-\gamma_r)c_2(a-bc_m)\{(1+\beta_m)(1-2\gamma_r)[2bc_1-(k+\lambda(c_m-c_r\\&-m))^2]+b(1+\beta_m-\gamma_r)\{c_1-\lambda(c_m-c_r-m)[k+b\lambda(c_m-c_r-m)]\}\}\end{aligned}}{\begin{aligned}&b\{c_2(1+2\beta_m)(1-\gamma_r)[2+2\beta_m(1-\gamma_r)-3\gamma_r]\{2bc_1\\&-[k+b\lambda(c_m-c_r-m)]^2\}-c_1l^2(1+\beta_m-\gamma_r)^2\}\end{aligned}} + c_m
$$

$$(7-128)$$

$$
D^{fcrs*} = \frac{(1+2\beta_m)(1-\gamma_r)(1+\beta_m-\gamma_r)bc_1c_2(a-bc_m)}{\begin{aligned}&c_2(1+2\beta_m)(1-\gamma_r)[2+2\beta_m(1-\gamma_r)-3\gamma_r]\{2bc_1\\&-[k+b\lambda(c_m-c_r-m)]^2\}-c_1l^2(1+\beta_m-\gamma_r)^2\end{aligned}}
$$

$$(7-129)$$

制造商、零售商的利润和效用函数分别为

$$
\pi_m^{fcrs*} = \frac{\begin{aligned}&c_1c_2^2(a-bc_m)^2(1+2\beta_m)(1+\beta_m-\gamma_r)(1-\gamma_r)^2[1-4\beta_m^2(1-\gamma_r)\\&-\gamma_r+\beta_m(5-6\gamma_r)]\{2bc_1-[k+b\lambda(c_m-c_r-m)]^2\}\end{aligned}}{\begin{aligned}&2\{c_2(1+2\beta_m)(1-\gamma_r)[2+2\beta_m(1-\gamma_r)-3\gamma_r]\{2bc_1\\&-[k+b\lambda(c_m-c_r-m)]^2\}-c_1l^2(1+\beta_m-\gamma_r)^2\}^2\end{aligned}}
$$

$$(7-130)$$

$$
\pi_r^{fcrs*} = \frac{\begin{aligned}&(1+\beta_m-\gamma_r)(a-bc_m)^2c_1c_2\{2(1+\beta_m)^2(1+2\beta_m)(1-\gamma_r)^2(1\\&-2\gamma_r)c_2\{2bc_1-[k+b\lambda(c_m-c_r-m)]^2\}-(1+\beta_m-\gamma_r)^3c_1l^2\}\end{aligned}}{\begin{aligned}&2\{c_2(1+2\beta_m)(1-\gamma_r)[2+2\beta_m(1-\gamma_r)\\&-3\gamma_r]\{2bc_1-[k+b\lambda(c_m-c_r-m)]^2\}-c_1l^2(1+\beta_m-\gamma_r)^2\}^2\end{aligned}} \quad (7-131)
$$

$$\pi_{sc}^{fcrs*} = \frac{\begin{array}{c}(1+\beta_m-\gamma_r)(a-bc_m)^2c_1c_2\{(1+2\beta_m)^2(1-\gamma_r)^2(3-5\gamma_r+\beta_m(3\\ -4\gamma_r))c_2\{2bc_1-[k+b\lambda(c_m-c_r-m)]^2\}-(1+\beta_m-\gamma_r)^3c_1l^2\}\end{array}}{\begin{array}{c}2\{c_2(1+2\beta_m)(1-\gamma_r)[2+2\beta_m(1-\gamma_r)-3\gamma_r]\{2bc_1-\\ [k+b\lambda(c_m-c_r-m)]^2\}-c_1l^2(1+\beta_m-\gamma_r)^2\}^2\end{array}}$$

$$(7-132)$$

$$U_m^{fcrs*} = \frac{\begin{array}{c}(1+\beta_m-\gamma_r)^2(a-bc_m)^2c_1c_2(1+\beta_m)(1+2\beta_m)^2(1-\gamma_r)^2c_2\{2bc_1\\ -[k+b\lambda(c_m-c_r-m)]^2+(1+\beta_m-\gamma_r)^2\beta_mc_1l^2\}\end{array}}{\begin{array}{c}2\{c_2(1+2\beta_m)(1-\gamma_r)[2+2\beta_m(1-\gamma_r)-3\gamma_r]\{2bc_1\\ -[k+b\lambda(c_m-c_r-m)]^2\}-c_1l^2(1+\beta_m-\gamma_r)^2\}^2\end{array}}$$

$$(7-133)$$

$$U_r^{fcrs*} = \frac{(1+\beta_m-\gamma_r)^2(1-\gamma_r)(a-bc_m)^2c_1c_2}{\begin{array}{c}2\{c_2(1+2\beta_m)(1-\gamma_r)[2+2\beta_m(1-\gamma_r)-3\gamma_r]\{2bc_1\\ -[k+b\lambda(c_m-c_r-m)]^2\}-c_1l^2(1+\beta_m-\gamma_r)^2\}\end{array}} \qquad (7-134)$$

为了保证均衡结果均为正值，回收率 $0<\alpha=\lambda g<1$ 及 $a>bp$，参数还需要满足以下条件：

$$c_1 > \left\{ \begin{array}{c} \dfrac{\begin{array}{c}c_2(1+2\beta_m)(1-\gamma_r)[k+b\lambda(c_m-c_r-m)]\{[2+2\beta_m(1-\gamma_r)\\ -3\gamma_r][k+b\lambda(c_m-c_r-m)]+(1+\beta_m-\gamma_r)(a-bc_m)\}\end{array}}{2(1+2\beta_m)(1-\gamma_r)[2+2\beta_m(1-\gamma_r)-3\gamma_r]bc_2-(1+\beta_m-\gamma_r)^2l^2}, \\[4mm] \dfrac{(1+2\beta_m)(1-\gamma_r)c_2k[k+b\lambda(c_m-c_r-m)]}{(1+2\beta_m)(1-\gamma_r)bc_2-(1+\beta_m-\gamma_r)l^2} \end{array} \right\}_{max},$$

$$c_2 > \left\{ \begin{array}{c} \dfrac{(1+\beta_m-\gamma_r)^2l^2}{2b(1+2\beta_m)(1-\gamma_r)[2+2\beta_m(1-\gamma_r)-3\gamma_r]}, \\[4mm] \dfrac{(1+\beta_m-\gamma_r)l^2}{b(1+2\beta_m)(1-\gamma_r)} \end{array} \right\}_{max}, \quad 0<\gamma_r<\frac{1}{2} \quad (7-135)$$

7.3.3　均衡解分析

结论 8：与分散决策的具公平偏好的 CLSC 相比，集中决策下 CLSC 的回收努力和销售努力水平更高，利润更高。

由结论 8 可知，在具公平偏好的 CLSC 中，分散决策下 CLSC 的绩效也会低于集中决策 CLSC。公平偏好虽然有利于利润分配趋向公平，但是无法消除

"双重边际效应"，不能实现 CLSC 整体利润的最大化。因此，十分有必要设计契约协调机制以提升具公平偏好的 CLSC 的绩效。

结论9： CLSC 中节点企业的公平偏好程度对努力水平决策具有以下影响。

（1）在模式 FCMS 中，回收努力水平与制造商同情心理系数正相关，与零售商嫉妒心理系数负相关；销售努力水平与制造商同情心理系数正相关，当制造商的同情心理系数高于某临界值时，销售努力水平与零售商嫉妒心理系数正相关。

（2）在模式 FCVN 中，回收努力和销售努力水平都与同情心理系数正相关，与嫉妒心理系数负相关。

（3）在模式 FCRS 中，回收努力水平与零售商同情心理系数正相关，当零售商的同情心理系数高于某临界值时，回收努力水平与制造商嫉妒心理系数正相关；销售努力水平与零售商同情心理系数正相关，与制造商嫉妒心理系数负相关。

由结论 9 可知，在有主导者的 CLSC（模式 FCMS 和模式 FCRS）中，一方面，主导者在利润分配中占优势，随着同情心理的增强，主导者将确定更高的努力水平，承担更多责任以有助于对方利润的提高，使分配趋向公平；另一方面，跟随者的嫉妒心理的增强会迫使主导者降低价格，此时为避免利润过度受损，主导者的努力水平会随着跟随者嫉妒心理的增强而降低。跟随者在观察到主导者的努力水平后作出决策。随着主导者同情心理增强而增加，跟随者也将增加努力投入，并且当主导者同情心理很强时，即使嫉妒心理增强，跟随者也将提高努力水平。

在节点企业权力对等的 CLSC（模式 FCVN）中，制造商和零售商同时作出决策，随着利润分配占优势一方同情心理的增强，优势方自发提高努力水平，弱势方也将提高努力水平，以促进 CLSC 销量的增加。随着弱势方嫉妒心理的增强，弱势方讨价还价能力加强，将降低努力水平，优势方也会降低努力水平以避免利润过度受损。

结论10： CLSC 的节点企业公平偏好程度对批发价格和零售利润具有以下影响。

（1）在模式 FCMS 和模式 FCVN（$\pi_m > \pi_r$）中，单位批发价格与制造商的同情心理系数和零售商的嫉妒心理系数负相关；单位零售利润与制造商的同情心理系数和零售商的嫉妒心理系数正相关。

（2）在模式 FCVN（$\pi_m < \pi_r$）和模式 FCRS 中，单位批发价格与零售商的同情心理系数和制造商的嫉妒心理系数正相关；单位零售利润与零售商的同情心理系数和制造商的嫉妒心理系数负相关。

由结论 10 可知，当制造商（零售商）在利润分配中处于劣势地位时，其嫉妒心理增强了自身讨价还价的能力，可以提高批发价格（零售利润），并迫使零售商（制造商）降低零售利润（批发价格），使利润分配向对己有利的方向发展。零售商（制造商）的同情心理也使其主动降低零售利润（批发价格），牺牲自身利润使分配结果趋向公平。由于批发价格和零售利润共同组成零售价格，其表达式较为复杂，尤其是在具主导者的 CLSC 中，因此零售价格随公平偏好程度的变化趋势将在 7.3.5 节的算例分析中进行探讨。

结论 11：CLSC 中成员公平偏好程度对市场需求具有以下影响。

（1）在模式 FCMS 中，市场需求与制造商的同情心理系数正相关，当制造商的同情心理系数高于某临界值时，市场需求也与零售商的嫉妒心理系数正相关。

（2）在模式 FCVN 中，市场需求与同情心理系数正相关，与嫉妒心理系数负相关。

（3）在模式 FCRS 中，市场需求与零售商的同情心理系数正相关，当零售商的同情心理系数高于某临界值时，市场需求也与制造商的嫉妒心理系数正相关。

由结论 11 可知，利润分配占优势方的同情心理有利于市场需求的增加，有利于制造商和零售商实现双赢，弱势方的嫉妒心理会对销量造成不利影响。但是在有主导者的 CLSC 中，如果主导者同情心理很强，跟随者的嫉妒心理也不会阻碍市场需求的增加。这是因为同情心理较强时，主导者和跟随者会确定较高的回收努力水平或销售努力水平，从而推高市场需求。

由于成员利润和效用、CLSC 的利润的表达式比较复杂，尤其是在模式 FCMS 和模式 FCRS 中，很难直接通过代数运算分析公平偏好对其敏感性，7.3.5 节将在算例中重点说明公平偏好程度对成员利润、效用及总利润的影响。

7.3.4 公平偏好下 CLSC 协调模型

已知低价促销契约可以有效协调公平中性的 CLSC，本节将探讨其对公平偏好下 CLSC 的协调作用。在低价促销契约模型 FCL（公平偏好）中，零售商以批发价格直销、承诺提升销售努力水平达到集中决策水平，但要向制造商收取费用 F 作为渠道费用。费用 F 受制造商和零售商讨价还价能力的影响。制造商和零售商的利润和效用表达式分别表示为

$$\pi_m^{fcl} = (a - bw + kg + ly)\left[w - c_m(1 - \lambda g) - c_r\lambda g - m\lambda g\right] - \frac{1}{2}c_1g^2 - F \quad (7-136)$$

$$\pi_r^{fcl} = F - \frac{1}{2}c_2y^2 \quad (7-137)$$

$$U_m^{fcl} = (a - bw + kg + ly)\left[w - c_m(1 - \lambda g) - c_r\lambda g - m\lambda g\right] - \frac{1}{2}c_1g^2 - F$$

$$- \beta_m\max\left\{2F - (a - bw + kg + ly)\left[w - c_m(1 - \lambda g) - c_r\lambda g - m\lambda g\right]\right.$$

$$\left. + \frac{1}{2}c_1g^2 - \frac{1}{2}c_2y^2, \ 0\right\} - \gamma_m\max\left\{(a - bw + kg + ly)\left[w - c_m(1 - \lambda g)\right.\right.$$

$$\left.\left. - c_r\lambda g - m\lambda g\right] - \frac{1}{2}c_1g^2 + \frac{1}{2}c_2y^2 - 2F, \ 0\right\} \quad (7-138)$$

$$U_r^{fcl} = F - \frac{1}{2}c_2y^2 - \beta_r\max\left\{(a - bw + kg + ly)\left[w - c_m(1 - \lambda g) - c_r\lambda g\right.\right.$$

$$\left.\left. - m\lambda g\right] - \frac{1}{2}c_1g^2 + \frac{1}{2}c_2y^2 - 2F, \ 0\right\} - \gamma_r\max\left\{2F - (a - bw\right.$$

$$\left. + kg + ly)\left[w - c_m(1 - \lambda g) - c_r\lambda g - m\lambda g\right] + \frac{1}{2}c_1g^2 - \frac{1}{2}c_2y^2, \ 0\right\}$$

$$(7-139)$$

根据契约的内容，$p^{fcl} = w^{fcl}$，$y^{fcl} = y^{c*}$。

当制造商在利润分配中占优势时，制造商的目标函数为

$$\max_{w,g} U_m^{fcl} = \left[a - bw + kg + ly\right]\left[w - c_m(1 - \lambda g) - c_r\lambda g - m\lambda g\right] - \frac{1}{2}c_1g^2$$

$$- F - \gamma_m\left\{(a - bw + kg + ly)\left[w - c_m(1 - \lambda g) - c_r\lambda g - m\lambda g\right]\right.$$

$$\left. - \frac{1}{2}c_1g^2 + \frac{1}{2}c_2y^2 - 2F\right\} \quad (7-140)$$

对公式（7-140）求导，易知 U_m^{fcl} 关于 w，g 的海赛矩阵为负定。令其一阶导数为零，联立求解可得

$$w^{fcl*} = \frac{(a - bc_m)c_2\{c_1 - \lambda(c_m - c_r - m)[k + b\lambda(c_m - c_r - m)]\}}{2bc_1c_2 - c_1l^2 - c_2[k + b\lambda(c_m - c_r - m)]^2} + c_m$$

$$(7-141)$$

$$g^{fcl*} = \frac{c_2(a - bc_m)[k + b\lambda(c_m - c_r - m)]}{2bc_1c_2 - c_1l^2 - c_2[k + b\lambda(c_m - c_r - m)]^2} \tag{7-142}$$

成员利润和效用分别为

$$\pi_m^{fcl*} = \frac{c_1c_2^2(a - bc_m)^2\{2bc_1 - [k + b\lambda(c_m - c_r - m)]^2\}}{2\{2bc_1c_2 - c_1l^2 - c_2[k + b\lambda(c_m - c_r - m)]^2\}^2} - F^{fcl*} \tag{7-143}$$

$$\pi_r^{fcl*} = F^{fcl*} - \frac{c_1^2c_2l^2(a - bc_m)^2}{2\{2bc_1c_2 - c_1l^2 - c_2[k + b\lambda(c_m - c_r - m)]^2\}^2} \tag{7-144}$$

$$U_m^{fcl*} = \frac{c_1c_2(a - bc_m)^2\{-\gamma_mc_1l^2 + (1 - \gamma_m)c_2[2bc_1 - (k + b\lambda(c_m - c_r - m))^2]\}}{2\{2bc_1c_2 - c_1l^2 - c_2[k + b\lambda(c_m - c_r - m)]^2\}^2}$$
$$- (1 - 2\gamma_m)F^{fcl*} \tag{7-145}$$

$$U_r^{fcl*} = (1 + 2\beta_r)F^{fcl*} - \frac{c_1c_2(a - bc_m)^2\{(1 + \beta_r)c_1l^2 + \beta_rc_2[2bc_1 - (k + b\lambda(c_m - c_r - m))^2]\}}{2\{2bc_1c_2 - c_1l^2 - c_2[k + b\lambda(c_m - c_r - m)]^2\}^2} \tag{7-146}$$

由于成员的效用不应低于协调之前，且 $\pi_m > \pi_r$，因此可得到渠道费用 F 的范围，即 $F^{fcl*} \in [\underline{F}^{fcl*}, \overline{F}^{fcl*}]$。

$$\underline{F}^{fcl*} = \frac{U_r^{i*}}{1 + 2\beta_r} + \frac{c_1c_2(a - bc_m)^2\{(1 + \beta_r)c_1l^2 + \beta_rc_2[2bc_1 - (k + b\lambda(c_m - c_r - m))^2]\}}{2(1 + 2\beta_r)\{2bc_1c_2 - c_1l^2 - c_2[k + b\lambda(c_m - c_r - m)]^2\}^2} \tag{7-147}$$

$$\overline{F}^{fcl*} = \min\left\{\frac{c_1c_2(a - bc_m)^2\{-\gamma_mc_1l^2 + (1 - \gamma_m)c_2[2bc_1 - (k + b\lambda(c_m - c_r - m))^2]\}}{2(1 - 2\gamma_m)\{2bc_1c_2 - c_1l^2 - c_2[k + b\lambda(c_m - c_r - m)]^2\}^2} - \frac{U_m^{i*}}{1 - 2\gamma_m},\right.$$
$$\left.\frac{c_1c_2(a - bc_m)^2\{c_1l^2 + c_2[2bc_1 - (k + b\lambda(c_m - c_r - m))^2]\}}{4\{2bc_1c_2 - c_1l^2 - c_2[k + b\lambda(c_m - c_r - m)]^2\}^2}\right\} \tag{7-148}$$

式中，$i = fcms, fcvn(\pi_m > \pi_r)$。

当制造商在利润分配中占劣势时，制造商的目标函数为

$$\max_{w,g}U_m^{fcl} = [a - bw + kg + ly][w - c_m(1 - \lambda g) - c_r\lambda g - m\lambda g] - \frac{1}{2}c_1g^2 - F$$
$$- \beta_m\left\{2F - (a - bw + kg + ly)[w - c_m(1 - \lambda g) - c_r\lambda g - m\lambda g]\right.$$
$$\left. + \frac{1}{2}c_1g^2 - \frac{1}{2}c_2y^2\right\} \tag{7-149}$$

类似地，对 U_m^{fcl} 求 w，g 的导数，可知海赛矩阵为负定，令其一阶导数为零，联立求解可得

$$w^{fcl*} = \frac{(a - bc_m)c_2\{c_1 - \lambda(c_m - c_r - m)[k + b\lambda(c_m - c_r - m)]\}}{2bc_1c_2 - c_1l^2 - c_2[k + b\lambda(c_m - c_r - m)]^2} + c_m \quad (7-150)$$

$$g^{fcl*} = \frac{c_2(a - bc_m)[k + b\lambda(c_m - c_r - m)]}{2bc_1c_2 - c_1l^2 - c_2[k + b\lambda(c_m - c_r - m)]^2} \quad (7-151)$$

成员利润和效用分别为

$$\pi_m^{fcl*} = \frac{c_1c_2^2(a - bc_m)^2\{2bc_1 - [k + b\lambda(c_m - c_r - m)]^2\}}{2\{2bc_1c_2 - c_1l^2 - c_2[k + b\lambda(c_m - c_r - m)]^2\}^2} - F^{fcl*} \quad (7-152)$$

$$\pi_r^{fcl*} = F^{fcl*} - \frac{c_1^2c_2l^2(a - bc_m)^2}{2\{2bc_1c_2 - c_1l^2 - c_2[k + b\lambda(c_m - c_r - m)]^2\}^2} \quad (7-153)$$

$$U_m^{fcl*} = \frac{c_1c_2(a - bc_m)^2\{\beta_m c_1l^2 + (1 + \beta_m)c_2[2bc_1 - (k + b\lambda(c_m - c_r - m))^2]\}}{2\{2bc_1c_2 - c_1l^2 - c_2[k + b\lambda(c_m - c_r - m)]^2\}^2}$$
$$- (1 + 2\beta_m)F^{fcl*} \quad (7-154)$$

$$U_r^{fcl*} = (1 - 2\gamma_r)F^{fcl*} - \frac{c_1c_2(a - bc_m)^2\{(1 - \gamma_r)c_1l^2 - \gamma_r c_2[2bc_1 - (k + b\lambda(c_m - c_r - m))^2]\}}{2\{2bc_1c_2 - c_1l^2 - c_2[k + b\lambda(c_m - c_r - m)]^2\}^2} \quad (7-155)$$

如前所述，渠道费用 F 的取值需保持成员效用不受损，即 $F^{fcl*} \in [\underline{F}^{fcl*}, \overline{F}^{fcl*}]$，

$$\underline{F}^{fcl*} = \frac{U_r^{i*}}{1 - 2\gamma_r} + \frac{c_1c_2(a - bc_m)^2\{(1 - \gamma_r)c_1l^2 - \gamma_r c_2[2bc_1 - (k + b\lambda(c_m - c_r - m))^2]\}}{2(1 - 2\gamma_r)\{2bc_1c_2 - c_1l^2 - c_2[k + b\lambda(c_m - c_r - m)]^2\}^2} \quad (7-156)$$

$$\overline{F}^{fcl*} = \frac{c_1c_2(a - bc_m)^2\{\beta_m c_1l^2 + (1 + \beta_m)c_2[2bc_1 - (k + b\lambda(c_m - c_r - m))^2]\}}{2(1 + 2\beta_m)\{2bc_1c_2 - c_1l^2 - c_2[k + b\lambda(c_m - c_r - m)]^2\}^2}$$
$$- \frac{U_m^{i*}}{1 + 2\beta_m} \quad (7-157)$$

式中，$i = fcvn(\pi_m > \pi_r)$，$fcrs$。

结论12：低价促销契约可以有效协调公平偏好下具不同主导模式的CLSC，提升其绩效表现，达到集中决策水平。

证明：对比公式（7-141）和公式（7-150）、公式（7-142）和公式（7-151）可知，无论制造商和零售商的利润分配结果如何，协调后

CLSC 的零售价格、努力水平都相同，并且与 7.2 节中模型 C 中的公式（7 – 6）和公式（7 – 7）对比，可知 $w^{fcl*} = p^{c*}$，$g^{fcl*} = g^{c*}$，与公平偏好程度无关。因此 CLSC 的利润与公平偏好程度无关，其表达式为

$$\pi_{sc}^{fcl*} = \frac{c_1 c_2 (a - bc_m)^2}{2\{2bc_1 c_2 - c_1 l^2 - c_2 [k + b\lambda(c_m - c_r - m)]^2\}}$$

与 7.2 节中的公式（7 – 11）对比可知，与集中决策下利润相同。渠道费用 F 受公平偏好程度的影响，当 F 在给出的范围内取值时，可以保证制造商和零售商都接受此契约。

由结论 12 可知，本节提出的低价促销契约既可协调公平中性时的 CLSC，也可协调公平偏好下的 CLSC，实现整体利润的最大化，并减轻消费者和环境的负担。

7.3.5　算例分析

某公司的一款产品在无回收努力和销售努力投入时市场最大需求量 $a = 100$，消费者对价格的敏感系数 $b = 1$，回收努力的需求扩张效应系数 $k = 8$，销售努力的需求扩张效应系数 $l = 6$，单位新产品制造成本 $c_m = 30$，平均单位再制造成本 $c_r = 15$，制造商单位回收成本 $m = 5$，制造商的回收努力成本系数 $c_1 = 650$，零售商的销售努力成本系数 $c_2 = 200$，回收效率系数 $\lambda = 0.8$。制造商嫉妒心理系数为 $\beta_m = 0.1$，同情心理系数与之相同，为 $\gamma_m = 0.1$。零售商嫉妒心理较强，同情心理较弱，其嫉妒心理系数为 $\beta_r = 0.2$，其同情心理系数为 $\gamma_r = 0.01$。

1. 均衡解对比

当 CLSC 的成员公平中性及公平偏好时，表 7 – 3 给出了不同决策模型的均衡解。

表 7 – 3　　　　　　　　不同情境下各模型均衡解对比

模型	w^*	t^*	p^*	y^*	g^*	α^*	π_m^*	U_m^*	π_r^*	U_r^*	π_{sc}^*
C	N/A	N/A	69.4	1.5	1.2	96.7%	N/A	N/A	N/A	N/A	1717.9
MS	65.0	21.6	86.6	0.6	0.5	42.5%	754.7	754.7	423.2	423.2	1177.9
VN	53.2	28.9	82.0	0.9	0.7	56.8%	668.5	668.5	757.5	757.5	1426.1

续表

模型	w^*	t^*	p^*	y^*	g^*	α^*	π_m^*	U_m^*	π_r^*	U_r^*	π_{sc}^*
RS	48.5	37.1	85.6	0.7	0.6	45.5%	428.0	428.0	808.0	808.0	1235.9
FCMS	57.2	28.0	85.2	0.7	0.5	39.3%	632.0	628.1	593.2	585.4	1225.2
FCVN	55.0	27.6	82.6	0.8	0.7	55.0%	697.3	696.8	702.0	701.9	1399.2
FCRS	51.6	33.6	85.3	0.6	0.6	45.5%	499.4	475.7	737.0	734.6	1236.4

注：N/A 表示不适用（No Applicable）。

通过表 7-3 可以看出：

（1）无论成员是否具有公平偏好，分散决策下 CLSC 的定价更高、努力水平更低、回收效率更低，利润始终低于集中决策下 CLSC 的利润。

（2）在制造商主导的 CLSC 中，对比模式 MS 和模式 FCMS 可知，公平偏好下批发价格更低、零售利润更高，产品销售价格降低；零售商投入的销售努力更高，而制造商投入的回收努力降低，导致回收效率降低。这说明在制造商同情心理和零售商嫉妒心理的作用下，制造商会降低批发价格作出让步，但为避免利润进一步降低，制造商也会选择减少投入，从而减少回收努力；而处于弱势的零售商提升自身零售利润以争取更多利益，观察到主导者降低回收努力后，选择增加销售努力以推高市场需求、增加销售利润，得益于此，CLSC 的整体利润增加。

（3）在权力对等的 CLSC 中，模式 VN 中制造商利润低于零售商利润（$\pi_m < \pi_r$）；在模式 FCVN 中，制造商具有不满心理而零售商具有同情心理。制造商将提高批发价格，零售商会降低零售利润，但总体上零售价格上升。制造商降低回收努力投入以提升自身利润，零售商同时降低销售努力以减少成本支出，这造成回收率降低，市场需求也降低，CLSC 的整体利润减少。

（4）在零售商主导的 CLSC 中，相比于模式 RS，在制造商嫉妒心理和零售商同情心理的共同作用下，模式 FCRS 中零售商减少零售利润，并减少销售努力投入以减少成本支出，制造商观察到零售商的决策后则提高批发价格并提升回收努力以提高回收率、增加市场需求。制造商利润增加，零售商牺牲自身利润使分配更加公平，CLSC 的整体利润略微增加。

2. 零售价格对公平偏好程度的敏感性分析

（1）制造商主导模式。在制造商主导时，通过求解式 $\pi_m \geq \pi_r$ 可以得到制造商的同情心理系数 γ_m 和零售商的嫉妒心理系数 β_r 的取值范围，$0 < \gamma_m \leqslant 0.28$，$0 < \beta_r \leqslant 0.38$。随着 γ_m 和 β_r 在取值范围内变化，零售价格的波动趋势如图 7.11 所示。

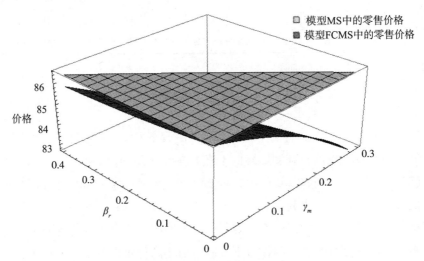

图 7.11 γ_m 和 β_r 对制造商主导型 CLSC 中零售价格的影响

从图 7.11 可以看出，在具公平偏好的制造商主导的 CLSC 中，零售价格与制造商同情心理系数 γ_m 和零售商嫉妒心理系数 β_r 都负相关，且低于公平中性情形下制造商主导的 CLSC 的零售价格。结论 3 中已表明单位批发价格与制造商的同情心理系数和零售商的嫉妒心理系数负相关，单位零售利润与制造商同情心理系数和零售商嫉妒心理系数正相关。由此可推出，制造商首先确定的批发价格对零售价格的确定起到决定性作用。此外，图 7.11 也反映出零售价格受零售商嫉妒心理系数 β_r 的影响较小，受制造商同情心理系数 γ_m 的影响较大。这也说明，处于主导地位的制造商同情心理越强，消费者越受益。

（2）权力对等模式。在成员权力对等模式下，通过求解式 $\pi_m \leqslant \pi_r$ 可以得到制造商的嫉妒心理系数 β_m 和零售商的同情心理系数 γ_r 的取值范围，$0 < \beta_m \leqslant 0.11$，$0 < \gamma_r < 0.10$。相比有主导者的模式，此模式中嫉妒/同情心理系数较小，也表明权力对等时利润分配是较为公平的。此时零售价格随 β_m 和 γ_r 的变化趋势如图 7.12 所示。

从图 7.12 可以看出，在具公平偏好的权力对等型 CLSC 中，零售价格与制造商的嫉妒心理系数 β_m 正相关，与零售商的同情心理系数 γ_r 负相关。当零售商的同情心理系数 γ_r 较低时，随着制造商嫉妒心理系数 β_m 的增加，零售价格会高于公平中性时 CLSC 的零售价格。这是因为，批发价格将随制造商的嫉妒心理增强而大幅升高，而零售利润随之降低的幅度较小。随着零售商同情心理系数逐步增加，零售利润降低的幅度会超过批发价格增加的幅度，使零售价格降低。

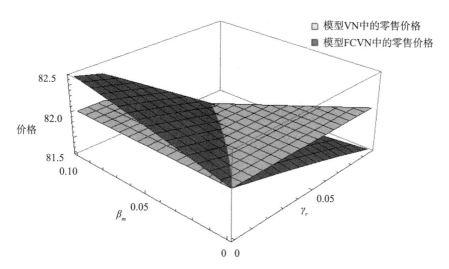

图 7.12　β_m 和 γ_r 对权力对等型 CLSC 中零售价格的影响

本算例是基于零售商在利润分配中占优势的情况进行分析的，对于权力对等模式下制造商在利润分配占优势（制造商具有同情心理和零售商具有嫉妒心理）的情况，对零售价格的均衡解表达式进行求导分析，也可得到与图 7.12 表明的趋势相类似的结论，即零售价格与嫉妒心理系数正相关，与同情心理系数负相关。

（3）零售商主导模式。在零售商主导时，通过求解式 $\pi_m \leqslant \pi_r$ 可以得到制造商的嫉妒心理系数 β_m 和零售商的同情心理系数 γ_r 的取值范围，$0 < \beta_m \leqslant 0.37$，$0 < \gamma_r \leqslant 0.30$。此时零售价格随 β_m 和 γ_r 的变化趋势如图 7.13 所示。

图 7.13 直观地展示了在具公平偏好的零售商主导型 CLSC 中，零售价格与制造商的嫉妒心理系数 β_m 和零售商的同情心理系数 γ_r 负相关，且低于公平中性情形下零售商主导的 CLSC 的零售价格。结论 3 中已表明单位批发价格与

零售商的同情心理系数和制造商的嫉妒心理系数正相关，单位零售利润与零售商的同情心理系数和制造商的嫉妒心理系数负相关。由零售价格的变化趋势可知，主导零售商确定的零售利润对零售价格的影响更大。另外，图 7.13 还表明零售价格对制造商嫉妒心理系数 β_m 的敏感性较低，对零售商同情心理系数 γ_r 的敏感性较高。零售商的同情心理的增强更有利于 CLSC 向公平方向发展。

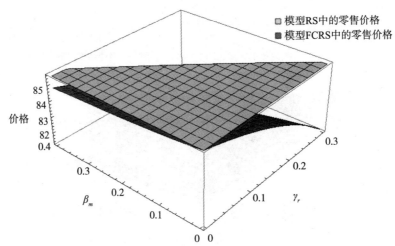

图 7.13 β_m 和 γ_r 对零售商主导型 CLSC 中零售价格的影响

3. 利润和效用对公平偏好程度的敏感性分析

（1）制造商主导模式。在制造商主导时，随着制造商同情心理系数 γ_m 和零售商嫉妒心理系数 β_r 在取值范围内变化，制造商和零售商的利润波动趋势如图 7.14 所示，效用变化趋势如图 7.15 所示，CLSC 的利润波动趋势如图 7.16 所示。

由图 7.14 可以看出，在具公平偏好的制造商主导型 CLSC 中，制造商的利润相比公平中性时降低，与制造商同情心理系数 γ_m 和零售商嫉妒心理系数 β_r 负相关，且对零售商嫉妒心理系数 β_r 更为敏感；零售商利润比公平中性时提高，与制造商同情心理系数 γ_m 和零售商嫉妒心理系数 β_r 正相关，且对制造商同情心理系数 γ_m 更为敏感。这说明零售商嫉妒心理越强，制造商不得不作出更多让步以维系 CLSC 运营，制造商同情心理越强，零售商利润提升的空间更大。在嫉妒心理和同情心理的共同作用下，利润分配逐步趋于公平。

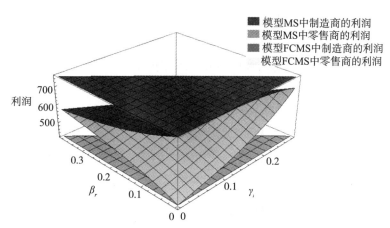

图 7.14 γ_m 和 β_r 对制造商主导型 CLSC 中成员利润的影响

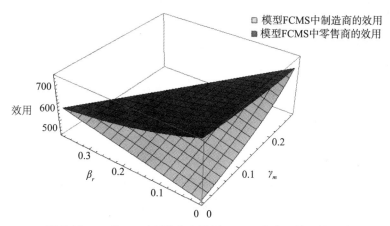

图 7.15 γ_m 和 β_r 对制造商主导型 CLSC 中成员效用的影响

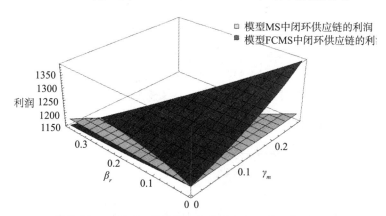

图 7.16 γ_m 和 β_r 对制造商主导型 CLSC 的利润的影响

图 7.15 反映了成员效用随公平偏好程度的波动规律与成员利润的变化趋势基本相同。由制造商和零售商效用平面的交线可以看出，分配公平时二者效用相同，且公平点效用与制造商同情心理系数正相关，与零售商嫉妒心理系数负相关。这说明虽然零售商嫉妒心理和制造商同情心理都有利于 CLSC 公平，但较弱的零售商嫉妒心理和较强的制造商同情心理更有利于实现高效用的公平。

图 7.16 表明了 CLSC 的利润与制造商同情心理系数 γ_m 正相关，与零售商嫉妒心理系数 β_r 负相关。可以看出，当制造商同情心理系数较低时，随着零售商嫉妒心理系数的增加，CLSC 的利润降低，并会低于公平中性时的利润。随着制造商同情心理系数的增加，CLSC 的利润提高，相比公平中性时有大幅增加，但是利润最高值仍小于集中决策水平（$\pi_{sc}^{fcms} < \pi_{sc}^{c*} = 1717.9$）。

（2）权力对等模式。在权力对等的主导模式下，当零售商在利润分配中占优势时，随着制造商嫉妒心理系数 β_m 和零售商同情心理系数 γ_r 变化，成员利润和效用的波动趋势分别如图 7.17 和图 7.18 所示，CLSC 的利润的变化趋势如图 7.19 所示。

由图 7.17 可以看出，在具公平偏好的权力对等型 CLSC 中，制造商的利润相比公平中性时提升，与制造商嫉妒心理系数 β_m 和零售商同情心理系数 γ_r 正相关，且对零售商同情心理系数 γ_r 更为敏感；零售商的利润相比公平中性时降低，与制造商嫉妒心理系数 β_m 和零售商同情心理系数 γ_r 负相关，且对制造商嫉妒心理系数 β_m 更为敏感。这说明，零售商同情心理更有助于制造商利润的提升，制造商嫉妒心理可使零售商牺牲更多利润。

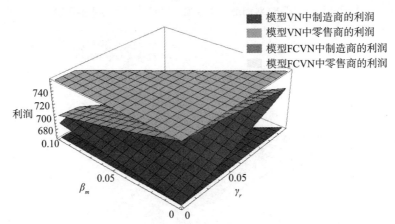

图 7.17 β_m 和 γ_r 对权力对等型 CLSC 中成员利润的影响

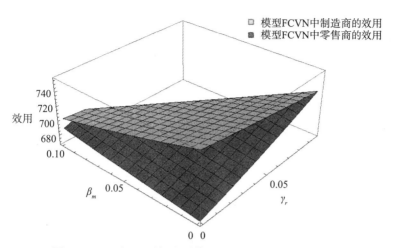

图7.18 β_m 和 γ_r 对权力对等型 CLSC 中成员效用的影响

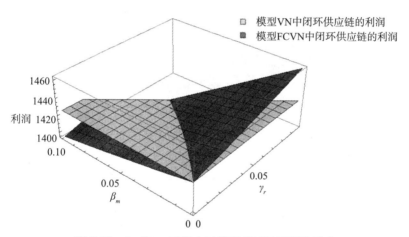

图7.19 β_m 和 γ_r 对权力对等型 CLSC 利润的影响

图 7.18 表示成员效用随公平偏好程度的波动规律与成员利润的变化趋势基本相同。由制造商和零售商效用平面的交线可以看出公平点效用与零售商同情心理系数正相关,与制造商嫉妒心理系数负相关。制造商嫉妒心理越弱,零售商同情心理越强,分配公平时制造商和零售商的效用越高。

图 7.19 表示 CLSC 的利润与制造商嫉妒心理系数 β_m 负相关,与零售商同情心理系数 γ_r 负相关。当制造商嫉妒心理系数较小时,随着零售商同情心理系数的增加,CLSC 的利润会高于公平中性下分散决策时 CLSC 的利润,但也无法达到集中决策水平($\pi_{sc}^{fcvn} < \pi_{sc}^{c*} = 1717.9$);当制造商嫉妒心理系数较大

时，在零售商同情心理系数的可行域内，CLSC 的利润都将低于公平中性时 CLSC 的利润。制造商的嫉妒心理虽然有利于分配结果趋向公平，但会引起 CLSC 的利润损失。

对于制造商在利润分配占优势的情况，通过分析均衡解可得 CLSC 的利润随同情心理系数和嫉妒心理系数变化的趋势与以上基本相同，此处不再赘述。

（3）零售商主导模式。在零售商主导时，随着制造商嫉妒心理系数 β_m 和零售商同情心理系数 γ_r 的变化，成员利润和效用的变化趋势分别如图 7.20 和图 7.21 所示，CLSC 的利润的变化趋势如图 7.22 所示。

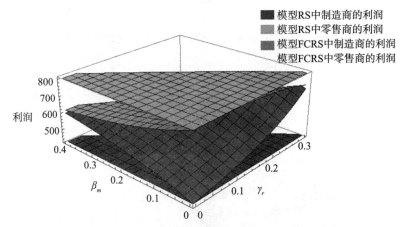

图 7.20　β_m 和 γ_r 对零售商主导型 CLSC 中成员利润的影响

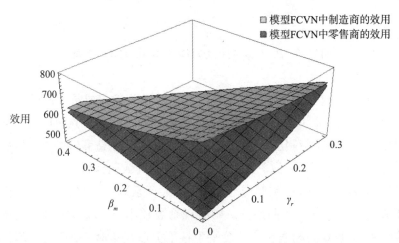

图 7.21　β_m 和 γ_r 对零售商主导型 CLSC 中成员效用的影响

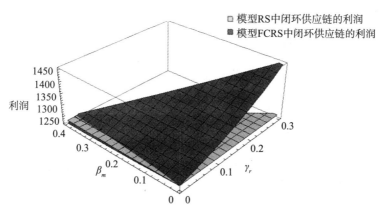

图 7.22　β_m 和 γ_r 对零售商主导型 CLSC 利润的影响

分别对比图 7.17 和图 7.20、图 7.18 和图 7.21、图 7.19 和图 7.22 可以看出，在具公平偏好的零售主导型 CLSC 中，成员利润、效用和供应链的利润随公平偏好程度的波动规律与权力对等型 CLSC（$\pi_m < \pi_r$）中的规律基本相同。这说明当制造商在利润分配中处于劣势时，制造商的嫉妒心理和零售商的同情心理都有利于制造商利润（效用）的提升，都会令零售商利润（效用）降低。其中制造商的嫉妒心理会造成零售商的利润（效用）更大幅度地降低，引起 CLSC 的利润降低；零售商的同情心理更有利于制造商利润（效用）的提升，使 CLSC 的利润相比公平中性时的分散决策供应链有所升高，但低于集中决策 CLSC（$\pi_{sc}^{fcrs} < \pi_{sc}^{c*} = 1717.9$）。

综合不同主导模式下利润和效用的敏感性分析可以看出，在具公平偏好的 CLSC 中，随着同情心理系数和嫉妒心理系数的增加，利润分配优势成员利润逐步减少，劣势成员利润逐步增加。并且嫉妒心理增强会引起优势成员的利润更大幅度地下降，同情心理增强会令劣势成员利润更大幅度地增加。虽然嫉妒心理和同情心理都可使利润分配逐步趋于公平，但是较弱的嫉妒心理和较强的同情心理下可实现高利润或效用的分配公平，CLSC 的利润相比公平中性时有较大提高，但仍然低于集中决策时 CLSC 的利润。

4. 低价促销契约的协调效果

通过数值仿真可以看出，在具公平偏好的 CLSC 中，在嫉妒心理和同情心理的共同作用下，利润分配逐步趋于公平。虽然随同情心理的增强，CLSC 的利润相比公平中性时有较大提高，但仍无法达到集中决策的利润。本节用数值算例验证所提出的低价促销契约的协调效果，结果见表 7 - 4。

表 7 - 4　　　　　　　　公平偏好下低价促销契约对 CLSC 的协调效果

模型	C	FCMS	FCL（MS）	FCVN	FCL（VN）	FCRS	FCL（RS）
p^*	69.4	85.2	69.4	82.6	69.4	85.3	69.4
g^*	1.2	0.5	1.2	0.7	1.2	0.6	1.2
y^*	1.5	0.7	1.5	0.8	1.5	0.6	1.5
α^*	96.7%	39.3%	96.7%	55.0%	96.7%	45.5%	96.7%
F^*	N/A	N/A	[880.4, 1075.8]	N/A	[1057.8, 1210.9]	N/A	[1057.8, 1395.2]
π_m^*	N/A	632.0	[859.0, 1054.3]	697.3	[723.8, 859.0]	499.4	[539.6, 859.0]
U_m^*	N/A	628.1	[859.0, 1015.2]	696.8	[696.8, 859.0]	475.7	[475.7, 859.0]
π_r^*	N/A	593.2	[663.6, 859.0]	702.0	[859.0, 994.1]	737.0	[859.0, 1178.3]
U_r^*	N/A	585.4	[585.4, 859.0]	701.9	[859.0, 991.4]	734.6	[859.0, 1172.0]
π_{sc}^*	1717.9	1225.2	1717.9	1399.2	1717.9	1236.4	1717.9

注：N/A 表示不适用（No Applicable）。

表 7 - 4 反映出，在公平偏好下，低价促销契约可以降低零售价格、提高回收努力和销售努力的水平，提高回收率，将具不同主导模式的 CLSC 的绩效提升到集中决策的水平。通过在合理范围内确定渠道费用，制造商和零售商的利润及效用都会不低于各自在分散决策时的利润和效用。因此，借助低价促销契约，CLSC 可以实现整体利润最大化下的分配公平，有利于成员合作的持续稳定性，以及 CLSC 的可持续发展。

7.3.6　研究结论

在公平偏好框架下，通过探讨具不同主导模式的 CLSC 的定价、销售努力、回收努力水平决策和利润获取情况，研究公平偏好程度对成员决策、利润和效用及 CLSC 绩效的影响，探究低价促销决策机制的协调作用，得出以下结论。

（1）在 CLSC 中，公平偏好可视为成员争取利润分配的一种手段，提升分散决策时 CLSC 绩效，使其高于公平中性时的绩效，但无法达到集中决策下的绩效。

（2）在模式 FCMS 和模式 FCRS 中，主导者的同情心理和跟随者的嫉妒心理都有利于主导者降低定价、跟随者提升定价，整体上降低零售价格。同情心理也有利于成员提高回收努力或销售努力水平，增加市场需求；而嫉妒心理会令主导者和跟随者降低努力水平，造成市场需求减少。只有在主导者同情心理较强时，嫉妒心理的增强才不会降低跟随者的努力水平、减少市场需求。

同情心理和嫉妒心理都会使利润分配趋向公平，其中同情心理对跟随者的利润和效用的提升作用更大，嫉妒心理对主导者的利润和效用的降低作用更明显。对 CLSC 而言，同情心理的增强可大幅提升绩效，实现高利润和效用下的分配公平，嫉妒心理增强则会降低绩效。

（3）在权力对等型 CLSC（模式 FCVN）中，利润分配优势成员的同情心理和利润分配劣势成员的嫉妒心理会导致优势成员降低定价、提高努力水平，劣势成员提高定价、降低努力水平，利润分配趋向公平。对 CLSC 而言，优势成员的同情心理有利于降低零售价格、增加市场需求、提升绩效；劣势成员的嫉妒心理会提高零售价格、减少市场需求、降低绩效。

（4）低价促销决策机制可以有效协调具公平偏好的 CLSC，将其绩效提升到集中决策的水平，并保证制造商和零售商的利润及效用相比协调之前都不受损。

参 考 文 献

［1］ V Daniel R Guide，Luk N Van Wassenhove Or Forum——The Evolution of Closed – Loop Supply Chain Research ［J］. *Operations Research*，2009，57（1）：10 – 18.

［2］ Giutini Ron，Gaudette Kevin. Remanufacturing：The Next Great Opportunity for Boosting US Productivity ［J］. *Business Horizons*，2003，46（6）：41 – 48.

［3］ Apple（中国官方网站）. Apple Environmental Footprint Report. ［2019 – 09 – 20］. http：//www. apple. com. cn/cn/environment/pdf/Apple_Facilities_Report_2013. pdf.

［4］ 中华人民共和国国务院. 废弃电器电子产品回收处理管理条例（国务院令第 551 号）［EB/OL］. （2009 – 03 – 04）［2019 – 09 – 24］. https：//wenku. baidu. com/view/dbd32c64a6c30c2258019e31. html.

［5］ 中华人民共和国国家发展和改革委员会. 废弃电器电子产品处理目录（2014 年版）［EB/OL］. （2015 – 02 – 13）［2019 – 09 – 24］. http：//www. ndrc. gov. cn/xxgk/zcfb/gg/201502/t20150213_961116. html.

［6］ 中华人民共和国国家发展和改革委员会. 关于组织开展重点企（事）业单位温室气体排放报告工作的通知 ［EB/OL］. （2014 – 03 – 14）［2019 – 09 – 24］. http：//www. ndrc. gov. cn/xxgk/zcfb/tz/201403/t20140314_964066. html.

［7］ 赵金实，段永瑞，王世进，等. 不同主导权位置情况下零售商双渠道策略的绩效对比研究 ［J］. 管理工程学报，2013，27（1）：171 – 177.

［8］ 张廷龙，梁樑. 不同渠道权力结构和信息结构下供应链定价和销售努力决策 ［J］. 中国管理科学，2012，20（2）：68 – 77.

［9］ 王明喜，鲍勤，汤铃，等. 碳排放约束下的企业最优减排投资行为 ［J］. 管理科学学报，2015，18（6）：41 – 57.

［10］楼高翔，张洁琼，范体军，等．非对称信息下供应链减排投资策略及激励机制 ［J］．管理科学学报，2016，19（2）：42 – 52.

［11］陈晓红，曾祥宇，王傅强．碳限额交易机制下碳交易价格对供应链碳排放的影响 ［J］．系统工程理论与实践，2016，36（10）：2562 – 2571.

［12］王道平，李小燕，赵亮．碳交易机制下考虑制造商竞争的供应链协调研究 ［J］．运筹与管理，2018，27（4）：62 – 71.

［13］柏庆国，徐贤浩．碳排放政策下二级易变质产品供应链的联合订购策略 ［J］．管理工程学报，2018，32（4）：167 – 177.

［14］郭军华，孙林洋，张诚，等．碳限额交易政策下考虑消费者低碳偏好的供应链定价与协调 ［EB/OL］．工业工程与管理．（2019 – 07 – 25）［2019 – 09 – 26］. https：//kns. cnki. net/kcms/detail/31. 1738. T. 20190725. 0925. 006. html.

［15］Turan Paksoy, Tolga Bektaş, Eren Özceylan. Operational and Environmental Performance Measures in a Multi – Product Closed – Loop Supply Chain ［J］. *Transportation Research Part E*：*Logistics and Transportation Review*，2011，47（4）：532 – 546.

［16］Amin Chaabane, Amar Ramudhin, Marc Paquet. Design of Sustainable Supply Chains Under the Emission Trading Scheme ［J］. *International Journal of Production Economics*，2012，135（1）：37 – 49.

［17］Xiaoping Xu, Ping He, Hao Xu, et al. Supply Chain Coordination with Green Technology under Cap – and – Trade Regulation ［J］. *International Journal of Production Economics*，2017（183）：433 – 442.

［18］李剑，苏秦，马俐．碳排放约束下供应链的碳交易模型研究 ［J］．中国管理科学，2016，24（4）：54 – 62.

［19］覃艳华，曹细玉，曹磊．碳排放交易机制下的供应链运作策略及协调研究 ［J］．运筹与管理，2017，26（3）：36 – 42.

［20］支帮东，陈俊霖，刘晓红．碳限额与交易机制下基于成本共担契约的两级供应链协调策略 ［J］．中国管理科学，2017，25（7）：48 – 56.

［21］Guojun Ji, Angappa Gunasekaran, Guangyong Yang. Constructing Sustainable Supply Chain Under Double Environmental Medium Regulations ［J］. *International Journal of Production Economics*，2014（147）：211 – 219.

［22］何华，马常松，吴忠和．碳限额与交易政策下考虑绿色技术投入的

定价策略研究［J］. 中国管理科学，2016，24（5）：74－84.

［23］杨仕辉，王平. 基于碳配额政策的两级低碳供应链博弈与优化［J］. 控制与决策，2016，31（5）：924－928.

［24］杨岑，张博卿，王道平. 基于碳交易的闭环供应链碳减排与定价策略研究［J］. 经济数学，2018，35（3）：8－14.

［25］魏守道. 碳交易政策下供应链减排研发的微分博弈研究［J］. 管理学报，2018，15（5）：782－790.

［26］Harold Krikke. Impact of Closed－Loop Network Configurations on Carbon Footprints：A Case Study in Copiers［J］. *Resources，Conservation and Recycling*，2011，55（12）：1196－1205.

［27］Qiang Qiang，Ke Ke，Trisha Anderson，et al. The Closed－Loop Supply Chain Network with Competition，Distribution Channel Investment，and Uncertainties［J］. *Omega*，2013，41（2）：186－194.

［28］Arda Yenipazarli. Managing New and Remanufactured Products to Mitigate Environmental Damage under Emissions Regulation［J］. *European Journal of Operational Research*，2016，249（1）：117－130.

［29］Michael R Galbreth，Joseph D Blackburn. Optimal Acquisition and Sorting Policies for Remanufacturing［J］. *Production and Operations Management*，2006，15（3）：384－392.

［30］R Canan Savaskan，Luk N Van Wassenhove. Reverse Channel Design：The Case of Competing Retailers［J］. *Management Science*，2006，52（1）：1－14.

［31］Christos Zikopoulos，George Tagaras. Impact of Uncertainty in the Quality of Returns on the Profitability of a Single－Period Refurbishing Operation［J］. *European Journal of Operational Research*，2007，182（1）：205－225.

［32］Kanchan Das，Abdul H Chowdhury. Designing a Reverse Logistics Network for Optimal Collection，Recovery and Quality－Based Product－Mix Planning［J］. *International Journal of Production Economics*，2012，135（1）：209－221.

［33］Luis J Zeballos，M Isabel Gomes，Ana P Barbosa－Povoa，et al. Addressing the Uncertain Quality and Quantity of Returns in Closed－Loop Supply Chains［J］. *Computers & Chemical Engineering*，2012（47）：237－247.

［34］Ruud H Teunter，Simme Douwe P Flapper. Optimal Core Acquisition and

Remanufacturing Policies under Uncertain Core Quality Fractions [J]. *European Journal of Operational Research*, 2011, 210 (2): 241 – 248.

[35] Xiaoqiang Cai, Minghui Lai, Xiang Li, et al. Optimal Acquisition and Production Policy in a Hybrid Manufacturing/Remanufacturing System with Core Acquisition at Different Quality Levels [J]. *European Journal of Operational Research*, 2014, 233 (2): 374 – 382.

[36] Jianquan Guo, Gao Ya. Optimal Strategies for Manufacturing/Remanufacturing System with the Consideration of Recycled Products [J]. *Computers & Industrial Engineering*, 2015 (89): 226 – 234.

[37] Rabindranath Bhattacharya, Arshinder Kaur. Allocation of External Returns of Different Quality Grades to Multiple Stages of a Closed Loop Supply Chain [J]. *Journal of Manufacturing Systems*, 2015 (37): 692 – 702.

[38] Huihui Liu, Ming Lei, Honghui Deng, et al. A Dual Channel, Quality – Based Price Competition Model for the WEEE Recycling Market with Government Subsidy [J]. *Omega*, 2016 (59): 290 – 302.

[39] 张涛, 郭春亮, 付芳. 基于回收产品质量分级的再制造策略研究 [J]. 工业工程与管理, 2016, 21 (6): 118 – 123.

[40] Savaskan R Canan, Bhattacharya Shantanu, Van Wassenhove Luk N. Closed – Loop Supply Chain Models with Product Remanufacturing [J]. *Management Science*, 2004, 50 (2): 239 – 252.

[41] 郭军华, 李帮义, 倪明. WTP 差异下再制造闭环供应链的回收模式选择 [J]. 管理学报, 2015, 12 (1): 142 – 147.

[42] Zu – Jun Ma, Qin Zhou, Ying Dai, et al. Optimal Pricing Decisions Under the Coexistence of "Trade Old for New" and "Trade Old for Remanufactured" Programs [J]. *Transportation Research Part E: Logistics and Transportation Review*, 2017 (106): 337 – 352.

[43] 倪明, 张族华, 郭军华, 等. 不确定需求条件下双渠道回收闭环供应链回收模式比较 [J]. 系统工程, 2017, 35 (2): 60 – 68.

[44] Shidi Miao, Tengfei Wang, Deyun Chen. System Dynamics Research of Remanufacturing Closed – Loop Supply Chain Dominated by the Third Party [J]. *Waste Management & Research*, 2017, 35 (4): 379 – 386.

［45］Zhaowei Miao, Huiqiang Mao, Ke Fu, et al. Remanufacturing with Trade-Ins under Carbon Regulations ［J］. *Computers & Operations Research*, 2018 (89)：253 – 268.

［46］Nikunja Mohan Modak, Nilkanta Modak, Shibaji Panda, et al. Analyzing Structure of Two – Echelon Closed – Loop Supply Chain for Pricing, Quality and Recycling Management ［J］. *Journal of Cleaner Production*, 2018, 171 (4)：512 – 528.

［47］Nana Wan. The Impacts of Low Carbon Subsidy, Collection Mode, and Power Structure on a Closed – Loop Supply Chain ［J］. *Journal of Renewable and Sustainable Energy*, 2018, 10 (65904)：1 – 24.

［48］公彦德，蒋雨薇. 闭环供应链混合回收模式定价及渠道选择研究 ［J］. 软科学，2018，32 (5)：127 – 131.

［49］曹柬，杨晓丽，吴思思. 考虑再制造成本的闭环供应链回收渠道决策 ［J］. 工业工程与管理，2020，25 (1)：152 – 179.

［50］Mark E Ferguson, L Beril Toktay. The Effect of Competition on Recovery Strategies ［J］. *Production and Operations Management*, 2006, 15 (3)：351 – 368.

［51］Scott Webster, Supriya Mitra. Competitive Strategy in Remanufacturing and the Impact of Take – Back Laws ［J］. *Journal of Operations Management*, 2007, 25 (6)：1123 – 1140.

［52］Atalay Atasu, V Daniel R Guide, Luk N Van Wassenhove. So What If Remanufacturing Cannibalizes My New Product Sales? ［J］. *California Management Review*, 2010, 52 (2)：56 – 76.

［53］熊中楷，申成然，彭志强. 专利保护下闭环供应链的再制造策略研究 ［J］. 管理工程学报，2012，26 (3)：159 – 165.

［54］计国君，陈燕琳. 基于再造外部竞争的 OEM 阻止策略研究 ［J］. 软科学，2013，27 (1)：56 – 63.

［55］Serra Caner Bulmus, Stuart X Zhu, Ruud Teunter. Competition for Cores in Remanufacturing ［J］. *European Journal of Operational Research*, 2014, 233 (1)：105 – 113.

［56］许民利，莫珍连，简惠云，等. 考虑低碳消费者行为和专利保护的再制造产品定价决策 ［J］. 控制与决策，2016，31 (7)：1237 – 1246.

［57］Jing Zhao, Jie Wei, Meiying Li. Collecting Channel Choice and Optimal

Decisions On Pricing and Collecting in a Remanufacturing Supply Chain [J]. *Journal of Cleaner Production*, 2017 (167): 530 – 544.

[58] 赵俊杰, 汪传旭, 徐朗. 专利保护下基于第三方回收的再制造决策 [J]. 计算机集成制造系统, 2018, 24 (10): 2631 – 2642.

[59] Wenjun Gu, Dilip Chhajed, Nicholas C. Petruzzi, et al. Quality Design and Environmental Implications of Green Consumerism in Remanufacturing [J]. *International Journal of Production Economics*, 2015 (162): 55 – 69.

[60] Majumder Pranab, Groenevelt Harry. Competition in Remanufacturing [J]. *Production and Operations Management*, 2001, 10 (2): 125 – 141.

[61] Geraldo Ferrer, Jayashankar M Swaminathan. Managing New and Remanufactured Products [J]. *Management Science*, 2006, 52 (1): 15 – 26.

[62] Geraldo Ferrer, Jayashankar M Swaminathan. Managing New and Differentiated Remanufactured Products [J]. *European Journal of Operational Research*, 2010, 203 (2): 370 – 379.

[63] Lian Shi, Zhaohan Sheng, Feng Xu. The Dynamics of Competition in Remanufacturing: A Stability Analysis [J]. *Economic Modelling*, 2015 (50): 245 – 253.

[64] 申成霖, 张新鑫. 考虑消费者策略行为的再制造模式及动态定价决策 [J]. 系统工程, 2016, 34 (6): 38 – 42.

[65] Bifeng Liao, Bangyi Li. Warranty as an Effective Strategy for Remanufactured Product [J]. *International Journal of Information Systems and Supply Chain Management*, 2016, 9 (1): 41 – 57.

[66] Wei Li, Hang Wu, Mingzhou Jin, et al. Two – Stage Remanufacturing Decision Makings Considering Product Life Cycle and Consumer Perception [J]. *Journal of Cleaner Production*, 2017 (161): 581 – 590.

[67] Li Cui, Kuo – Jui Wu, Ming – Lang Tseng. Selecting a Remanufacturing Quality Strategy Based On Consumer Preferences [J]. *Journal of Cleaner Production*, 2017 (161): 1308 – 1316.

[68] 聂佳佳, 钟玲. 存在绿色消费者的再制造模式选择策略 [J]. 工业工程, 2018, 21 (2): 9 – 18.

[69] Senlin Zhao, Qinghua Zhu, Li Cui. A Decision – Making Model for Re-

manufacturers: Considering Both Consumers' Environmental Preference and the Government Subsidy Policy [J]. *Resources, Conservation and Recycling*, 2018 (128): 176 – 186.

[70] Xiaofeng Long, Jiali Ge, Tong Shu, et al. Analysis for Recycling and Remanufacturing Strategies in a Supply Chain Considering Consumers' Heterogeneous WTP [J]. *Resources, Conservation and Recycling*, 2019 (148): 80 – 90.

[71] Wendy Kerr, Chris Ryan. Eco-efficiency gains from remanufacturing a case study of photocopier remanufacturing at Fuji Xerox Australia [J]. *Journal of Cleaner Production*, 2001, 9 (1): 75 – 81.

[72] Cheng – Han Wu. Price and Service Competition between New and Remanufactured Products in a Two – Echelon Supply Chain [J]. *International Journal of Production Economics*, 2012, 140 (1): 496 – 507.

[73] Zhongsheng Hua, Xuemei Zhang, Xiaoyan Xu. Product Design Strategies in a Manufacturer' "Retailer Distribution Channel" [J]. *Omega*, 2011, 39 (1): 23 – 32.

[74] Cheng – Han Wu. OEM Product Design in a Price Competition with Remanufactured Product [J]. *Omega*, 2013, 41 (2): 287 – 298.

[75] 曹晓刚, 郑本荣, 闻卉. 基于 DFD 的再制造系统生产及定价联合决策研究 [J]. 管理工程学报, 2016, 30 (1): 117 – 123.

[76] Mohammad Jeihoonian, Masoumeh Kazemi Zanjani, Michel Gendreau. Accelerating Benders Decomposition for Closed – Loop Supply Chain Network Design: Case of Used Durable Products with Different Quality Levels [J]. *European Journal of Operational Research*, 2016, 251 (3): 830 – 845.

[77] Masoudipour E, Amirian H, Sahraeian R. A Novel Closed – Loop Supply Chain Based On the Quality of Returned Products [J]. *Journal of Cleaner Production*, 2017 (151): 344 – 355.

[78] Rainer Kleber, Marc Reimann, Gilvan C Souza, et al. On the Robustness of the Consumer Homogeneity Assumption with Respect to the Discount Factor for Remanufactured Products [J]. *European Journal of Operational Research*, 2018, 269 (3): 1027 – 1040.

[79] Xiao – Xue Zheng, Deng – Feng Li, Zhi Liu, et al. Coordinating a

Closed – Loop Supply Chain with Fairness Concerns through Variable – Weighted Shapley Values [J]. *Transportation Research Part E: Logistics and Transportation Review*, 2019 (126): 227 – 253.

[80] 曹俊, 熊中楷, 刘莉莎. 闭环供应链中新件制造商和再制造商的价格及质量水平竞争 [J]. 中国管理科学, 2010, 18 (5): 82 – 90.

[81] Andreas Robotis, Tamer Boyaci, Vedat Verter. Investing in Reusability of Products of Uncertain Remanufacturing Cost: The Role of Inspection Capabilities [J]. *International Journal of Production Economics*, 2012, 140 (1): 385 – 395.

[82] Shaligram Pokharel, Yijiong Liang. A Model to Evaluate Acquisition Price and Quantity of Used Products for Remanufacturing [J]. *International Journal of Production Economics*, 2012, 138 (1): 170 – 176.

[83] 程发新, 马方星, 邵汉青. 政府补贴下考虑回收质量不确定的闭环供应链定价决策研究 [J]. 华东经济管理, 2017, 31 (12): 146 – 152.

[84] Jie Wei, Jing Zhao. Pricing Decisions with Retail Competition in a Fuzzy Closed – Loop Supply Chain [J]. *Expert Systems with Applications*, 2011, 38 (9): 11209 – 11216.

[85] Mahdi Mahmoudzadeh, Seyed Jafar Sadjadi, Saeed Mansour. Robust Optimal Dynamic Production/Pricing Policies in a Closed – Loop System [J]. *Applied Mathematical Modelling*, 2013, 37 (16 – 17): 8141 – 8161.

[86] Subrata Mitra. Models to Explore Remanufacturing as a Competitive Strategy under Duopoly [J]. *Omega*, 2015 (59): 215 – 227.

[87] Vinay Ramani, Pietro D Giovanni. A Two – Period Model of Product Cannibalization in an Atypical Closed – Loop Supply Chain with Endogenous Returns: The Case of Dell reconnect [J]. *European Journal of Operational Research*, 2017 (262): 1009 – 1027.

[88] 郑本荣, 杨超, 杨珺, 等. 产品再制造、渠道竞争和制造商渠道入侵 [J]. 管理科学学报, 2018, 21 (8): 98 – 111.

[89] Jyh – Wen Ho, Yeu – Shiang Huang, Chi – Lun Hsu. Pricing Under Internal and External Competition for Remanufacturing Firms with Green Consumers [J]. *Journal of Cleaner Production*, 2018 (202): 150 – 159.

[90] Nengmin Wang, Qidong He, Bin Jiang. Hybrid Closed – Loop Supply

Chains with Competition in Recycling and Product Markets [J]. *International Journal of Production Economics*, 2019 (217): 246 – 258.

[91] Yongjian Li, Lipan Feng, Kannan Govindan, et al. Effects of a Secondary Market On Original Equipment Manufactures' Pricing, Trade-in Remanufacturing, and Entry Decisions [J]. *European Journal of Operational Research*, 2019, 279 (3): 751 – 766.

[92] Lei Yang, Guoyu Wang, Chenxu Ke. Remanufacturing and Promotion in Dual – Channel Supply Chains under Cap – and – Trade Regulation [J]. *Journal of Cleaner Production*, 2018 (204): 939 – 957.

[93] Cheng – Tang Zhang, Zong – Hong Cao, Jie Min, et al. Production and Pricing Strategy of Closed – Loop Supply Chain Based On Customer Preference [J]. *Engineering Letters*, 2019 (1): 1 – 8.

[94] 夏西强, 朱庆华, 赵森林. 政府补贴下制造/再制造竞争机理研究 [J]. 管理科学学报, 2017, 20 (4): 71 – 83.

[95] Cheng – Hu Yang, Hai – bo Liu, Ping Ji, et al. Optimal Acquisition and Remanufacturing Policies for Multi – Product Remanufacturing Systems [J]. *Journal of Cleaner Production*, 2016 (135): 1571 – 1579.

[96] Xiangyun Chang, Haiyang Xia, Huiyun Zhu, et al. Production Decisions in a Hybrid Manufacturing Remanufacturing System with Carbon Cap and Trade Mechanism [J]. *International Journal of Production Economics*, 2015 (162): 160 – 173.

[97] 孙浩, 叶俊, 胡劲松, 等. 不同决策模式下制造商与再制造商的博弈策略研究 [J]. 中国管理科学, 2017, 25 (1): 160 – 169.

[98] 张汉江, 甘兴, 赖明勇. 最优价格与回收努力激励的闭环供应链协调 [J]. 系统工程学报, 2015, 30 (2): 201 – 209.

[99] Xujin Pu, Lei Gong, Guanghua Han. A Feasible Incentive Contract Between a Manufacturer and His Fairness – Sensitive Retailer Engaged in Strategic Marketing Efforts [J]. *Journal of Intelligent Manufacturing*, 2019, 30 (1): 193 – 206.

[100] Ata Allah Taleizadeh, Sane – Zerang Emad, Tsan – Ming Choi. The Effect of Marketing Effort on Dual – Channel Closed – Loop Supply Chain Systems [J]. *IEEE Transactions on Systems Man & Cybernetics Systems*, 2016 (99): 1 – 12.

[101] Ata Allah Taleizadeh, Mohammad Sadegh Moshtagh, Ilkyeong

Moon. Pricing, Product Quality, and Collection Optimization in a Decentralized Closed – Loop Supply Chain with Different Channel Structures: Game Theoretical Approach [J]. *Journal of Cleaner Production*, 2018 (189): 406 – 431.

[102] 李新然, 王奇琦. 政府补贴下考虑销售努力的闭环供应链研究 [J]. 科研管理, 2017, 38 (8): 51 – 63.

[103] Liwen Liu, Zongjun Wang, Lei Xu, et al. Collection Effort and Reverse Channel Choices in a Closed – Loop Supply Chain [J]. *Journal of Cleaner Production*, 2017 (144): 492 – 500.

[104] Safoura Famil Alamdar, Masoud Rabbani, Jafar Heydari. Pricing, Collection, and Effort Decisions with Coordination Contracts in a Fuzzy, Three – Level Closed – Loop Supply Chain [J]. *Expert Systems with Applications*, 2018 (104): 261 – 276.

[105] Xueqing Guo, Kai Liu. Pricing Strategy and Coordination Mechanism of Remanufacturing Closed – Loop Supply Chain Based On Government Incentives [J]. *Management Science*, 2019 (80): 298 – 303.

[106] 谢家平, 梁玲, 孔凡玉, 等. 渠道努力下互补型闭环供应链定价与服务决策 [J]. 系统工程理论与实践, 2017, 37 (9): 2331 – 2343.

[107] Ranjan Amit, Jha J K. Pricing and Coordination Strategies of a Dual – Channel Supply Chain Considering Green Quality and Sales Effort [J]. *Journal of Cleaner Production*, 2019 (218): 409 – 424.

[108] 杨志林, 胡晓. 公平偏好下闭环供应链的定价决策模型 [J]. 大学数学, 2016, 32 (6): 18 – 23.

[109] 唐飞, 许茂增. 基于公平偏好的双渠道闭环供应链定价决策 [J]. 系统工程, 2017, 35 (4): 110 – 115.

[110] 唐飞, 许茂增. 制造商公平偏好下双渠道闭环供应链定价与协调 [J]. 数学的实践与认识, 2018, 48 (5): 25 – 33.

[111] 戴道明, 陈玉玲. 公平关切下闭环供应链的三种模型决策研究 [J]. 商学研究, 2017, 24 (5): 68 – 74.

[112] 王垒, 曲晶, 刘新民. 考虑横向公平的双渠道销售闭环供应链定价策略与协调研究 [J]. 工业工程, 2018, 21 (3): 21 – 31.

[113] 马德青, 胡劲松. 零售商具相对公平的闭环供应链随机微分博弈

模型［J］. 管理学报，2018，15（3）：467－474.

　　［114］张克勇，吴燕，侯世旺. 具公平关切零售商的闭环供应链差别定价策略研究［J］. 中国管理科学，2014，22（3）：51－58.

　　［115］赵晓敏，林英晖，苏承明. 不同渠道权力结构下的 S－M 两级闭环供应链绩效分析［J］. 中国管理科学，2012（2）：78－86.

　　［116］孙浩，戴更新，达庆利，等. 零售商公平关切下闭环供应链的回收模式比较与协调机制研究［J］. 生态经济，2014，30（10）：94－100.

　　［117］丁雪峰，魏芳芳. 公平关切下制造商主导的闭环供应链定价策略［J］. 工业工程，2014，17（4）：78－84.

　　［118］奚佳，石岿然. 公平关切下闭环供应链的定价与协调研究［J］. 科技管理研究，2015，35（13）：192－195.

　　［119］唐飞，许茂增. 零售商公平关切下双渠道闭环供应链的协调［J］. 数学的实践与认识，2016（8）：63－73.

　　［120］姚锋敏，滕春贤. 公平关切下第三方回收闭环供应链决策模型［J］. 中国管理科学，2016，24（SI）：577－583.

　　［121］Bo Li, Peng－Wen Hou, Qing－Hua Li. Cooperative Advertising Strategy in a Dual－Channel Supply Chain with a Fairness Concern of the Manufacturer［J］. *IMA Journal of Management Mathematics*，2017（28）：259－277.

　　［122］周义廷，刘丽文. 考虑零售商公平关切的双渠道闭环供应链决策与协调研究［J］. 系统科学与数学，2017，37（9）：1930－1948.

　　［123］许民利，刘恬，简惠云. 基于经销商风险规避和公平关切的闭环供应链决策分析［J］. 商业研究，2017（9）：153－162.

　　［124］王玉燕，李璟. 公平关切下基于网络平台销售，回收的 E－闭环供应链的主导模式研究［J］. 中国管理科学，2018，26（1）：139－151.

　　［125］李新然，王琪. 考虑零售商服务水平和公平关切的闭环供应链决策研究［J］. 管理评论，2019，31（4）：228－239.

　　［126］王瑞. 在不确定环境中考虑碳排控制的闭环供应链网络规划研究［D］. 天津：天津大学，2016.

　　［127］邓万江，马士华，关旭. 碳交易背景下存在顾客环保偏好的双企业竞争策略研究［J］. 中国管理科学，2017，25（12）：17－26.

　　［128］刘芳琳. 基于博弈理论的 WEEE 闭环供应链多渠道混合回收模式

研究［D］. 杭州：浙江工商大学，2018.

［129］Apple（中国官方网站）. Environmental Responsibility Report［EB/OL］.［2019 - 09 - 20］. https：//www. apple. com/cn/environment/pdf/Apple_Environmental_Responsibility_Report_2019. pdf.

［130］Jie Wei, Jing Zhao. Reverse Channel Decisions for a Fuzzy Closed - Loop Supply Chain［J］. *Applied Mathematical Modelling*, 2013, 37（3）：1502 - 1513.

［131］Chanjoo Lee, Matthew Realff, Jane Ammons. Integration of Channel Decisions in a Decentralized Reverse Production System with Retailer Collection under Deterministic Non - Stationary Demands［J］. *Advanced Engineering Informatics*, 2011, 25（1）：88 - 102.

［132］易余胤. 不同主导力量下的闭环供应链模型［J］. 中国管理科学，2013, 21（2）：76 - 83.

［133］冯章伟，肖条军，柴彩春. 第三方回收商领导型两级闭环供应链的回收与定价策略［J］. 中国管理科学，2018, 26（1）：118 - 127.

［134］韩梅，康凯. 回收质量不确定下的双重竞争闭环供应链定价研究［J］. 技术经济与管理研究，2019（5）：14 - 20.

［135］Balan Sundarakani, Robert de Souza, Mark Goh, et al. Modeling Carbon Footprints across the Supply Chain［J］. International Journal of Production Economics, 2010, 128（1）：43 - 50.

［136］Tarek Abdallah, Ali Farhat, Ali D, et al. Green Supply Chains with Carbon Trading and Environmental Sourcing：Formulation and Life Cycle Assessment［J］. *Applied Mathematical Modelling*, 2012, 36（9）：4271 - 4285.

［137］Ki - Hoon Lee. Integrating Carbon Footprint into Supply Chain Management：The Case of Hyundai Motor Company（HMC）in the Automobile Industry［J］. *Journal of Cleaner Production*, 2011, 19（11）：1216 - 1223.

［138］高举红，侯丽婷，韩红帅，等. 考虑碳排放的闭环供应链收益波动分析［J］. 计算机集成制造系统，2014, 20（8）：2008 - 2018.

［139］侯丽婷. 基于产品生命周期的闭环供应链碳排放和收益波动研究［D］. 天津：天津大学，2014.

［140］高举红，侯丽婷，王海燕，等. 考虑碳排放的闭环供应链收益波动规律分析［J］. 机械工程学报，2015, 51（2）：190 - 197.

［141］Environmentally Conscious Design. Home Appliances Recycling Process ［EB/OL］．［2019 – 09 – 21］．https：//www. aeha. or. jp/assessment/en/aeha_recycle-hp-eng. pdf.

［142］高举红，滕金辉，侯丽婷，等．需求不确定下考虑竞争的闭环供应链定价研究［J］．系统工程学报，2017，32（1）：78 – 88.

［143］刘晓瑜．考虑产品拆卸性及回收质量不确定的再制造定价决策研究［D］．天津：天津大学，2016.

［144］刘晓瑜，韩冰，王瑞．考虑产品可拆卸性和回收品质量的再制造决策研究［J］．甘肃科学学报，2016，28（3）：140 – 144.

［145］高举红，刘晓瑜，滕金辉，等．考虑产品可拆卸性的再制造模式决策［J］．系统工程，2017，35（1）：110 – 118.

［146］曾北昌．面向家电产品的拆卸与回收设计技术研究［D］．苏州：苏州大学，2010.

［147］周伟东．基于局部破坏拆卸规划的可拆卸设计研究［D］．杭州：浙江大学，2014.

［148］高雅，郭健全．回收品质量水平的再制造系统研究［J］．上海理工大学学报，2014，36（3）：287 – 294.

［149］Cheng – Han Wu. Product – Design and Pricing Strategies with Remanufacturing［J］．*European Journal of Operational Research*，2012，222（2）：204 – 215.

［150］Ata Allah Taleizadeh, Nima Alizadeh – Basban, Bhaba R Sarker. Coordinated Contracts in a Two – Echelon Green Supply Chain Considering Pricing Strategy［J］．*Computers & Industrial Engineering*，2018（124）：249 – 275.

［151］Jen – Ming Chen, Chia – I Chang. The Co – Opetitive Strategy of a Closed – Loop Supply Chain with Remanufacturing［J］．*Transportation Research Part E：Logistics and Transportation Review*，2012，48（2）：387 – 400.

［152］Zeballos Luis J, Gomes M Isabel, Barbosa – Povoa Ana P, et al. Addressing the Uncertain Quality and Quantity of Returns in Closed – Loop Supply Chains［J］．*Computers & Chemical Engineering*，2012（47）：237 – 247.

［153］高举红，金晨赫．废旧产品回收再制造逆向供应链的定价策略研究［J］．物流工程与管理，2010，32（11）：76 – 78.

［154］Juhong Gav, Hongshuai Han, Liting Hou, et al. Pricing and Effort Decisions in a Closed – Loop Supply Chain under Different Channel Power Structures ［J］. *Journal of Cleaner Production*, 2016 （112）: 2043 – 2057.

［155］Jianmai Shi, Guoqing Zhang, Jichang Sha. Optimal Production and Pricing Policy for a Closed Loop System ［J］. *Resources, Conservation and Recycling*, 2011, 55 （6）: 639 – 647.

［156］Pietro D Giovanni, Puduru V Reddy, Georges Zaccour. Incentive Strategies for an Optimal Recovery Program in a Closed – Loop Supply Chain ［J］. *European Journal of Operational Research*, 2016, 249 （2）: 605 – 617.

［157］周海霞, 顾巧论, 李莎. 再制造/制造集成供应链差别定价策略 ［J］. 信息与控制, 2011, 40 （4）: 553 – 557.

［158］张曙红, 张金隆, 冷凯君. 基于政府激励的再制造闭环供应链定价策略及协调机制研究 ［J］. 计算机集成制造系统, 2012, 18 （12）: 2750 – 2755.

［159］聂佳佳, 王文宾, 吴庆. 奖惩机制对零售商负责回收闭环供应链的影响 ［J］. 工业工程与管理, 2011, 16 （2）: 52 – 59.

［160］周占峰. 政府补贴下再制造逆向供应链产品回收定价策略研究 ［J］. 物流技术, 2012, 31 （10）: 122 – 123.

［161］Wenbin Wang, Junfei Ding, Hao Sun. Reward – Penalty Mechanism for a Two – Period Closed – Loop Supply Chain ［J］. *Journal of Cleaner Production*, 2018 （203）: 898 – 917.

［162］曾小燕. 基于再制造产品的定价策略研究 ［D］. 厦门: 厦门大学, 2009.

［163］Jiuh – Biing Sheu. Bargaining Framework for Competitive Green Supply Chains under Governmental Financial Intervention ［J］. *Transportation Research Part E: Logistics and Transportation Review*, 2011, 47 （5）: 573 – 592.

［164］Jiuh – Biing Sheu, Yenming J Chen. Impact of Government Financial Intervention On Competition Among Green Supply Chains ［J］. *International Journal of Production Economics*, 2012, 138 （1）: 201 – 213.

［165］高举红, 王海燕, 孟燕莎. 基于补贴与碳税的闭环供应链定价策略 ［J］. 工业工程, 2014, 17 （3）: 61 – 67.

［166］王海燕. 基于补贴与碳税机制的再制造闭环供应链定价策略研究［D］. 天津：天津大学，2014.

［167］Yong Liu，Bing-ting Quan，Qian Xu，et al. Corporate Social Responsibility and Decision Analysis in a Supply Chain through Government Subsidy［J］. *Journal of Cleaner Production*，2019（208）：436 – 447.

［168］王海燕，高举红. 基于补贴及碳税机制的再制造闭环供应链定价策略研究［EB/OL］.（2015 – 12 – 04）［2019 – 09 – 21］. http：// csl. chinawuliu. com. cn/html/19888438. html.

［169］Yugang Yu，Xiaoya Han，Guiping Hu. Optimal Production for Manufacturers Considering Consumer Environmental Awareness and Green Subsidies［J］. *International Journal of Production Economics*，2016（182）：397 – 408.

［170］Jafar Heydari，Kannan Govindan，Amin Jafari. Reverse and Closed Loop Supply Chain Coordination by Considering Government Role［J］. *Transportation Research Part D：Transport and Environment*，2017（52）：379 – 398.

［171］Zhaowei Miao，Ke Fu，Zhiqiang Xia，et al. Models for closed-loop supply chain with trade-ins［J］. *Omega*，2017（66）：308 – 326.

［172］João. Quariguasi Frota Neto，Jacqueline Bloemhof，Charles Corbett. Market Prices of Remanufactured，Used and New Items：Evidence From eBay［J］. *International Journal of Production Economics*，2016（171）：371 – 380.

［173］郭军华，李帮义，倪明. WTP 差异下再制造闭环供应链的定价策略与协调机制［J］. 系统管理学报，2012，21（5）：617 – 624.

［174］王玉燕，申亮. 基于消费者需求差异和渠道权力结构差异的 MT – CLSC 定价，效率与协调研究［J］. 中国管理科学，2014，22（6）：34 – 42.

［175］王文宾，达庆利. 零售商与第三方回收下闭环供应链回收与定价研究［J］. 管理工程学报，2010，24（2）：130 – 134.

［176］焦建玲，汪耘欣，李兰兰. 碳税政策对考虑消费者偏好的闭环供应链影响［J］. 软科学，2016，30（2）：107 – 111.

［177］Lang Xu，Chuanxu Wang. Sustainable Manufacturing in a Closed – Loop Supply Chain Considering Emission Reduction and Remanufacturing［J］. *Resources，Conservation and Recycling*，2018（131）：297 – 304.

［178］张曙红，初叶萍. 考虑政府约束的再制造闭环供应链差别定价博

弈模型 [J]. 运筹与管理, 2014, 23 (3): 119 - 126.

[179] Abbey James D, Meloy Margaret G, Guide V Daniel R, et al. Reman-ufactured Products in Closed - Loop Supply Chains for Consumer Goods [J]. *Production and Operations Management*, 2015, 24 (3): 488 - 503.

[180] Abbey James D, Meloy Margaret G, Blackburn Joseph, et al. Consumer Markets for Remanufactured and Refurbished Products [J]. *California Management Review*, 2015, 57 (4): 26 - 42.

[181] Cheng - Han Wu, Hsin - Huan Wu. Competitive Remanufacturing Strategy and Take - Back Decision with OEM Remanufacturing [J]. *Computers & Industrial Engineering*, 2016 (98): 149 - 163.

[182] 刘光富, 刘文侠. 双渠道再制造闭环供应链差异定价策略 [J]. 管理学报, 2017, 14 (4): 625 - 632.

[183] 高攀, 王旭, 景熠, 等. 基于异质需求的再制造与翻新产品差异定价策略 [J]. 计算机集成制造系统, 2014, 20 (9): 2134 - 2145.

[184] 许茂增, 唐飞. 考虑消费者偏好的闭环供应链差别定价模型 [J]. 计算机集成制造系统, 2014, 20 (4): 945 - 954.

[185] 高举红, 李梦梦, 霍帧. 市场细分下考虑消费者支付意愿差异的闭环供应链定价决策 [J]. 系统工程理论与实践, 2018, 38 (12): 3071 - 3084.

[186] 李梦梦. 考虑消费者偏好的闭环供应链定价策略与协调机制研究 [D]. 天津: 天津大学, 2018.

[187] 王海燕, 郝海, 高举红, 等. 基于消费者碳偏好的闭环供应链定价策略研究 [C]. 中国物流学术前沿报告. 北京: 中国财富出版社, 2018.

[188] 曹柬, 胡强, 楼婷渊, 等. 基于政府环境规制的再制造供应链决策机制 [J]. 中国机械工程, 2012, 23 (22): 2694 - 2702.

[189] 毛思圆. 基于政府补贴和专利保护的逆向供应链决策机制 [D]. 杭州: 浙江工业大学, 2015.

[190] 胡丽玲. 基于 ERP 制度的政府规制与逆向供应链激励机制 [D]. 杭州: 浙江工业大学, 2014.

[191] Yu Xiong, Gendao Li, Yu Zhou, et al. Dynamic Pricing Models for Used Products in Remanufacturing with Lost - Sales and Uncertain Quality [J]. *International Journal of Production Economics*, 2014 (147): 678 - 688.

［192］Cheng – Tang Zhang，Ming – Lun Ren. Closed – Loop Supply Chain Co-ordination Strategy for the Remanufacture of Patented Products under Competitive Demand［J］. *Applied Mathematical Modelling*，2016，40（13 – 14）：6243 – 6255.

［193］高攀，丁雪峰. 考虑二手产品专利保护的闭环供应链竞争策略［J］. 计算机集成制造系统，2017，23（9）：2028 – 2039.

［194］唐飞，许茂增. 考虑专利保护和渠道偏好的再制造双渠道闭环供应链决策与协调［J］. 运筹与管理，2019，28（6）：61 – 69.

［195］Sarat Kumar Jena，Sarada Prasad Sarmah，Subhash C Sarin. Joint – Advertising for Collection of Returned Products in a Closed – Loop Supply Chain under Uncertain Environment［J］. *Computers & Industrial Engineering*，2017（113）：305 – 322.

［196］许民利，郭爽，简惠云. 考虑企业社会责任和广告效应的闭环供应链决策［J］. 管理学报，2019，16（4）：615 – 623.

［197］李辉，汪传旭. 带碳排放约束的闭环供应链企业合作减排决策［J］. 计算机工程与应用，2018，54（12）：226 – 234.

［198］Ernst Fehr，Klaus M Schmidt. A Theory of Fairness，Competition and Cooperation［J］. *The Quarterly Journal of Economic*，1999（114）：817 – 868.

［199］Christoph H Loch，Yaozhong Wu. Social Preferences and Supply Chain Performance：An Experimental Study［J］. *Management Science*，2008，54（11）：1835 – 1849.